미국 대통령제와
민주주의

미국 대통령제와 민주주의

조지 워싱턴에서 버락 오바마까지
미국을 초강대국으로 만든 대통령 8명의 리더십 강의

김민주 지음

위대한 대통령과
최악의 대통령의
리더십은 어떻게 다른가

PARK&JEONG

서문

미국 대통령제 역사와 민주주의는 어떻게 진전되어 왔는가

미국이 세계 최초로 도입한 대통령제

전 세계적으로 대통령제를 최초로 도입한 나라는 미국이다. 영국의 식민지에서 독립한 이후 미국은 국가를 세우면서 영국의 군주제에 환멸을 느껴 선례가 없음에도 대통령제를 과감하게 도입했다. 우리가 잘 아는 몽테스키외가 제시한 권력분립 사상에 기초를 두고 있다. 대통령제에서 입법부, 사법부, 행정부는 상호 독립적이라고는 하나 대통령이 국가 원수이자 행정부 수반이고 임기도 보장되어 있으므로 권한이 매우 강력하다. 선거에서 이긴 대통령의 승자독식 구조 형태다.

미국에서는 대통령을 president라 부르기로 했다. 왜 그랬을까? president는 동사 preside에서 나왔는데, pre는 앞, sid는 앉는다는 의미다. 라틴어로는 prae와 sidere의 합성어다. 여러 사람이 모일 때 앞에 앉으니 회의를 주재한다는 뜻이다. 전권을 마음대로 휘두르는 왕이 아니라 여러 사람들이 모인 회의를 주재하는 민주주의 국가의 수반이라는 의미에서 president라 부르기로 한 것이다. president를 중국에서는 총통으로, 일본에서는 대통령이라 표기했다.

1787년 미국 필라델피아에서 열린 제헌회의에서 대통령제를 도입하여 2년 후 조지 워싱턴이 첫 대통령으로 선출되어 취임했다. 그후 1819년에 남미의 그란콜롬비아에서도 대통령제를 도입하면서 아메리카 대륙 전반으로 대통령제가 확산되었다. 우리나라도 해방 후 미군정 하에서 미국의 영향을 받아 대통령제가 채택되면서 1948년 첫 대통령으로 이승만이 선출되었다. 2차 대전 이후 식민지에서 독립한 아프리카, 아시아 국가들이 대통령제를 많이 도입했는데, 일단 선출된 대통령은 주어진 권력을 휘두르다가 독재자 유혹에 빠진 경우가 비일비재했다. 우리나라도 예외가 아니었으나 1980년대 후반 들어 민중의 강력한 저항에 힘입어 민주주의 국가로 간신히 접어들었다. 하지만 역사는 진보만 거듭하는 것은 아니라서 앞으로도 항상 조심해야 한다.

한국과는 달리 미국은 한 대통령이 재선을 하더라도 한 번으로 친다. 예를 들면, 재선을 했던 조지 워싱턴은 1대이고, 4선을 했던 프랭클린 루스벨트도 그저 32대일 뿐이다. 그로버 클리블랜드는 22대와 24대 대통령인데, 그 이유는 중간에 다른 대통령이 있었기 때문이다. 그래서 조 바이든이 46대 대통령이지만 역대 미국 대통령은 통산 45명이다. 45대 대통령이었던 트럼프가 2024년 11월 5일 대선에서 대통령으로 재선이 되었기 때문에 45대와 47대 대통령이 되었다.

지금 미국 대통령의 발언권이 세계적으로 가장 센 이유는 그가 다스리는 국가가 바로 미국이기 때문이다. 미국은 건국 이후 신생국에서 시작해, 강대국, 초강대국으로 지속적 성장을 거듭하면서도 많은 부침을 겪었다.

초강대국이 되려면 경제력, 과학기술력, 군사력, 문화력, 정치외교력을 갖추어야 한다. 어느 하나 빠뜨려서는 안 된다. 우리가 초강대국 미국을 인정하는 이유는 크게 보아 자본주의 체제로 대표되는 경제력, 과학기술력, 군사력, 그리고 민주주의 체제로 대표되는 국민주권주의, 법치주의, 공화주의, 다원화된 사회문화 때문 아닐까?

민주주의를 버린 독재는 한때 강력할 수 있어도 오래 가지 못한다. 지난 240년 미국의 역사에서 역대 미국의 대통령들은 강력한 자리에 앉아서도 고도의 지혜와 통합적 리더십을 발휘하여 지금의 초강대국 미국을 가꾸어 왔다.

책을 쓰게 된 계기

미국 대통령에 대한 책을 쓰게 된 계기는 여럿이다. 2022년 가을에 필자는 미국 역사에 대한 시리즈 강의를 여섯 번에 걸쳐 했다. 강의를 준비하면서 당시 국내에 나와 있는 미국 역사 책을 대부분 읽었는데 100권은 넘은 것 같다. 생각 밖으로 번역본도 많았고 국내 저자의 저서도 적지 않았다. 우리가 미국의 영향을 크게 받고 있으니 어찌 보면 당연하다. 미국 역사에서 최고 권력자인 대통령을 다룬 책도 읽지 않을 수 없었다.

그래서 미국 대통령을 주제로 하여 유튜브로 생방송 강의를 하면 재미있겠다는 생각이 들었다. 2021년에 책문화네트워크의 정윤희 대표와 함께 [정윤희의 책문화TV]에서 경제사상 강의를 20회에 걸쳐 생방송으로 진행한 바 있어서, 정 대표에게 미국 대통령 강의를 유튜브에서 진행하면 어떻겠냐고 제안했더니 좋다는 답변을 얻었다. 그래서 2023년에 미국 대통령을 다룬 유튜브 방송을 8회에 걸쳐 했다.

더구나 필자는 2023년 들어 컬쳐클럽 모임과 함께 한국 대통령 투어를 매달 진행했다. 2016년부터 운영해온 역사문화여행 모임인데 해외, 지방, 서울의 갈 곳을 정해 필자가 미리 답사를 한 다음, 모임 사람들과 함께 투어를 진행했다. 이렇게 서울에 있는 대통령들의 흔적을 찾다 보니 한국 대통령과 미국 대통령을 자연스럽게 비교하게 되었다. 이처럼 필자는 여러 기회를 활용하여 독자 여러분이 지금 읽고 있는《미국 대통령제와 민주주의》을 집필하게 되었다.

책의 구성

이 책을 어떻게 구성할까 고민했다. 물론 유튜브 방송을 기획할 때 고민했던 내용이기도 했다. 45명의 미국 대통령 전부를 다루는 것은 무리라서 성공했다고 평가받는 대통령 중심으로 책을 쓰는 게 맞다고 생각했다. 그러려면 역대 미국 대통령들의 평판을 비교해야만 했다. 그래서 첫 강의에서 역대 미국 대통령의 여러 팩트를 소개한 후 평판을 비교한 자료를 토대로 하여 평판이 좋은 대통령을 골랐다. 이중에 빅3를 고른다면 우리의 일반적인 예상을 크게 벗어나지 않아 조지 워싱턴, 에이브러햄 링컨, 프랭클린 루스벨트였다. 문제는 그 다음이다. 미국 대통령 평판 조사는 다양하게 나와 있는데 이중에 미국 공공방송인 시스팬C-SPAN의 평판이 제일 믿음직스러웠다. 시스팬이 2021년에 전문가들을 대상으로 조사한 순위에 의하면 에이브러햄 링컨, 조지 워싱턴, 프랭클린 루스벨트에 이어 4위부터 10위까지 시어도어 루스벨트, 드와이트 아이젠하워, 해리 트루먼, 토머스 제퍼슨, 존 F. 케네디, 로널드 레이건, 버락 오바마였다.

우리가 잘 아는 러시모어산의 조각상에는 조지 워싱턴, 토머스 제퍼슨, 에이브러햄 링컨, 시어도어 루스벨트 네 명이 새겨져 있다. 1927년에 시작된 프로젝트였기에 1933년에 취임한 프랭클린 루스벨트는 고려 대상이 아니었다. 시스팬의 순위를 보더라도 시어도어 루스벨트와 토머스 제퍼슨은 4위와 7위에 랭크되어 있어서 두 사람은 포함시키기로 했다.

시스팬 순위에서 미국이 세계 최강국으로 자리매김하던 시대의 드와이트 아이젠하워, 해리 트루먼, 존 F. 케네디도 좋은 평가를 받기는 했으나 빼기로 했다. 세 대통령은 재임기간이 너무 붙어 있어서 이 중 한 사람을 고르기가 어려웠다. 대신 로널드 레이건은 1970년대에 여러모로 도탄에 빠지던 미국을 부흥시키 데에 크게 기여했다. 또 버락 오바마는 미국 최초의 아프리카계 대통령으로 상징하는 바가 매우 커서 포함시켰다. 물론 평판이 좋기도 했다.

마지막으로 7대 대통령 앤드루 잭슨을 넣을지 말지 고민했다. 그는 서민 출신으로 대통령이 되었던 첫 인물로 미영전쟁에서 화려한 전승 업적을 남기기도 했고 현존하는 민주당을 만들기도 했다. 최근 들어 제국주의 마인드, 인종차별 성향 때문에 평가가 다소 낮아지기는 했으나 이번 책에서 제외하기는 아깝다는 생각이 들었다. 도널드 트럼프와 조 바이든은 최근 대통령이라서 평가가 제대로 마무리되지 않아 제외했다.

퍼스트레이디는 누가 뭐래도 대통령의 최측근이다. 좋든 나쁘든 대통령의 평소 생각과 행동에 지대한 영향을 미치고, 국민이 느끼는 대통령에 대한 이미지의 한 변수로 작용한다. 그래서 마지막 장에 미국 퍼스트레이디 평판을 추가해 책의 목차를 구성했다.

국내외적으로 민주주의 위기라는 말을 많이 한다. 이 책을 읽는 독자들이, 미국 대통령제의 역사를 통해 민주주의가 어떻게 발전되어 왔고 위기를 겪으면서 흘러왔는지, 또한 한국의 대통령제와 민주주의에 어떤 의미를 줄 수 있는지 생각해 보는 시간이 되길 기대한다. 지난 12월 5일 일리노이주 시카고에서 열린 오바마재단이 주최한 민주주의 포럼에서 오바마 전 대통령은 민주주의의 중요성을 강조한 바 있다. 한국의 대통령제가 민주주의를 제대로 실천하는 방향으로 역사를 만들어 나가길 희망한다.

감사의 말

이 책을 내게 된 데에는 무엇보다도 1987년 창간된 잡지 〈출판저널〉을 출간해 오고 있는 책문화네트워크의 정윤희 대표 덕분이다. 그동안 정윤희 대표와 함께 《나는 도서관에서 교양을 읽는다》, 《세계를 이끈 경제사상 강의》에 이어 이번에 세 번째 책을 낸다. 이 책이 《미국 대통령제와 민주주의》이니 속편 느낌도 난다. [정윤희의 책문화TV]에서 유튜브 생방송을 먼저 한 다음에 두 책을 냈다는 점에서도 비슷하다.

2023년에 미국 대통령을 주제로 유튜브를 하게 된 데에는 2022년에 미국 역사를 주제로 여섯 차례에 걸쳐 강의를 했던 것이 계기가 되었다. 그래서 (주)즐거운예감의 신기수 대표에게 감사를 드리고 싶다. 나는 신기수 대표와 여러 도반과 함께 2022년 가을부터 [김민주 작가와 도시탐험] 프로그램으로 서울의 역사문화 산책을 매달 꾸준히 하고 있다. 어느덧 스물한 번째다.

컬쳐클럽 모임을 2016년부터 함께 운영해 온 친구 김대현에게도 감사하다. 원래 역사문화 탐방을 목적으로 대학교 과친구들과 함께 매달 서울, 지방, 해외의 이곳저곳을 걸었는데 이제는 일반인도 합류하여 즐겁게 탐방을 하고 있다. 특히 2023년에는 서울에 남아 있는 우리나라 역대 대통령의 흔적을 찾아, 이화동, 동교동, 서교동, 상도동, 안국동, 신당동, 효자동, 궁정동, 돈암동, 명륜동, 삼청동을 비롯해 구석구석 돌아다녔다.

또한 역사모임, 만권당, 웍앤웍, 이삼회, 즐거운예감, 경기인문역사로드 분들을 포함해 필자와 함께 길을 걸으며 이야기를 나눈 모든 분께 감사드린다.

마지막으로, 자유롭게 돌아다니고 글을 쓸 수 있도록 배려해준 우리 가족에게 감사한다. 올해 우리 가족으로 새로 합류한 멋진 사위에게 이 책을 바친다.

2024년 12월
저자 김민주

목차

서문 미국 대통령제 역사와 민주주의는 어떻게 진전되어 왔는가 4

1강
역대 미국 대통령 팩트와 평판

역대 미국 대통령에 대한 팩트 17 | 역대 미국 대통령 평판 비교 48 | 대통령 평판에 대한 다른 조사 54 | 미국 대통령을 다룬 책 59

2강
조지 워싱턴(George Washington : 1732~1799)
: 국부 대통령

미국의 국부 63 | 조지 워싱턴의 가계도 74 | 민병대장, 대농장주 80 | 독립전쟁 당시 대륙군 총사령관 84 | 대통령 워싱턴 91 | 퇴임 후 그리고 총평 98

3강
토머스 제퍼슨(Thomas Jefferson : 1743~1826)
: 르네상스 대통령

토머스 제퍼슨 총평 105 | 젊은 제퍼슨 108 | 건국 이후 정치가 제퍼슨의 행보 120 | 대통령으로서의 업적 128 | 퇴임 이후 138

4강
앤드루 잭슨(Andrew Jackson : 1767~1845)
: 히커리 대통령

앤드루 잭슨 총평 149 | 젊은 잭슨 154 | 전쟁 영웅으로 대통령에 도전 157 | 대통령 잭슨 164 | 영 히커리, 제임스 포크 176

5강
에이브러햄 링컨(Abraham Lincoln : 1809~1865)
: 꺽다리 대통령

링컨의 넘버원 평판 185 | 링컨의 일생 193 | 대통령 이전 링컨의 행보 203 | 남북전쟁 당시 링컨의 위기 리더십 213 | 링컨 사후 재건 계획 234

6강
시어도어 루스벨트(Theodore Roosevelt : 1858~1919)
: 전사형 대통령

액시덴탈 프레지던트 243 ｜ 한국과 시어도어 루스벨트의 악연 249 ｜ 유별난 루스벨트 스타일 255 ｜ 진보주의 정책 265 ｜ 제국주의 정책 274 ｜ 영원한 전사 280

7강
프랭클린 루스벨트(Franklin Roosevelt : 1882~1945)
: 벽난로 대통령

프랭클린 루스벨트 총평 287 ｜ 젊은 프랭클린 291 ｜ 프랭클린과 네 명의 여성 299 ｜ 미국을 엄습한 대불황 306 ｜ 경제사령관 프랭클린 루스벨트 313 ｜ 전쟁사령관 프랭클린 루스벨트 326

8강
로널드 레이건(Ronald Reagan : 1911~2004)
: 람보 대통령

레이건 평판 335 ｜ B급 배우와 여성 340 ｜ 민주당에서 공화당으로 349 ｜ 대통령 레이건 357 ｜ 레이거노믹스: 작은 정부 364 ｜ 레이건 독트린 : 강한 미국 372

9강
버락 오바마(Barack Obama II ; 1961~)
: 아프리카계 대통령

미국 첫 아프리카계 대통령 383 | 정체성 고민과 극복 390 | 오바마의 담대한 희망 401 | 대통령으로서의 업적 414

10강
미국 퍼스트레이디 평판

미국 퍼스트레이디의 평판 427 | 미국 퍼스트레이디의 유형 432 | 최고의 퍼스트레이디 435 | 최악의 퍼스트레이디 445 | 미국 퍼스트레이디, 퍼스트마더 관련 책 454

후기

위대한 대통령은 미국을 어떻게 초강대국으로 만들었나? 459

참고문헌 463

1강
역대 미국 대통령 팩트와 평판

미국의 역대 대통령 45명이 누구인지, 그들에 대한 흥미로운 팩트는 무엇이 있는지 살펴본다. 대선 과정, 대통령 재임 기간, 탄핵 여부, 부통령의 승계 등 대통령 재임기에 대한 여러 팩트도 알아보고, 신장, 몸무게, 지능, 혈통, 이름, 별명 같은 대통령의 신상 정보에 대해서도 알아본다. 그리고 여러 기관이 대중과 전문가를 대상으로 하여 조사한 대통령의 평판 점수와 순위를 알아본다.

1

역대 미국 대통령에 대한 팩트

　미국 대통령은 1대 조지 워싱턴부터 46대 조 바이든까지 이어지고 있다. 하지만 역대 대통령은 45명인데, 그 이유는 그로버 클리블랜드가 22대와 24대 대통령이라 두 번 계산되기 때문이다. 미국에서는 대통령을 잇따라 연임하면 한 번으로 계산된다. 이들 대통령을 재임 기간과 소속 정당, 출신 주, 부통령으로 나누어 표를 만들었다. 출생 주와 출신 주를 구분했는데, 대통령이 어떤 주에서 태어났더라도 정치적으로 성장한 주는 다를 수 있기 때문이다.

역대 미국 대통령

대통령	재임 기간	소속 정당	출신 주(출생 주)	당시 부통령
1대 조지 워싱턴	1789~1797	무소속	버지니아	존 애덤스
2대 존 애덤스	1797~1801	연방당	매사추세츠	토머스 제퍼슨
3대 토머스 제퍼슨	1801~1809	민주공화당	버지니아	애런 버 조지 클린턴
4대 제임스 매디슨	1809~1817	민주공화당	버지니아	조지 클린턴 엘브리지 게리
5대 제임스 먼로	1817~1825	민주공화당	버지니아	대니얼 톰킨스
6대 존 퀸시 애덤스	1825~1829	민주공화당	매사추세츠	존 칼훈
7대 앤드루 잭슨	1829~1837	민주당	테네시 (사우스캐롤라이나)	존 칼훈 마틴 밴 뷰런
8대 마틴 밴 뷰런	1837~1841	민주당	뉴욕	리처드 존슨
9대 윌리엄 해리슨	1841	휘그당	오하이오(버지니아)	존 타일러
10대 존 타일러	1841~1845	휘그당	버지니아	없음
11대 제임스 포크	1845~1849	민주당	테네시(노스캐롤라이나)	조지 댈러스
12대 재커리 테일러	1849~1850	휘그당	루이지애나 (버지니아)	밀러드 핌모어
13대 밀러드 필모어	1850~1853	휘그당	뉴욕	없음
14대 프랭클린 피어스	1853~1857	민주당	뉴햄프셔	윌리엄 킹
15대 제임스 뷰캐넌	1857~1861	민주당	펜실베이니아	존 브레키리지
16대 에이브러햄 링컨	1861~1865	공화당	일리노이(켄터키)	해니벌 햄린 앤드루 존슨
17대 앤드루 존슨	1865~1869	민주당	테네시 (노스캐롤라이나)	없음
18대 율리시스 그랜트	1869~1877	공화당	일리노이(오하이오)	스카일러 콜팩스 헨리 윌슨
19대 러더퍼드 헤이스	1877~1881	공화당	오하이오	윌리엄 휠러
20대 제임스 가필드	1881	공화당	오하이오	체스터 아서
21대 체스터 아서	1881~1885	공화당	뉴욕(버몬트)	없음
22대 그로버 클리블랜드	1885~1889	민주당	뉴욕(뉴저지)	토머스 헨드릭스
23대 벤저민 해리슨	1889~1893	공화당	인디애나(오하이오)	리바이 모턴

대통령	재임 기간	소속 정당	출신 주(출생 주)	당시 부통령
24대 그로버 클리블랜드	1893~1897	민주당	뉴욕(뉴저지)	애들레이 스티븐슨
25대 윌리엄 매킨리	1897~1901	공화당	오하이오	개릿 호바트 시어도어 루스벨트
26대 시어도어 루스벨트	1901~1909	공화당	뉴욕	찰스 페어뱅크스
27대 윌리엄 태프트	1909~1913	공화당	오하이오	제임스 셔먼
28대 우드로 윌슨	1913~1921	민주당	뉴저지(버지니아)	토머스 마셜
29대 워런 하딩	1921~1923	공화당	오하이오	캘빈 쿨리지
30대 캘빈 쿨리지	1923~1929	공화당	매사추세츠(버몬트)	찰스 도스
31대 허버트 후버	1929~1933	공화당	캘리포니아 (아이오와)	찰스 커티스
32대 프랭클린 루스벨트	1933~1945	민주당	뉴욕	존 가너 헨리 월리스 해리 트루먼
33대 해리 트루먼	1945~1953	민주당	미주리	앨번 바클리
34대 드와이트 아이젠하워	1953~1961	공화당	텍사스	리처드 닉슨
35대 존 F. 케네디	1961~1963	민주당	매사추세츠	린든 존슨
36대 린든 존슨	1963~1969	민주당	텍사스	휴버트 험프리
37대 리처드 닉슨	1969~1974	공화당	캘리포니아	스피로 애그뉴 제럴드 포드
38대 제럴드 포드	1974~1977	공화당	미시간(네브라스카)	넬슨 록펠러
39대 지미 카터	1977~1981	민주당	조지아	월터 먼데일
40대 로널드 레이건	1981~1989	공화당	캘리포니아 (일리노이)	조지 H.W. 부시
41대 조지 H.W. 부시	1989~1993	공화당	텍사스(매사추세츠)	댄 퀘일
42대 빌 클린턴	1993~2001	민주당	아칸소	앨 고어
43대 조지 W. 부시	2001~2009	공화당	텍사스(코네티컷)	딕 체니
44대 버락 오바마	2009~2017	민주당	일리노이(하와이)	조 바이든
45대 도널드 트럼프	2017~2021	공화당	뉴욕	마이크 펜스
46대 조 바이든	2021~2025	민주당	델라웨어(펜실베이니아)	카멀라 해리스

이들 45명의 미국 대통령에 대한 팩트는 셀 수 없을 정도로 많은데, 상대적으로 의미 있는 것을 추려 보았다.

재임하다가 사망한 대통령

병사나 피살로 인해 대통령 임기를 다 채우지 못한 대통령으로 여덟 명이 있다. 발병과 피살로 각각 네 명이 죽었다. 윌리엄 해리슨, 재커리 테일러, 워런 하딩, 프랭클린 루스벨트는 병으로 인해 재임 중 사망했다. 그리고 에이브러햄 링컨, 제임스 가필드, 윌리엄 매킨리, 존 케네디는 암살을 당했다. 윌리엄 매킨리는 매킨리 악수Mckinley Grip라는 말이 있을 정도로 스스럼없이 국민들과 악수하는 것을 매우 좋아해서 산업박람회장에 갔다가 무정부주의자로부터 저격을 당했다. 케네디 이후에는 경호와 의료 대응이 철저해져서 재임 중에 사망한 대통령이 발생하지 않았다.

재임 중 사망한 여덟 명 중 재커리 테일러를 제외하고 대통령 일곱 명의 공통점은 테쿰세의 저주에서 벗어나지 못했다는 점이다. 인디언 쇼니족의 추장이던 테쿰세Tecumseh는 미군 지휘관 윌리엄 해리슨에게 템스 전투에서 패배해 1813년에 목숨을 잃게 되면서 이런 저주를 남긴 바 있다. 앞으로 20년마다 0자가 붙은 해에 당선되는 미국 대통령은 임기 중에 사망할 것이라는 무시무시한 저주였다. 1840년에 죽은 윌리엄 해리슨부터 시작해 1860년, 1880년, 1900년, 1920년, 1940년, 1960년에 당선된 대통령이 연이어 세상을 떴다.

암살당할 뻔한 대통령도 생각보다 많다. 앤드루 잭슨, 프랭클린 루스벨트, 해리 트루먼, 리처드 닉슨, 로널드 레이건, 도널드 트럼프가 바로 그랬다. 프랭클린 루스벨트는 취임하지도 않았는데 암살당할 뻔했다. 2024년에 도널드 트럼프가 공화당 대통령 후보로 다시 나왔을 때 저격범의 총알로 인해 오른쪽 귀에 총상을 입었다.

대통령이 죽으면 승계 순위가 가장 높은 사람은 부통령 겸 상원의장이고 이어서 하원의장, 국무장관이다. 그 다음으로는 재무장관, 국방장관, 법무장관, 내무장관 순이다. 현재까지는 부통령이 대통령직을 승계한 경우만 있으며 그 아래 직책을 가진 자가 승계한 적은 없다.

부통령을 거쳐 대통령이 된 사례

부통령직을 맡고 있다가 현직 대통령에 불상사가 생겨서 대통령직을 승계받은 경우가 아홉 번 있었다. 현직 대통령이 병으로 사망하거나 암살당한 경우, 그리고 사임한 경우다. 존 타일러, 밀러드 필모어, 캘빈 쿨리지, 해리 트루먼은 현직 대통령이 병사하여 대통령직을 이어받았고, 앤드루 존슨, 체스터 아서, 시어도어 루스벨트, 린든 존슨은 현직 대통령의 암살로 대통령이 되었다. 리처드 닉슨이 탄핵소추를 당하자 사임하는 바람에 제럴드 포드가 대통령이 되었다.

부통령 임기가 끝나면서 다음 대선에 나서 대통령으로 당선된 경우는 그리 많지는 않았다. 존 애덤스, 토머스 제퍼슨, 마틴 밴 뷰런, 조지 H.W 부시가 이에 해당된다. 존 애덤스와 토머스 제퍼슨 경우에는 부통령이 대통령의 러닝메이트로 나오지 않았고, 각각 선거로 대통령과 부통령이 선출되었다. 부통령 임기가 끝나고 잠시 쉬었다가 대통령에 당선된 경우도 있었는데, 리처드 닉슨과 조 바이든이 바로 그랬다.

선거에서 총득표에서는 졌으나 선거인단에서는 승리한 대통령

미국 대선에서 투표자의 총득표 수에는 패했지만 선거인단 수에서 승리한 경우는 모두 네 번이었다. 그런데 승리한 쪽은 공교롭게도 모두 공화당이었다.

- 1876년 러더퍼드 헤이스(선거인단 185 대 184, 득표 25만 표 뒤짐)가 새뮤얼 틸턴을 꺾고 승리
- 1888년 벤저민 해리슨(선거인단 233 대 168, 9만 표 뒤짐)이 그로버 클리블랜드를 꺾고 승리
- 2000년 조지 W. 부시(선거인단 271 대 267, 50만 표 뒤짐)가 앨 고어를 꺾고 승리
- 2016년 도널드 트럼프(선거인단 306 대 232, 300만 표 뒤짐)가 힐러리 클린턴을 꺾고 승리

대통령 재임 기간

대통령의 단임 기간은 4년으로 정해져 있지만 재선, 3선, 4선에 따라 재임 기간은 늘어날 수 있고, 병환이나 피살로 인해 재임 기간이 단축되기도 한다. 임기가 가장 길었던 대통령은 12년 1개월 재임했던 프랭클린 루스벨트였다. 부작용이 우려되어 1951년에 헌법이 개정되어 3선은 금지되었다.

45명의 대통령 중에 프랭클린 루스벨트를 제외하고 재선에 성공한 대통령은 19명이다. 전체 45명 중에 절반을 차지하지 못하고 있는 것이다. 단임은 25명인데, 이중에서도 임기가 가장 짧은 대통령

은 제임스 가필드로 겨우 5개월 반 동안만 대통령직을 수행했다.

가장 짧은 나이에 취임한 대통령은 시어도어 루스벨트로, 42세 11개월 나이에 부통령으로서 대통령직을 승계받았다. 하지만 당선된 대통령으로 최연소자는 존 F. 케네디였다. 43세 5개월 나이에 취임했다. 3위는 빌 클린턴(46세 5개월), 4위는 율리시스 그랜트(46세 10개월), 5위는 버락 오바마(47세 5개월)였다.

가장 노년에 취임한 대통령은 조 바이든으로, 78세 2개월에 취임했다. 그 다음으로는 70세 2개월의 도널드 트럼프였다. 3위는 69세 11개월의 로널드 레이건이었는데, 당시 나이가 너무 들어 대통령직을 수행하지 못할 것이라는 비난이 비등했었다. 레이건은 재임 후반기에 알츠하이머 질병으로 인해 국정 수행에 문제를 드러냈다.

소속 정당에 따른 대통령 수와 집권 기간

우리가 잘 알고 있듯이 미국은 전형적인 양당제로 현재 공화당과 민주당으로 갈려 있다. 물론 중간중간에 여러 정당들이 출몰했지만 결국에는 이 두 당으로 수렴되었다. 예전에 있었던 연방당과 휘그당은 공화당과 정당 노선이 비슷하다. 조지 워싱턴은 무소속이었으나 연방당 성격을 많이 띠었다. 토머스 제퍼슨이 만든 민주공화당도 마틴 밴 뷰런과 앤드루 잭슨이 만든 민주당과 비슷하다. 그래서 1789년부터 2025년까지 236년 동안 미국의 역대 대통령 45명을 큰 개념의 두 당으로 나누면 각각 몇 명일까? 공화당은 24명, 민주당은 21명이다.

하지만 대통령의 재임 기간을 계산해보면 역전된다. 공화당이

108년, 민주당이 128년으로 민주당이 20년 더 집권했다. 민주당을 창당한 7대 앤드루 잭슨 이후로만 따진다면 두 당의 재임 기간은 공화당과 민주당이 각각 96년으로 절묘하게 똑같다. 앤드루 잭슨 이후 대통령 수는 공화당이 스물두 명, 민주당은 열일곱 명이다. 대통령 수에서 공화당이 우위인 이유는 병사, 피살, 사임으로 인해 임기를 제대로 채우지 못한 공화당 대통령이 더 많았기 때문이다.

대통령의 출생 주

대통령이 어떤 지역 출신이냐도 중요하다. 미국에서는 지방분권이 잘 되어 있기 때문이다. 태어난 주를 보면, 현재까지 버지니아 주 출신이 여덟 명으로 가장 많다. 우드로 윌슨을 제외하고 일곱 명은 모두 1850년 이전의 대통령이다. 이처럼 건국 초반에는 버지니아 왕조 Virginia Dynasty라는 말까지 나돌았다.

두 번째로 많았던 주는 오하이오 주다. 남북전쟁에서 북부가 승리한 이후 공화당이 장기 집권을 했을 때 이 주 출신 대통령이 대거 나왔기 때문이다. 오하이오 갱 Ohio Gang이라고도 불렸다. 1920년대 워런 하딩 이후로는 나타나지 않았다.

그 다음으로는 뉴욕 주 출신이 다섯 명이다. 뉴욕 주에는 원래 네덜란드계가 많이 거주했기에 네덜란드계 대통령 세 명이 뉴욕 주에서 나왔다. 시어도어와 프랭클린 루스벨트 이후 뜸하다가 최근에 도널드 트럼프가 나왔다. 네 명의 대통령을 배출한 매사추세츠 주에는 하버드대가 위치하고 있어서 이 주 출신 네 명 중 세 명이 이 대학 졸업생이다.

대통령의 출생 주

주	대통령
버지니아(8명)	조지 워싱턴, 토머스 제퍼슨, 제임스 매디슨, 제임스 먼로, 윌리엄 해리슨, 존 타일러, 재커리 테일러, 우드로 윌슨
오하이오(7명)	율리시스 그랜트, 러더퍼드 헤이스, 제임스 가필드, 벤저민 해리슨, 윌리엄 매킨리, 윌리엄 태프트, 워런 하딩
뉴욕(5명)	마틴 밴 뷰런, 밀러드 필모어, 시어도어 루스벨트, 프랭클린 루스벨트, 도널드 트럼프
매사추세츠(4명)	존 애덤스, 존 퀸시 애덤스, 존 F. 케네디, 조지 H.W. 부시
노스캐롤라이나(2명)	제임스 포크, 앤드루 존슨
펜실베이니아(2명)	제임스 뷰캐넌, 조 바이든
텍사스(2명)	드와이트 아이젠하워, 린든 존슨
버몬트(2명)	체스터 아서, 캘빈 쿨리지
1명 나온 주(13명)	앤드루 잭슨(사우스캐롤라이나), 프랭클린 피어스(뉴햄프셔), 에이브러햄 링컨(켄터키), 그로버 클리블랜드(뉴저지), 허버트 후버(아이오와), 해리 트루먼(미주리), 리처드 닉슨(캘리포니아), 제럴드 포드(네브라스카), 지미 카터(조지아), 로널드 레이건(일리노이), 빌 클린턴(아칸소), 조지 W. 부시(코네티컷), 버락 오바마(하와이)

조 바이든은 펜실베이니아 주에서 태어났으나 델라웨어 주에서 상원의원 경력을 오래 쌓았고, 앤드루 잭슨은 사우스캐롤라이나 주 출신이지만 테네시에서 컸다. 켄터키 주 출신 에이브러햄 링컨과 하와이 주 출신 버락 오마바는 일리노이 주에서 정치적 성장을 했다. 이처럼 태어난 주(제1의 고향)와 정치적으로 성장했던 주(제2의 고향)가 다른 경우가 많다.

미국 화폐에 보이는 대통령

미국 지폐로는 1달러에서부터 100달러까지 7개 액면이 있다. 이 중 몇 개에 대통령의 얼굴이 인쇄되어 있을까? 10달러의 알렉산더 해밀턴과 100달러의 벤저민 프랭클린만 제외하고 5개가 대통령이다. 1달러에는 조지 워싱턴, 2달러에는 토머스 제퍼슨, 5달러에는 에이브러햄 링컨, 20달러에는 앤드루 잭슨, 50달러에는 율리시스 그랜트를 볼 수 있다. 인플레이션으로 인해 앞으로 소액권 지폐는 사용될 가능성이 줄어들므로 워싱턴, 제퍼슨, 링컨을 볼 기회는 자꾸 줄어들 것이다.

그렇다면 동전 경우에는 어떨까? 1센트 동전에는 에이브러햄 링컨, 5센트(니클)에는 토머스 제퍼슨, 10센트(다임)에는 프랭클린 루스벨트, 25센트(쿼터)에는 조지 워싱턴, 50센트에는 존 F. 케네디의 얼굴이 보인다. 하지만 100센트 동전에는 여성이 있다. 여성인권운동가인 수잔 앤서니와 인디언 여성 사카가위아가 그렇다. 사카가위아는 토머스 제퍼슨이 광대한 루이지애나 땅을 프랑스로부터 매입한 후 대규모 탐사단을 보냈는데 그때 함께 가서 큰 공을 세웠다.

노벨평화상을 받은 미국 대통령

노벨상은 여섯 분야에서 수여된다. 생리의학상, 물리학상, 화학상, 문학상, 경제학상, 그리고 평화상이 있다. 이 여섯 상 중에서 평화상의 신뢰도가 가장 낮다. 세계 평화에 기여했다는 이유로 상을 받더라도 국제 상황이 바뀌면 얼마든지 첨예한 갈등과 전쟁으로 재점화될 수 있기 때문이다.

노벨평화상을 받은 대통령

시어도어 루스벨트	우드로 윌슨	지미 카터	버락 오바마
1901~09년 재임	1913~21년 재임	1977~81년 재임	2009~17년 재임
1906년 수상	1919년 수상	2002년 수상	2009년 수상
러일전쟁 해결	국제연맹 창설	사랑의 집 짓기	핵무기 확산 억제

현재까지 미국 대통령 네 명이 노벨평화상을 받았는데 지미 카터는 퇴임 이후 사랑의 집짓기 운동을 활발히 펼쳐 국제봉사 활동을 인정받아 수상했다. 우드로 윌슨은 국제연맹을 창설한 공로로 평화상을 수상했으나, 미국은 의회의 거부로 막상 가입도 못했고 국제연맹의 활동은 무력했다.

시어도어 루스벨트는 러일전쟁 종결에 기여했다는 이유로 평화상을 수상했으나 그의 재임 기간에 미국은 제국주의적 팽창을 거듭했다. 버락 오바마는 핵무기 확산 억제 공로를 인정받았으나 대통령에 취임한 그 해(2009년) 11월에 수상해 사람들로부터 의심을 넘어서 빈정거림을 받기도 했다. 노벨평화상은 대통령의 국제적 활동에 근거해 수여되는 경우가 많으므로, 미국인들이 내리는 평가와는 다른 경우가 많다.

탄핵 기소를 당한 미국 대통령

명예로운 노벨평화상을 받은 경우와는 반대로, 불명예를 당한 미국 대통령 경우를 보자. 우리나라에도 탄핵 기소를 당한 대통령들

탄핵 기소를 당한 대통령

연도	대통령	탄핵 사유	결과
1868년	앤드루 존슨	관직보유법 위반	하원 통과, 상원 부결 (35:19)
1974년	리처드 닉슨	워터게이트 스캔들	하원 탄핵 표결 전 자진 사퇴
1998년	빌 클린턴	불륜 스캔들	하원 통과, 상원 부결 (50:50)
2019년	도널드 트럼프	우크라이나 스캔들	하원 통과, 상원 부결 (52:48)
2021년	도널드 트럼프	내란 선동	하원 통과, 상원 부결 (57:43)

이 있지만 미국에서는 재임 중인 대통령 네 명이 탄핵 기소를 당했다. 미국에서는 일단 하원을 통과하고 상원에서 3분의 2 이상의 찬성을 얻어야 정식으로 탄핵을 당해 물러난다. 앤드루 존슨, 빌 클린턴, 도널드 트럼프는 상원에서 부결되었고, 리처드 닉슨은 하원에서 탄핵 표결이 이루어지기 전에 자진 사퇴하면서 마무리되었다. 탄핵 기소를 당한 대통령의 평판은 아무래도 좋을 수가 없다. 그래도 빌 클린턴에 대한 국민들의 인기는 놀랍게도 여전히 높았다.

친인척 관계의 대통령

미국 대통령 중에 서로 친척인 경우가 있을까? 애덤스, 부시 경우처럼 부자 관계도 있고, 해리슨 가문처럼 조손 관계도 있다. 또 멀리로는 루스벨트 가문처럼 12촌 관계도 있다. 성은 같지만 친척이 아닌 경우도 있는데, 앤드루 존슨과 린든 존슨이 해당된다.

아버지 부시의 부인이자 아들 부시의 어머니인 바버라 부시는 아

대통령의 친인척 관계

관계	대통령
부자	존 애덤스/존 퀸시 애덤스, 조지 H.W. 부시/조지 W. 부시
조손	윌리엄 해리슨/벤저민 해리슨
12촌 형제	시어도어 루스벨트/프랭클린 루스벨트
친척 아님	앤드루 존슨/린든 존슨

들이 대통령에 당선되자 깜짝 놀랐다. 어머니는 어려서부터 아들의 능력과 자질을 누구보다 잘 알기 때문이다. 그런데 그 아들은 9.11 테러에도 불구하고 4년 후에 재선까지 해서 어머니를 더욱 놀라게 했다. 사실 아들은 사업가로서 성공했고 텍사스 주지사에 재선까지 한 데다 아버지의 정치 인맥을 잘 활용했던 것이다.

시어도어와 프랭클린 루스벨트는 17세기에 네덜란드에서 이민을 온 형제의 자손이기도 하고, 프랭클린 루스벨트의 부인인 엘리너가 시어도어의 조카이기도 했다.

이름이 같은 대통령

성은 다르지만 이름이 같은 경우는 더 많다. 제일 많은 이름은 제임스James로 6명이나 된다. 지미 카터 경우, 지미Jimmy는 제임스의 다른 호칭이다. 그 다음은 존John, 윌리엄William으로 각각 4명이다. 빌 클린턴의 빌Bill은 윌리엄의 다른 호칭이다. 조지George는 3명, 앤드루Andrew와 프랭클린Franklin은 각각 2명이다.

대통령의 이름

이름	대통령
제임스(6명)	제임스 매디슨, 제임스 먼로, 제임스 뷰캐넌, 제임스 포크, 제임스 가필드, 지미 카터
존(4명)	존 애덤스, 존 퀸시 애덤스, 존 타일러, 존 F. 케네디
윌리엄(4명)	윌리엄 해리슨, 윌리엄 매킨리, 윌리엄 태프트, 빌 클린턴
조지(3명)	조지 워싱턴, 조지 H.W. 부시, 조지 W. 부시
앤드루(2명)	앤드루 잭슨, 앤드루 존슨
프랭클린(2명)	프랭클린 피어스, 프랭클린 루스벨트

신장

 대통령의 키를 보면, 최장신은 193cm의 에이브러햄 링컨이고, 최단신은 163cm의 제임스 매디슨이다. 링컨에 이어 린든 존슨과 도널드 트럼프가 1cm 차이로 2위다. 토머스 제퍼슨도 당시 보통사람보

대통령의 신장

신장	대통령	신장	대통령
193cm	에이브러햄 링컨	172cm	해리 트루먼
192cm	린든 존슨, 도널드 트럼프	171cm	존 퀸시 애덤스
190cm	토머스 제퍼슨	170cm	존 애덤스
188cm	조지 워싱턴, 조지 H.W. 부시, 빌 클린턴	171cm	벤저민 해리슨, 마틴 밴 뷰런
187cm	버락 오바마	163cm	제임스 매디슨

대통령의 몸무게

몸무게	대통령
175kg	윌리엄 태프트
125kg	그로버 클리블랜드
112kg	체스터 아서
110kg	도널드 트럼프
108kg	시어도어 루스벨트

다 15cm나 컸기 때문에 별명이 'Long Tom'이었다. 로널드 레이건은 185cm, 조 바이든은 183cm다. 부자 관계인 존 애덤스와 존 퀸시 애덤스는 키가 170cm, 171cm로 거의 비슷하다. 지금까지 대통령 45명의 평균 키는 180cm이다.

몸무게

미국 대통령 중에 몸무게가 가장 많이 나간 대통령은 윌리엄 태프트다. 자신의 몸무게를 키의 제곱으로 나눈 값인 체질량지수BMI, Body Mass Index로도 윌리엄 태프트가 1위다. 윌리엄 태프트의 몸무게는 175kg이니 2위인 그로버 클리블랜드 125kg에 비해서도 압도적이다. 몸무게가 110kg인 도널드 트럼프는 매일 콜레스테롤 약을 복용하는 것으로 알려져 있다. 트럼프는 술과 담배를 하지는 않으나, 패스트푸드와 다이어트 코크는 매우 즐긴다.

지능

미국 대통령의 실제 지능은 공개되어 있지 않다. 그런데 캘리포니아대학UC Davis 심리학자 딘 키스 사이먼턴Dean Keith Simonton은 학술지 《정치심리학Political Psychology》에서 대통령의 지능지수를 추정한 논문을 2006년에 발표한 바 있다. 대통령이 재임 중에 남긴 업적을 조사하여 IQ를 추정했는데, 최고 지능지수는 존 퀸시 애덤스였고, 그 다음은 토머스 제퍼슨이었다. 최저 지능지수는 율리시스 그랜트였고, 이어서 조지 W. 부시였다. 자세한 내용을 알고 싶다면 다음 논문을 조회해 보기 바란다.

〈Presidential IQ, Openness, Intellectual Brilliance, and Leadership: Estimates and Correlations for 42 U.S. Chief Executives〉 by Dean Keith Simonton 《Political Psychology》, Vol. 27, No. 4 (Aug., 2006), pp. 511-526.

혈통

미국은 이민자들의 나라라서 대통령의 혈통을 보면 다양하다. 조지 워싱턴을 비롯한 초기의 대통령은 영국 혈통이 많았다. 조지 워싱턴의 조상은 잉글랜드 북동부 출신이었고, 토머스 제퍼슨의 조상은 웨일스 출신이었다. 하지만 앤드루 잭슨부터 시작하여 아일랜드 혈통을 가진 대통령이 압도적으로 많이 나타났다. 조 바이든까지 모두 17명이나 된다. 앤드루 잭슨, 제임스 뷰캐넌, 율리시스 그랜트, 체스터 아서, 그로버 클리블랜드, 윌리엄 매킨리, 우드로 윌슨, 존 F. 케네디, 린든 존슨, 지미 카터, 로널드 레이건, 조니 H.W. 부시, 빌 클린턴, 조지 W. 부시, 버락 오바마, 조 바이든까지. 조 바이든은 2023년 4월에 아일랜드를 방문했다가 자신 조상의 고향인 메이요주 벨러나를 찾기도 하였다.

국토방위청이 발표한 '2003년 이민통계연보'에 따르면 1820년 이후 합법적으로 이민을 온 아일랜드인들은 480만 명이었다. 독일계, 영국계에 이어 아일랜드는 3위였다. 1820~1960년 미국 이민자 중 3분의 1은 아일랜드인이었다. 2005년 인구조사국 자료에 따르면 자신이 아이리시 혈통을 지녔다고 답한 미국인의 숫자는 3,400만 명에 이르렀다. 아일랜드계 정치인들은 머신 정치machine politics를 최대한 활용하여 시카고를 비롯해 주요 대도시에서 정치적 발언권을 공고히 유지했다.

출신 학교

대통령의 최종 학력으로 보면, 하버드대 졸업생이 7명으로 가장 많은데, 버락 오바마는 하버드대 로스쿨을 나왔다. 조지 W. 부시는 예일대 학부를 나와 하버드대 경영대학원을 수료했다. 그 다음으로는 예일대가 4명인데, 빌 클린턴은 예일대 로스쿨을 나왔다. 이에 이어 윌리엄앤드메리대가 3명이고, 프린스턴대, 육군사관학교가 각각 2명이다. 1명을 배출한 대학으로는 해군사관학교, 노스캐롤라이나대, 애머스트대, 스탠퍼드대, 듀크대, 펜실베이니아대, 그리고 로널드 레이건이 나온 유레카대 등 다양하다.

거의 독학으로 공부한 대통령도 많다. 조지 워싱턴, 앤드루 잭슨, 마틴 밴 뷰런, 밀러드 필모어, 에이브러햄 링컨은 초등학교를 겨우

대통령의 최종 학력

학교	대통령
하버드대(7명)	존 애덤스, 존 퀸시 애덤스, 시어도어 루스벨트, 프랭클린 루스벨트, 존 F. 케네디, 조지 W. 부시(경영대학원), 버락 오바마(로스쿨)
예일대(4명)	윌리엄 태프트, 제럴드 포드, 조지 H.W. 부시, 빌 클린턴(로스쿨)
윌리엄앤드메리대(3명)	토머스 제퍼슨, 제임스 먼로, 존 타일러 * 조지 워싱턴(측량기사 과정 수료)
프린스턴대(2명)	제임스 매디슨, 우드로 윌슨
육군사관학교(2명)	율리시스 그랜트, 드와이트 아이젠하워
1명 나온 대학교(19명)	윌리엄 해리슨(햄던-시드니대), 제임스 포크(노스캐롤라이나대), 프랭클린 피어스(보든대), 제임스 뷰캐넌(디킨슨대), 러더퍼드 헤이스(캐니언대), 제임스 가필드(윌리엄스대), 체스터 아서(유니언대). 벤저민 해리슨(마이애미대), 윌리엄 매킨리(앨러게니대), 워런 하딩(오하이오대), 캘빈 쿨리지(애머스트대), 허버트 후버(스탠퍼드대), 해리 트루먼(미주리-캔사스시티대 로스쿨), 린든 존슨(사우스웨스트 텍사스 교육대), 리처드 닉슨(듀크대), 제럴드 포드(미시건대), 지미 카터(해군사관학교), 로널드 레이건(유레카대), 조 바이든(시라큐스대 로스쿨)
거의 독학(8명)	조지 워싱턴, 앤드루 잭슨, 마틴 밴 뷰런, 재커리 테일러, 밀러드 필모어, 에이브러햄 링컨, 앤드루 존슨, 그로버 클리블랜드

다녔다. 정규교육을 받지 못했으나 독학으로 공부해 변호사 자격증을 받아 정치적으로 성장한 경우가 많다. 앤드루 잭슨, 마틴 밴 뷰런, 재커리 테일러, 밀러드 필모어, 앤드루 존슨, 그로버 클리블랜드 등 독학파도 많았는데, 이런 경우는 19세기까지나 해당될 뿐, 20세기 이후에는 없다.

학업 성적이 나쁘기로 유명한 사람으로 조 바이든이 있다. 델라웨어대학 1965년 졸업반 688명 중에서 조 바이든은 506등을 했고,

시라큐스대 로스쿨에서도 85명 중 76등을 했다. 그럼에도 불구하고 학장은 자기확신, 준수한 외모, 말하기 능력이 있다며 바이든을 취직할 때 추천했다.

변호사 경력

미국 대통령 45명 중에 변호사 출신은 상당히 많다. 모두 25명으로 절반이 넘는다. 존 애덤스, 제퍼슨, 매디슨, 존 퀸시 애덤스, 잭슨, 밴 뷰런, 타일러, 포크, 필모어, 피어스, 링컨, 헤이스, 아서, 클리블랜드, 해리슨, 매킨리, 태프트, 윌슨, 프랭클린 루스벨트, 닉슨, 포드, 클린턴, 오바마, 바이든이 모두 변호사였다.

해리 트루먼은 로스쿨을 나와 변호사 사무소를 개업하지 않고 지역판사를 지냈다. 시어도어 루스벨트는 하버드대를 졸업한 후 컬럼비아대 로스쿨에 진학했지만 법 공부보다는 역사와 정치에 매료되어 중퇴했다. 나중에 이 대학은 그에게 법무박사 학위를 수여했다.

군대 경력

미국이 치른 큰 전쟁으로는 독립전쟁, 미영전쟁, 미멕전쟁(멕시코), 남북전쟁, 미서전쟁(스페인), 1차 세계대전, 2차 세계대전, 베트남전쟁, 그리고 다양한 인디언과의 전쟁이 있었다. 초기의 대통령은 독립전쟁이나 미영전쟁, 인디언전쟁에 민병대로서 징집되어 나간 경우가 상당히 많았다. 하물며 에이브러햄 링컨도 민병대 대위로 블랙호크 인디언과의 전투에 잠깐 나가기도 했다. 남북전쟁은 워낙 대규모라서 이 전쟁에 참전한 대통령이 많았다. 45명의 대통령 중에 16명이

대통령의 군 경력

전쟁	대통령
독립전쟁	조지 워싱턴(대륙군 총사령관), 제임스 먼로(중령)
미영전쟁	앤드루 잭슨(민병대 사령관), 윌리엄 해리슨(소장)
블랙호크전쟁	에이브러햄 링컨(민병대 대위)
미멕전쟁	재커리 테일러(군관구 사령관)
남북전쟁	율리시스 그랜트(북군 총사령관), 러더퍼드 헤이스(북군 의용군 대령), 제임스 가필드(북군 소장), 벤저민 해리슨(북군 대령), 윌리엄 매킨리(북군 소령)
미서전쟁	시어도어 루스벨트(러프라이더 의용군 대령)
1차 세계대전	해리 트루먼(포병 장교)
2차 세계대전	드와이트 아이젠하워(유럽연합군 최고사령관), 존 F. 케네디(해군 대위), 린든 존슨(해군 소령), 리처드 닉슨(해군 소령), 제럴드 포드(해군 소령)

군 출신이었다. 2차 세계대전에 참전했던 대통령 네 명이 모두 해군 출신인 점이 특이하다.

이 중에 군인으로서 전국적으로 명성을 날려서 대통령이 된 경우는 일부다. 조지 워싱턴은 독립전쟁 당시 대륙군 총사령관으로 승리로 이끌었고, 미영전쟁에서 앤드루 잭슨과 윌리엄 해리슨이, 미멕전쟁에서는 재커리 테일러가 이름을 날렸다. 육사 출신 율리시스 그랜트가 북군 총사령관으로 남북전쟁을 승리로 이끌어서 종전 4년만에 대통령이 되었고, 드와이트 아이젠하워는 제2차 세계대전에서 유럽연합군 최고사령관으로 히틀러를 붕괴시켰기에 종전 7년 만에 대통령에 당선되었다.

대학총장 경력

대통령 중에는 대학총장 출신도 있다. 미국 대통령 중에 최초의 박사Ph.D.였던 우드로 윌슨은 프린스턴대에서 정치학 교수를 거쳐 1902년부터 1910년까지 프린스턴대 총장을 하다가 뉴저지 주지사를 역임한 후 1913년에 대통령에 취임했다. 이승만은 이 대학에서 우드로 윌슨을 지도교수로 하여 정치학을 전공하였는데 1910년 그의 박사 학위 논문은 〈미국의 영향을 받은 영세중립론Neutrality as influenced by the United States〉이었다. 드와이트 아이젠하워는 미국 총사령관으로 제2차 세계대전을 승전으로 마무리하고서 1948년에 은퇴한 후에 1950년까지 컬럼비아대학교 총장을 지낸 바 있다.

신앙 종교

종교로 보면 성공회를 믿은 대통령이 11명으로 가장 많다. 조상이 영국계라면 성공회를 믿을 가능성이 크다. 앤드루 잭슨처럼 장로회를 믿는 대통령 8명은 조상이 스코틀랜드 출신일 가능성이 크다. 침례회는 지미 카터처럼 미국 남부 출신 대통령에서 많이 나타난다. 조상이 네덜란드계이면 네덜란드개혁교회를 믿을 가능성이 큰데, 프랭클린 루스벨트는 성공회를 믿었다. 가톨릭은 2명밖에 되지 않는데 아일랜드계인 조 바이든과 존 F. 케네디가 해당된다. 이 외에도 합리주의적 신학의 종교관을 가진 이신론자로는 토머스 제퍼슨이 있고, 교파를 초월한 개신교인 초교파로는 앤드루 존슨이 있다.

대통령의 종교

종교	대통령
성공회(11명)	조지 워싱턴, 제임스 매디슨, 제임스 먼로, 윌리엄 해리슨, 존 타일러, 재커리 테일러, 프랭클린 피어스, 체스터 아서, 프랭클린 루스벨트, 제럴드 포드, 조지 H.W. 부시
장로회(8명)	앤드루 잭슨, 제임스 뷰캐넌, 그로버 클리블랜드, 벤저민 해리슨, 우드로 윌슨, 드와이트 아이젠하워, 로널드 레이건, 도널드 트럼프
침례회(7명)	에이브러햄 링컨, 워런 하딩, 캘빈 쿨리지, 해리 트루먼, 지미 카터, 빌 클린턴, 버락 오바마
감리회(5명)	제임스 포크, 율리시스 그랜트, 러더퍼드 헤이스, 윌리엄 매킨리, 조지 W. 부시
유니테리언(4명)	존 애덤스, 존 퀸시 애덤스, 밀러드 필모어, 윌리엄 태프트
네덜란드개혁교회(2명)	마틴 밴 뷰런, 시어도어 루스벨트
그리스도의교회(2명)	제임스 가필드, 린든 존슨
퀘이커교(2명)	허버트 후버, 리처드 닉슨
가톨릭(2명)	존 F. 케네디, 조 바이든
초교파(1명)	앤드루 존슨
이신론(1명)	토머스 제퍼슨

흠뻑 빠졌던 스포츠

대통령마다 좋아했던 스포츠가 다르다. 제럴드 포드는 미시건대에서 미식축구 선수로 스타 플레이어였다. 1932년과 1933년에 우승 타이틀을 거머쥐었다. 대학 졸업시 디트로이트 라이언스와 그린베이 패커스에서 영입 제안을 받았으나 거절했고, 대신 예일대에서 코치로 일했다. 드와이트 아이젠하워도 웨스트포인트 육군사관학교에서 미식 축구 선수였다.

조지 W. 부시는 마라톤을 매우 좋아해 1993년에 휴스턴 마라톤에서 완주를 했고, 대통령 재임 중에도 틈틈이 조깅하기를 즐겼다. 버락 오바마는 고등학교 때부터 농구를 좋아해서 점프 슛을 잘한다며 '배리 오바머 Barry O'Bomber'라는 별명까지 얻었다. 골프를 거의 매일 쳤던 우드로 윌슨은 겨울에 공이 눈에 빠져도 쉽게 찾을 수 있도록 까만 골프공을 사용하곤 했다.

워런 하딩은 포커를 매우 좋아하여 백악관에서 매주 했다. 하물며 백악관 공식 도자기를 내기에 걸었다가 잃기도 했다. 리처드 닉슨은 어려서부터 악기에 재주가 많아서 피아노를 자주 쳤고, 바이올린, 클라리넷, 색소폰, 아코디온도 다루었다.

다른 흥미로운 사실

대통령이 많다 보니 흥미로운 사실도 많다. 미국 독립기념일인 7월 4일에 태어나거나 죽은 대통령도 있다. 이날 태어난 대통령은 캘빈 쿨리지 혼자지만, 이날 죽은 대통령은 존 애덤스, 토머스 제퍼슨, 제임스 먼로 세 사람이다. 애덤스와 제퍼슨은 죽은 해도 같다. 링컨과 찰스 다윈의 생일은 1809년 2월 12일로 같다.

결혼 생활을 가장 오래 한 사람은 73년 해로한 조지 H.W. 부시 부부다. 1941년 10대 후반에 만난 지 2년 만에 결혼하여 2018년에 몇 개월 간격으로 세상을 떠났다. 그 다음은 존 애덤스 부부의 54년이다.

존 F. 케네디는 가문의 재단이 풍족하여 의원직과 대통령직을 수행하면서 받은 연봉 모두를 흑인대학기금협회 UNCF, 미국 보이스카우트, 걸스카우트에 기부했다. 허버트 후버는 퇴임 후에 책을 18권이나 썼는데, 우드로 윌슨 대통령에 대한 전기를 쓰기도 했다. 한 대통령이 다른 대통령의 전기를 쓴 유일한 경우다.

역대 대통령 중에 가장 많은 책을 남긴 사람은 시어도어 루스벨트로 38권을 썼고, 그 다음으로 존 퀸시 애덤스와 에이브러햄 링컨이 24권을 썼다. 4위는 토머스 제퍼슨, 5위는 허버트 후버다.

별명

마지막으로, 대통령에는 별명이 따라 붙기 마련이다. 생각해보면 그 별명이야말로 미국인들에게 대통령이 어떤 이미지로 받아들여지는지 가늠할 수 있는 훌륭한 브랜드다. 물론 좋은 의미의 별명도 있고 나쁜 의미의 별명도 있다.

우선, 이름의 약자가 별명이 되기도 한다. 프랭클린 D. 루스벨트를 FDK, 존 F. 케네디를 JFK, 린든 B. 존슨을 LBJ로 부르는 경우가 바로 그렇다.

둘째, 애칭을 별명으로 삼기도 한다. 드와이트 아이젠하워는 사람들이 'I like Ike'라 부르면서 아이크Ike가 애칭으로 자리잡았다. 시어도어 루스벨트 본인은 싫어했어도 사람들은 테디Teddy라 부르기를 좋아했는데, 이 애칭을 따라 나중에 '테디 베어Teddy Bear' 브랜드도 생겼다.

셋째, 신체적 특징을 별명으로 삼기도 한다. 윌리엄 태프트는 매우 뚱뚱했기에 Big Chief, Big Bill이라 불렸고, 제임스 매디슨은 키가 작았기에 Little Jemmy, His Little Majesty라 불렸고, 그로버 클리블랜드는 키가 크기도 하고 맥주를 매우 좋아해 몸이 계속 불어나 Uncle Jumbo라는 별명이 붙었다.

넷째, 대통령의 유별난 습관, 성격, 특징이 별명이 되기도 한다. 린든 존슨은 전기를 절약하는 습관이 몸에 배어서 백악관의 전등을 항상 끄곤 해서 전구 린든Light-Bulb Lyndon이라 불렸고 캘빈 쿨리지는 말이 너무 없어서 조용한 캘Silent Cal이나 스핑크스Sphinx라 불렸다. 교수와 총장 출신의 우드로 윌슨의 별명은 교사Schoolmaster였는데 자신의 연설문을 보좌관에게 맡기지 않고 직접 썼기 때문에 Phrasemaker라고도 불렸다. 당당한 체구에 항상 완벽하고 화려한 옷차림을 하고 다닌 체스터 아서는 신사 보스Gentleman Boss 별명이 붙었다. 앤드루 잭슨은 '히커리Hickory 대통령'으로 불리고 있는데 단단한 나무 이름답게 불의를 참지 못하고 굽힐 줄 모르는 그의 끈질긴 면을 그대로 드러내고 있다. 술을 매우 좋아하여 블루 위스키 밴Blue Whisky Van이라는 별명을 얻은 마틴 밴 뷰런은 장기간 과음으로 말년에 통풍이 생겼다.

다섯째, 대통령이 되기 전에 어떤 일을 했었는지를 추적해 이를 별명으로 부르기도 한다. 지미 카터는 조지아 주에서 땅콩 농장을 경영했기에 땅콩 농부Peanut Farmer라 불렸고, 앤드루 존슨은 젊어서 테네시 주에서 양복 재단사 일을 했고 자신의 양복을 직접 만들기도 했기에 테네시 재단사Tennessee Tailor라고 불리곤 했다. 밀러드 필모어도 양복 재단사 일로 사회 생활을 시작한 바 있다. 제임스 가필드는 소년 시절에 운하를 오가며 작은 배에서 일했기에 운하 보이Canal Boy나 보트맨 짐Boatman Jim이라 불렸다.

여섯째, 선거운동을 할 때 사용하던 슬로건이 별명이 되기도 한다. 해리 트루먼은 선거운동 당시에 상대편을 비방하며 자주 말했던 발언을 따라 'Give 'Em Hell Harry'가 별명으로 굳었다. 남북전쟁 당시 북군 총사령관을 지낸 율리시스 그랜트는 남군에 대해 무조건 항복 아니면 전투 중 양자택일을 요구했기에 그에게는 무조건 항복 그랜트Unconditional Surrender Grant, 도살자Butcher 별명이 따라다녔다.

일곱째, 어떤 일을 선구적으로 이룬 경우에는 무엇의 아버지라 부르기도 한다. 조지 워싱턴은 국부, 존 애덤스는 해군의 아버지, 토머스 제퍼슨은 독립선언서의 아버지, 제임스 매디슨은 헌법의 아버지라 불린다. 이런 아버지 호칭은 건국 시대에 많았다. 여러모로 본받을 바가 많았던 대통령은 평생 살던 지역이 거론되며 조지 워싱턴은 마운트버논의 현인Sage of Mount Vernon, 토머스 제퍼슨은 몬티첼로의 현인Sage of Monticello이라 부르기도 하였다.

여덟째, 무슨 대통령이라 부르기도 한다. 서민 출신의 앤드루 잭슨은 이전 엘리트 출신의 대통령과는 확연하게 달라서 사람들이 서민 대통령People's President이라 부르곤 했다. 10대 존 타일러는 9대 대통령이던 윌리엄 해리슨이 병으로 갑자기 죽어 대통령직을 물려받아 우연히 대통령이 되었다고 해서 '액시던트 대통령His Accidency'이라 불렸다. 로널드 레이건은 정치적 스캔들이나 진흙탕 정치판에 몰리더라도 매끈하게 빠져나오곤 했기에 테프론 대통령Teflon President이라 불렀다. 예전에는 사람들이 사용하던 조리기구 바닥에 음식이 눌러붙어서 곤란을 겪었는데, 프라이팬에 테프론(불소수지) 코팅이 된 후로는 조리와 설거지가 훨씬 쉬워졌다. 제임스 가필드는 젊어서 설교

자로 지냈기에 설교자 대통령Preacher President, 체스터 아서는 옷을 잘 입고 다녀서 두드 대통령Dude President이었다. 제임스 뷰캐넌은 20대 후반 나이에 약혼했으나 파혼당하고 평생 독신남으로 지낸 독신 대통령Bachelor President라 불렸다.

아홉째, 공화제 국가이지만 대통령은 때때로 왕으로 비유되기도 했다. 앤드루 잭슨은 뛰어난 리더십 때문에 앤드루 왕King Andrew이라 불렸고, 닉슨은 워터게이트 사건을 비롯해 전횡을 일삼는 체질이 영국의 리처드 3세와 닮았다 해서 '킹 리처드King Richard' 별명을 얻었다. 존 F. 케네디는 아서 왕과 원탁 기사들의 본거지 궁전 이름을 따서 '캐멀롯Camelot'이라는 별명을 얻었다.

열 번째, 대통령을 비꼬는 별명도 많았다. 제럴드 포드는 자신을 부통령으로 기용한 닉슨 전 대통령을 사면한 것 외에는 별 업적을 남기지 않았다며 '의리파Mr. Nice Guy'라는 별명을 얻었다. 워런 하딩은 워낙 무능력하여 현안에 대해 결정을 내리지 못해 불안정하게 흔들린다는 뜻으로 Wobbly Warren이라 불렸다. 빌 클린턴은 성추문 스캔들과 탄핵 기소를 용케 피해 나가면서 높은 인기를 얻자 '뺀질이 윌리Slick Willie'라 부르곤 했다. 로널드 레이건은 재임시 군비를 크게 늘려 반공정책을 추진하면서 적대국에 대해 건맨 기질을 유감없이 발휘했기에 '람보Rambo' 딱지가 붙었다.

대통령의 별명

대통령	별명	대통령	별명
1대 조지 워싱턴	The Father of His Country, Sage of Mount Vernon, His Excellency, The American Fabius, The American Cincinnatus, Sword of the Revolution	9대 윌리엄 해리슨	General Mum, Washington of the West, Old Granny, Tippecanoe
2대 존 애덤스	Father of American Navy, Old Sink or Swim, His Rotundity, The Colossus of Independence	10대 존 타일러	His Accidency
3대 토머스 제퍼슨	The Father of Declaration Independence, The Apostle of Democracy, The Man of the People, The Sage of Monticello, Red Fox, Long Tom	11대 제임스 포크	Young Hickory, Napoleon of the Stump, First Dark Horse President
4대 제임스 매디슨	Father of the Constitution, Little Jemmy, His Little Majesty	12대 재커리 테일러	Old Rough and Ready
5대 제임스 먼로	The Era of Good Feelings President, The Last of the Cocked Hats	13대 밀러드 필모어	The American Louis Philippe, Last of the Whigs, Wool Carder President
6대 존 퀸시 애덤스	Old Man Eloquent, The Abolitionist, Mad Old Man from Massachusetts	14대 프랭클린 피어스	Handsome Frank, Purse
7대 앤드루 잭슨	The Hero of New Orleans, Old Hickory, Sharp Knife, King Mob, King Andrew, Jackass, People's President	15대 제임스 뷰캐넌	Bachelor President, Old Buck, Old Public Functionary, Ten-cent Jimmy
8대 마틴 밴 뷰런	The American Talleyrand, The Careful Dutchman, The Sly Fox, Dandy President, The Red Fox of Kinderhook, The Enchanter, The Great Manager, The Mistletoe Politician, The Little Magician, Blue Whiskey Van, Machiavellian Belshazzar	16대 에이브러햄 링컨	Honest Abe, Uncle Abe, The Great Emancipator. The Liberator, The Ancient One, Rail-Splitter, The Tycoon, Great Wrestler

대통령	별명	대통령	별명
17대 앤드루 존슨	The Tennessee Tailor, Sir Veto, Daddy of the Baby	27대 윌리엄 태프트	Big Chief, Big Lub, Big Bill, Sleeping Beauty
18대 율리시스 그랜트	Butcher, Unconditional Surrender Grant, Uncle Sam Grant, Little Beauty, Great Hammerer	28대 우드로 윌슨	Schoolmaster, The Phrasemaker, Coiner of Weasel Words
19대 러더퍼드 헤이스	His Fraudulency	29대 워런 하딩	Winnie, Wobbly Warren
20대 제임스 가필드	Canal Boy, Boatman Jim, Preacher President	30대 캘빈 쿨리지	Silent Cal, Cool Cal, Caution Cal
21대 체스터 아서	Gentleman Boss, Prince Arthur, Elegant Arthur, Dude President, Walrus	31대 허버트 후버	The Great Engineer, The Great Humanitarian
22대 그로버 클리블랜드	Grover the Good, Uncle Jumbo, His Obstinacy, Stuffed Prophet	32대 프랭클린 루스벨트	FDR, Boss, The Sphinx, That Man in the White Hose, Houdini in the White House
23대 벤저민 해리슨	The Front Porch Campaigner, The Human Iceberg, Little Ben, Pious Moonlight Dude, Kid Gloves Harrison, Grandfather's Hat	33대 해리 트루먼	Give 'Em Hell Harry, Haberdasher Harry, The Senator From Pendergast. Man from Independence, Little Man
24대 그로버 클리블랜드	Grover the Good, Uncle Jumbo, His Obstinacy, Stuffed Prophet	35대 존 F. 케네디	JFK, Camelot
25대 윌리엄 매킨리	Idol of Ohio, Wobbly Willie, The Napoleon of Protection, The Major	36대 린든 존슨	LBJ, Light-Bulb Lyndon
26대 시어도어 루스벨트	TR, The Colonel, The Lion, The Trust Buster, Telescope Teddy	37대 리처드 닉슨	King Richard, Tricky Dick

대통령	별명	대통령	별명
38대 제럴드 포드	Mr. Nice Guy	43대 조지 H. 부시	Bush Junior, Shrub, Dubya
39대 지미 카터	The Peanut Farmer, Jimmy Cardigan	44대 버락 오바마	Nobama, Barry O'Bomber
40대 로널드 레이건	Teflon President, Rambo, The Great Communicator, The Gipper	45대 도널드 트럼프	The Donald, President Snowflake, Snowflake-in-Chief
41대 조지 H.W. 부시	Papa Bush, Bush Senior, Little Pop	46대 조 바이든	Amtrak Joe, Scranton Joe, Sleepy Joe, Genocide Joe, The Big Guy
42대 빌 클린턴	Slick Willie, Elvis, The Comeback Kid, The Big Dog, Bubba		

대통령 관점에서 미국의 시대 구분

1대부터 46대까지 미국 대통령을 시기에 따라 크게 나눈다면 어떻게 될까? 미국 역사의 시기 구분과도 연결된 문제인데, 이렇게 6기로 나누어 보았다.

- 1기 건국 시대 : 1대 조지 워싱턴~5대 제임스 먼로
- 2기 개척 시대 : 6대 존 퀸시 애덤스~15대 제임스 뷰캐넌
- 3기 성장 시대 : 16대 에이브러햄 링컨~24대 그로버 클리블랜드
- 4기 제국 시대 : 25대 윌리엄 매킨리~31대 허버트 후버
- 5기 전후 시대 : 32대 프랭클린 루스벨트~39대 지미 카터
- 6기 팍스 시대 : 40대 로널드 레이건~46대 조 바이든

1기는 건국 초기로 연방당과 민주공화당이 각축을 벌이면서 워싱턴과 애덤스의 연방당에서 제퍼슨, 매디슨, 먼로의 민주공화당으로 주도권이 점차 바뀌는 시기였다.

2기는 민주공화당 시기로 앤드루 잭슨을 제외하고는 8대부터 15대까지 연달아 재선되는 경우가 없었고 약체인 휘그당이 잠시 집권을 했었다.

3기는 남북전쟁과 서부개척을 마치고 오하이오 출신의 공화당 대통령이 장기 집권을 하며 기업가를 전폭 지원하던 시기였다. 하지만 공화당 대통령으로 재선에 성공한 사람은 율리시스 그랜트 이후 없었다.

4기는 전 세계적인 제국주의 추세를 따라 미국이 해외로 팽창하였고, 유럽의 제1차 세계대전 특수 붐을 타고 경제 규모를 크게 늘리던 시기였다.

5기에는 대공황과 제2차 세계대전이라는 크나큰 악재를 극복하고 미국이 자유세계의 최강자로서 소련과의 패권 경쟁을 벌였다.

6기에는 러시아를 제압한 미국이 초강대국에 등극하였고 경제강국으로 떠오른 일본을 제압하고 중국과의 패권 경쟁에 돌입했다.

2

역대 미국 대통령 평판 비교

　우리가 잘 알고 있듯이 한 국가의 통치 시스템으로 대통령제가 세계적으로 가장 먼저 시작된 곳은 미국이다. 1789년 1대 대통령 조지 워싱턴 취임부터 시작해 2024년 현재 46대 대통령 조 바이든이 재임하고 있다. 이들은 성공한 대통령, 평범한 대통령, 실패한 대통령으로 평가가 갈리고, 극단적으로는 위대한 대통령과 끔찍한 대통령으로 나뉘기도 한다. 물론, 설문에 응하는 사람이 대중 혹은 전문가인가, 그리고 설문 조사를 하는 시기에 따라 평판이 달라지기도 한다. 여러분에게 최고의 미국 대통령과 최악의 미국 대통령을 각각 3명씩 꼽으라고 한다면 과연 누구를 들겠는가?

2023년 갤럽 조사

　우선, 미국 여론조사기관인 갤럽Gallup이 1960년 이후 재임한 미국 대통령의 평판을 조사한 결과를 보자. 갤럽은 2023년에 미국 성인

1960년 이후 미국 대통령 지지율: 2023년 갤럽 조사

대통령	재임 기간	지지함(%)	지지하지 않음(%)
존 F. 케네디	1961~1963년	90	8
로널드 레이건	1981~1989년	69	28
조지 H.W. 부시	1989~1993년	66	32
버락 오바마	2009~2017년	63	37
빌 클린턴	1993~2001년	58	40
조지 W. 부시	2001~2009년	57	42
도널드 트럼프	2017~2021년	46	54
리처드 닉슨	1969~1974년	32	65

* 출처: 갤럽 조사

남녀를 대상으로 이런 질문을 던졌다. "○○○ 전 대통령의 업무 수행을 돌아봤을 때 어떻게 평가하느냐?"는 질문에 미국 성인의 90%가 존 F. 케네디를 지지했고, 8%만 지지를 거부했다. 두 번째로 높은 평판을 얻은 대통령은 69% 지지를 얻은 로널드 레이건이었다. 리처드 닉슨이 32%로 압도적 꼴찌, 도널드 트럼프가 46%로 꼴찌에서 두 번째였다. 사실 내가 보기에는 존 F. 케네디의 이런 대단한 인기가 그다지 이해되지는 않는다. 하지만 취임에서 피살까지 2년 8개월의 짧은 재임 기간에 케네디가 가장 젊은 대통령으로서 쿠바 위기를 극복하며 미국인에게 좋은 이미지를 남긴 것은 부인할 수 없다.

2021년 시스팬 조사

1960년 이후 대통령에 대해서는 현재 살고 있는 대중들이 기억할 수 있으나 더 이전의 대통령에 대해서는 제대로 기억하기 힘들다. 따라서 미국 1대 대통령부터 현재 대통령의 평판에 대해서는 전문가에게 물어볼 수밖에 없다. 여러 조사가 있지만 미국 비영리 공공방송인 시스팬C-SPAN; Cable-Satellite Public Affairs Network이 수행한 조사 결과를 보자. 케이블 네트워크를 보유하고 있는 시스팬은 미국의 정치행사, 특히 미국 의회의 "개회부터 폐회까지" 전체 중계를 목적으로 1979년에 만들어진 조직이다.

시스팬은 2000년 이후 정권 교체 때(2009년, 2017년, 2021년)마다 전문가를 대상으로 하여 '대통령 리더십 조사'를 실시해왔다. 평가 항목은 대중설득, 위기관리, 경제관리, 도덕권위, 국제관계, 행정능력, 의회관계, 비전제시, 공정추구, 당시성과 등 모두 10가지다.

시스팬은 2021년에 역대 대통령 44명을 대상으로 하여 전문가 142명에게 물어봤다. 조 바이든이 현직 대통령이라서 평가를 하지 않았고, 그로버 클리블랜드는 22대와 24대 대통령으로 떠어서 두 번 재임했기에 44명의 대통령만 조사 대상이었다. 조 바이든이 재선에 출마하지 않았기때문에 2025년에 바이든을 포함해 평판 조사가 실시된다.

어떤 대통령이 1위에서 3위까지를 차지했을까? 에이브러햄 링컨이 1,000점 만점에서 897점이라는 압도적 점수를 얻어 1위였고, 조지 워싱턴이 851점으로 2위, 프랭클린 루스벨트가 841점으로 3위였다. 그 다음 4위부터 10위까지는 시어도어 루스벨트, 드와이트 아이젠하워, 해리 트루먼, 토머스 제퍼슨, 존 F. 케네디, 로널드 레이건, 버락 오바마 순이었다. 위에서 언급했듯이 1960년 이후 대통령에

역대 미국 대통령 평가: 2021년 시스팬 조사

최고의 대통령	최악의 대통령
1위 에이브러햄 링컨(897점)	1위 제임스 뷰캐넌(227점)
2위 조지 워싱턴(851점)	2위 앤드루 존슨(230점)
3위 프랭클린 루스벨트(841점)	3위 프랭클린 피어스(312점)
4위 시어도어 루스벨트(785점)	3위 도널드 트럼프(312점)
5위 드와이트 아이젠하워(734점)	5위 윌리엄 해리슨(354점)
6위 해리 트루먼(713점)	5위 존 타일러(354점)
7위 토머스 제퍼슨(704점)	7위 밀러드 필모어(378점)
8위 존 F. 케네디(699점)	8위 워런 하딩(388점)
9위 로널드 레이건(681점)	9위 허버트 후버(396점)
10위 버락 오바마(664점)	10위 재커리 테일러(449점)

* 자료: https://www.c-span.org/presidentsurvey2021/?page=overall

대한 갤럽 조사에는 존 F. 케네디가 1위였으나 역대 대통령 전체를 보면 8위에 머물렀다. 로널드 레이건은 9위, 버락 오바마는 10위에 턱걸이를 했다.

어떤 대통령이 가장 낮은 평가를 받았을까? 제임스 뷰캐넌(15대)이 227점으로 꼴찌, 앤드루 존슨(17대)이 230점으로 간신히 꼴찌를 면했다. 점수가 3점 차이니 사실 동반 꼴찌다. 흥미로운 사실은 이 두 사람은 최고 점수를 받은 에이브러햄 링컨(16대)의 바로 전임자와 후임자이다. 프랭클린 피어스(14대)는 312점으로 꼴찌에서 3위다. 그러니 가장 뛰어난 대통령 링컨의 앞뒤가 모두 전멸한 셈이다.

피어스와 동점을 받은 인물이 바로 도널드 트럼프다. 도널드 트럼프를 평가 항목별로 보면, 44명 중에 도덕권위와 행정능력에서 꼴찌 44위, 국제관계에서 43위였다. 도널드 트럼프에 대한 이런 혹독한 평가가 나중에 어떻게 변할지 궁금하지만 매우 치욕적인 평가임에는 분명하다. 트럼프는 퇴임 후 2023년 들어, 형사 기소를 네 번이나 당했다. 포르노 배우에게 입막음성 돈을 지급하기 위해 회계 장부 허위 기재, 기밀문건 불법 보관과 반환 거부, 지지자들이 국회의 사당을 습격하도록 사주, 조지아주에서 선거 결과를 뒤집기 위해 조지아 주지사에게 압력을 가해 대선에 개입한 혐의가 바로 그것이다. 더구나 네 번째 기소로 인해 트럼프는 구치소에 들어가 잔뜩 찌푸린 인상으로 머그샷도 찍혔는데 이 사진을 상품으로 판매하는 기행도 벌였다. 그럼에도 불구하고 트럼프는 2024년 11월 5일 재선에 성공했다.

링컨의 평판 : 시스팬 조사

대통령	점수 2021년	순위 2021년	순위 2017년	순위 2009년	순위 2000년
총평가	897	1	1	1	1
대중설득	91.5	2	3	2	3
위기관리	96.4	1	1	1	1
경제관리	81.9	1	2	2	3
도덕권위	95.2	1	2	1	2
국제관계	82.8	3	3	3	4
행정능력	86.7	1	1	2	1
의회관계	78.9	4	4	3	4
비전제시	96.4	1	1	1	1
공정추구	90.9	1	1	1	1
당시성과	96.5	1	2	2	1

* 출처: https://www.c-span.org/presidentsurvey2021/?page=overall

평판 1위 에이브러햄 링컨을 좀 더 들여다 보자. 항목별 평판 점수를 보면 위기관리, 비전제시, 공정추구에서는 조사 시기 네 번 동안 항상 1위였다. 의회관계와 국제관계에서는 다소 낮았지만 그래도 3~4위였다. 무엇보다 남북전쟁 같은 절대절명 위기를 제대로 극복하면서 영웅이 되었다.

3

대통령 평판에 대한 다른 조사

역대 대통령 평판 조사에서 유의할 점

역대 대통령 평판에 대한 조사를 할 때에는 유의할 점들이 여럿 있다. 역대 대통령 평판 조사에서 현직 대통령은 대부분 빠진다. 아직 임기가 끝나지 않아서 앞으로 평가가 어떻게 급변할지 모르기 때문이다. 그리고 6개월 미만 재임을 한 대통령은 평판 조사에서 제외되는 경우가 많다. 그렇게 짧은 기간에 대통령이 국정을 제대로 펼치기가 쉽지 않기 때문이다. 그래서 취임 후 얼마 되지 않아 폐렴에 걸려 사망한 9대 대통령 해리슨과 총상을 입어 사망한 20대 제임스 가필드는 평가에서 제외되곤 한다.

미국 대통령 평판은 답변자가 전문가이냐 대중이냐에 따라 다르다. 대중은 자신이 경험했던 최근 대통령에 대해서는 판단하기가 수월하나 오랜 전의 대통령에 대해서는 제대로 알기가 힘들다. 따라서 역대 대통령 평판 조사를 할 때에는 전문가를 대상으로 하는 조사가 더 타당하다.

조사 기관에 따라 평점을 얻는 항목들이 다소 다르니 평가 항목을 잘 들여다볼 필요가 있다. 때에 따라서는 항목에 가중치가 다르기도 하다. 그리고 대통령별로 평판 순위가 중요하긴 하지만 평판 점수 자체도 신경 써야 한다. 아슬아슬한 점수 차이로 순위가 달라지기도 하지만 현격한 점수 차이로 순위가 달라지는 것은 분명히 다르다.

조사 시기에 따라 평판 점수/순위는 달라진다. 시대적 상황에 따라 평가자들이 달라지므로 이는 불가피하다. 시대가 바뀌어도 항상 높은 평판을 받는 대통령들이 있는데, 이런 대통령은 진정한 의미에서 위대한 대통령이다.

우리나라와는 달리 미국에는 대통령 날이 있다. 1879년에 제정되었는데 2월의 세 번째 월요일이다. 어떤 기준에서 이 날이 만들어졌을까? 워싱턴의 생일은 2월 22일, 링컨의 생일은 2월 12일이다. 해마다 2월의 세 번째 월요일에 해당되는 날짜는 계속 바뀌지만 2월 12일과 22일 사이일 가능성이 농후하다. 미국인들은 예전부터 워싱턴과 링컨을 존경했기 때문에 대통령의 날을 이런 식으로 정했다. 만약 우리나라에서 대통령의 날을 정해야 한다면 어떤 기준에서 정하면 좋을까?

윌리엄 J. 라이딩스의 평판 조사 결과

시스팬의 평판 조사 외에 더 이전에 이루어졌던 다른 평판 조사 결과를 보자. 윌리엄 J. 라이딩스 2세 William J. Ridings, Jr.와 스튜어트 매기버 Stuart McIver는 대통령 41명에 대한 평가를 719명의 전문가와 역사가에게 물어본 결과를 취합해 1997년에 《위대한 대통령 끔찍한 대통령》을 출간했다. 평가 항목은 시스팬의 10개가 아니라 리더십, 업적/위기관리능력, 정치력, 인사, 성격/도덕성 등 5개로 줄어들었다. 이 책을 보면 1위 에이브러햄 링컨, 2위 프랭클린 루스벨트, 3위 조지 워싱턴이었다. 시스팬의 평가와 비교하면 1위는 링컨으로 같고, 2위와 3위가 뒤바뀌었다. 토머스 제퍼슨은 시어도어 루스벨트를 누르고 4위로 나왔다.

라이딩스의 평판 조사에 의하면 우드로 윌슨, 앤드루 잭슨이 각각 6위, 8위였으나 최근 다른 평판 조사에서는 10위 아래로 밀렸다.

윌리엄 J. 라이딩스 2세, 스튜어트 매기버의 1997년 조사 결과

대통령	리더십	업적/위기관리	정치력	인사	성격/도덕성
1. 에이브러햄 링컨	2	1	2	3	1
2. 프랭클린 루스벨트	1	2	1	2	15
3. 조지 워싱턴	3	3	7	1	2
4. 토머스 제퍼슨	6	5	5	4	7
5. 시어도어 루스벨트	4	4	4	5	12
6. 우드로 윌슨	7	7	13	6	8
7. 해리 트루먼	9	6	8	9	9
8. 앤드루 잭슨	5	9	6	19	18
9. 드와이트 아이젠하워	10	10	14	16	10
10. 제임스 매디슨	14	14	15	11	6

* 출처:《위대한 대통령 끔찍한 대통령》, 윌리엄 J. 라이딩스 2세, 스튜어트 매기버 지음, 김형곤 옮김, 한언, 2000년.

두 사람의 인종차별 행적이 나중에 속속 드러나면서 평판이 크게 나빠졌기 때문이다. 윌슨은 프린스턴대학 총장으로 재직하면서 흑인 입학을 금지했고, 백인우월주의 단체인 KKK를 지지했다. 그래서 2020년 조지 플로이드 사망 사건을 계기로 하여 명성이 높던 프린스턴대학의 우드로 윌슨 공공국제문제 스쿨에서 윌슨 이름이 아예 삭제되고 말았다.

앤드루 잭슨은 1812~15년 미영전쟁에서 혁혁한 공을 세웠으나 인디언 부족을 무자비하게 진압한 바 있다. 최근에 재평가를 받으며 백악관 앞에 설치되었던 잭슨의 동상이 철거되기도 하였다. 시어도어 루스벨트도 앞으로 평가가 낮아질 가능성이 큰데, 그의 제국주의, 인종주의 편견이 더욱 부각되고 있기 때문이다. 뉴욕 맨해튼에 있는 자연사박물관 건물 앞에 있던 그의 동상도 철거된 바 있다.

연방주의자협회와 월스트리트저널의 평판 조사 결과

또 다른 평가를 보자. 연방주의자협회와 월스트리트저널은 2000년에 역사학, 법학, 정치학 분야에서 이념에 치우치지 않은 저명한 교수 132명에게 역대 대통령 평가를 요청했다. 역대 대통령이 아주 탁월하면 5점, 최저 1점까지 5단계로 평가해달라는 것이었다. 이에 응답을 한 학자 78명의 점수를 평균하여 순위가 매겨졌다.

제임스 터랜토와 레너드 레오의 책 《미국의 대통령: 미국 역사상 최상의 대통령과 최악의 대통령은 누구인가?》에 대통령 평가와 설명이 들어 있다. 여기에서 재임 기간이 짧았던 윌리엄 해리슨과 제임스 가필드는 제외되었다.

- 위대함 : 1위 조지 워싱턴, 2위 에이브러햄 링컨, 3위 프랭클린 루스벨트

- 위대함에 근접 : 4위 토머스 제퍼슨, 5위 시어도어 루스벨트, 6위 앤드루 잭슨, 7위 해리 트루먼, 8위 로널드 레이건, 9위 드와이트 아이젠하워, 10위 제임스 포크, 11위 우드로 윌슨

- 평균 이상 : 12위 그로버 클리블랜드, 13위 존 애덤스, 14위 윌리엄 매킨리, 15위 제임스 매디슨, 16위 제임스 먼로, 17위 린든 존슨, 18위 존 케네디

- 평균 : 19위 윌리엄 태프트, 20위 존 퀸시 애덤스, 21위 조지 H.W. 부시, 22위 러더퍼드 헤이스, 23위 마틴 밴 뷰런, 24위 빌 클린턴, 25위 캘빈 쿨리지, 26위 체스터 아서

- 평균 이하 : 27위 벤저민 해리슨, 28위 제럴드 포드, 29위 허버트 후버, 30위 지미 카터, 31위 재커리 테일러, 32위 율리시스 그랜트, 33위 리처드 닉슨, 34위 존 타일러, 35위 밀러드 필모어

4

미국 대통령을 다룬 책

대통령의 대한 평판에 대해서는 시스팬과 갤럽의 조사가 가장 최근까지 나와 있다. 특히 시스팬의 조사는 역대 대통령에 대한 조사 결과라서 의미가 크다. 갤럽은 1960년 이후의 대통령 평판에 대해 조사를 한 것이다. 시스팬은 전문가를 대상으로, 갤럽은 대중을 대상으로 조사했다는 차이가 있다.

책으로 본다면 윌리엄 라이딩스 2세와 스튜어트 매기버가 빌 클린턴까지 41명의 대통령을 분석해 쓴 《위대한 대통령 끔찍한 대통령》이 있다.

미국 대통령을 분석한 책은 많으나, 그 중에 몇개를 추천한다. 마이클 베슐로스는 《대통령의 리더십: 무엇이 위대한 대통령을 만드는가》에서 존 애덤스, 앤드루 잭슨, 해리 트루먼, 존 F. 케네디, 로널드 레이건 등 대통령 8명을 엄선해 분석했다. 《역사의 기초를 다진 위대한 리더들: 미국의 대통령》은 조지 워싱턴부터 드와이트 아이젠하위까지 7명을 분석했다. 만화 형태로는 이원복의 《업그레이드 먼 나라 이웃나라 12: 미국. 3(대통령 편)》도 있다.

미국 대통령들이 퇴임 후에 어떻게 지냈는지 궁금하다면 레너드 버나도와 제니퍼 와이스가 쓴 《미국 대통령의 역사》를 보기 바란다. 이재 감각이 출중했던 조지 워싱턴은 퇴임 후에 노예를 많이 부리면서도 농업은 물론이고 위스키와 브랜디를 만드는 양조장도 운영하여 여유있게 살았다. 반면에 토머스 제퍼슨이나 제임스 먼로, 앤드루 잭슨은 빚더미에 올라 전전긍긍하며 살았다. 토머스 제퍼슨은 자신이 매우 아끼던 장서도 팔아야 했다. 제임스 먼로는 뉴욕에서 사망했는데 고향 버지니아로 유해를 운구할 돈도 없었다.

대통령이 세상을 뜨면 후세 사람들이 대통령 기념관이나 도서관을 세워주는 경우가 많다. 프랭클린 루스벨트 대통령 시기였던 1939년에 대통령도서관 시스템이 본격 가동된 이후 미국 국립문서기록관리청NARA 산하 '의회 및 대통령기록국'에서 '대통령도서관실'을 운영하고 있다. 대통령도서관에 대해 자세히 알고 싶다면 라윤도의 《대통령문화와 민주주의: 미국 13개 대통령도서관을 찾아서》를 추천한다.

2강

조지 워싱턴
(George Washington : 1732~1799)
: 국부 대통령

미국 건국의 아버지Founding Fathers 중의 한 사람인 조지 워싱턴George Washington은 독립전쟁 당시 총사령관을 맡아 영국을 물리쳤고, 초대 대통령으로 재임하며 신생국의 초석을 다진 인물이다. 워싱턴은 어려서 정규교육을 제대로 받지 못했으나 구할 수 있는 대로 책을 읽으며 자력으로 학습을 했다. 젊어서는 측량사, 민병대장, 농장주를 하며 자신의 실력과 성격을 형성해나갔다. 제대로 갖추어지지 않은 혁명군을 어렵게 지휘하여 막강한 정규 영국군을 몰아내 식민지에서 벗어나게 한 것은 무엇보다도 워싱턴의 큰 공적이다. 이에 힘입어 왕정 국가가 아니라 공화정 국가의 초대 대통령을 맡아, 재임 8년 동안 많은 국내 이해관계와 국제관계를 조정해 국정을 성공적으로 이끌어 신생국을 제대로 된 궤도에 올려 놓았다.

1
미국의 국부

전 세계 여러 나라의 국부

　전 세계의 국가 수는 계속 늘어 이제 200여 개에 이른다. 이 많은 국가에서 그 나라 국민들이 인정하는 국부國父가 얼마나 있을까? 미국은 미합중국의 초대 대통령인 조지 워싱턴을 국부로 인정하고 있다. 미국 건국의 아버지The Founding Fathers of the United States로는 벤저민 프랭클린, 존 애덤스, 토머스 제퍼슨 등 많지만 이중에 조지 워싱턴만을 국부The Father of His Country라고 부른다. 조지 워싱턴이 오랜 기간 살았던 버지니아주의 포토맥 강변의 마운트 버논Mount Vernon에 가면 왜 미국인들로부터 그토록 인정받고 있는지를 잘 알 수 있다. 사람들은 영국과의 독립전쟁에서 승리를 거둔 그를 왕으로 옹립하려고까지 했다. 하지만 워싱턴은 이를 거부하고 마운트 버넌으로 돌아가 다시 농부 생활을 했다. 나중에 미국의 초대 대통령이 되어 8년간 봉직하고서 이곳으로 다시 돌아와 세상을 떠났다.

남미에도 조지 워싱턴에 해당되는 국부가 있다. 바로 남미의 국부, 시몬 볼리바르다. 그는 스페인의 식민지였던 라틴아메리카의 북부 지역(현재 베네수엘라, 콜롬비아, 에쿠아도르, 파나마)을 스페인으로부터 해방시켜 1819년에 대 콜롬비아 공화국 Gran Colombia 을 건립해 초대 대통령을 지냈다. 시몬 볼리바르는 남미의 스페인 식민지 모두(페루, 아르헨티나, 칠레 포함)를 아울러 미국 경우처럼 연방제로 운영되는 커다란 공화국을 꿈꿨지만 국내외의 여러 역학 관계 때문에 실현시키지는 못했다. 미국도 대 콜롬비아 공화국이 경쟁국가로 부상하는 것을 원치 않았다. 그가 죽은 후 이 공화국은 와해되어 콜롬비아, 베네수엘라, 에콰도르로 나뉘고 만다. 1825년에 세워진 볼리비아는 시몬 볼리바르의 이름에서 따서 나라 이름을 정했다.

국부로 칭송 받는 인물을 보면 왕정에서 벗어나 새로운 공화정을 수립하거나 식민지 종주국이나 다른 국가로부터 독립해 새로운 국가를 세운 사람이 상당히 많다. 튀르키예의 국부는 무스타파 케말 아타튀르크인데 '아타튀르크'는 '튀르키예인의 아버지', 즉 '국부'라는 뜻이다. 인도의 마하트마 간디, 이집트의 가말 압델 나세르, 싱가폴의 리콴유는 영국에서 독립한 인물이다. 호세 안토니오 라바예하는 브라질로부터 독립해 우루과이를 세웠다. 무함마드 알리 진나는 인도에서 독립해 이슬람 국가인 파키스탄을 세웠고, 아야톨라 호메이니도 왕정 이란을 무너뜨리고 정통 이슬람 국가로 만들었다. 다비드 벤구리온은 팔레스타인 지역에 복귀하여 이스라엘 국가를 2000년만에 새로 세웠다. 이스라엘의 재건국에 반대하여 어렵게 팔레스타인 국가를 세운 야세르 아라파트 또한 팔레스타인의 국부이다.

현대 중국인들에게는 단연 쑨원이 국부다. 중국 본토에 있는 중화인민공화국의 중국인에게도 국부이고, 대만에 있는 중화민국의 중국인에게도 마찬가지다. 쑨원은 불굴의 혁명 정신으로 전근대적이고 쇠망해 가던 청국을 무너뜨리고 1912년에 공화정 형태의 중화민국을 세웠다. 중국 내 혁명 세력과 외세를 무너뜨리고 군벌을 토벌하여 중국 전체를 통일시키려고 했던 현대 중국의 풍운아였다. 그는 직업이 혁명가라 불릴 정도로 수 없이 혁명을 일으켰다. 하지만 번번히 실패했고 생전에 중국 전체를 통일시키지도 못해서 실패한 혁명가로 낙인이 찍히기도 했지만, 결국 중화민국을 만들어냈다. 1925년에 세상을 뜨기 전에 공산화된 소련과의 제휴나 중국 내 국공합작을 이뤄내지 못했다면 중국은 지금과 전혀 다른 형태로 흘러갔을 지 모른다. 그래서 쑨원은 중국 본토와 대만에서 모두 국부로 존경 받고 있다.

건국 공로자는 아니지만 민주주의 체제를 확립한 인물도 국부로 인정받기도 한다. 소련의 압제에서 벗어나 민주국가를 만든 폴란드의 레흐 바웬사, 체코의 바츨라프 하벨이 있고, 아파르트헤이트에서 벗어나 흑백 사람이 힘을 합쳐 동등한 국가를 세운 넬슨 만델라도 남아공의 국부다. 반대로 공산주의 체제를 확립한 인물로 쿠바의 피델 카스트로, 베트남의 호치민, 라오스의 스파누웡이 국부다. 아시아 최초의 공산주의 국가로 몽골 인민공화국을 1931년에 세운 담딘 수흐바타르 또한 몽골 혁명의 아버지로 숭앙받고 있다.

좀 오래된 인물을 국부로 인정하는 국가도 있다. 스웨덴에서는 16세기 인물로 구스타프 1세 바사가 국부다. 당시 덴마크의 지배에서 벗어났기 때문이다. 1860년에 여러 나라로 쪼개진 이탈리아를 통일해 이탈리아 왕국을 세운 비토리오 에마누엘레 2세도 국부다. 아르헨티나의 후안 페론, 바하마의 린든 핀들링, 체코슬로바키아의 토마시 마사리크, 유고의 요시프 브로즈 티토, 튀니지의 하비브 부르기바, 탄자니아의 줄리어스 니에레레도 있다.

국부라는 표현이 전근대적이기는 하지만, 국부가 국민의 정체성, 소속감, 존경심의 집약체임을 부인하기는 어렵다. 우리나라에서는 누가 국부냐를 놓고서 아직도 시끄럽다. 미국에서는 논란의 여지 없이 조지 워싱턴이 국부다.

미국 건국의 아버지, 국부 조지 워싱턴

미국 건국의 아버지Founding Fathers로는 사실 여럿 있다. 벤저민 프랭클린이 우선 생각난다. 미국의 가치와 정신을 지켰고 굉장히 검소하고 계획적으로 살았다. 다방면에 관심도 많았다. 미국 4대 대통령이었던 제임스 매디슨은 변호사 출신으로 헌법과 권리장전의 기초를 다졌던 사람으로 유명하다. 서인도 제도 출신으로 영국계였던 알렉산더 해밀턴은 워싱턴이 민병대장을 하고 있을 때 부관으로서 만나, 나중에 재무장관을 하면서 경제 틀을 만들었던 인물이다. 토머스 제퍼슨은 미국의 최초, 최고의 정치 철학자다. 독립선언문을 기초했던 인물로, 정치 철학을 독립선언문과 헌법에 담는 데 혁혁한 공을 세웠고 나중에 3대 대통령을 역임했다. 이처럼 프랭클린, 매디슨, 해밀턴, 제퍼슨 이런 인물도 있지만 조지 워싱턴은 군인으로서 독립전쟁을 성공으로 이끌었고 초대 대통령직을 훌륭하게 수행했기 때문

미국의 국부 조지 워싱턴 초상화
(출처_위키피디아)

에 미국 국민은 국부로 다들 인정하고 있다.

워싱턴 하면 여러 가지가 연상된다. 우선 미국 초대 대통령, 독립혁명, 건국은 물론이고 미국의 수도 워싱턴DC, 신문〈워싱턴 포스트〉, 배우 덴젤 워싱턴도 생각난다. 워싱턴 어빙Washington Irving이라는 19세기 미국 작가는 단편소설《립 밴 윙클》을 썼다. 허드슨 강의 북서쪽에 위치한 캐츠킬 산지에 사냥을 하러 갔다가 술통을 메고 끙끙 가던 노인을 도와주다가 산 속 깊이 들어가 술을 마시고 잠을 잤는데 깨어보니 20년이 훌쩍 지나 세상 바뀐 것을 알고 깜짝 놀랐다는 내용이다.

실제로 워싱턴Washington이라는 이름이 국토 지명에 여기저기 많이 남아 있다. 지도에 빨간 부분은 워싱턴 이름을 가진 카운티다. 카운티County는 우리나라의 군에 해당된다. 도시에도 워싱턴 이름을 가진 곳이 100여 군데나 있다. 워싱턴 주에는 워싱턴주립대학(The University of Washington, 줄여서 유덥이라 부른다)이 워싱턴 주의 시애틀에 있고 미주리 주의 세인트루이스에도 워싱턴 대학Washington

University이 있다. 뉴햄프셔 주에는 워싱턴 산이 있고 USS 조지 워싱턴이라 명명된 군함도 있다. 이처럼 워싱턴이라는 브랜드는 인명, 지명 그리고 대학, 군함에까지 이름이 남겨져 있을 정도로 막강한 브랜드 파워를 자랑하고 있다. 그런데 워싱턴을 중국어로 어떻게 쓸까. 화성돈華盛頓이다. 발음을 따서 한자로 썼다.

조지 워싱턴의 67년 생애와 시대적 배경

조지 워싱턴은 평생 67년의 삶을 어떻게 영위했을까? 1732년에 버지니아 주에서 태어난 워싱턴은 10대에 측량기사 경력을 쌓다가 버지니아 민병대에 들어가 몇 년간 군인으로 복무도 했지만 이내 환멸을 느꼈다. 자기 농장으로 돌아와서 마사 커스티스와 결혼해서 16년 동안 농장주로서 일을 열심히 했다. 그러다가 독립전쟁이 본격화되자 대륙군 총사령관으로 임명되어 8년간 총사령관으로 독립전쟁을 승리로 이끌었다. 제헌회의에서 활동을 하다가 초대 대통령으로 취임해 8년간 국정을 운영했다. 퇴임 후 자신의 마운드 버논의 농장으로 돌아와 2년간 살다가 갑자기 후두염에 걸려서 세상을 떴다.

- 조지 워싱턴의 일생
  1732년 버지니아 주에서 출생
  1749년 측량기사
  1752년 버지니아 민병대 입대
  1758년 버지니아군 총사령관 사직

1759년 마사 커스티스와 결혼, 농장 경영 시작
1775년 대륙회의에서 대륙군 총사령관 임명
1783년 총사령관에서 물러남
1787년 필라델피아 제헌의회 참석
1789년 초대 대통령 취임
1793년 대통령 재선
1797년 대통령 퇴임
1799년 마운트버논 농장에서 67세에 타계

　여기에서 당시 시대적 배경을 강조하고 싶다. 아무리 똑똑한 사람이라 하더라도 시대가 워낙 안 좋거나 시대가 너무 평탄하면 위대한 인물이 안 될 수가 있는데 워싱턴은 험난한 시기를 잘 극복하여 미국의 국부로서 존경받는 인물이 되었다. 워싱턴이 20대였을 때 7년 전쟁이 일어났는데 아메리카 대륙에서 일어난 전쟁은 프렌치인디언 전쟁이라고 부른다. 프랑스와 인디언이 동맹을 맺고 영국과 미국 식민지가 동맹을 각각 맺어서 서로 싸운 전쟁이다. 당시 민병대에 들어간 조지 워싱턴은 전쟁 경험이 일천해 좌절을 겪었으나 나중에 실패 경험을 되살려 독립전쟁 시기에는 유감 없이 실력을 발휘하게 된다. 영국과의 힘겨운 전쟁에서 승리해 독립을 거쳐 건국까지 이르게 되는 것이다.
　당시 유럽 상황도 급변하고 있었다. 워싱턴이 초대 대통령으로 취임한 1789년 바로 그 해에 파리의 바스티유 감옥이 함락되었고, 8년 재임 중 유럽에서는 프랑스혁명이 본격 진행되고 있었다. 미국이 위험한 유럽전쟁에 얼마나 어떻게 개입할지가 항상 첨예한 관심사였는데 워싱턴은 현명하게도 영국과 프랑스로 크게 나뉜 유럽전쟁에 대해 중립적 입장을 취하려고 혼신의 노력을 기울였다. 물론 그런 입장이 항상 성공하지는 않았다. 때에 따라서는 프랑스와 전쟁을 벌일 뻔도 했고 다른 경우에는 영국과의 전쟁이 일어날 일촉즉발 위기에 놓이기도 했다.

우리가 흔히 저지르는 착각

우리는 조지 워싱턴에 대해서 흔히 이러리라고 착각하곤 한다. 하지만 사실은 그렇지 않은 면들이 많이 있어서 6개의 꼭지로 미리 정리해보자 한다.

첫째, 조지 워싱턴이 교육을 많이 받았냐고 묻는다면 전혀 그렇지 않았다. 겨우 초등학교 2년 교육을 받았고, 대신 틈틈이 책을 구해 읽으면서 자신의 부족한 지식을 보충했다.

둘째, 조지 워싱턴은 우리에게 너무 위인으로 알려져서 땅 투기를 안 했을 것 같지만 실제로는 땅 투기로 재산을 크게 불린 땅 부자였다. 미국 대통령 중에는 부자가 아닌 경우도 상당히 많지만 조지 워싱턴은 말년까지 땅을 매우 많이 가진 대지주, 대농장주였다.

셋째, 위인전을 많이 보았던 우리는 조지 워싱턴이 전쟁하면서 군인으로서 전투에서 항상 이겼다고 생각하기 쉽지만 실제로는 그렇게 많이 이기지를 못했다. 진 적도 상당히 많았다.

넷째, 현재 백악관이 워싱턴DC에 있어서 조지 워싱턴도 그곳에서 집무를 했으리라 생각하기 쉽지만 실제로 백악관에서 근무한 적이 한 번도 없다. 뉴욕과 필라델피아의 대통령실에서 근무를 했다. 백악관에 첫 입주해 근무했던 대통령은 2대 존 애덤스였다.

다섯째, 조지 워싱턴은 대통령 초임을 마치고 당연히 재임을 하려고 했었을 것이고 그걸 굉장히 즐겼으리라 생각하기 쉽다. 하지만 사실은 당파 싸움이나 외교 갈등 같은 산적한 문제로 마음 고생이 심해 재임을 꺼려 했다.

마지막으로 대통령 재임시 모든 사람들이 워싱턴을 존경했을 것이라고 우리가 착각하기 쉬운데, 실제로는 그렇지 않았다. 정치를 하다 보면 항상 정적이 있게 마련이고 정적으로부터 숱한 비난과 모함을 받게 되는데 실제로 워싱턴이 그런 경우를 많이 당했다. 워싱턴은 하나의 인간이었고 정치가였던 것이다.

조지 워싱턴의 이재 감각

조지 워싱턴의 이재 감각 얘기를 해보자. 조지 워싱턴은 다른 대통령에 비해서 이재에 상당히 밝았다. 17세 때 시작한 측량기사 직업이 인간 워싱턴의 미래를 정하는데 결정적이었다. 측량기사 일을 하다 보니까 어느 땅이 풍수지리상 좋은지 알게 되어 그런 땅에 눈독을 들여놨다가 측량 기사로 번 돈으로 땅을 차곡차곡 사게 됐다. 20살도 되기 전에 서부 버지니아 계곡의 땅부터 시작해 농장이 자꾸자꾸 늘어났다. 부자가 되면 욕심이 더 생겨서 은행에서 융자를 받아서 땅을 더 사고 싶어 할 텐데 워싱턴은 자제를 했다. 때때로 현금이 부족하면 이를 메우기 위해서 토지나 노예를 팔긴 했었지만 전체적으로 우리가 요즘 투자할 때 얘기하는 레버리지leverage를 하지는 않았다. 레버리지란 돈을 빌려서 투자를 통해 자산을 늘리는 걸 말한다. 그랬기 때문에 워싱턴은 땅을 오랫동안 잘 유지해서 대농장주로 발돋움했다.

조지 워싱턴이 처음에는 담배를 재배했는데 시간이 지나면서 밀 생산으로 바꾸고 나중에는 위스키 생산에도 손을 댔다. 곡물 작황이나 무역 상황을 잘 파악해 생산 품목들을 계속 바꾸는 발빠른 행보를 보였다. 사망 당시 워싱턴의 재산은 주로 토지와 주식이었는데 모두 50만 달러의 가치였다고 한다. 이처럼 조지 워싱턴은 다른 대통령과는 달리 사업가 기질을 잘 발휘했다. 이에 비해 낭비벽이 많

조지 워싱턴 대통령 평판: 시스팬 조사

평가 항목	2021년 점수	2021년 순위	2017년 순위	2009년 순위	2000년 순위
총평가	851	2	2	2	3
대중설득	89.9	4	4	5	6
위기관리	91.9	2	2	2	3
경제관리	80.5	2	1	1	2
도덕권위	92.7	2	1	2	1
국제관계	85.0	2	2	1	2
행정능력	84.0	2	2	1	2
의회관계	83.5	1	2	4	3
비전제시	93.1	2	2	3	3
공정추구	54.8	14	13	12	12
당시성과	95.6	2	1	1	2

* 출처: https://www.c-span.org/presidentsurvey2021/?page=overall

은 토머스 제퍼슨은 빚이 상당히 많았다.

조지 워싱턴에 대한 평가

우리나라의 국회 방송에 해당되는 미국의 시스팬c-SPAN 방송은 국회의 모든 활동을 촬영해서 사람들에게 실시간으로 방영하는 채널이다. 시스팬은 2000년부터 2021년까지 네 차례에 걸쳐 미국 역대 대통령 평가를 했는데, 조지 워싱턴의 평가는 네 번 모두 2위였다. 항상 1위는 에이브러햄 링컨의 차지였다. 워싱턴은 대중설득, 위기관리, 도덕권위, 비전제시 그리고 당시성과 부분에서 점수가 특별히 높았고, 공정추구 부분에서만 점수가 낮았다.

조지 워싱턴의 가계도

조지 워싱턴의 조상은 영국계

워싱턴의 가계도로 넘어가 보자. 조지 워싱턴의 조상은 영국계였다. 영국 지도를 보면 런던의 북쪽에 케임브리지가 있고 케임브리지의 서쪽에 노샘프턴셔 설그레이브 지역이 있다. 여기에서 증조부가 태어나 1657년에 미국 버지니아 지역으로 이주하게 된다. 버지니아로 이주하게 된 동기에는 경제적 이유도 있었겠지만 종교적 이유도 아주 컸다. 1640년대와 1650년대에는 영국에 청교도 혁명이 일어나 영국의 성공회가 탄압을 받았기 때문이다. 조지 워싱턴 증조부는 성공회를 믿었기에 종교 탄압을 피하려고 버지니아로 이주한 것이다.

아버지 어거스틴은 대농장주는 아니었고 어느 정도의 땅을 가진 젠트리였다. 부인 제인 버틀러가 로렌스 워싱턴을 낳고 죽자 아버지는 메리 볼과 재혼을 하여 첫 아들로 조지 워싱턴을 낳게 된다. 우리

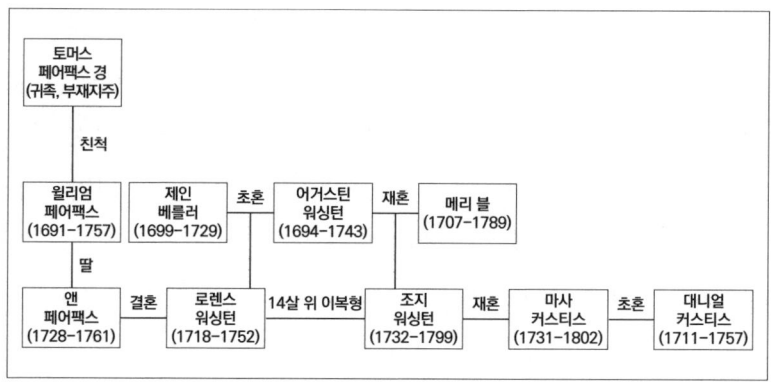

조지 워싱턴의 가계도

는 마운트 버논을 조지 워싱턴의 생가로 많이 생각하지만 조지 워싱턴은 그곳보다 남쪽인 웨스트 모를랜드 카운티에서 태어났다. 이처럼 조지 워싱턴에게는 14살 연상의 이복형 로렌스 워싱턴이 있었는데 형은 조지의 역할 모델이었다.

조지 워싱턴의 이복형 로렌스와 페어팩스 가문

조지 워싱턴이 11살 때 아버지가 세상을 뜨자 조지 워싱턴을 영국에 보내 해군 장교 후보생을 시키려던 유학 계획이 취소된다. 어머니가 아들 교육을 더 이상 시키고 싶지 않았기 때문이다. 그래서 조지 워싱턴은 그때까지 배운 초등학교 2학년이 정식교육의 전부였다. 교육에 대한 갈망도 있고 돈도 벌어야 해서 워싱턴은 측량기사 자격증을 따서 버지니아와 오하이오의 황무지를 돌아다니며 측량 일에 전념한다.

측량기사를 하면서 조지 워싱턴은 두 가지의 이점을 얻었다. 하나는 돈을 벌어서 토지를 매입해 땅 소유를 계속 늘렸다. 두 번째 좋은 점은 여러 지역에서 측량을 하다 보면 해당 지역의 지형 지리를 잘 알게 되는데 이런 지식 덕분에 조지 워싱턴이 나중에 군인이 돼서 굉장히 도움을 받는다. 왜냐하면 전쟁할 때는 지형 지물을 잘 알아야 전략도 짜고 전술을 제대로 발휘할 수 있기 때문이다. 이처럼 조지 워싱턴이 10대에 측량기사를 했다는 점이 상당히 중요한 전기였다.

이복형 로렌스는 버지니아 민병대와 영국 해군 장교로도 있어서 영국군 제복인 빨간 옷을 입고 다녔다. 14살 아래의 조지 워싱턴은 레드 코트red coat를 입고 집에 오는 형을 굉장히 부러워했다. 아버지가 1743년에 사망하자 이복형 로렌스가 리틀 헌팅 크릭 땅을 상속받고서 자신의 상관인 해군 사령관 이름을 따 마운트 버논Mount Vernon으로 땅 이름을 바꾼다. 더구나 이복형은 훨씬 많은 땅을 가지고 있는 페어팩스 가문의 딸과 결혼을 하면서 사회적인 지위도 많이 오르게 되었다.

조지 워싱턴은 페어팩스 집에 가서 책도 빌려보고 여러 예법도 알게 되면서 많은 것을 배웠다. 형 로렌스가 33살 나이에 결핵에 걸려 사망하고 나서도 페어팩스 가문 사람들은 조지 워싱턴을 봤기 때문에 조지가 사회적 계단을 올라가는데 도움을 준다. 조지 워싱턴이 나중에 민병대에 들어가서 소령으로 근무하도록 하는데 페어팩스 가문의 입김이 작용했다.

조지 워싱턴은 민병대 생활을 마치고 돌아와 마사 커스티스와 결혼을 한다. 버지니아 명문 가문에서 태어난 마사는 18살 때 12살 연상의 대니얼 커스티스와 결혼했는데 남편이 죽자 1년 연하의 조지 워싱턴과 재혼하게 되는 것이다. 워싱턴의 어머니도 재혼하여 조지를 낳았다. 그래서 조지 워싱턴은 재혼이라는 말, 두 번째와 연결이 상당히 많이 되는 것 같다. 어머니와 부인도 재혼을 했고 본인도 나중에 대통령 재임을 했기 때문이다.

남편이 죽고 나서 어머니 메리 볼은 조지가 장남임에도 불구하고 교육에 대해 별 관심이 없고 따뜻하게 대해주지 않았던 것 같다. 그래서 영국에 유학을 보내주려는 계획도 취소했다. 조지 워싱턴은 냉랭하고 교육에 관심을 쏟지 않는 어머니를 별로 좋아하지 않았다. 그렇지만 조지 워싱턴의 어머니는 아들이 1789년에 대통령에 취임하는 모습을 보고서 그해 세상을 떴으니 행복했다고 봐야겠다.

조지는 14살 연상인 이복형 로렌스를 자신의 멘토로 삼았다. 형은 여우 사냥을 할 때 조지를 항상 데리고 다녔고 아버지로부터 유산을 받아 늘렸다. 조지가 20살 때 형이 결핵으로 죽게 되어 조지는 비교적 이른 나이에 땅을 물려받았다. 로렌스의 장인인 윌리엄 페어팩스는 지역의 귀족 가문이었기에 좋은 집에서 살면서 조지에게 좋은 것을 많이 가르쳐 주었고, 조지는 형만큼 윌리엄 패어팩스를 멘토로 생각했다. 측량기사 경험을 쌓고 민병대 장교로 가면 좋겠다며 추천을 해줘서 조지 워싱턴이 10대와 20대에 진로 결정 과정에서 여러 모로 큰 도움을 받았다.

조지와 마사 사이에 친자식은 없었으나 의붓자식은 있었다. 마사가 전 남편과의 사이에서 낳은 자식을 데리고 왔고 땅도 많이 가지고 왔다. 이 때문에 조지가 대농장주로 발돋움하는 데 큰 도움이 되었음은 물론이다. 다시 말하면 조지 워싱턴은 측량사 일을 하면서 번 돈으로 땅을 늘렸고 이복형이 세상을 뜨면서 땅을 받았고 부인이 결혼하면서 지참하고 온 땅, 노예, 담배농장도 보유하게 되었다. 이렇게 아주 짧은 시기에 땅을 많이 소유하게 되었으니 조지 워싱턴은 재복이 넘쳤다고 해야겠다.

조지 워싱턴의 용모

조지 워싱턴의 용모 얘기를 약간 하지 않을 수 없다. 우선 키가 상당히 컸다. 193cm의 링컨에는 미치지 못했지만 워싱턴은 188cm였는데 이런 신체적인 면이 워싱턴의 성공가도에 큰 도움을 주었다. 특히 군대에서는 키와 체격을 보고 지휘관 감이다 아니라고 판단하는 경우가 많기 때문이다.

워싱턴의 치아는 매우 나빴다. 조지 워싱턴은 어렸을 때 호두 껍질을 이빨로 직접 많이 깠다고 한다. 그래서 치아가 나빠졌는데 담배 가루를 치료제로 쓰다가 치통이 더욱 심해졌다. 조지 워싱턴의 절친인 치과의사 존 그리우드가 워싱턴의 치아를 모두 뽑아버리고 대신 틀니를 만들어 주기도 했다. 당시에는 틀니를 할 때 요즘처럼 좋은 재료가 없어서 하마 뼈나 바다코끼리의 엄니 같은 동물의 이빨이나 집안 노예의 이빨을 빼서 틀니로 쓰곤 했다. 금으로 만든 틀니도 끼우고 다녔다. 워싱턴의 틀니는 아직까지 보존되어 있다. 조지는 말을 많이 하면 틀니가 자꾸 빠지려고 해서 애로를 겪었기에 말을 천천히 했다. 그런데 이런 느린 말이 오히려 방정맞지 않다는 의미로 받아들여져 좋은 평판으로 연결되곤 했다.

워싱턴의 머리카락은 붉었고 눈은 푸르렀다. 1751년에 형이 결핵

조지 워싱턴 가족(출처_위키피디아)

에 걸려 서인도제도 바베이도스에 가서 요양을 받을 때 조지가 따라갔다가 천연두를 앓기도 했다. 다행히 살아났지만 얼굴이 좀 얽었다고 한다. 우리가 워싱턴의 사진을 보면 전혀 그런 모습을 느끼지 못하나 얼굴이 많이 얽었다는 것은 사실이다.

3

민병대장, 대농장주

값진 민병대장 경험

젊은 조지 워싱턴은 버지니아 민병대로 입대한 이후 어떻게 지냈을까? 우선 1750년의 북아메리카 지도를 보면, 캐나다 북동부의 뉴펀들랜드 섬과 노바 스코티아 지역과 북중부의 허드슨만 유역은 영국 땅이었다. 하지만 세인트로렌스 강 유역과 퀘벡 지역 그리고 오대호와 미시시피강, 오하이오강 유역은 프랑스 땅이었다. 이 프랑스 땅은 프렌치인디언 전쟁에서 영국이 승리해 1763년에 모두 영국 영토로 편입된다.

하지만 조지 워싱턴이 1750년대에 민병대에 들어갔을 때만 하더라도 두 나라간 접경지역이 많아서 프랑스와 여러 전투를 벌여야 했다. 조지 워싱턴은 정규 군사 교육을 전혀 받지 않고 1752년에 버지니아 민병대militia에 입대했다. 완전히 실전을 통해 배우게 됐는데 아무래도 초기였기 때문에 서툴러서 문제를 일으키고 말았다. 프랑스가 영국군에게 오하이오 땅을 침범하지 말라고 요구하려고 외교 사절단을 보냈는데 워싱턴은 그 프랑스 사절단을 군대라고 생각해서 상대편 9명을 죽이고 만다. 이게 첫 번째 실패였다. 그러고 나서 워싱턴의 영국군이 니세서티 요새를 만들어 프랑스군과 싸우다가 져서 항복 문서에 서명까지 하고 만다. 이 일로 인해 대령에서 중위로 강등당하는 수모를 당하기도 했다.

1755년에는 영국군의 브래덕 장군이 영국에서 건너와 프랑스군을 공격하려고 행군할 때 워싱턴이 부관으로 따라가게 된다. 미국의 지형에 익숙하지 않던 브래덕 장군은 의기양양하게 긴 행렬로 진군하다가 프랑스군의 공격을 받아 대패하고 만다. 전투 중 브래덕 장군마저 사망하자 워싱턴이 주도하여 군대를 퇴각시켜서 많은 병사들을 살리게 된다. 역설적으로 이 퇴각은 워싱턴의 인지도를 높이는 데 크게 기여하게 되었다. 이처럼 프렌치인디언 전쟁 초반에 영국군의 전략 실패와 병력 부족으로 프랑스가 연달아 승리를 하면서 좌절한 워싱턴이 1758년에 아예 제대하고 농장으로 돌아간다.

그 후 1758년에 영국 수상이 된 윌리엄 피트는 군사 규모를 크게 늘려 결국 전쟁을 승리로 이끈다. 다시 말해서 조지 워싱턴은 영국의 군사 지원이 부족할 때에 전쟁터에서 고생만 하다가 제대를 한 것이다. 하지만 워싱턴은 당시의 실패를 잘 기억해 교훈으로 삼아 나중에 독립전쟁에서 많은 전투를 승리로 이끌게 되었다.

농장주 생활을 하면서 영국의 식민지 정착에 불만

워싱턴이 민병대 퇴역을 하고 마운트버논 집으로 돌아와서 그야

마운트버논(Mount Vernon) 농장 (출처_위키피디아)

말로 농장 일에 매진했다. 귀향 후 1년 있다가 마사와 결혼도 했다. 전 남편을 여의고 워싱턴과 재혼한 마사 부인은 많은 땅과 노예, 담배 농장을 지참해 와서 워싱턴의 재산은 더욱 늘었다. 1760년대 중반에 워싱턴은 15,000에이커의 땅을 소유해 대농장주 반열에 올랐다. 당시 워싱턴은 담배를 재배했는데 영국이 담배에 대한 민첩하게 무역 규제로 잘 팔리지 않아 농장 경영에 애로를 겪었다. 그래서 작물을 밀, 옥수수, 콩, 보리로 바꿔서 수익을 크게 냈다.

농장주 일을 하게 되면 혁신의 필요성도 느끼고 불합리한 정부 정책에 불만을 가질 수도 있다. 농장의 생산성을 높이고 싶던 워싱턴은 가축 개량을 한다며 암말과 수탕나귀 간의 잡종으로 노새를 만들어 농장 일에 투입시키기도 했다.

워싱턴은 영국의 식민지 정책에 대해서 불만을 가져 1759년부터 버지니아 식민지의회에서 연달아 의원도 하면서 고충 사항을 전달하고 특정 법안을 바꿔달라고 적극 요구했다. 하지만 당시 아메리카 식민지를 매우 무시하던 영국은 식민지인들의 호소를 제대로 받아들이지 않아 영국에 대한 워싱턴의 불만이 차곡차곡 쌓여 독립전쟁에 몸을 바치는 계기가 된다.

나중에 워싱턴이 독립전쟁에 참여하자 마사는 농장 일을 제쳐놓고 전투 현장에 많이 가 있으면서 마사의 평판은 좋았다. 남편이 전장에 나가면 대부분의 부인은 따라 가지 않고 집에만 머무는 경우가 많았기 때문이다. 마사는 퍼스트레이디가 되어서 금박 마차 타기를 상당히 좋아했다고 한다. 하지만 전체적으로 마사는 퍼스트레이디로서 중간 정도의 평판을 받았다. 마사는 남편 사망 후 3년만에 세상을 떴는데 자서전도 남기지 않았고 부부 간에 교환했던 서신도 모두 불태우고 말았다. 이런 편지들이 남아 있었으면 재밌는 이야기들을 우리가 많이 볼 수 있었을 텐데 몹시 아쉽다. 본인의 사생활이라고 생각해서 그렇게 했을 것이다.

4
독립전쟁 당시 대륙군 총사령관

영국의 억압 정책에 대한 식민지인들의 반발

　독립전쟁 당시 대륙군의 총사령관을 하던 워싱턴의 리더십 이야기를 해보자. 우선 전체적인 배경을 좀 알 필요가 있다. 미국에서의 프렌치인디언 전쟁을 유럽에서는 7년 전쟁이라 하는데, 이 전쟁에서 승리한 영국은 아주 기고만장해서 미국 식민지에 대해 여러 강압 정책을 쓰게 된다. 전쟁에 돈을 많이 썼으니 세금을 늘려서 전쟁 부채를 메우려고 한 것이다. 영국은 설탕법, 인지세법, 타운센트법을 연달아 제정해서 식민지 사람들을 경제적으로 압박하니 식민지인들은 저항하면서 보스턴 학살 사건, 보스턴 차 사건이 벌어지게 된다.

　미국의 13개 식민지는 1774년에 1차 대륙회의를 소집하여 이듬해에 본격적으로 독립전쟁이 발발한다. 1775년 2차 대륙회의에서 조지 워싱턴은 대륙군 사령관으로 임명되어 8년 동안 이어진 전쟁을 승리로 이끌어 1783년에 파리 강화조약에서 미국 독립이 정

당시 주요 사건

전쟁 전야	1763년 7년 전쟁(프렌치인디언 전쟁)을 마무리하는 파리강화회담 1764년 설탕법 제정 1765년 인지세법 제정 1767년 타운센드법 제정 1768년 존 행콕의 선박 리버티호 나포 1770년 인지세법과 징용에 식민지인 반발, 보스턴 학살 사건 1774년 1차 대륙회의 소집
독립 전쟁	1775년 렉싱턴/콩코드 전투, 2차 대륙회의 1776년 토머스 페인의 《상식》 출간, 독립선언서 채택 1777년 대륙회의에서 '연합헌장' 채택 1778년 미국이 프랑스와 동맹해 영국에 대항 1781년 영국의 콘월리스 장군이 요크타운에서 항복 1783년 파리강화조약 서명, 미국 독립 승인
건국 과정	1781년 연합규약 제정 1783년 제헌회의 소집 1787년 제헌회의에서 헌법 제정 1788년 각 주에서 헌법 비준 1789년 초대 대통령에 조지 워싱턴 선출, 취임 1791년 권리장전 승인 1801년 수도를 필라델피아에서 워싱턴DC로 옮김

식 승인을 받았다. 전쟁은 끝났어도 건국은 또 다른 문제다. 1781년에 연합규약을 제정하고 1783년 13개 식민지들이 제헌회의를 소집해 1787년 헌법을 제정한다. 이듬해 각 주에서 헌법을 비준하면서 1789년에 조지 워싱턴이 드디어 초대 대통령으로 취임했다.

1763년에 7년 전쟁에서 영국이 이기자 전쟁 승리에 기여를 많이 한 식민지 민병대는 기대가 몹시 컸는데 막상 돌아온 것은 아주 참담한 영국의 정책이었다. 식민지 사람들은 종전 이후에는 서부로 진출해 땅을 많이 가질 거라는 기대에 부풀었으나, 영국은 애팔래치아 산맥 서쪽으로는 식민지 사람들이 진출하지 못하도록 했다. 이처럼 서부 진출 기회 박탈이 1차적 불만이었다.

  2차적 부담은 늘어난 세금 부담이었다. 영국 의회는 전쟁을 치르며 늘어난 국가 부채를 줄이기 위해 돈이 필요하니 식민지에 관세를 강화했다. 더구나 영국은 자신들의 군대가 식민지에 주둔하는데 드는 비용까지도 식민지에게 부과했다. 영국의 논리는 식민지 방위가 일차적으로 식민지인에게 혜택을 주기 때문이라는 것이었다. 영국 군인들이 식민지 민가에 얼마든지 들어가서 머물 수 있도록 숙영법 quartering Act까지 통과시켰는데 식민지인들은 크게 반발했다.

  영국이 이렇게 강압적인 정책을 펼친 데에는 영국이 아메리카 식민지를 이류 식민지라고 생각했기 때문이다. 하지만 과거와는 달리 당시 식민지인은 영국에서 이주해온 영국인 1세대가 아니라 식민지에서 태어난 2세대 아메리카인이었다는 사실을 영국이 간과한 것은 패착이었다. 결국 불만은 쌓이고 쌓여서 결국은 폭발하고 말았다.

  맥주 중에 새뮤얼 아담스Samuel Adams라는 맥주가 유명하다. 새뮤얼 아담스는 독립전쟁 당시 "자유의 아들들Sons of Liberty" 단체를 만들어 지휘했던 실제 인물이다. 성격이 상당히 급하고 행동이 민첩해 영국 군대를 곤경에 많이 빠뜨리게 했는데 그는 '대표 없이 과세 없다No taxation without representation'라고 외쳤다. 식민지 의회 의원들을 영국 국회에 보낸 다음에 그곳에서 토의를 거쳐 나온 세금 법안이라야 식민지인들이 인정하겠다는 말이다. 영국은 당시에 설탕법, 통화법, 인지세법, 숙영법, 타운센트법, 차세법, 강압법 등 각종 법을 수없이 남발하면서 식민지인들을 곤경에 빠뜨리자 식민지인들이 더 이상 견디지 못하고 폭발하고 말았다.

독립혁명의 주요 인물

조직	인물
자유의 아들들 (Sons of Liberty)	새뮤얼 아담스, 존 행콕, 폴 리비어, 조지프 워런, 제임스 오티스, 벤자민 처치
건국의 아버지 (Founding Fathers)	토머스 페인, 패트릭 헨리, 존 애덤스, 조지 워싱턴, 알렉산더 해밀턴, 벤자민 프랭클린, 토머스 제퍼슨, 로저 셔먼, 로버트 리빙스턴

제일 먼저 렉싱턴과 콩코드 전투가 벌어지는데 보스턴의 은세공업자인 폴 리비어Paul Revere가 기여를 많이 한다. 폴 리비어에 대한 노래와 조각도 많다. 콩코드 전투에서 식민지 시민군 희생은 적었지만 영국군이 많이 죽었다. 영국은 큰 충격을 받아 병력을 대거 파견해 본격적으로 독립전쟁이 일어난다. 1차, 2차 대륙회의가 열려 워싱턴은 버지니아 대표로 당선된다.

재미있는 점은 과거 프렌치인디언 전쟁 당시 입었던 본인의 군복을 다시 입고 1차 대륙회의에 참석했다는 점이다. 당시 조지 워싱턴은 군인도 아니었고 그냥 농장주였는데 상황이 심각하다고 생각해서 버지니아 의원 대표로 가면서 이 군복을 입고 간 것이다. 이런 복장이 다른 사람들한테 깊은 인상을 남겼는지 1년 후 1775년 제2차 대륙회의에서 만장일치로 조지 워싱턴은 대륙군 총사령관으로 임명되었다.

영국군과 대륙군 비교

우리가 생각하기에 대륙군 하면 훈련을 많이 받고 병력도 많으리라 생각하기 쉬운데 전혀 그렇지 않았다. 이들은 훈련도 제대로 받지 못한 상태에서 4개월 정도 군인으로 대충 복무하면 고향으로 돌아가 농사를 짓는다고 생각했다. 당시에 이들을 미닛맨Minute man이라 불렀다. 농사 일을 하다가 병 소집을 당하면 1분 만에 집에 있는 군복을 후다닥 입고 총을 들고 군대에 합류한다는 말이다.

이처럼 군인들의 군 기강이 안 잡힌 상태에서 워싱턴이 대륙군 총사령관으로 임명됐기 때문에 군사 행동을 벌이기에는 아주 턱없이 부족했다. 하지만 워싱턴은 탁월한 리더십을 발휘해 해이한 군인들을 정규군으로 탈바꿈시켜 전투를 성공으로 이끌어 나갔다. 당시 영국군은 레드 코트red coat라고 불렸다. 빨간 옷을 입었기 때문인데, 독립전쟁 당시 영화들을 보면 영국군들이 쫙 줄을 서서 편대를 만들어 진군하면서 총을 쏘는 모습이 나온다. 이들 영국군은 지휘관이 전투 경험도 많고 헤센 용병 같은 독일인도 많았다.

식민지군에는 해군이 전혀 없었지만 영국 해군은 강력했기 때문에 물자 조달을 쉽게 할 수 있었다. 영국군은 정통적인 전투를 했기에 게릴라전 경험이 없었다. 보통 평원에서 전투를 하는데 익숙해 줄 맞추어 행군은 잘했으나, 아메리카에 와서 애팔래치아 산맥을 건너며 산악 속에서 진군하기란 쉽지 않았다. 대륙군 민병대는 숫자도 부족하고 훈련도 부족했기에 전통적 방법이 아니라 게릴라 전투를 전개해야만 했다. 현지 상황을 잘 알고 있던 대륙군은 지형지물을 최대한 이용해 치고 빠지는 식으로 영국군에게 막대한 피해를 입혔다.

식민지인들은 프렌치인디언 전쟁을 치르면서 프랑스와 크게 싸웠기 때문에 서로 관계가 좋지 않았지만 이제는 적이 영국으로 바뀌었으니 프랑스의 도움을 점차 받게 되었다. 처음에는 프랑스가 도와줄 생각을 하지 않았다. 왜냐하면 식민지 군대가 질 것 같았기 때문이다. 하지만 식민지 군대가 끈질기게 저항하고 군데군데 승전을 거두자 프랑스가 마음을 돌려 물자와 군대 지원을 해주었다. 대륙군의 군사 훈련이 턱없이 부족했기 때문에 프랑스는 군사 고문을 보내 훈련도 시켜주었다. 그래서 대륙군이 분투한 것은 인정하지만 만약 프랑스의 지원이 없었다면 미국의 독립전쟁은 실패했을 것이다.

프랑스와 미국은 이처럼 혈맹관계였었는데 미국 건국 후 프랑스혁명이 일어나자 워싱턴은 중립 정책을 썼다. 프랑스는 미국의 도움을 기대했으나 자국을 도와주지 않은 미국을 맹비난을 하여 양국간에 하마터면 전쟁이 일어날 뻔하기도 했다.

독립전쟁 당시 조지 워싱턴의 드림팀

독립전쟁 당시 워싱턴에게는 드림팀이 있었다. 나다니엘 그린, 헨리 녹스, 라파예트, 알렉산더 해밀턴이 바로 그런 인물이었다. 특히 나다니엘 그린은 보스턴 주물 업자 출신이라서 총기류 제작에 많이 기여해 군사력 제고에 혁혁한 공을 세운다.

보스턴 서점 주인이었던 헨리 녹스는 자기 서점에 꽂혀있는 책을 꺼내 읽으면서 군사 전략에 통달했다. 헨리 녹스는 조지 워싱턴 측근으로 있으면서 전투 승리에 크게 기여했고 나중에 조지 워싱턴 정부에 입각해 초대 전쟁 장관까지 지냈다. 미국 해군을 창설한 인물이기도 하다. 서점 주인이 전쟁장관이 됐다면 이상하게 생각되지만 실제 이야기다. 전쟁장관은 국방장관에 해당된다.

알렉산더 해밀턴은 군인은 아니었지만 매우 똑똑했기에 참모로서 전투 정보를 입수해 분석하는 상황 판단에 능했는데 나중에 재무장관까지 되었다. 프랑스 귀족이었던 라파예트는 워싱턴이 영국에 대항해 독립하려는 데에 공감해 워싱턴을 위해 몸을 바쳤다. 친자식이 없었던 조지 워싱턴은 라파예트를 크게 중용했고 양자로 간주했다. 하지만 프랑스 사람이었기에 워싱턴이 나중에 대통령이 되어서는 어떤 직책도 맡지는 못했다.

워싱턴의 군사 전략은 기본적으로 게릴라전이었다. 야간 습격도 많이 했다. 영국 정규군은 후퇴를 굉장히 불명예스럽게 생각했으나 조지 워싱턴은 밥 먹듯이 후퇴를 일삼았다. 왜냐하면 부족한 병력으로 정면 대결하다가는 병력을 다 잃기 때문이었다. 요새fort는 전통적인 전투에서는 굉장히 중요한 거점이었으나, 워싱턴은 예전에 요새를 만들다가 실패한 적도 많아서 거점을 중시하지 않았다. 하여튼 조지 워싱턴은 민병대를 제대로 훈련시키고 프랑스와 동맹을 제대로 유지하면서 게릴라 전술을 능수능란하게 펼쳐 독립전쟁에서 최종 승리를 거두었다.

5

대통령 워싱턴

미국 헌법 이야기

　조지 워싱턴이 대통령이 되었을 때 얘기를 해보자. 우선 1788년에 미국 헌법이 공식 발효된다. 원래 1년 전에 헌법을 제정했는데 13개 주에서 뉴햄프셔주가 9번째로 비준하면서 3분의 2를 넘어서 헌법이 발효되었다. 이를 토대로 1789년에 연방의회가 구성되고 선거인단 투표에서 조지 워싱턴이 초대 대통령으로 선출되었다.

　우리가 영화나 드라마를 보면 미국 대통령을 미스터 프레지던트 Mr. President 라고 부르곤하는데 워싱턴이 이 표현을 매우 좋아해 그때부터 불문율로 자리잡았다. 초선과 재선 모두 워싱턴은 만장일치로 대통령에 당선되었다.

　1787년에 제정된 미국 헌법 전문은 그대로 놔둔 채 시간이 지나며 수정 헌법들이 더해진다. 왜냐하면 미국 헌법에서는 개인의 자유에 대한 얘기는 넘쳤지만 제대로 명문화되지 못했기 때문이다.

1791년 헌법 수정 : 권리장전

1조	종교 자유, 표현 자유, 언론출판 자유, 집회 자유, 정부 청원 자유
2조	무기를 소지할 권리
3조	민간인이 군인에게 거처를 제공할 의무 없음
4조	부당한 압수, 수색으로부터 보호받을 권리
5조	생명권, 신체 자유 권리, 사유재산권, 불리한 진술 않을 권리
6조	형사 재판에서 피고인의 권리
7조	민사 재판에서의 권리
8조	과도한 보석금, 과도한 벌금, 과도한 처벌 금지
9조	시민의 권리는 헌법에 명시된 것만으로 제한되지 않음
10조	연방 정부에 위임되지 않은 권한은 주 정부와 시민에게 있음

1789년에 뉴욕시에서 최초 연방의회가 열렸을 때 개인 자유를 보호하는 헌법 개정 요구가 만장일치로 통과되어 의회는 12개 조항을 마련했다. 1791년에 주에서 비준된 10개 조항이 헌법의 일부가 되었는데, 이른바 권리장전이다. 종교 자유, 표현 자유, 언론출판 자유, 집회 자유, 정부 청원 자유 등 권리장전이 더해졌다. 연방이 너무 강해지고 국가의 권한이 너무 커지면서 개인들의 자유가 많이 침해당할까 봐 이를 막아주는 기능을 한다. 불가침 양도할 수 없는 개인의 권한 얘기는 모두 권리장전에 들어가 있다. 계속 논란이 되고 있는 개인의 무기 소지 권리도 권리장전 2조 사항이다.

초기 내각 구성

초기 내각에서는 알렉산더 해밀턴이 재무장관, 헨리 녹스가 육군장관, 토마스 제퍼슨이 국무장관이 된다. 파벌 싸움도 심각하게 진행되어 연방당과 민주공화당이 격렬하게 대립했다. 조지 워싱턴은 연방당의 핵심인 알렉산더 해밀턴 그리고 민주공화당의 핵심인 토마스 제퍼슨 두 사람을 다 좋아하긴 했다. 하지만 국가의 어떤 정체성과 정책을 만드는 데 있어서 너무 치고받고 싸우는 바람에 아주 진절머리가 났다. 대통령 재임을 하려고 자신이 과연 대통령을 다시 해야 하나 말아야 하나 고민할 정도였다.

연방당은 연방 정부의 권한을 강조했고, 민주공화당은 각 주의 독립성을 강조했다. 건국 초기에는 민주공화당이 득세하는 것 같았지만 시간이 지나면서 연방당의 역할이 커졌다. 왜냐하면 외국과 전쟁을 하려면 개별 주 입장을 너무 생각해서는 전쟁에서 이길 수가 없었기 때문이다. 그래서 프랑스 혁명이 진행되며 연방당의 권한이 계속 강화되었다.

연방정부 주도의 재정경제 정책

연방 정부가 여러 정책을 폈는데 우선 경제 정책을 보자. 전쟁 당시에 연방 정부가 주체가 되어 외국/국내 부채를 액면가 그대로 상환을 하곤 했다. 이러한 부채 상환을 위한 자금을 확보하려고 채권을 발행했다. 연방 정부의 부채 상환에 대해서는 주 정부가 책임을 지지 않고 대신 수도를 남부로 이전하기로 해밀턴과 제퍼슨이 합의를 했다.

당시만 하더라도 중앙은행이 따로 없었다. 그러니까 각 주에 개인 은행들은 있었지만 연방 차원의 중앙은행이 없어서 화폐를 발행하는 데에 애로를 겪고 있었다. 이때 알렉산더 해밀턴의 주도로 중앙은행을 만들어 연방 정부의 자금을 보관하고 투자하고 지폐를 발행할 수 있도록 했다. 이처럼 중앙은행은 자본 축적을 위한 재원, 세금 원천은 물론이고 신용수단을 제공했다.

미국인이 외국에서 위스키를 수입하면 정부는 거기에 대해 1791년에 물품세를 매겼다. 펜실베이니아 위스키 업체들이 물품세로 인해 위스키의 소비자 가격이 오르니 불만이 많아져 반란을 일으키기도 했다. 그래서 워싱턴은 불씨가 더 확산되지 않도록 군대를 보내 반란을 과감하게 평정하기도 했다.

당시만 하더라도 연방당이 주도했기 때문에 기업인, 상인, 대농장주 같은 경제 엘리트에게 유리한 경제 정책을 폈다. 토머스 제퍼슨 대통령 시기에 들어와서는 정책이 바뀌긴 하지만 워싱턴 대통령 시기에는 경제 엘리트에게 유리한 경제 정책을 펼쳐서 세수를 늘리고 정부 지출도 늘렸다.

중립을 추구한 외교 정책

외교 정책도 중요하다. 조지 워싱턴이 대통령이 되고나서 프랑스 혁명이 발발하자 영국과 프랑스 사이에 끼여 미국이 고민에 고민을 거듭했다. 독립전쟁 당시에 프랑스가 미국을 많이 도와줬으나, 이제 막상 문제가 생긴 프랑스는 미국의 도움을 기대했기 때문이다. 처음에는 프랑스 왕정이 그런 기대를 했었고 나중에는 공화정에서 기대했는데 미국은 자제력을 발휘하여 유럽 상황에 개입하지 않았다.

이런 과도기에 영국과의 전쟁이 거의 일어날 뻔했고 또 3년이 지나고 다른 사건으로 인해서 프랑스와의 전쟁이 날 뻔했다. 실제로 전투가 약간 벌어지기도 했으나 확전되지 않아 전쟁으로 비화되지는 않았다. 미국은 프랑스, 영국의 어느 편도 들지 않는다는 것이 워싱턴의 입장이었는데 그 이유는 나라의 틀이 아직 잡히지도 않은 상태에서 전쟁에 휘말리면 국익에 이롭지 않기 때문이다. 지금 봐도 현명한 정책이었다.

미비했던 사회 정책

조지 워싱턴의 사회 정책은 경제 정책, 외교 정책에 비하면 미비했다고 말할 수밖에 없다. 노예, 원주민, 여성, 소수자의 인권에 대한 정책이 미흡했기 때문이다. 1790년에 인디언과의 전투에서 패배한 이후에 1794년 팔런팀버 전투에서 무자비하게 원주민을 진압하기도 했다. 1789~91년에 권리장전을 강하게 지지했으나 여성 권리를 신장하지 못한 한계를 드러냈다. 그리고 1792년에는 도망노예법 Fugitive Slave Act을 제정하여, 노예가 다른 주로 도망가면 원래 주인에게 반환되도록 규정했다.

조지 워싱턴의 대통령 고별사

1796년에 조지 워싱턴은 대통령 고별사를 발표했다. 당시 주위에서는 3선에 나가라고 권유한 사람들이 많았다. 4선은 물론이고 유럽의 세습 왕처럼 영원히 대통령을 하라며 유혹도 많았다. 왜냐하면 당시에는 헌법에 3선 금지 조항이 없었기 때문이다. 하지만 조지 워싱턴은 밖으로는 유럽과의 전쟁, 안으로는 연방당과 민주공화당 간의 갈등 때문에 아주 치를 떨었다. 그래서 대통령 임기 종료가 6개월 전에 신문에 아예 공개적으로 고별사를 발표했다. 고별사의 일

조지 워싱턴 대통령의 고별사(George Wasington's farewell address)
(출처_위키피디아)

부를 보자.

"남부와 북부, 대서양과 서부의 지역적인 차이를 구실로 삼아 파벌을 조장하려는 자들이 있는데 이는 우리 연방을 해칠 수도 있기 때문에 각별한 주의를 기울여야 합니다"고 말했다. 또 아래에는 "무엇보다도 특정 국가에 대해 완고한 혐오감을 갖거나 열렬한 애착심을 갖는 태도를 배제해야 합니다"라는 부분이 있다. 이것은 프랑스와 영국에 해당된다. 미국이 유럽의 정치적이거나 일상적인 문제에 연루되는 것은 현명한 처사가 아니니 중립적인 태도를 취해야 한다는 의미다.

본인은 그동안 이렇게 했는데 차기 대통령이 이를 잘 지키지 않으면 문제가 생기니까 조심하라는 노파심에서 이런 글을 썼던 것이다. 이후에 대통령들이 전임 워싱턴 대통령의 뜻을 받들어 중립적인 외교 정책을 계속 유지했던 것은 사실이다.

6
퇴임 후 그리고 총평

프랑스와의 XYZ 사건

조지 워싱턴은 퇴임하고서 자신의 농장인 마운트버넌으로 돌아가 오랜만에 느긋한 생활을 즐겼다. 그러나 존 애덤스가 2대 대통령을 재임하고 있을 때 외교 사건이 터지고 말았다. 미국이 프랑스에 외교 특사를 보내려고 하는데 프랑스의 당시 총재정부가 미국 특사를 받는 조건으로 미국이 프랑스에게 뇌물과 거액의 차관을 줘야 한다고 굴욕적인 요구를 한 것이다. 이른바 XYZ 사건이었다.

미국은 프랑스의 이런 반응에 단단히 화가 나서 미국 의회는 유사시 군대를 즉각 출동하는 안을 통과시켰다. 이런 상황에서 존 애덤스 대통령은 1798년엔 협의도 거치지 않고 조지 워싱턴을 중장으로 승급하고 총사령관에 임명해버렸다. 마운트버넌에서 편안하게 지내던 워싱턴은 갑자기 총사령관으로 임명되자 애국심으로 똘똘 뭉쳐 자신의 몸에 남아 있는 모든 피를 바쳐서 일을 하겠다고 다짐을 했다. 그리고 부총사령관으로 해밀턴도 지정했다. 하지만 전쟁으로 비화되지 않고 다행히 해프닝으로 끝났다. 그래서 조지 워싱턴은 괜히 바빴다가 마운트버넌으로 되돌아갔다.

조지 워싱턴의 유언장

용의주도한 워싱턴은 유언장을 미리 만들어 놓았다. 그런데 유언장을 만들어 놓고 나서 5개월 후에 정말로 문제가 생겼다. 12월 날씨가 추울 때 워싱턴이 농장주로서 농장 여기저기를 돌아다니며 점검하다가 비도 맞고 우박까지 맞고 말았다. 이로 인해 후두염에 걸려 고열이 나서 의사들이 와서 치료에 나섰다.

요즘 같으면 염증 처방약이 있어서 별 문제 없이 끝날 수도 있었는데 당시 의사들은 혈액을 마구 뽑았다. 이른바 방혈인데, 몸 상태가 나빠지면 좋지 않은 피가 온몸을 돌아다녀서 병을 악화시킨다고 생각해 혈액을 빼내는 시술을 했던 것이다. 문제는 방혈을 너무 많이 하면 기력이 떨어져서 결국 사람이 죽게 된다. 의사는 10시간 만에 워싱턴의 몸 속에 있는 혈액을 40%나 채혈했다고 한다. 그래서 1799년 12월에 67세 나이로 조지 워싱턴은 사망하고 만다. 워싱턴은 마지막으로 이런 말을 남기고 19세기 시작 직전인 1799년에 세상을 떴다.

"나는 이제 죽습니다. 나를 잘 매장해 주시고 내가 죽고 난 후에 이틀이 지나기 전에 관에 넣어주시기 바랍니다. 모두들 아시겠지요? … 참으로 … 그래요. 나는 … 만족합니다.(Tis Well)"

조지 워싱턴에 대한 총평

조지 워싱턴은 국민학교 2년 교육만 받았지만 독서와 독학을 통해 지식을 습득했고 군대와 농장, 식민지 의회 현장에서 생생한 지식과 지혜를 배우고 실패를 통해 교훈을 얻었다. 독립전쟁 승리 후 대통령이 되어서는 잔뜩 엉킨 국내외 갈등을 풀어나가며 신생국을 반석에 올려놓아, 200년이 지난 지금까지도 탑3 대통령으로 존경받고 있다.

조지 워싱턴은 현장과 사람을 통해 많은 것을 습득해 나가는 인물이었다. 특히 땅 투자나 농장 경영에 있어서는 귀재였다. 포토맥강에서 선박 운송 사업을 펼치기도 했다. 그는 천성적으로 근면하고 정직했다. 또 용기와 결단력, 책임감이 출중했기에 아랫사람들을 잘 이끌었다.

우리가 생각하기에 워싱턴이 대통령을 하면서 연봉을 많이 받았을 것이라고 생각하기 쉬우나 당시에는 연봉이 없었다. 자신이 일하다가 발생하는 업무비만 정산해 주는 식이었다. 워싱턴이 땅을 많이 보유한 부자라서 그랬는지는 모르겠지만 당시에는 그랬다. 다른 말로 얘기하면 경제적인 이득이 아니라 명예와 국가를 위해서 대통령직 봉사를 했다고 이해하면 된다.

워싱턴은 대통령 재임 초기이던 1789년과 1791년 두 차례에 걸쳐 13개 주 모두를 순회 여행했다. 요즘처럼 SNS, 이메일이 없었기 때문에 당시에는 멀리 떨어져 있는 사람들과 소통하려면 편지를 썼는데 워싱턴은 2만 통이나 썼다. 1979년에 버지니아 대학이 이런 편지들을 모두 모아서 무려 90권 분량의 책을 만들었다. 워싱턴의 이

조지워싱턴대학교에 있는 조지 워싱턴 흉상
(출처_위키피디아)

처럼 많은 편지는 많은 사람들과의 부단한 소통 노력이 아니었다면 불가능했을 것이다.

무엇보다 중요한 것은 조지 워싱턴은 미국이 왕정 국가가 아니라 공화국이 되어야겠다는 신념이 강해 주위 사람들이 3선 출마를 강하게 권유했음에도 이를 거절하고 깨끗이 물러났다는 점이다. 나중에 프랭클린 루스벨트 대통령이 4선까지 하면서 이런 불문율이 깨지게 됐고, 나중에는 3선을 막으려는 개헌까지 했다. 굉장히 오랜 기간에 걸쳐 미국의 역대 대통령들이 한 번의 예외를 제외하고 재선까지만 한 것은 조지 워싱턴의 첫 번째 행보 덕분이다.

조지 워싱턴은 무엇보다도 품성이 좋았다. 위엄, 품위, 분별력, 편안함, 정중함, 온화함, 겸손함, 용감함에서 뛰어났다. 조지 워싱턴은 당시에 노예제가 너무나 일반적이었기 때문에 이를 바꿀 생각까지는 하지 않았지만 개인적으로는 매우 반대했다. 노예들을 많이 거느린 워싱턴은 죽으면서 이렇게 얘기했다. "내 부인이 죽을 때까지만 노예를 유지하고 부인이 죽으면 노예를 다 해방시켜라"라고 얘기를 했는데 실제로 조지 워싱턴이 죽고 나서 3년 후에 부인이 세상을 뜨자 정말로 집안 노예는 모두 해방되었다. 노예제에 대한 워싱턴 개인의 도덕성과 진정성을 느낄 수 있다.

조지 워싱턴에 대한 다큐 형태의 영화들이 좀 나와 있다. 히스토리 채널에서 3부작으로 2020년에 나온 〈조지 워싱턴〉이 재미있게 잘 만들어졌다. 한국의 EBS에서 만든 다큐 프라임 〈대통령은 무엇인가〉에도 조지 워싱턴 얘기가 많이 나온다.

3강

토머스 제퍼슨
(Thomas Jefferson : 1743~1826)
: 르네상스 대통령

토머스 제퍼슨은 미국의 역대 대통령을 통틀어 가장 지성적인 인물이었다. 평생 독서와 서적 수집에 열광하였고, 화재로 장서를 모두 잃은 미국 의회도서관의 서가를 자신이 소장했던 책들로 즉각 채웠다. 계몽가, 건축가, 원예가, 영농가, 발명가, 음악가, 와인 애호가, 철학자, 교육자로서 그는 한마디로 당시 르네상스 맨이었다. 제퍼슨은 독립선언문의 초안을 작성했고, 국회의원, 외교관, 국무장관, 부통령을 차근차근 거쳐 대통령이 되었다. 하지만 정부에 들어가서는 중앙집권을 원하는 연방파에 맞서, 주 중심의 지방분권을 열렬히 주장해 미국 민주주의의 초석을 다졌다.

1
토머스 제퍼슨 총평

'토머스 제퍼슨' 하면 우리는 무엇을 연상하게 될까? 무엇보다도 '건국의 아버지들Founding Fathers'의 한 명으로 독립선언서를 기초한 사람, 혹은 루이지애나 땅을 나폴레옹으로부터 매입해 미국 영토를 단숨에 두 배로 넓힌 사람, 그리고 미국의 세 번째 대통령 정도가 아닐까? 머리를 더 짜봐도 생각은 여기에서 멈추기 쉽다.

제퍼슨은 미국 건국 후 연방당에 대항해 민주공화당을 만들어 현재 미국 민주당의 전신을 만든 인물이다. 조지 워싱턴 정부에서 미국 최초의 국무장관을 지냈고 존 애덤스 정부에서 두 번째 부통령도 역임했다. 대통령 재임시 루이지애나를 편입하고 이어서 원정대를 서부로 파견해 미주리강을 거쳐 로키산맥을 넘어 태평양까지 가는 길을 개척했다. 제퍼슨이 쓴 독립선언서에서 보듯이 그는 자유와 인권을 매우 중시했으나 노예제에 대한 생각은 당시 대세를 거스를 수는 없었다.

제퍼슨은 국무장관으로 임명되기 전에 버지니아주 의원, 연방의회 의원, 버지니아 주지사, 프랑스 공사를 지냈다. 정치가이기도 했지만 철학자였고, 다방면에 재능이 많고 지식이 풍부한 르네상스맨Renaissance Man이었다. 건축 덕후였던 그는 26살에 샬럿츠빌에 자신의 집 '몬티첼로Monticello'를 직접 설계하기 시작해 40여 년에 걸쳐 개축해 나갔다. 원예가, 영농가, 발명가, 음악가이기도 했다. 와인 애호가인지라 프랑스 보르도 와인을 들여와 버지니아에서 직접 재배해 주조하려는 시도도 했다. 제퍼슨은 보르도 그랑크뤼 클라세 1등급 와인을 특히 좋아했다고 한다. 계몽주의자였던 그는 종교를 믿지는 않

토머스 제퍼슨 대통령 평판 : 시스팬 조사

평가 항목	2021년 점수	2021년 순위	2017년 순위	2009년 순위	2000년 순위
총평가	704	7	7	7	7
대중설득	79.6	7	8	8	8
위기관리	70.2	8	13	13	12
경제관리	62.4	11	13	9	13
도덕권위	69.1	11	6	7	8
국제관계	69.2	11	11	18	16
행정능력	72.1	6	7	6	8
의회관계	73.0	5	5	5	5
비전제시	83.8	6	5	6	6
공정추구	47.9	20	17	17	11
당시성과	77.1	6	6	6	6

* 출처: https://www.c-span.org/presidentsurvey2021/?page=overall

미국의 3대 대통령 토머스 제퍼슨 초상화
(출처_위키피디아)

아 이신론자로 분류된다. 그가 르네상스맨이 된 계기는 어려서부터 평생 책 탐독가였고 열성적 책 수집가였기 때문이다.

2021년에 이루어진 시스팬의 역대 대통령 평가에서 토머스 제퍼슨은 몇 위를 차지했을까? 7위였다. 2000년, 2009년, 2017년 평가에서도 일관되게 7위를 유지했다. 10개 항목 중에서 비전제시에서 점수가 가장 높았고, 대중설득에도 능했다. 재임 당시 성과도 우수했다. 공정추구 점수는 유난히 낮았는데, 노예제 찬성 때문이었다. 2000년에는 공정추구 점수가 11위였으나 이후 갈수록 순위가 떨어지더니 2021년에는 20위였다. 그동안 공정추구 자체에 대한 사람들의 인식이 강화되었기 때문이다.

2

젊은 제퍼슨

버지니아맨 제퍼슨

토머스 제퍼슨은 버지니아주와 떼려야 뗄 수 없다. 이곳에서 태어나 자라서 죽었고 이곳을 배경으로 정치 경력을 차근차근 쌓아 나갔기 때문이다. 대통령에서 물러난 후에도 다시 돌아와 대학을 세우고 숨을 거두었다. 제퍼슨에게 미국과 버지니아 중에서 하나만 택해야만 했다면 아마도 버지니아를 선택했을 것이다.

제퍼슨은 1743년 4월 13일 버지니아 알버말 카운티의 샬러츠빌에서 태어났다. 조상은 영국 웨일스 출신으로 아버지 피터 제퍼슨은 조지 워싱턴처럼 토지측량사 일을 하며 지도도 잘 만들었기에, 모은 돈으로 땅을 사들여 농장주가 되었다. 그리고 귀족 가문의 제인 랜돌프와 결혼했다. 정규 교육을 받지 못하고 컸던 아버지 피터는 서재에 있던 책 49권을 아들 토머스에게 읽도록 했고 다섯 살부터 학교에 보내 공부를 많이 시켰다. 교육에 관심이 많던 부모 덕택에 책을 많이 접한 제퍼슨은 해박한 지식과 교양을 갖추게 되었다. 14살 이던 1757년에 아버지가 세상을 뜨자 장남이던 제퍼슨은 5,000에 이커 땅과 수십 명의 노예를 유산으로 물려 받았다.

- 토머스 제퍼슨의 일생 전반부
  1743년 버지니아 알버말 샬러츠빌에서 태어남
  1762년 윌리엄앤메리대학 졸업
  1767년 버지니아주 변호사 개업
  1769년 버지니아 식민지의회 의원(~1775년)
  1770년 고향집이 불에 타자 새 집 '몬티첼로' 지음
  1772년 마사 웨일스 스켈턴과 결혼
  1774년 제1차 대륙회의에 주 대표로 참가
  1775년 제2차 대륙회의에 참가
  1776년 독립선언서 기초의원 선출
  1776년 버지니아의회 의원(~1779년)
  1779년 버지니아 지사(~1781년)
  1782년 아내 마사 사망
  1783년 연방회의에 버지니아 대표로 선출(~1784년)
  1785년 프랑스 주재 미국공사(~1789년)
  1787년 헌법에 권리장전 필요성 역설

제퍼슨이 탐닉한 독서와 건축

대학 입학 전에 라틴어, 그리스어도 배운 토머스 제퍼슨은 1760

년에 윌리엄앤메리대학에 입학해 하루에 15시간씩 책을 읽으며 열공을 했고 2년만에 수석 졸업을 했다. 1693년에 설립된 이 대학 출신 대통령으로는 제퍼슨 외에도 제임스 먼로, 존 타일러가 있다. 대학 졸업 후 조지 위스George Wythe의 후견으로 제퍼슨은 정말로 많은 책을 읽었는데 위스는 나중에 자신의 도서관 책 모두를 제퍼슨에게 넘겼다. 책 없이는 못 살았던 제퍼슨에게 책을 차곡차곡 모아 도서관 장서를 만드는 것은 제퍼슨의 최애 취미였는데 인간의 마음을 기억, 이성, 상상력으로 대별해 책을 정리했다고 한다. 1814년 그의 도서관 장서는 6,500권이나 되었다. 미영전쟁 당시 의회도서관이 모두 불에 타자 제퍼슨은 자신의 장서를 23,950달러에 정부에 팔아 의회도서관 재건에 크게 기여했다.

제퍼슨이 결혼하기 2년 전인 1770년에 부모님 농장에 있던 첫 번째 도서관이 화재로 무너지자 제퍼슨은 이렇게 말했다. "차라리 돈이 탔더라면 결코 한숨을 짓지 않았을 텐데." 건축을 남달리 좋아했던 제퍼슨은 1768년부터 버지니아 샬러츠빌의 600만 평 대지에 자신의 저택을 짓기 시작했다. 저택의 이름을 '몬티첼로Monticello'이라 불렀는데 이탈리아어로 '작은 언덕little mountain'을 의미한다. 그곳이 해발 260m이기 때문이었다. 처음에는 도서관이 2층에 있었는데 나중에 1층으로 옮겨 그곳에서 혼자 책을 읽고 글을 쓰고 그림을 그리고 잠도 잤다.

제퍼슨은 2절 크기의 큼직한 책은 맨 아래 칸에 넣고, 12절 크기의 손바닥만 한 책은 맨 위 칸에 넣었다. 빨간 표지, 파란 표지, 초록 표지, 갈색 표지의 책들을 바닥부터 천장까지 쌓았다. 제퍼슨은 주

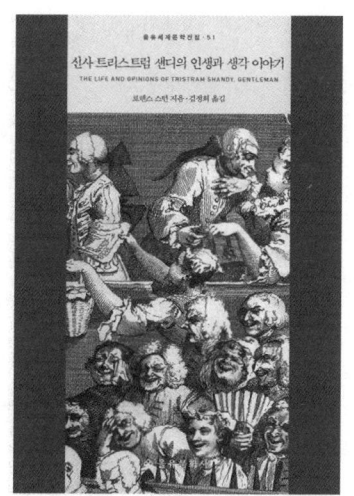

제퍼슨 부부가 함께 좋아한 책은 로렌스 스턴이 쓴 《신사 트리스트럼 샌디의 인생과 생각 이야기》였다. 제퍼슨은 책의 구절이 적힌 종이를 아내의 머리카락으로 동여매서 평생 간직했다.

제에 따라 책을 나누었다. 처음에는 9가지 주제로 나누었다가 나중에는 크게 세 가지로 나눈 뒤, 다시 6개의 주제로 나누었다. 책마다 들어맞는 주제를 정하느라 몇 시간을 보내기도 했다.

이렇게 책을 많이 읽는 토머스의 지식은 상당 수준에 올라 제퍼슨은 버지니아주 대표로 뽑혀 대륙회의에 가서 독립선언문까지 쓰게 되었다. 1782년에 부인이 숨을 거두기 전에 제퍼슨은 둘이 함께 좋아한 책에서 베껴 놓은 구절을 읽어 주었다. 제퍼슨 부부가 함께 좋아한 책은 로렌스 스턴이 쓴 《신사 트리스트럼 샌디의 인생과 생각 이야기》였다. 제퍼슨은 그 책의 구절이 적힌 종이를 아내의 머리카락으로 동여매서 평생 간직했다.

그후 자신의 집을 계속 개축했는데 특히 프랑스 공사 임기를 마친 후에 유럽에서 배운 바에 따라 집을 많이 고쳤다. 건물은 물론이고 정원, 과수원, 포도원, 숲 가꾸기에도 심혈을 기울였다. 이처럼 모두

3강. 토머스 제퍼슨(Thomas Jefferson; 1743~1826) ; 르네상스 대통령

33개 방을 갖춘 대저택을 짓는데 40여 년이나 걸렸다. 과도한 장식이 특징이던 바로크 양식이 아니라, 간결하면서 절제된 팔라디오 양식_palladian style_을 따라 지었다. 실용성, 심미성, 과학성을 모두 갖춘 이 건물은 1960년에는 국립역사경관지구로 지정되었고 1987년에는 유네스코 세계문화유산으로도 지정되었다. 이 몬티첼로 집은 미국 2달러 지폐와 5센트 동전의 뒷면에도 나온다. 현재 토머스제퍼슨재단이 입장료를 받으며 운영하고 있다.

독립혁명 당시 활동

제퍼슨은 1767년에 변호사 자격증을 따고 이듬해 고향에서 치안 변호사를 시작했다. 1769년부터 6년 동안 버지니아 식민지의회_Virginia House of Burgesses_에서 알버말 카운티를 대표하는 하원의원으로 활동하면서 당시 식민지를 압박하던 타운센드법 폐지에도 크게 기여했다. 1772년에 23살의 미망인이던 마사 웨일스 스켈턴과 결혼하여 재산이 크게 늘었다. 제퍼슨은 마사와 10년을 살면서 아이를 여섯 가졌는데 이중 둘만 성인이 되었다. 당뇨병에다가 아이를 많이 낳느라 몸이 약해진 마사는 먼저 가면서 남편에게 재혼하지 말아달라고 부탁했다. 그는 평생 이 약속을 지켰다.

제퍼슨은 1774년 제1차 대륙회의에 주 대표로 참가했고, 1775년 필라델피아에서 열린 제2차 대륙회의에도 참가했다. 1776년 6월 11일 제퍼슨은 벤자민 프랭클린, 존 애덤스, 로저 셔먼, 로버트 리빙스턴과 함께 독립선언문 초안 작성위원회 위원이 되었는데 이 위원회는 제퍼슨에게 초안 집필을 일임했다. 제퍼슨이 심혈을 기울여 작성

토머스 제퍼슨이 초안을 작성한 미국독립선언문(출처_위키피디아)

한 초안은 6월 28일 대륙회의에 제출되었고, 약간 수정되어 1776년 7월 4일에 아메리카 13개국 연합 선언문이 만장일치로 통과되었다. 제퍼슨은 초안에서 영국이 식민지에 이식시킨 노예제를 비판했으나, 노예제에 대한 13개국의 생각이 서로 달라 대륙회의에서는 분열을 두려워하여 노예제 관련 문구를 삭제했다. 최종 독립선언문을 들여다보자. 이 내용은 이종권이 번역한 《이것이 미국독립선언문이다》에서 발췌했다.

"인류의 여정에서 있어서 어느 집단이 그들과 연계된 다른 집단과의 정치적 고리를 파기하고 세상의 여러 정치권력들 사이에서 자연법과 자연신법이 부여한 독립적이고 동등한 위상을 정립할 필요성이 발생하였다면 그 불가피한 이유를 만방에 천명하여 의견을 구하는 것이 인류에 대한 도리일 것입니다. 우리는 다음을 자명한 진리라고 믿습니다.

모든 인간은 평등하게 태어났다. 그리고 그들은 창조주로부터 확보한 불가침의 권리를 부여받았다. 그 (권리의) 일부가 생명, 자유 그리고 행복 추구의 권리이다. 이러한 권리를 담보하기 위하여 인간 사회에 정부가 구성되었으며, 그 정부의 정당한 권력은 시민의 동의로부터 발생한다. 어떠한 정부라도 이러한 목표에 해악이 된다면 그것을 개혁하거나 타파하여 새로운 정부를 수립하고, 그러한 원칙에 기초하여, 그들의 안전과 행복을 가장 충실히 구현할 수 있는 권력을 조직하는 일은 바로 시민의 권리이다.

오랫동안 있었던 정부를 가볍고 일시적인 이유로 교체하는 것은 실로 신중하지 못한 일입니다. 그리고 인류는 몸에 배인 제도를 타파하여 폐악을 바로잡기보다는 인내할 수만 있다면 인내하는 경향이 있음을 역사는 말해 주고 있습니다.

그러나 기나긴 학대와 착취의 행렬이 요지부동으로 단일한 목표를 향해 움직이며 그들을 절대 전제정치의 치하에 예속시키려는 본색을 드러냈을 때, 그러한 정부를 타도하고 미래의 안녕을 위하여 새로운 정부를 출범시키는 것은 시민의 권리이자 의무입니다.

이것이 바로 식민지 체제하에서 (우리들이) 인내로써 견뎌 왔던 고통입니다. 그리고 이것이 바로 오늘날 (우리가) 작금의 통치 체제를 변경할 수밖에 없는 필연적 이유입니다. 지금의 영국 왕은 끊임없는 위압과 침탈의 역사를 써 내려 온 자로서, 그 목적은 오로지 이 땅에서 절대 전제 정권을 구축하는 것입니다. 이를 증명하기 위해서 공정한 세상에 (다음과 같은) 사실을 고하는 바입니다."

이어서 제퍼슨은 영국의 조지 3세가 어떤 통치를 했는지 조목조목 드러내고 어떤 터무니없는 법들을 제정하여 미국 식민지인들을 괴롭혔는지를 고한다. 그래서 미국은 영국으로부터 분리 독립하지 않을 수 없음을 매우 설득력 있게 표현한다.

"그러므로 우리는 부득불 해야 할 일을 하지 않을 수 없습니다. 그것은 바로 그들과의 분리를 선포하고 어느 나라 사람들과 마찬가지로 그들을 전시에는 적으로 그리고 평시에는 친구로 대우하는 것입니다.

따라서 우리 아메리카 합중국 내 각국의 대의원들은 전체 회의를 갖고 우리의 의도가 의롭게 이행될 수 있도록 이 세상 최고의 심판자께 간청하오며, 선량한 식민지 연합 시민들의 이름과 권위로써 (아래와 같이) 엄숙히 발표하고 선언하는 바입니다.

- 우리 식민지 연합은 자유롭고 독립적인 국가들이며 그것은 우리들의 당연한

권리이다.
- 영국 왕실에 대한 우리의 모든 충성의 의무는 해지되었다.
- 그들과 우리의 모든 정치적 관계는 완전히 소멸되었으며, 또한 그렇게 되어야만 한다.
- 자유롭고 독립적인 국가로서 우리는 전쟁을 수행하고 평화를 조인하며 동맹을 체결하고 통상을 수립하는 등 독립국가로서의 권리에 입각하여 실행할 수 있는 모든 조치들에 대한 일체의 권한을 갖는다.

이 선언을 지지함에 있어서, 우리는 하나님의 섭리가 우리를 보호해 주실 것을 굳게 믿으며, 우리의 생명과 재산과 신성한 명예를 걸고 서로를 향하여 굳게 맹세하는 바입니다."

독립혁명 이후 제퍼슨은 버지니아주 정치현장에서 많은 일을 했는데 특히 종교적 자유를 인정하는 법을 만들고 시민 개인의 권리 향상을 위해 노력을 기울였다. 1779년부터 2년 간 버지니아 주지사로 재임했다.

1782년에 아내가 세상을 뜨고 1783년부터 1784년까지 다시 대륙회의에서 일을 하면서 북서부 준주 지역을 조직하는 계획을 기초하는 법안을 작성했다. 의회는 1784년에 공유지 불하조례 Land Ordinance를 의결하였으나, 이 법은 1880년 이후 모든 준주에서 노예제도를 금지한다는 내용을 담았다는 이유로 폐지되었다. 달러 화폐 단위에 십진법을 채택하는 데에 기여해서 "달러의 아버지"라 불리기도 한다.

1785년부터 4년간 프랑스 주재 미국공사로 일하면서 프랑스로부터 깊은 인상을 받은 제퍼슨은 프랑스 혁명 발발 몇 달 후 미국으로 돌아와 헌법 최초의 10가지 수정조항을 더하는 작업인 '권리장전'을 첨가하는 일에 전념해 이 일을 완수하였다. 이로써 미국 국민들의 권리는 더욱 더 보장되었다.

제퍼슨의 정부, 샐리 헤밍스

토머스 제퍼슨이 대통령에 출마했을 때 지금처럼 네거티브한 선거운동이 치열하게 벌어졌다. 제퍼슨 지지파들은 존 애덤스가 영국 왕 조지 3세의 딸과 결혼할 계획이며 미국을 왕정으로 복귀시키려 한다는 터무니없는 소문을 퍼뜨렸다. 반대로 애덤스 지지파들은 제퍼슨이 무모한 아나키 정부를 일으키려 하고 있고 노예인 샐리 헤밍스를 정부로 삼아 한집에서 같이 산다며 엄청난 비난을 퍼붓기도 했다.

제퍼슨은 샐리를 어떻게 정부로 삼게 되었을까? 제퍼슨의 아내, 마사의 아버지인 존 웨일스는 흑인 노예 엘리자베스(베티) 헤밍스를 정부로 두고 혼혈아 여섯을 낳게 되었는데 그 자식 중 막내가 샐리였다. 그러니까 샐리는 마사의 이복 여동생이었다. 마사가 제퍼슨과 결혼하면서 135명의 노예를 데리고 왔는데 샐리도 그중의 한 사람이었다. 마사가 결혼 10년 만인 1782년에 죽자 제퍼슨은 1789년부터 16살 나이의 샐리와 가깝게 되었다.

두 사람 사이에 아이가 일곱 명이나 태어났다. 제퍼슨은 샐리에게 앞으로 태어날 자녀들을 21살이 되면 해방시켜 주겠다는 약속을 지켜 성년기에 도달한 4명의 자녀를 노예에서 해방시켜 주었다. 샐리

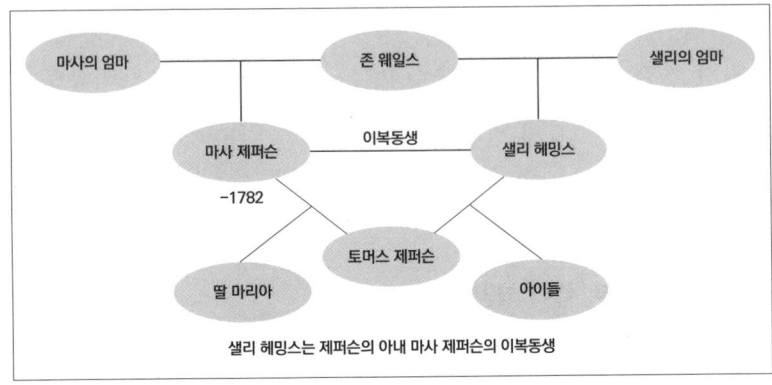

토머스 제퍼슨의 가계도

본인은 제퍼슨이 죽은 후 그의 딸 마사에 의해 비공식적으로 해방되었다. 그녀의 본명은 사라 헤밍스1773~1835이고, 샐리는 애칭이다. 샐리의 초상화는 실물을 그린 것이 아니라, 상상으로 그렸다. 혈통상 그녀는 4분의 3이 백인이다.

사실 제퍼슨과 샐리에 대한 여러 의혹은 200년 동안 논쟁거리였다. 제퍼슨 지지자들은 그럴 리가 없다고 주장했지만 1998년에 샐리 헤밍스의 자손들과 제퍼슨 자손들의 유전자를 비교 분석한 결과, 사실로 입증되었다. 과거 제퍼슨은 그 아이들이 헤밍스와의 사이에서 낳은 아이임을 인정하지 않았었다. 윌리엄 웰스 브라운이 쓴 소설로《클로텔, 제퍼슨 대통령의 딸》이 있다.

제임스 아이보리 감독의 1995년 영화 〈대통령의 연인들Jefferson in Paris〉은 샐리의 아들 매디슨 헤밍스가 부모의 과거를 회상하는 식으로 전개된다. 아내가 세상을 뜬 후 제퍼슨이 프랑스 파리에서 외교관으로 있으면서 벌어지는 이야기가 중심이 된다. 샐리와의 관계뿐

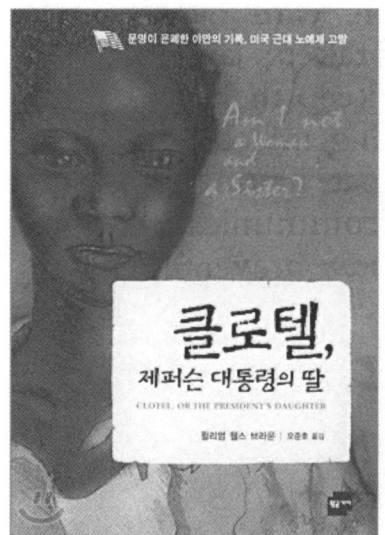 

제퍼슨과 샐리에 대한 여러 의혹은 200년 동안 논쟁거리였다. 관련 이야기를 담은 윌리엄 웰스 브라운이 쓴 소설로 《클로텔, 제퍼슨 대통령의 딸》이 있으며, 제임스 아이보리 감독의 1995년 영화 〈대통령의 연인들Jefferson in Paris〉이 있다.

아니라 유부녀 화가인 마리아 코스웨이 부인과의 (실제로 있었던) 연애사도 다룬다.

3

건국 이후 정치가 제퍼슨의 행보

연방당 vs 민주공화당

　1789년 미합중국이 세워지자 제퍼슨은 조지 워싱턴 대통령 정부에서 첫 국무장관직을 수행한다. 그러나 워싱턴의 최측근으로서 연방당의 지도자이던 알렉산더 해밀턴과 심각한 정치적 갈등을 피할 수 없었다. 해밀턴과의 근본적 불협화음은 강력한 중앙정부보다 주 정부의 권한을 강조하려는 신념과, 친영정책에 반대한 제퍼슨의 친프랑스 노선 때문이었다. 그래서 제퍼슨을 포함한 반연방당 사람들은 1790년대 초에 공화당을 결성하게 된다. 제퍼슨의 공화당은 나중에 링컨의 공화당과 구별하기 위해 민주공화당이라 보통 불린다.

　공화당의 제퍼슨, 매디슨, 먼로가 각각 대통령으로 두 번씩 재임하며 24년 동안 연속 집권을 했기에 연방당은 무력해질 수밖에 없었다. 그 결과 1810년대 먼로 대통령 시기에 공화당 자체에서 남부, 서부 농업세력의 민주공화파와, 북동부 상공업 세력의 국민공화파

연방당 vs 민주공화당

연방당	민주공화당
강력한 연방정부 연방은행 설립 찬성 북부의 상공업 세력 대변 프랑스혁명 당시 영국파	각 주의 독립성 강조 연방은행 설립 반대 남부의 농업 세력 대변 프랑스파
주도자: 알렉산더 해밀턴 기본적으로 귀족주의자 민주주의와 대중에 대해 비판적 정부가 강력한 힘을 가지고 통제해야 국가의 질서와 안정 유지 가능	**주도자: 토머스 제퍼슨** 민주주의 열렬히 지지 국민 대중의 권리와 역할 강조 국가의 힘은 질서유지 역할로 최소화 소수의 부자 감시 평범·선량하게 살아가는 서민을 위한 정치 필요 헌법에 권리장전 포함 주장

로 분화된다. 그후 민주공화파는 잭슨 시기에 민주당으로, 국민공화파는 휘그당, 그리고 공화당으로 연결된다. 이처럼 제퍼슨의 민주공화당과 잭슨의 민주당은 링컨 이전까지 정권 장악에 있어서 반대당인 휘그당의 두 번 단임만 빼고 압도적 우위를 차지했다.

프랑스 혁명에 대한 양당의 입장 차이

제퍼슨이 대통령으로 재임하던 1801~1809년에 프랑스에서는 시민혁명 시기를 지나 나폴레옹이 정국을 지배해 제1집정과 황제로 통치하고 있었다. 나폴레옹은 1799년부터 1804년까지 집정정부의 제1집정이었고, 1804년에 공화정을 버리고 황제로 등극했다.

제퍼슨의 민주공화당은 프랑스혁명과 나폴레옹에 대해 어떤 입장을 취했을까? 제퍼슨은 프랑스 주재 미국 공사로 있기도 했고, 미국이 독립운동을 벌일 때 프랑스는 미국을 지원했기에 프랑스혁명

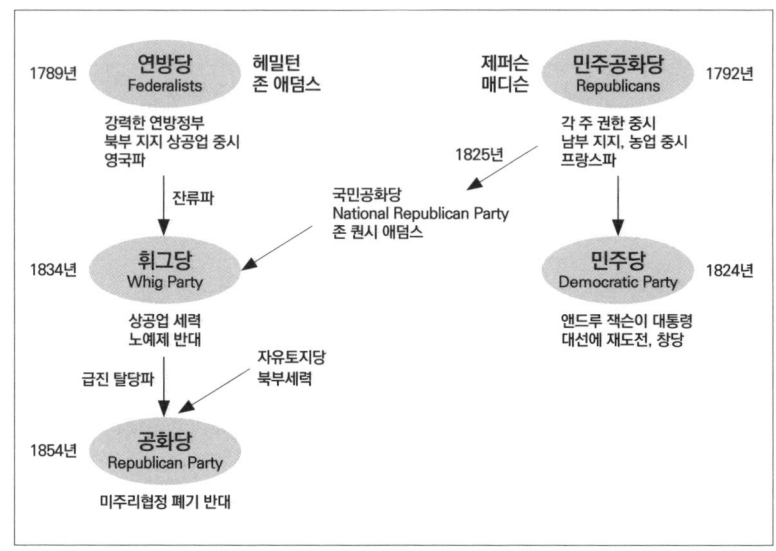

미국 정당의 형성과정

에 긍정적이었다. 무엇보다도 프랑스의 공화정이 미국의 건국 이념과 같았기 때문이었다. 물론 나폴레옹이 황제가 되면서 입장이 좀 바뀌기는 했다.

영토 측면에서 보면 제퍼슨은 더욱 친프랑스였다. 그는 드넓은 루이지애나 땅을 프랑스로부터 헐값에 매입하기도 했고, 영국이 프랑스와의 전쟁에서 지면 영국이 소유권을 주장하던 캐나다나 플로리다 땅을 차지할 수 있어 영토를 추가로 획득할 가능성도 컸던 것이다.

하지만 제퍼슨의 미국 정부는 공식적으로 프랑스나 영국 누구 편도 들지 않는다는 중립적 입장을 취했다. 나라의 틀이 제대로 잡히지 않은 상태에서 전쟁에 휘말리는 것은 여러모로 이롭지 않다는 판단에서였다. 그런데 영국이 미국 선박을 약탈하고 사람을 징용하자 제퍼슨은 1807년에 출항금지법을 발효했다. 모든 미국 선박이 유럽 항구로 출항하는 것을 금지했고, 국내 거래만 허용했다. 이에 친영파 입장을 취했던 뉴잉글랜드의 연방파 의원과 주민은 제퍼슨의 조치를 거부하고 밀수 무역을 감행했다.

연방 수도를 워싱턴DC로

주정부의 빚을 연방정부가 떠안느냐 마냐의 문제를 놓고 북부의 연방당과 남부의 민주공화당은 치열하게 맞섰다. 타협점이 드디어 이루어졌는데 연방정부가 주정부의 빚을 떠안는 대신, 뉴욕시에 있던 당시 수도를 남부에 가까운 워싱턴DC로 옮기기로 하였다.

포토맥 강 연안의 버지니아 주와 메릴랜드 주가 만나는 곳에 수도를 만들고 워싱턴 컬럼비아 특구로 정하기로 했다. 강변의 늪을 메우고 건물과 도로를 건설했다. 대통령 관저와 국회의사당이 만들어지고 두 곳을 중심으로 사방으로 넓은 도로를 건설했다.

백악관 공사 완공에는 무려 10년이나 걸렸다. 2대 대통령 존 애덤스가 1796년에 여기로 옮겨왔을 때 대통령 관저는 계단과 벽이 완성되지 않은 상태였다. 1800년 당시 수도 워싱턴DC는 인구 3,200명의 조그마한 시골 마을에 불과했다. 이처럼 워싱턴DC는 제대로 정착되지 않았기 때문에 연방의회 의원들은 의회 회기 중에만 잠시 들렀다 돌아가곤 했다.

연방당 리더, 알렉산더 해밀턴

알렉산더 해밀턴[1755~1804]은 독립혁명 당시 조지 워싱턴 장군의 부관으로 있다가 미국 헌법 초안 작성에 참여했다. 연방 정부가 만들어지고 초대 재무장관1789~95을 역임했기에 미국 금융의 아버지라 불리기도 하며 미국 10달러 지폐 인물로 들어가 있다. 재무장관에서 물러난 후에는 의회에서 활동했다. 해밀턴은 워싱턴의 노선을 따라 연방 정부 중심의 강력한 중앙 집권을 강조했기에 제퍼슨과 수시로 대립했다.

해밀턴은 카리브해의 서인도 제도(영국령 리워드제도 네비스)에서 태어났는데 아버지는 몰락한 영국 귀족, 어머니는 프랑스 위그노였다. 그는 제퍼슨을 싫어했지만 1800년 애런 버와 제퍼슨 간에 벌어진 대선에서 연방당의 표를 몰아주면서 제퍼슨의 대통령 당선에 크게 기여했다. 애런 버보다는 제퍼슨이 그래도 더 낫다고 판단했기 때문이다. 제퍼슨 정부에서 부통령이던 애런 버는 해밀턴에게 불만을 품어 결투를 신청해 1804년 해밀턴은 총에 맞아 사망하고 만다. 해밀턴은 버를 이렇게 평가했다.

"장점이라고는 눈 씻고 봐도 찾아볼 수가 없으며, 가장 친한 친구조차 그에게서 좋은 점을 찾지 못할 것이다. 그는 지위도 명예도 잃은 완전한 실패자다."

제퍼슨과 해밀턴의 차이점을 비유적으로 표현해보자. 제퍼슨이 미국 정치 담론의 정수가 될 만한 운문시를 썼다면, 해밀턴은 미국 국가 경영에 대한 산문을 썼다고 할 수 있다.

제퍼슨을 제치고 2대 대통령이 된 존 애덤스

조지 워싱턴은 대통령 재임을 하던 1796년에 한 일간지에 고별사를 기고했다. 3선에는 출마하지 않겠다고 밝히면서 당파 대립, 지역 대립이 너무 심하다며 우려를 표명했다. 하지만 두 당파로 첨예하게 대립하고 있던 상황에서 대선이 치러졌다. 선거인단 투표에서 연방당 후보인 존 애덤스는 71표, 토머스 제퍼슨은 68표를 얻어 대통령과 부통령에 각각 당선되었다.

알렉산더 해밀턴과 함께 연방당의 주도 인물이던 존 애덤스는 1789~1797년에 초대 부통령을 지냈고, 1797~1801년에 2대 대통령을 지냈다. 부인 애비게일 애덤스는 미국 최고의 퍼스트레이디로 아직도 존경받고 있으며, 아들 존 퀸시 애덤스는 나중에 6대 대통령이 되었다. 변호사였던 존 애덤스는 보스턴 학살 사건 당시 시민들에게 총을 쏜 영국 병사들을 변호하여 무죄를 유도했고, 과격파 폭동 주동자도 보호했다. 1765년 인지조례 반대투쟁을 하다가 정계에 들어가 독립선언서를 작성했던 건국의 아버지 중 한 명이 되었다.

대통령 취임 직후 벌어진 프랑스와의 'XYZ 사건'으로 대통령 애덤스는 부통령 제퍼슨에게 정치적 승리를 거두었다. 프랑스 외무장관 탈레랑이 미국의 특사에게 뇌물을 요구했다는 사실을 애덤스가 폭로한 것이다. 이 사건으로 미국은 프랑스와 선전 포고 없는 전쟁 Quasi-War에 돌입하기도 했다. 1799년 프랑스에서 나폴레옹이 집권한 후 화해를 촉구하며 협상을 벌인 결과, 양국 관계는 개선되었다.

국내 정책에 있어서 애덤스의 입장은 단연 연방당 편이었다. 애덤스는 대통령 임기 종료 바로 전날 연방대법원 판사들을 전부 연방주의자로 앉히기도 했다. 그는 고집불통 성격에 독설도 심했으나 자신의 신념에 강직하고 청렴했다.

건국 이후 대통령 취임까지 제퍼슨의 행보

토머스 제퍼슨은 1783년 미국 독립이 공인된 후 1801년 미국 대통령으로 선출되기까지 어떤 행보를 보였을까? 1784년부터 5년간 프랑스 주재 공사, 1789년부터 4년간 조지 워싱턴 대통령 재임시 미국 초대 국무장관, 1797년부터 4년간 존 애덤스 대통령 재임시 부통령을 맡았다. 대통령이 되기까지 매우 바람직한 정치경력이었다.

미국의 독립이 국제적으로 공인된 후 토머스 제퍼슨은 1784년에 프랑스 공사로 부임해 5년간 파리에 체류한다. 제퍼슨은 파리에서 공사로 있으면서 유럽의 여러 도시(암스테르담, 프랑크푸르트, 마드리드, 런던 등)에 가서 정말로 많은 책을 샀다. 제퍼슨은 공사로 5년 있으면서 무려 2,000권의 책을 샀다. 하루에 한 권 이상을 산 셈이다. 프랑스에 있으면서 많은 것을 보고 배운 제퍼슨은 미국으로 돌아와 인권 신장을 위해 헌법에 10가지 수정사항을 더하는 '권리장전'을 첨가했다.

1789년 조지 워싱턴은 초대 대통령이 되자 존 애덤스를 초대 부통령으로, 토머스 제퍼슨을 초대 국무장관으로 임명한다. 하지만 제퍼슨은 정책 노선을 놓고서 존 애덤스, 알렉산더 해밀턴과 강하게 대립한다. 1796년 대선에서 존 애덤스와 맞붙어 제퍼슨은 3표 차이로 떨어지나, 차점자라서 두 번째 부통령이 된다.

1800년 대선에서도 당파 대립은 여전했다. 선거 결과 현직 대통

미국 화폐 2달러 지폐에 그려져 있는 제퍼슨 초상

령이자 연방당인 존 애덤스는 3위에 머물렀고, 공화당의 토머스 제퍼슨과 애런 버Aaron Burr가 선거인단 표를 각각 73표 얻었다. 그러자 헌법에 따라 연방 하원에서 무려 36번의 무기명 투표를 거쳐 지루하고도 극적으로 제퍼슨이 대통령으로, 버가 부통령으로 선출되었다. 물론 이때 해밀턴의 제퍼슨 지지가 결정적 변수였다. 이로써 미국 역사에서 최초로 집권당이 바뀌며 평화적 정권 교체가 이루어졌다.

4
대통령으로서의 업적

3대 대통령으로 취임한 토머스 제퍼슨은 어떤 행보를 보였을까? 무엇보다도 전임 대통령 존 애덤스가 입법했던 '외국인법'을 즉각 폐지했다. 외국인법에 의하면 대통령은 2년 기한부로 위험하다고 판단되는 외국인을 추방할 수 있는 권한을 가졌다. 이 법은 전시 중에 대통령이 외국인을 추방 또는 구금할 수 있는 '적국인법', 이민자의 시민권 획득을 위한 미국 거주 기간을 기존의 5년에서 1년 더 연장하는 '귀화법'을 포함해 연방당이 공화당의 세력 기반인 이민자들(스코틀랜드, 아일랜드, 독일, 프랑스계 이민자)을 규제하려고 했던 것이다. 이에 맞서 민주공화당의 제퍼슨과 매디슨은 이 법률이 위헌이라며 강력하게 반대했다.

작은 정부, 복권 판매 실천

제퍼슨은 연방당 인사들을 계속 등용하면서 여야 협조 풍토를 조

미국 의회도서관(출처_위키피디아)

제퍼슨은 의회도서관에 처음으로 사서를 뽑아 앉히고 어떤 책을 사야 할지 의견을 제시했다. 대통령 재임 8년 동안 제퍼슨은 영토를 두 배 늘렸지만 의회도서관 장서를 세 배나 늘렸다.

성하고자 노력하였고, 대통령직은 재임으로 충분하다고 공언하고 이를 실천하였다. 또한 제퍼슨은 대통령의 위용을 과시하는 의식을 최소화하였으며 검소한 대통령의 이미지를 보여주려고 노력하였다. 한편, 내국세를 폐지하고 관세와 서부 공유지 판매 수입만을 연방 정부의 세원으로 삼는 동시에 정부 지출을 축소하여 국가 부채를 절반으로 줄였다. 그리고 평시 육군 병력과 군함 보유 규모를 줄여 군비를 감축하는 동시에 미 육군사관학교 설립을 지원했다.

제퍼슨은 작은 정부를 만들기 위해 복권 판매를 허용하고 활성화시켰다. 세금을 적게 거두는 작은 정부가 좋은 정부라고 생각했기에 복권 판매가 세금을 늘리지 않고도 재정을 더 확보할 수 있는 방법이라 여겼던 것이다. 물론 복권에는 사행성이 있으나 복권 구매자가 지불하는 돈은 소액이라 부담이 없다고 봤다. "복권은 고통 없는 세금이고, 매우 이상적인 재정 확충 수단"이라고 말한 바 있다. 물론 주로 중산층 이하 가난한 사람들이 복권을 주로 구매하기 때문에 복권 반대론자들은 복권을 빈자의 세금이라 부르며 반대하기도 했다. 하지만 제퍼슨은 많은 사람들의 반대에도 작은 정부를 만든다는 명분 아래 복권 판매를 활성화시켰다.

제퍼슨이 대통령이 되고 나서도 책 사랑은 여전했다. 의회에는 작은 참고자료 도서관이 있었는데 법률과 행정 관련 책들만 있다는 것을 알게 되었다. 제퍼슨은 의회도서관loc.gov에 처음으로 사서를 뽑아 앉히고 어떤 책을 사야 할지 의견을 제시했다. 대통령 재임 8년 동안 제퍼슨은 영토를 두 배 늘렸지만 의회도서관 장서를 세 배나 늘렸다.

그리고 "언론이 자유스럽고 모든 사람이 그 언론에 접할 수 있을 때 우리 모두는 안전해진다."라고 말할 정도로 제퍼슨은 열렬한 자유언론의 신봉자였다.

루이지애나 매입

제퍼슨이 대통령으로 취임했을 당시 미국 영토는 미시시피강의 동쪽에 국한되어 있었다. 플로리다는 여전히 에스파냐령이었다. 미시시피강 서쪽의 루이지애나는 프랑스 영토였으나 7년 전쟁에서 프랑스가 영국에 패배하자 1763년 파리조약에서 에스파냐가 이 땅을

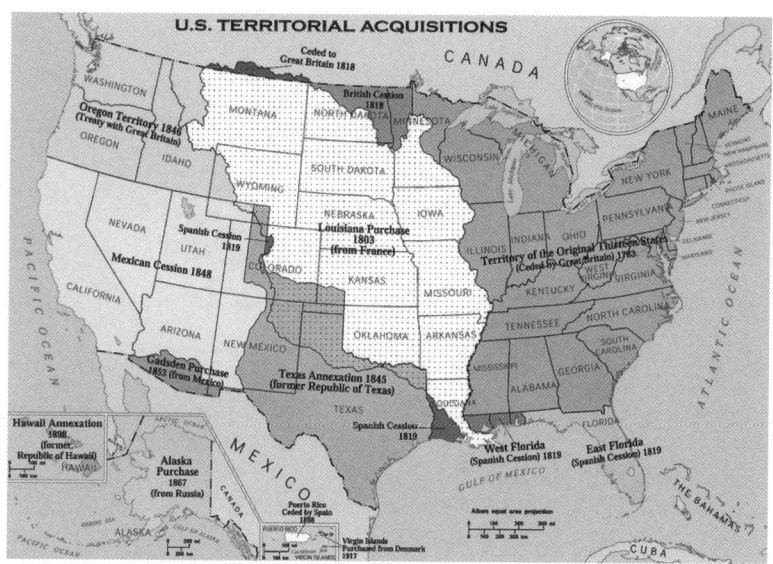

제퍼슨은 1803년에 루이지애나 260만㎢를 8,000만 프랑(1,500만 달러)에 매입하는데 성공했다. (사진_위키피디아)

차지했다.

1795년 미국은 에스파냐와 맺은 핀크니 조약에 따라 미시시피강에서 자유롭게 항해하고 뉴올리언스 항을 자유롭게 이용하는 것을 보장받았다. 하지만 1799년 프랑스 정권을 잡은 나폴레옹은 에스파냐를 정복하고 이듬해 '산 일데폰소 비밀조약'을 체결하여 미시시피 강 서쪽 지역을 반환 받았다.

1790년대에 아이티 지역의 산토도밍고(생도맹그)에서 노예제 폐지를 주장하며 아이티 혁명이 일어났다. 1801년 나폴레옹은 산토도밍고를 지배하려고 2만 5000명의 진압군을 파견했으나 병사들이 황열병으로 속속 쓰러져 나가 1804년에 아메리카 최초의 흑인국가로 결국 아이티가 세워졌다. 그래서 루이지애나를 지키기 위해 파견한 프랑스 병력이 부족해졌다.

1802년 제퍼슨은 프랑스의 위협을 막고자 미국대표단을 나폴레옹에게 보내 미시시피강 하구(뉴올리언스) 매입을 추진했다. 그런데 나폴레옹은 영국군이 루이지애나를 침공할까 우려했고 유럽 원정을 위해 거액의 자금도 필요한 상황이어서 뉴올리언스가 아니라 훨씬 넓은 루이지애나 땅 전부를 팔겠다고 역제안을 했다. 그래서 제퍼슨은 1803년에 루이지애나 260만km^{2}를 8,000만 프랑(1,500만 달러)에 매입하는 데 성공했다.

나폴레옹의 루이지애나 전격 매각 이유는 이렇게 정리할 수 있다.
- 아이티 지역의 산토도밍고에서 반란이 일어났으나 병력 파견이 어려워짐
- 유럽에 전쟁이 일어나면 멀리 떨어진 루이지애나에 신경 쓸 여력 없음
- 영국 해군이 루이지애나를 차지할 가능성이 큼
- 유럽 내 전쟁을 치르려면 많은 자금 필요

서부 깊숙이 탐험 원정대 파견

1803년에 루이지애나 땅을 매입하고 나서 몇 주 후 제퍼슨은 의회에 2,500달러의 예산을 편성해줄 것을 요구했다. 탐험대를 조직해서 서쪽의 지질, 지형은 물론이고 식물과 야생동물 그리고 인디언 부락을 연구해야 한다는 내용이었다. 더구나 그 지역에 대해 영국과

1804년 5월 14일 루이스와 클라크는 30여 명의 개척단과 함께 세인트루이스를 출발해 미주리 강을 거슬러 올라가 탐험을 시작했다. 메리워더 루이스(왼쪽)와 윌리엄 클라크(오른쪽) 초상화(출처_위키피디아)

스페인의 관심이 지대했고 인디언도 많이 거주했기 때문에 무력을 갖춘 탐험대가 필요하다고 판단했다.

제퍼슨은 자신의 개인비서이자 제1부대 대령이었던 메리웨서 루이스와 포병부대 2급 중위였던 윌리엄 클라크를 중심으로 하여 45명으로 탐험대를 구성했다. 이중에는 스페인어와 인디언어 통역사도 대동했다. 제퍼슨은 루이스와 클라크에게 이렇게 신신당부했다.

"어떤 수단을 동원해서라도 연락을 계속 취해야 하오. 그대들의 사명은 미주리 강과 중요한 강 지류를 탐색하고 강을 통해 태평양까지 갈 수 있는 교통 노선을 찾는 것이오. 확실한 수로 교통을 확보할 수 있다면 대륙을 횡단해 무역을 펼칠 수 있는 길도 찾을 수 있을 것이오."

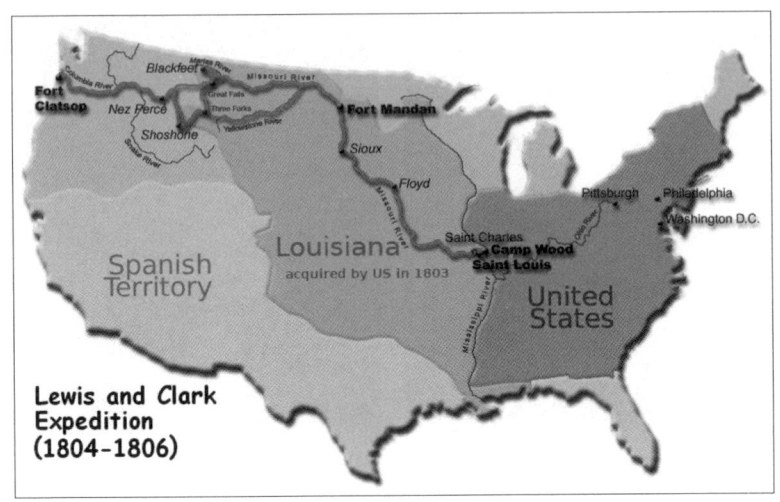

루이스와 클라크의 서부탐사지도(출처_위키피디아)

즉, 이들은 제퍼슨으로부터 세 가지 임무를 부여받았다.
- 서부의 지형, 동물, 기후 정보 수집
- 서부 인디언 문화 연구
- 미주리 강과 콜롬비아강 탐험

1804년 5월 14일 루이스와 클라크는 30여 명의 개척단과 함께 세인트루이스를 출발해 미주리 강을 거슬러 올라가 탐험을 시작했다. 식용/약용 식물 수집과 통역자로 쇼쇼니족의 16세 인디언 사카가위아를 대동했는데, 그녀의 남편은 프랑스계 캐나다인 모피 사냥꾼이었다. 사카가위아는 탐험에서 매우 중요한 역할을 해서 미국 동전 인물로 남아 있다. 이들은 도중에 적대적인 인디언도 만나고 우호적인 인디언도 만나면서 이듬해 미주리 강의 지류인 옐로스톤 강을 지나 미주리강 그레이트폴스Missouri River Great Falls에 이르렀다. 중간에 강은 끊겼지만 로키 산맥으로 진입해 아이디호 주를 넘어 워싱턴 주에 들어서 스네이크 강을 건너 컬럼비아 강에 도착했다. 1805년 10월 포틀랜드 주의 태평양 연안까지 가면서 중서부에서 태평양까지 계속 이어지는 수로는 없다는 것을 알았다. 탐험 2년 4개월만에 방대한 조사기록을 가지고 1806년 9월 23일 세인트루이스로 무사히 귀환했다.

루이스와 클라크의 탐험대와는 별도로, 1805년 제뷰런 파이크는 20명의 남자를 이끌고 세인트루이스에서 시작해 미주리 강 상류로 떠나 노스다코타까지 조사했으며, 콜로라도의 랜드마크인 파이크 피크Pike Peak도 도달했다.

중립적 외교 정책

제퍼슨은 외교적으로 이전 행정부의 중립 정책을 계승했다. 하지만 1806년 나폴레옹이 대륙봉쇄령을 선포하여 영국을 고립시키려 하고 영국이 유럽 해안 봉쇄망 구축으로 맞서자, 미국은 외교적 중립 노선을 지키기가 상당히 힘들어졌다. 특히 영국 해군은 탈주 수병을 체포한다는 명분으로 공해상에서 미국 선박을 빈번하게 수색하고 미국인을 체포하기까지 해서 미국의 국위가 크게 손상을 입었다.

그러자 제퍼슨은 1807년 미국 선박의 외국 출항을 금지하는 '출항 금지법'Embargo Act을 제정해 영국에 각성을 촉구하였다. 이로 인해 미국의 대외 무역이 중지되어 미국의 공산품 수입과 대중 소비가 큰 타격을 입자 퇴임 직전에 이 법을 철회하고 '통상 금지법'Non-Intercourse

Act으로 대체하였다. 이 법에 따라 미국은 영국과 프랑스를 제외한 다른 나라와의 무역을 재개할 수 있었다.

4대 대통령 제임스 매디슨은 제퍼슨을 이어받아 중립적 외교 정책을 추진하려 했으나 헨리 클레이와 존 칼훈 등 주전파의 압력에 밀려 1812년에 영국에게 선전 포고를 하여 미영전쟁이 발발하고 말았다. 처음에는 미국이 우세를 보였으나 1813년 말 나폴레옹의 패색이 짙어지자 영국은 주력 부대를 아메리카에 투입하여 수도 워싱턴DC를 일시 점령하고 백악관을 불태우기도 하였다. 하지만 미군은 볼티모어와 뉴욕 북부, 뉴올리언스에서 영국군에게 이겼다. 결국 미영전쟁은 특별한 승자, 패자로 갈리지 않고 의미없게 종결되었다.

제퍼슨의 퍼스트레이디는 두 딸

우리는 한 국가의 퍼스트레이디 하면 대통령의 아내를 연상한다. 하지만 때때로 대통령이 현직에 있을 때 아내가 없으면 딸이나 조카 딸, 하물며 며느리가 퍼스트레이디 직을 수행하기도 한다.

토머스 제퍼슨의 아내, 마사 스켈턴은 제퍼슨이 1801년 대통령에 취임하기 19년 전인 1782년에 세상을 떴다. 마사 스켈턴은 첫 번째 남편과 결혼한 지 2년 만에 남편을 잃고 1772년 제퍼슨과 두 번째 결혼을 한 것이었다. 아이를 여섯이나 낳았지만 성년까지 살아남은 자식은 마사와 메리 두 딸뿐이었다. 제퍼슨이 1779~1781년에 버지니아 주지사를 하면서 마사 스켈턴은 버지니아 퍼스트레이디를 지내기도 했으나 제퍼슨이 대통령이 되기 훨씬 전에 건강 악화로 대통령 퍼스트레이디가 되지는 못했다. 독립 전쟁 당시 영국군의 공격을 피해 도망 다녀야만 했고 천연두와 당뇨병, 그리고 잦은 출산으로 건강이 상당히 좋지 못해 사망했다. 그래서 두 딸이 퍼스트레이디 직을 맡았다.

처음에는 큰딸, 마사 제퍼슨 랜돌프가 퍼스트레이디를 맡았는데 딸의 남편이 화를 내서 그만둘 생각도 하였다. 그래서 작은딸, 메리 제퍼슨 에피스도 번갈아 가며 퍼스트레이디 역할을 했다. 두 딸의 남편 모두 하원의원에 당선되면서 자연스럽게 정치가 가족이 되었고, 대가족으로서 백악관에서 저녁 만찬을 함께 들었다. 1804년에 작은딸 메리가 25세에 세상을 뜨자 큰딸 마사가 아버지 임기가 끝날 때까지 퍼스트레이디를 맡았다. 마사는 1805년에 여덟 번째 아이를 백악관에서 낳아 백악관에서 태어난 최초의 아이가 되었다.

5

퇴임 이후

은퇴 후 자택에 도서관 만들기

　토머스 제퍼슨은 1809년 대통령 퇴임 후 버지니아 샬럿츠빌에 있는 자신의 집, 몬티첼로로 돌아갔다. 대통령 재임 중에 시간이 부족해 제대로 하지 못했던 독서를 다시 시작했다. 빙빙 도는 독서대를 이용해 한 번에 책을 다섯 권씩 읽었다. 의자와 책상도 빙빙 돌기 때문에 책을 읽으려고 글쓰기를 멈추지 않아도 되었다. 책을 그토록 많이 읽었지만 직접 쓴 책은 《버지니아 주에 대한 기록》, 《의회법 설명서》 두 권에 불과하다.

　제퍼슨은 평생 19,000여 통의 편지를 썼는데, 편지에는 사람들이 어떤 책을 언제 읽으면 좋은지에 대해서도 썼다. 오전에는 과학책, 오후에는 역사책, 잠자기 전까지는 이야기책을 읽으면 좋다고 추천했다. 제퍼슨은 읽어야 할 책을 목록으로 만들고, 많은 책을 선물로 보내곤 했다. 제임스 매디슨에게는 책을 빌려주었고, 제임스 먼로에게는 책을 팔았다. 벤저민 프랭클린의 책을 아무도 원치 않았을 때에는 제퍼슨이 그 책들을 샀다.

미영전쟁 당시 1814년에 영국군이 워싱턴DC에 쳐들어와 국회의사당에 불을 질러 의회도서관에 소장되어 있던 3,000권의 책들이 사라지고 말았다. 화재 발생 즉시 제퍼슨은 자신의 책을 의회에 내놓았다. 의회는 그 책을 살지 말지를 두고 정치적 논쟁을 시작했다. 반대파들은 정치적으로 적대 관계에 있는 제퍼슨의 책을 원치 않았다. 일부 의원들은 제퍼슨의 일부 책들이 신을 믿지 않은 무신론을 퍼뜨리고, 부도덕하고 쓸모없다며 반대했다. 열띤 토론이 길게 이어지다가 마침내 의회는 제퍼슨의 장서를 구입하기로 결정했고 1815년에 워싱턴DC로 옮겨왔다. 마차마다 책을 1톤씩 실어 마차 열 대를 보냈다. 50년 넘게 제퍼슨이 모아온 책 6,500권에 대한 대가로 미국 의회는 실제 책값의 절반쯤인 23,950달러를 치렀다.

덕분에 의회도서관은 화재 이전의 3,000권보다 두 배나 많은 책을 소장하게 되었다. 행정, 정치, 법률을 다룬 책 외에도 절단 수술, 펜싱, 화산, 비료, 우두, 양봉, 직물 짜기, 말라리아, 조개껍질, 어뢰 등 특이한 주제를 다룬 책들이 다양하게 들어왔다. 싸움의 시기를 다룬 책, 낚시할 장소를 다룬 책, 하늘을 나는 방법을 다룬 책, 현미경과 식당 차림표를 다룬 책, 게임과 유령을 다룬 책, 혁명과 기억을 다룬 책도 있었다.

1851년 성탄절 전야에는 의회도서관에 불이 나서 제퍼슨이 내놓은 책의 3분의 2가 타버리기도 했다. 1897년에 의회도서관은 조금 더 큰 건물로 옮겨졌는데 이 건물의 이름은 1980년에 토머스 제퍼

버지니아주 샬럿츠빌에 위치한 버지니아대학교(출처_위키피디아)

슨 건물로 바뀌었다. 제퍼슨이 처음에 팔았던 장서 가운데 2,465권이 토머스 제퍼슨 건물 안 상설 전시관에 진열되어 있다. 현재 미국 의회도서관에는 책이 얼마나 있을까? 3천5백만 권이 넘는다.

　제퍼슨은 평생토록 세 개의 도서관을 지었다. 섀드웰에 있던 첫 번째 도서관(300~400여 권)은 화재로 무너졌다. 두 번째 도서관(7,000여 권)은 몬티첼로에 지었는데 여기 있던 책 대부분을 의회에 팔았다. 세 번째 도서관(1,600권)은 대통령직에서 물러난 다음에 다시 지었다. 또한 퇴임 후에 머물렀던 버지니아주 베드포드 카운티의 포플러 포레스트에 작은도서관을 짓고 700여 권의 책을 소장했다.

버지니아대학교 세우기

　1826년에 자신의 집에서 세상을 뜰 때까지 17년 동안 제퍼슨이 가장 역점을 두었던 일은 무엇이었을까? 바로 대학교 설립을 통한

버지니아대학교의 로툰다(rotunda) 홀(출처_위키피디아)

교육이었다. 의식 있는 민주시민 양성이 목적이었다.

그는 학교 건물을 아카데미 빌리지라 부르며 건축 설계를 직접 했다. 원형건물인 로툰다 홀, 회랑으로 길게 연결된 파빌리온, 그리고 건물들이 한 줄로 이어진 레인지, 그리고 정원을 조성했다. 로툰다 홀은 도서관과 강의실로 사용했고, 2층 건물 10채로 구성된 파빌리온은 교수의 주거와 연구 공간으로, 또 호텔이라 불리던 레인지에는 학생식당, 특별활동 룸, 학교 사무실이 들어섰다.

파빌리온과 호텔을 연결하는 방들은 학생 기숙사로 쓰였다. 각 건물과 사무실은 모두 회랑으로 연결돼 날씨와 관계없이 쉽게 드나들 수 있었다. 특이한 정원이 10개나 있어서 자연친화 휴식공간으로 안성맞춤이었다. 학교 건물은 학문공동체로서 그지없는 공간이라서 1997년 유네스코에 의해 세계유산으로 지정되기도 하였다.

제퍼슨은 아카데미 빌리지 설계뿐 아니라 교수진 선발, 커리큘럼,

미국의 수도 워싱턴DC에 있는 미국의 3대 대통령 토머스 제퍼슨 기념관
(출처_나무위키)

교과서 선정까지 관여했다. 교수가 학생에게 일방적으로 가르치는 방식에서 벗어나 교수와 학생이 자유롭게 의견을 교환할 수 있도록 커리큘럼을 짰다. 교육에서 민주주의를 구현하고 싶었기 때문이다. 제퍼슨은 농장주로서 농업에 관심이 매우 많았기에 버지니아대학이 농업 과학화에 매진할 수 있기를 바랬다. 이처럼 제퍼슨은 자신의 재능과 관심을 대학에 여러 형태로 투영했다.

1825년에 개교하면서 제퍼슨은 초대 총장에 취임했고, 매디슨, 먼로 등 샬럿츠빌 친구들이 돌아가며 버지니아대학 총장을 맡았다. 이 대학 출신으로는 우드로 윌슨, 로버트 케네디(로스쿨), 애드거 앨런 포가 있다.

미국에는 사립 8개 학교로 이루어진 사립 아이비대학 외에도 공립대학으로 이루어진 퍼블릭 아이비Public Ivy도 있다. 캘리포니아대, 텍사스대(오스틴), 마이애미대(오하이오 주 옥스퍼드), 미시간대(앤아버), 노스캐롤라이나대(채플힐), 윌리엄앤메리대, 버몬트대 그리고 토머스 제퍼슨이 세운 버지니아대학이 들어간다.

제퍼슨은 자신이 일생동안 성취한 위대한 세 가지 일로 어떤 것을 들었을까? 독립선언서를 기초한 것, 버지니아대학을 세운 것, 그리고 1771년에 버지니아 식민지에서 지사가 된 것을 들었다. 흥미롭게도 그가 대통령 재임시 업적은 빠져 있고 은퇴 후 대학 설립은 들어가 있다.

워싱턴DC에 가면 포토맥 강가에 토머스 제퍼슨 기념관이 자리잡고 있다. 이 도시에 대통령 이름이 들어간 기념물은 그리 많지 않은데 토머스 제퍼슨은 당당히 들어가 있다. 버지니아 주에 위치한 토머스제퍼슨 과학고도 명문고등학교로 유명하다.

제퍼슨은 대통령 재임시 유럽식의 화려한 리셉션을 단계적으로 줄이기는 했으나 접대 비용은 여전히 많이 들었다. 그래서 엄청난 빚에 시달려 은퇴 후 자신의 거처인 몬티첼로로 이사한 후에 필요한 돈을 마련하려고 이전에 틈틈이 모아 두었던 귀중한 책을 판매해야만 했다. 제퍼슨이 세상을 뜬 후 큰딸 마사는 아버지의 빚을 청산하려고 몬티첼로 집도 팔았다.

제퍼슨의 노예 소유

토머스 제퍼슨은 아버지 피터 제퍼슨으로부터 도서관과 토지 2만 제곱미터, 20여 명의 노예를 상속받았다. 수 년 뒤 아내의 집안을 통해 더 많은 노예를 사거나 물려받아 자신의 토지에서 작물 재배, 수확, 요리, 청소, 건설, 운전, 가축 관리 등의 일을 시켰다. 제퍼슨은 노예들의 노동 덕분에 시간과 돈을 얻어서 과학에 흥미를 갖고 책을 모으고 정치인 이력을 쌓을 수 있었다.

제퍼슨은 인간의 자유의지라는 큰 뜻을 펼치는 데 중요한 역할을 한 독립선언문을 작성했지만, 편견과 관습, 경제적 이득 때문에 아프리카계 미국인에게 자유를 주지는 않았다. 제퍼슨은 노예 수입을 막기 위한 법률 일부의 초안을 작성했다. 새로운 영토에서 노예제도를 금지하는 것을 지지했고 편지와 비평문에 노예제도의 해악에 대해서도 썼다. 그럼에도 정작 본인은 600여 명의 노예를 고용했다. 몬티첼로에서 노예 생활을 한 일부 아프리카계 미국인들의 증언을 보려면 아이작 제퍼슨과 찰스 캠벨이 쓴 《몬티첼로 노예의 회고록》이 좋다.

제퍼슨이 직접 쓴 묘비명

제퍼슨은 죽음이 임박함을 느끼고 자신의 묘비명을 썼다. 묘비명을 보자. "이곳에 토머스 제퍼슨이 잠들다. 그는 미국 독립선언서의 작성자이며, 버지니아 종교 자유법을 만들었고, 버지니아대학교의 설립자다." 그는 조국의 독립을 위해 싸웠고 종교의 자유를 위해 노력했으며 민주주의를 책임질 시민들을 양성하기 위한 교육에 헌신했음을 후세 사람들이 기억해주기를 바란 것이다.

흥미로운 점은 자신이 대통령이었다는 사실을 집어넣지 않았다. 구태여 그 사실을 넣지 않아도 사람들이 잘 알 것이라고 생각했기 때문일까? 사실 제퍼슨은 주변 사람들에게 이렇게 말하곤 했다고 한다. "대통령직은 내가 한 일 중 가장 별 볼 일 없는 일이었어."

토머스 제퍼슨 묘비(출처_위키피디아)

독립선언 50주년 기념일에 사망

토머스 제퍼슨은 독립선언 50주년 기념일인 1826년 7월 4일에 사망했다. 우연히도 그의 정적이자 2대 대통령이었던 존 애덤스도 똑 같은 날에 세상을 떴다. 누가 먼저 죽었을까? 존 애덤스의 아들로 당시 6대 대통령이던 존 퀸시 애덤스(1825~29년 재임)는 임종시 아버지 존 애덤스의 마지막 말을 이렇게 전했다. "제퍼슨이 나보다 오래 사는구나." 하지만 제퍼슨이 자신보다 몇 시간 전에 세상을 떴다는 것을 모르고 한 말이었다.

연방파의 존 애덤스와 공화파의 제퍼슨은 대통령 재임시 치열한 정적이었다. 새 대통령의 취임식에 전임 대통령이 참석해 축하해주는 것은 관례인데 존 애덤스는 제퍼슨의 취임식에 모습을 나타내지 않았다. 제퍼슨의 8년 재임 기간 동안 두 사람은 전혀 소통을 하지 않았다.

두 사람이 젊었을 때에도 그랬을까? 그렇지 않았다. 애덤스는 제퍼슨의 능력을 인정하고 독립선언서를 작성할 때 제퍼슨이 초안을 작성할 수 있도록 추천하기도 했다. 모두 대통령직에서 은퇴하자, 두 사람은 다시 소통을 이어가며 신뢰를 이어 나갔다. 두 사람이 죽을 때까지 14년 동안 150여 통의 편지를 주고받으면서 나라 걱정을 하였다. 한 달에 한 번씩 소통한 셈이다.

미국 대통령 중에는 버지니아 주 출신이 유난히 많은데, 특히 미국 건국 초기에 집중되어 있다. 조지 워싱턴(1대), 토머스 제퍼슨(3대)은 물론이고, 제임스 매디슨(4대), 제임스 먼로(5대), 윌리엄 헨리 해리슨(9대), 존 타일러(10대), 재커리 테일러(12대), 우드로 윌슨(28대)까지 모두 8명이나 된다. 그래서 공화정 국가였으나 "버지니아 왕조"라는 비아냥도 들었다. 제퍼슨 대통령 이후 민주공화당은 24년간이나 집권한 여당이었다. 연방당이 무너지고 휘그당과 공화당이 제대로 자리를 잡지 못해 대통령을 배출하지 못했기 때문이다.

1943년 4월 13일 제퍼슨의 200주년 탄생기념일에 맞추어 워싱턴의 포토맥 강가에는 제퍼슨 기념관이 봉헌되었다. 제퍼슨은 문장력이 뛰어나 글은 매우 잘 썼으나 말주변이 없어서 연설에는 유독 약했다. 그는 평생 1만 9천여 통의 편지를 남겼는데 퇴임 후에도 지인들과 1년에 천 통의 편지를 주고받았다. 분명히 제퍼슨은 연설가는 아니었고 문장가였던 것이다.

4강

앤드루 잭슨
(Andrew Jackson : 1767~1845)
: 히커리 대통령

미국의 7대 대통령 앤드루 잭슨은 우리에게 낯설다. 역대 대통령 평판 조사에서 잭슨은 10위 안에 들지도 않고 20위권에 머물고 있다. 인디언을 대거 서부로 쫓아보내고 땅 투기도 서슴지 않게 저지르고 자신의 농장에 흑인 노예도 많이 거느려 공정, 인권 측면에서도 문제가 많다. 하지만 잭슨은 미국을 지배했던 엘리트 정치에서 벗어나 대중 민주주의를 시작한 선도자로, 현재의 미국 민주당을 만들었다. 스코틀랜드 가계 출신으로 어려서 고생했지만 뚝심으로 자신의 삶을 개척했다. 성격은 괴팍했으나 끈질기다는 이유로 '오래된 호두나무Old Hickory'라는 애칭까지 얻었다. 군인들에게는 큰 인기를 끌어 미영전쟁 당시 뉴올리언스 전투에서 훨씬 많은 영국군을 격파해 대승을 거둔 전쟁 영웅으로 추앙받았다. 평생 13번이나 권총 결투를 했으나 부상만 당했고, 대통령 재임 중에 피살될 뻔했으나 암살범의 두 번 격발이 모두 불발되어 운 좋게 살아났다. 거칠지만 씩씩하고 용감해 대중의 인기를 한몸에 받았던 대통령이었다.

1
앤드루 잭슨 총평

현재의 민주당을 만든 잭슨

현대 정치에서 정당은 필수적인 조직이다. 현재까지 살아남은 정당으로 지구상에서 가장 오래된 정당은 무엇일까? 미국의 민주당 Democratic Party이다. 앤드루 잭슨이 1824년 대선에서 선거인단 수에서 우위를 보였으나 과반이 되지 않아 야합으로 밀려 안타깝게 지고 말았다. 그래서 1828년 대선을 앞두고 마틴 밴 뷰런이 민주공화당에서 떨어져 나와 앤드루 잭슨 중심으로 민주당을 창당했다. 서민 출신인 앤드루 잭슨은 엘리트 가문 출신이 아니면서 전쟁 영웅으로 나와 선거 슬로건으로 '국민이 국가를 통치토록 하라Let people rule'를 내걸며 인기몰이를 했다.

그러자 대선 경쟁 후보로 현직 대통령이던 존 퀸시 애덤스 진영은 위기감을 느끼고 잭슨을 수당나귀(멍청이)라 비꼬며 '앤드루 잭애스Andrew Jackass'라는 별명을 지어주었다. 수당나귀는 어리석고 고집이 센 우스꽝스러운 동물이라는 메시지였다. 그런데 당나귀는 근면하고 성실한 동물이라며 잭슨은 이런 별명을 오히려 대폭 수용하여 선거 홍보 포스터에 당나귀를 전격 사용했다. 이렇게 시작한 당나귀가 현재까지 민주당의 마스코트로 완전히 자리잡았다. 이후 민주당은 앤드루 잭슨을 비롯하여 조 바이든까지 모두 15명의 대통령을 배출했다.

에이브러햄 링컨을 포함해 도널드 트럼프까지 19명의 대통령을 배출한 공화당의 마스코트는 왜 코끼리일까? 율리시스 그랜트 대통령 재임기였던 1874년에 시사만화가 토머스 네스트Thomas Nast가 주간지 〈하퍼스 위클리Harpers Weekly〉에 정치 풍자 만평을 올렸다. 공화당을 비난하고 싶었던 네스트는 코끼리가 사자 탈을 뒤집어 쓴 당나귀를 피하려다 구덩이에 그만 빠지는 모습을 그린 것이었다. 이 만평이 큰 인기를 끌면서 다른 매체에서도 공화당을 코끼리로 묘사하여 지금까지 굳어져버렸다. 물론 당시 공화당은 코끼리가 위엄있고 점잖으면서도 힘까지 갖춘 동물이라며 오히려 좋아했다.

민주당의 전신은 토머스 제퍼슨과 벤자민 프랭클린, 토머스 페인, 제임스 매디슨이 연방당에 반대해 1792년에 만든 공화당Republican party이다. 시간이 지나며 역사학자와 정치학자들이 민주공화당Democratic-Republican Party 용어를 만들었는데 이는 나중에 조직된 공화당과 구별하기 위한 것이었다. 민주공화당이 내건 기치는 자유주의, 공화주의, 개인 자유, 평등권, 분권화, 자유시장, 자유무역, 농업주의, 프랑스혁명 지지였다. 1800년 선거에서 제퍼슨이 집권한 이후 연방당이 쇠퇴하면서 민주공화당은 미국 정치를 한동안 주름

미국의 7대 대통령 앤드루 잭슨 초상화
(출처_위키피디아)

잡았다.

1829년에 대통령이 된 앤드루 잭슨을 반대하는 사람들이 민주공화당에서 대거 탈당하여 과거 연방당 지지자, 민주공화당 내 보수 성향의 국민공화파를 포섭해 1833년에 휘그당을 만들었다. 이 휘그당은 나중에 공화당으로 이어지는데 노예제가 미국 북부로 확산되는 것을 허용한 캔자스-네브라스카 법이 통과되자 이에 반대하는 정치인들이 모여 1854년에 공화당을 창당했다.

- 민주공화당(1792년) → 공화당 민주공화파 → 민주당(1828년)
- 연방당(1789년) → 공화당 국민공화파 → 휘그당(1833년) → 공화당(1854년)

1930년대 프랭클린 루스벨트의 집권으로 사회주의 성향이 짙어지며 민주당의 성격이 매우 달라지면서 지지층도 크게 바뀌었다. 그래서 민주당을 프랭클린 루스벨트 이전과 이후로 나누는 것이 일반적이다.

잭슨의 빛과 그림자

시스팬C-SPAN의 평가에서 보듯이, 앤드루 잭슨은 현재 미국 역대 대통령 상위 10위 안에 들지는 않는다. 대중설득, 비전제시, 위기관리에서는 평가가 높지만 공정추구에서 매우 낮고 최근 들어 도덕권위에서 급격하게 낮아지고 있다. 하지만 이 책에 앤드루 잭슨을 위대한 대통령에 포함시킨 이유는 그가 당시 엘리트 정치를 타파하고 미국식 풀뿌리 정치, 포퓰리즘 정치 시대를 활짝 열었기 때문이다. 그리고 현재의 미국 민주당을 창설한 인물이기 때문이다.

잭슨은 엘리트 배경을 업지 않고 자력으로 변호사, 하원의원, 상원의원, 주지사를 차근차근 거쳐 대통령이 되었다. 더구나 전쟁 영웅이기도 하다. 상류층의 지지가 아니라 중하류층의 지지를 얻어 대중 민주정치를 본격적으로 시작했다. 현재 미국 민주당을 만든 인물이기도 하다.

하지만 대통령으로서 거부권을 마음대로 행사하는 막무가내이기도 했다. 토기 투기를 일삼으며 재산을 늘렸고, 흑인 노예를 많이 거느린 농장주였고, 원주민을 사람으로 보지 않고 마구 죽인 살인마이기도 하다. 사실 잭슨은 당시 백인 시각에서 흑인/원주민을 열등 인간으로 간주했기에 현재 민주당은 되레 잭슨에 거리감을 두고 있다. 하지만 남부의 인종주의적 딕시Dixie들은 잭슨을 우상으로 많이 숭배하고 있다. 도널드 트럼프도 잭슨을 매우 좋아했다.

앤드루 잭슨 대통령 평판 : 시스팬 조사

평가 항목	2021년 점수	2021년 순위	2017년 순위	2009년 순위	2000년 순위
총평가	568	22	18	13	13
대중설득	79.6	8	7	7	7
위기관리	70.2	13	10	6	7
경제관리	62.4	25	26	30	24
도덕권위	69.1	32	20	18	14
국제관계	69.2	23	20	20	19
행정능력	72.1	27	23	18	23
의회관계	73.0	24	21	14	16
비전제시	83.8	10	10	9	12
공정추구	47.9	39	38	35	32
당시성과	77.1	19	13	9	8

* 출처: https://www.c-span.org/presidentsurvey2021/?page=overall

잭슨은 농민, 노동자의 이익을 위해 주로 동부의 자본주의 세력을 용감하게 제어했다. 풀뿌리 민주주의 운동의 시작인 셈이다. 하지만 잭슨은 대통령의 강한 권력을 추구해 법원과 의회의 권한을 무력화하여 권력의 견제와 감시라는 민주주의 본질을 무시했다는 비난을 받는다. 대중의 지지를 기반으로 권력분립을 무시했던 앤드루 잭슨의 사상과 정치적 행보를 현대 자유민주적 공화주의가 아니라 대중의 인기 영향적인 포퓰리즘으로 매도하기도 한다. 이처럼 앤드루 잭슨에 대한 평가는 상당히 엇갈린다.

2

젊은 잭슨

흙수저 출신 잭슨

앤드루 잭슨1767~1845은 스코트-아이리시 이민자 가정 출신 흙수저였다. 그의 부모는 아일랜드에서 이주해온 이민 1세대였고 더 거슬러 올라가면 조상은 스코틀랜드 출신이었다. 스코틀랜드 하이랜드(고지대)에서 살던 그의 조상은 1690년에 아일랜드 북쪽의 얼스터로 건너와서 살았다. 스코틀랜드에서는 영국의 성공회교에게, 아일랜드에 와서는 가톨릭에게 시달렸으나 자신들의 신앙인 장로교를 지켜나갔다.

잭슨의 아버지는 프렌치인디언 전쟁에 참여했던 형으로부터 미국에 대한 이야기를 들었고, 잭슨의 어머니의 자매들은 이미 미국에서 살고 있었기에 1765년 가족을 데리고 노스캐롤라이나 서부의 개척지이던 카타와강 인근의 웩스호스Waxhaws에 정착했다. 정착한지 2년 되던 해에 아버지는 벌목을 하다가 사고로 죽고 잭슨은 3주 후 유복자로 태어났다. 근처 이모집에 어머니와 함께 더부살이하던 잭슨은 고집이 강하고 말썽을 많이 일으키던 사고뭉치이고 독종이었다.

역시 스코틀랜드 혈통의 어머니 엘리자베스는 영국을 매우 싫어했기에 독립전쟁이 발발하자 아들 로버트와 앤드루가 독립군 민병대에 들어가 훈련을 받도록 했다. 1781년에 잭슨은 14살 때 독립군의 전령으로 활동하다가 영국군에게 붙잡혀 형과 함께 포로 수용소에 끌려갔다. 수용소에서 영국군 장교가 자기 구두를 닦으라고 명령했으나 잭슨이 거부하니까 칼을 내리쳐서 잭슨은 손과 얼굴에 상처를 입고 말았다. 이때 생긴 흉터는 죽을 때까지 잭슨의 몸에 남아 있었다. 포로 교환이 이루어지며 수용소에서 간신히 풀려나 신발도 없이 맨발로 걸어 집에 도착했다. 이 과정에서 형 로버트는 후유증으로 죽었고, 잭슨도 천연두에 걸려 사경을 헤매다 겨우 살아났다. 어머니는 독립군 포로 간병을 하다가 콜레라에 걸려 세상을 떠서 잭슨은 졸지에 전쟁 고아가 되었다.

자력으로 성공한 잭슨

부모와 형제를 모두 잃은 잭슨은 한동안 방황하다가 변호사가 되면 자신의 처지를 바꿀 수 있다고 생각해 개척지의 작은 도시에서 수련을 받으며 20살 때 변호사 자격증을 딴다. 그는 노스캐롤라이나의 서부 지역인 프랭클린에 가서 변호사 일을 하는데 이 지역은 나중에 테네시주로 승격되었다. 내시빌에서 지역 실력자였던 윌리엄 블라운트William Blount의 눈에 들어 검찰총장 등 여러 공직을 맡으며 사회적 지위가 급속히 올라갔다. 변호사 존 오버톤John Overton과 파트너가 되어 법률사무소를 세워 활동하다가 체로키족의 땅을 백인에게 넘기는 법률을 제정하여 땅 부자가 된다. 이때 잭슨은 남편과 별거 중이던 레이첼을 만나 정식 이혼 전에 동거하게 되었는데 이로 인해 나중에 대통령 선거에 나가서 상대방 존 퀸시 애덤스로부터 맹비난을 받아 큰 곤욕을 치르게 된다.

민주공화당 당원이 된 잭슨은 1796년에 테네시가 주로 승격되며 하원의원이 되고 이듬해에 테네시주 상원의원으로 당선되었으나 의회 활동이 자신의 체질에 맞지 않았고 가족과 떨어져 워싱턴DC에 체류해야 했기에 6개월 만에 상원의원 직을 사임하고 내슈빌로 돌아왔다. 1798년 테네시주 대법원 판사가 되어 지방 곳곳을 돌아다니며 판결을 잘해 주민들로부터 인기를 얻었다. 1802년에 민병대의 투표로 테네시주 민병대 사령관도 되었다.

땅 투기를 즐기던 잭슨은 금융위기로 큰돈을 잃게 되자 목화농장 사업을 비롯해 여러 사업을 하여 빚을 갚아 나갔다. 목화농장에서는 당연히 노예를 부려야 해서 1804년에 노예 9명을 샀고, 나중에 노예 100명을 거느리기도 했다. 잭슨 사망 당시 1845년에는 노예가 150명이었다.

3
전쟁 영웅으로 대통령에 도전

미영전쟁에서 전쟁 영웅으로 부상

신생 국가 미국에는 크고 작은 일들이 생기며 외국과의 갈등이 커졌다. 정치적 야심이 컸던 잭슨은 정치가를 넘어서 군인으로서 화려한 전공을 세우고 싶어했다. 당시 국제 정세상 앞으로 전쟁이 불가피하다고 판단해 민병대의 리더가 되어 군인들과 호흡을 맞추었다.

1812년 매디슨 정부가 영국에게 선전포고를 하자 잭슨은 대통령에게 자신이 언제든 미국을 위해 출동할 준비가 되어있다는 편지를 보냈다. 북부에서 미군이 영국에게 패배하자 각 주 민병대의 도움이 필요했던 연방정부는 테네시주에게 1,500명의 민병대를 파견해달라고 요청했다. 잭슨의 정치적 후원자인 블라운트가 주지사였던 만큼 잭슨은 자신의 군대를 구성하여 1813년 2,000명이 넘는 군인을 이끌고 내슈빌로 이동했다. 나쁜 겨울 날씨와 보급 불량에도 불구하고 부하들과 함께 먹고 자며 고생 끝에 내슈빌에 도착했는데 상관인 윌킨슨 장군이 민병대를 해산하라고 명령을 내리는 것이 아닌가. 잭슨은 화가 나서 해산 명령을 무시하고 군인들의 맨 앞에서 부대원들을 이끌고 테네시로 함께 무사히 돌아왔다. 이렇게 끈끈한 유대감 덕분에 군인들은 잭슨이 아주 든든하다며 '오래된 호두나무Old Hickory'라는 별명을 붙여주었다. 호두나무는 단단하여 당시 지팡이 재료로 많이 쓰였다.

- **인디언 대상의 호스벤드 전투**

미영전쟁이 일어나자 스페인은 절호의 기회로 삼아 북미 남부에서 영향력을 회복하려 했다. 동남부에서는 플로리다 영토 밖에 남지 않은 스페인은 인디언들에게 미국에게 대항할 무기를 공급해주었다. 레드스틱이 이끄는 남부 인디언 크리크족은 미국의 포트 밈 요새를 공격하여 미국 군인과 민간인이 떼죽음을 당하기도 했다.

테네시주 민병대 지도자였던 잭슨은 1812년 병사들에게 전투 준비를 시켜 심복 존 커피를 선발대로 보내 크리크족을 공격했다. 1814년에는 레드스틱의 본거지인 호스벤드Horse Bend를 공격해 몰살시켰다. 이 전투로 잭슨은 단번에 미국 전쟁 영웅으로 떠올랐다. 이곳에 잭슨은 요새를 짓고 조약을 맺어 크리크족의 땅을 양도 받고 이들을 더 먼 서부로 강제 이주시켰다. 인디언의 이런 대규모 이주는 잭슨이 대통령이 된 이후에 더욱 큰 규모로 이루어졌다.

- **영국 대상의 뉴올리언스 전투**

미영전쟁은 초반에는 미국이 강세를 보였으나 후반 들어서는 본

1815년 뉴올리언스 전투에서 앤드루 잭슨이 이끈 군대가 영국군을 물리치고 방어용 난간에 서있는 모습(1910년 작, 출처_위키피디아)

국에서 대부대를 보내 전열을 가다듬은 영국이 우위를 보였다. 그래서 1814년 12월 2일에 벨기에에서 겐트 조약을 맺어 영국은 미국의 독립을 인정하고 미국은 캐나다 영토를 포기하기로 합의했다. 그러나 당시에는 통신이 발달하지 못해 조약 체결 사실을 미국 뉴올리언스 현지에서는 영국군도 미국군도 미처 알지 못했다.

미국 남부의 전략적 요충지인 뉴올리언스 지역을 놓고 공방전이 치열하게 벌어졌다. 잭슨은 6,000명의 민병대를 이끌고 면 주머니에 모래를 넣어 보루를 높이 쌓았고, 미국 최초의 흑인 부대도 조직해 수 개월에 걸쳐 영국군의 파상 공세를 막아냈다. 특히 1815년 1월 8일 4차 뉴올리언스 뉴올리언스 전투에서 안개가 짙게 깔린 가운데 영국군 5천여 명이 돌격했으나 잭슨의 민병대는 보루 뒤에서 영웅적으로 진지를 지켜냈다.

이 전투에서 영국군의 피해는 2,600명에 달했지만 미군 사상자는 70명에 불과했다. 전사자만 보면 영국군은 291명, 미군은 31명이었다. 병력이 3배나 많은 영국군에 대한 미군의 대승리였다. 잭슨은 호스벤드 전투와 뉴올리언스 전투를 통해 미국 국민의 확실한 영웅으로 떠올랐다.

● 인디언과 스페인에게서 플로리다 확보

잭슨의 활약은 이에 그치지 않았다. 2년 후 먼로 대통령 시기였던 1817년에 조지아주에서 크리크족의 반란이 다시 일어났다. 잭슨은 군대를 이끌고 인디언 마을을 철저히 불살랐고, 이에 그치지 않고 당시 스페인령이던 플로리다까지 침공했다. 스페인을 인디언들의 배후 세력으로 보았기 때문이다. 이 작전으로 잭슨은 스페인 총독을 자리에서 밀어내고 플로리다 지역을 아예 장악해 버렸다.

이런 단독 군사 행동에 깜짝 놀란 잭슨의 정적들은 대통령의 재가 없이 군사 행동을 벌인 잭슨을 탄핵하는 결의안을 의회에 제출했다. 스페인과의 전면전이 벌어질 것을 우려한 존 퀸시 애덤스 국무장관은 잭슨을 징계해야 한다고 주장했다. 하지만 먼로 대통령은 '플로리다를 스페인 땅으로 남겨두는 한 결코 후환을 막을 수 없다'라는 잭슨의 주장에 동의했다.

결국 스페인과의 협상을 통해 당시 텍사스 지역에 대한 스페인의 소유권을 인정해 주는 대신 플로리다에 대한 미국의 지배권을 1821년에 양도받았다.

첫 번째 대선 도전에 실패

1824년 대통령 선거에서 잭슨은 같은 민주공화당 후보이던 존 퀸시 애덤스에게 패배했다. 선거인단 투표에서는 1위였으나 선거인단 과반수 미달로 법에 따라 의회에서 투표를 치른 것이었다. 이때 경합을 벌이던 존 퀸시 애덤스가 3위 득표자 헨리 클레이에게 국무장관직을 약속하여 승리를 거두었다. 이에 잭슨은 애덤스와 헨리 클레이가 야합했다고 비난하면서 민주공화당 내 잭슨 지지파는 민주당으로, 반대파는 국민공화당으로 갈라졌다. 국민공화당은 휘그당과 현 공화당의 전신이다. 하지만 4년 후 1828년 대선에서 잭슨은 현직 대통령 존 퀸시 애덤스를 압도적인 차이로 물리치고 대통령에 당선되었다. 첫 서민 출신 대통령이었는데 4년 후 재선에서도 이겼다.

그런데 선거 과정에서 안타까운 일이 벌어졌다. 잭슨의 아내 레이첼이 그만 죽고 말았기 때문이다. 레이첼은 남편이 대통령 되는 것을 원치 않았다. 레이첼은 전 남편과 별거한 상태에서 잭슨과 함께 살았다가 정치적 공방에 시달렸는데 대선 과정에서도 스트레스에 많이 시달렸고 당선된 이후 워싱턴DC에 가야 하는 스트레스 때문에 심장병이 도져 그만 숨을 거두고 말았다. 아내가 죽은 후 3주 동안 잭슨은 아내 곁을 떠나지 않고 무덤을 만드는 일에 몰두했다.

투표권의 지속 확대

처음에는 대부분 주의회에서 선거인단을 선출했지만 점차 주민들이 직접선거하는 방식으로 바뀌었다. 1824년 대통령 선거에서는 24개 주 중 6개의 주만 주의회를 통한 선출방식을 고수했다. 이처

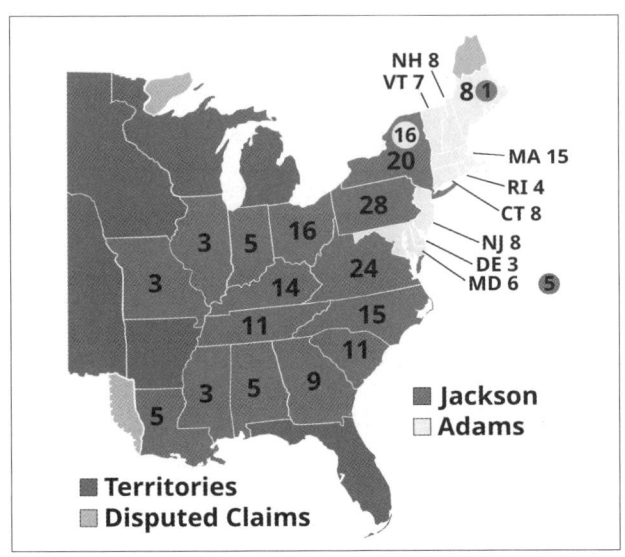

1828년 미국 대선에서 앤드루 잭슨이 승리했다(출처_위키피디아)

럼 선거제도의 변화로 선거에 참여하는 인구가 급격히 늘어났고 정치인들도 특정 계층을 겨냥하지 않고 직접 대중들에게 지지를 호소했다.

1824년 당시 투표 방식에는 여러 한계가 있었다. 세금을 낼 수 있는 재산을 가진 백인 남성에게만 투표권을 부여했고 노예와 흑인에게 선거권을 주는 경우는 거의 없었다. 여성에게 참정권을 주는 주도 없었다. 비밀 투표 원칙을 지키지 않았고, 말로 투표하는 경우도 있었다.

1828년에는 새로 생겨난 서부의 주 중심으로 모든 백인 남성에게 선거권을 부여하는 주가 늘어나기 시작했다. 동부의 주에서도 인구 유출을 막으려고 유권자의 납세나 재산 소유 조건을 삭제하거나 완화했다. 유권자가 선거인을 직접 선출하는 주는 1824년 24개 주 중 18주였으나, 4년 후 22주로 늘어나면서 유권자는 1824년 35만 명에서 115만 명으로 급증했다. 투표권을 보유한 백인 남성 비율은 1824년 27%에서, 1828년 58%, 1840년에는 80%까지 부쩍 늘어났다.

18세기 말 대부분 주에서는 주 의회가 대통령 선거인단을 선출했으나 1828년에는 사우스캐롤라이나를 제외한 모든 주에서 주민 투표로 대통령 선거인단이 선출되었기에 평민 출신 정당 대의원의 투표로 대통령 후보가 지명되는 것이 대세로 자리잡았다. 이로써 평민인 코먼맨common man은 무시할 수 없는 정치세력으로 성장하였다.

4

대통령 잭슨

1829년 3월 4일 잭슨 대통령의 취임식이 열렸다. 다른 대통령 취임식 때와는 달리 군중이 몰려들어 위엄은 사라지고 싸우고 떠드는 행사였다. 이른바 '국민의 대통령People's President' 시대가 된 것이다.

잭슨의 과감한 개혁 행보

잭슨은 대통령이 되어서 정부기관지 〈워싱턴 글로브〉를 1831년에 발간해 정부 정책을 광범위하게 홍보했다. 유력 언론인을 통해 여론 방향을 탐지하고 정책에 반영했다. 잭슨은 연방 정부를 과감하게 개혁했다. 부패와의 전쟁을 벌여 정부 부처마다 감사를 실시하고 부패가 확인되면 과감히 퇴직시켰다.

잭슨은 당원이면 누구든지 관직에 취임할 수 있다는 생각에 당원 임용제를 만들었다. 당선에 공헌한 당원의 노고를 관직으로 보답한 것이다. 관직 보유자의 관료화를 막고 국민의 뜻에 맞는 새 사람을 등용코자 했다.

잭슨은 대중의 지지를 업고 어느 다른 대통령보다 자신의 정책을 강력하게 펼쳐나갔다. 의회를 상류층 이익 대변 집단으로 몰아붙이고, 연방정부가 임명하는 관직을 줄이고 주민이 직접 뽑는 선출직 관리를 늘렸다. 또 불필요한 정부 지출을 과감히 줄여 흑자재정을 이루도록 했다. 잭슨은 대통령 거부권을 수시로 행사하기로 유명했다. 자신의 정책에 반기를 드는 주 정부에 대해서는 강경하게 대처했다. 1832년 관세 인하를 둘러싸고 대통령과 갈등을 빚던 부통령 존 칼훈이 사임했다. 연방파 우두머리로 무려 34년이나 재임했던 대법원장 존 마셜(1801~35년 재임)이 죽자 잭슨은 주州 중심의 지방분권론자이던 로저 태니Roger Taney를 임명했다.

지역 순방 중 저격

잭슨 이전까지만 해도 대통령이 여러 지역을 순방하는 전통은 없었다. 워싱턴과 먼로가 지역을 순방한 적은 있으나 대통령이 국민을 직접 만난다는 점에서 잭슨이 최초였다. 지방 물정을 파악하고 민심을 직접 청취한다는 점에서 의미가 매우 크나 대통령 보안에 틈을 주었다.

아닌 게 아니라 1835년 1월 잭슨이 워싱턴DC를 떠나 버지니아주 알렉산드리아에서 증기선을 갈아탔는데 리처드 로렌스가 권총을 들어 겨냥했다. 총을 쐈지만 첫 발은 불발되었다. 주위 사람들이 깜짝 놀라 범인을 저지하려 했고 67세의 잭슨은 지니고 다니던 지팡이를 본능적으로 휘둘렀다. 로렌스가 다시 총을 쐈지만 여전히 불발되었다. 잭슨이 몸을 피하지 않았기에 만약 총알이 제대로 나갔다면 치명상을 입을 뻔했다. 암살범은 영국에서 온 집 미장공이었는데 실업 상태라서 불만을 품었던 것이다.

이 사고는 미국 역사상 대통령이 처음으로 민간인에게서 습격을 받은 사건이었다. 하지만 피의자는 정신이상을 이유로 무죄 판결을 받고서 정신병원에 입원 되었다. 2년 전인 1833년에 잭슨은 얼굴에 가격 당하기도 했다. 횡령을 했다는 이유로 해군에서 해고당한 로버트 랜돌프가 잭슨에게 접근해 얼굴에 주먹을 날렸던 것이다.

인디언 강제 이주

인디언들은 백인들과 자주 싸우기도 했지만 백인 문화를 많이 수용하기도 하였다. 17세기 무렵 백인 문화를 적극 수용한 인디언으로 문명화된 5개 부족이 있었는데 체로키, 촉토, 머스코기, 치카소, 세미놀이 바로 그들이다.

특히 이로쿼이연맹의 부족이던 체로키족은 원래 뉴잉글랜드 지역에서 살면서 17세기부터 영국과 접촉하여 영국식 문화를 대거 받아들였다. 영국군에 입대하여 장교가 된 사람도 여럿 있었다. 이들은 시간이 지나며 점차 남쪽으로 거주지를 옮겼고, 1821년에 독자적으로 체로키 문자를 만들어서 신문과 서적을 간행하고 흑인 노예로 운영하는 대농장을 만들어 부유해졌다.

인디언은 독립을 꾸준히 요구했으나 잭슨은 인디언에게 독립된 정부 구성을 불허했다. 1830년에 '인디언 강제이주법'을 근소한 표차로 통과시켜, 이미 주가 형성된 곳으로 인디언이 이주하면 이해관계가 충돌되므로 허락하지 않았다. 주 정부가 아직 형성되지 않은 땅으로 인디언을 강제 이주시키는 조치를 취했다. 미시시피 강의 동남쪽에 위치한 5개 부족을 미시시피 강에서 훨씬 서쪽에 위치한 오클라호마 지역으로 이주시킨 것이다. 연방 대법원장 존 마셜이 인디언의 강제이주가 불법이라고 판결을 내렸지만 잭슨은 막무가내였다.

   1838년은 앤드루 잭슨 재임기는 아니었지만 끝까지 버티던 체로키족도 고향을 떠나 오클라호마로 눈물의 여정을 떠나야만 했다. 이주 과정에서 인디언들이 셀 수 없을 만큼 많이 죽었다. 이로 인해 체로키 족은 오클라호마 강제이주파와 원래 고향인 테네시 잔류파로 나뉜다. 체로키족 인구는 2018년 기준 316,049명인데, 체로키 혈통 보유자는 819,105명에 이른다. 체로키 혈통의 유명인은 생각보다 많다. 엘비스 프레슬리, 킴 베이싱어, 조니 뎁, 티나 터너, 버트 레이놀즈, 카메론 디아즈, 케빈 코스트너, 셰어, 쿠엔틴 타란티노, 지미 헨드릭스, 척 노리스가 해당된다.

멕시코 인과의 알라모 전투

   1821년 스페인에서 독립한 멕시코는 자국민을 이주시키지 않고 미국 현지인을 활용하여 대농장을 운영했다. 멕시코의 이주 장려 정책에 따라 스티븐 오스틴을 비롯한 미국인들이 산타페 트레일을 따라 멕시코 땅에 정착하기 시작했다. 시간이 지나며 텍사스 인구는 2만 명으로 늘어나면서 미국인과 멕시코인의 비율이 역전되어 10대1이 되었다. 텍사스의 미국인들은 미국의 한 주로 편입하기를 희망했으나 쉬운 일은 아니었다. 팽창주의 정책을 추진했던 잭슨 대통령은

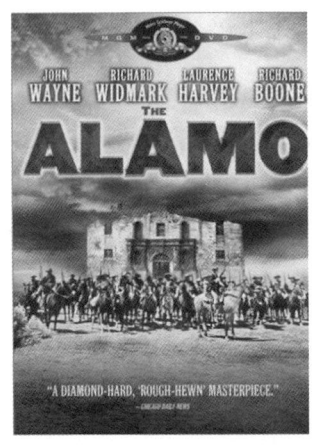

알라모 전투를 실감 있게 다룬
1965년에 개봉한 존 웨인 감독의 영화
〈알라모 The Alamo〉 포스터

텍사스를 매입하려고 노력했으나 멕시코는 텍사스를 포기할 생각이 전혀 없었다. 더구나 멕시코는 독립 이후 대통령이 무려 50번이나 바뀌어서 텍사스 미국인들이 멕시코 정부와 협상하기가 매우 어려웠다.

미국 이주민이 지나치게 늘어 멕시코가 텍사스 유입을 제한하자, 오히려 불법 이주민만 늘어나 무정부 지역이 되어버렸다. 1832년에 탐사와 모험을 즐겨 '까마귀Raven'라는 별명을 가진 샘 휴스턴이 텍사스로 들어왔다. 스코틀랜드 출신의 휴스턴은 1812년 미영전쟁 당시 테네시 민병으로 지원하여 잭슨과 함께 홀스밴드 전투에 참여했는데 테네시로 와서 잭슨 대통령 만들기에 앞장섰고 연방 하원의원과 주지사를 지내며 일찍이 잭슨의 후계자로 점쳐졌다. 그러나 워싱턴DC 정치에 신물이 나 1832년 텍사스의 독립을 주장하는 세력과 손을 잡고 전쟁 분위기가 감도는 가운데 텍사스 민병대의 총사령관으로 임명되었다.

이주 미국인들은 1835년 11월에 텍사스 공화국 독립을 아예 선포한다. 그러자 화가 난 멕시코의 산타안나 대통령이 독립선언을 진압하기 위해 군대 6,000명을 직접 이끌고 13일만에 알라모 요새의 200명 병사들을 전멸시켜 버린다. 이른바 알라모 전투였다. 하지만 1836년 4월 멕시코 사령관 휴스턴이 이끄는 군대가 버팔로 바이유에 와서 대승을 거두며 산타아나를 포로로 잡아버렸다. 잭슨의 연방정부 또한 게인스 장군을 텍사스/미국 국경에 파견해 나코도체스를 점령하자 멕시코 정부는 미국이 텍사스 독립을 지원한다며 비난했다.

샘 휴스턴은 산타아나에게 텍사스의 독립을 인정해 주면 풀어주겠다고 제안하며 벨라스코 조약으로 텍사스공화국으로 완전히 독립했고 샘 휴스턴은 새 공화국의 대통령으로 선출되었다. 산타아나가 잭슨 대통령을 만나기도 했으나 텍사스 문제를 해결할 수는 없었다. 이미 멕시코에는 다른 정부가 들어섰기 때문이다. 산타아나는 당시 이런 말을 했다. "우리 멕시코 민족이 자유를 제대로 감당할 수 있으려면 100년은 더 필요하다." 이 텍사스 공화국은 제임스 포크 대통령 시기인 1848년에 미국에 편입된다. 알라모 전투를 실감 있게 다룬 영화로 1965년에 개봉한 존 웨인 감독의 〈알라모 The Alamo〉를 추천한다.

엽관 정치, 계파 정치의 시작

앤드루 잭슨의 대통령 취임으로 엘리트 정치가 수그러들고 대중민주주의, 서민 민주주의로 상징되는 잭슨 민주주의가 등장한 것은 매우 바람직했다. 하지만 패거리 정치를 의미하는 엽관 정치가 시작되어 미국 정치사에 큰 오점을 남겼다. 엽관獵官은 관직을 사냥한다는 말로, 자기 패거리나 선거에 크게 기여한 자들에게 포상으로 관직을 내려주는 것이었다. 이에 그치지 않고 자신에게 충성을 바치는 가신들을 주변에 배치하고서 모든 국사를 밀실에서 협의해 결정내리곤 했다. 그래서 반대파 사람들은 잭슨 파들이 부엌에서 식사를 함께하며 쑥덕대며 정사를 본다면서 부엌 캐비넷Kitchen Cabinet이라며 비아냥거렸다.

이처럼 엽관주의spoils system는 정당에 대한 충성도와 기여도에 따라 공직자를 임명하는 제도이다. 이런 패거리 정치는 사실 앤드루 잭슨의 열렬한 지지자였던 마틴 밴 뷰런 때문에 시작되었다. 정치적 수완이 뛰어난 밴 뷰런은 1828년 대선의 사령탑을 맡으면서 우호세력 별로 계파machine를 많이 만들어 이를 합쳐 민주당을 결성했다. 밴 뷰런의 놀라운 조직력과 혁혁한 노력에 힘입어 대통령에 당선된 잭슨은 지지자들에게 각종 이권을 부여했다.

이런 패거리의 전폭지원으로 밴 뷰런은 잭슨에 이어 8대 대통령에 당선된다. 하지만 막상 대통령이 되고서는 국내외 여러 현안에 대해 과단성 있게 결정을 내리지 못해 실패한 대통령이 되고 말았다. 막후에서 일을 잘하는 것과 앞에 나서서 일을 잘하는 것과는 큰 차이가 있었기 때문이다.

1832년 잭슨이 제2미국은행을 대상으로 벌인 은행전쟁

대통령 잭슨은 정치를 거칠게 했지만 경제, 특히 금융 정책에 있

제2미국은행(출처_위키피디아)

어서도 마찬가지였다. 당시 미국에는 중앙은행에 해당되는 제2미국은행Second Bank of United Sates이 있었다. 제2미국은행은 연방정부가 거두어들이는 조세수입을 무이자, 무과세로 예탁 받아 주써법은행을 비롯해 여러 기관에 특별융자를 함으로써, 재계와 정계에 막대한 영향력을 끼치고 있었다.

1817년에 20년 인가를 받아 설립된 이 은행은 1836년에 인가가 끝나기로 되어 있었다. 1823년부터 이 은행의 총재로 부임해 능숙한 통화관리로 미국 경제를 잘 이끌고 있던 니콜라스 비들Nicholas Biddle은 중앙은행 허가를 15년 연장하는 법안을 허가 만료 4년 전인 1832년 의회에 제출했다. 헨리 클레이가 주도하던 상원은 이 법안을 통과시켜주었지만 잭슨 대통령은 그해 7월에 거부권을 행사해 이 은행은 결국 1836년에 시효를 마쳤다.

잭슨 대통령은 왜 거부권을 행사했을까? 은행을 비롯한 금융을 원래부터 혐오했던 잭슨은 은행을 사기꾼들의 집합으로 보았고, 금융계의 대표격인 중앙은행이야말로 부자와 은행가들의 대변자였다. 잭슨은 젊어서 땅 투기로 큰돈을 벌었는데 다른 사람에게 채무 보증을 해주었다가 채권자의 사기에 휘말려 큰 고통을 당했기에 은행가들을 백안시하게 되었다. 더구나 그는 금화, 은화 같은 정화specie만 진짜 돈이고, 지폐, 신용장, 어음, 수표는 모두 사기라고 간주했다. 자본주의의 신용 시스템에 대해 고루한 관점을 지녔던 것이다. 또한 잭슨 대통령은 막대한 자금을 운용하던 제2미국은행이 동부의 소수 특권층에게 특혜를 잔뜩 주는 데 반해, 서부에게는 엄격하게 대출해 차별하고 있다며 날을 세웠다.

그래서 잭슨은 이 은행의 독점과 특혜를 제거하려고 은행 전쟁Bank War에 본격 나섰다. 로저 태니를 재무장관으로 임명하여 1833년에 정부가 제2미국은행에 예치했던 연방정부의 예금을 모두 인출해 23개의 주州법은행으로 이관하도록 명령했다. 이 조치로 제2미국은행의 자산이 급감해 주법은행을 관리 감독하는 힘을 사실상 잃어버렸다. 이 주법은행은 살쾡이은행Wildcat Banks에 다시 투자를 했는데, 이 은행들은 자본금을 초과해 은행권 지폐를 남발하곤 했다. 외딴곳에 위치한 이 은행들은 은행권 지폐를 마음대로 발행하곤 몰래 사라져버렸기 때문에 금융시장은 불안해질 수밖에 없었다.

채권과 지폐를 매우 싫어했던 잭슨은 연방정부가 발행한 국채를 줄이는 작업을 실제로 벌여 1835년 1월 1일 부채 모두를 청산하기도 했다. 정부 부채를 완전 없애는 것은 좋았지만, 금융 상황에는 큰 문제를 일으켰다. 그동안 은행은 국채를 담보로 하여 지폐를 발행했는데,

국채가 사라지자 통화량을 늘릴 수가 없어서 실물경기에 악영향을 미치게 된 것이다. 신체에 피가 잘 돌지 않으니 건강이 나빠진 것이다.

토지 투기 억제를 위해 잭슨이 내린 정화유통령으로 금융공황 발생

당시 사람들은 땅 투기를 많이 했다. 돈을 한 번에 구하기 힘든 사람들은 은행으로부터 담보를 잡고 대출을 받아, 토지 구입을 하곤 했다. 대출자가 급히 돈이 필요하면 땅문서를 중개인에게 헐값에 팔아넘기곤 했는데 중개인은 그 땅으로 대출을 받은 뒤, 사람들의 땅문서를 다시 헐값에 사들였다.

이런 과정을 통해 은행권이 크게 늘어난다는 것을 알게 된 잭슨 대통령은 투기가 투기를 부르는 악순환을 막고자 1835년에 정화正貨 유통령Specie Circular을 선포했다. 국가 토지를 매입할 때에는 무조건 금화나 은화로 지급하도록 한 것이다. 땅 투기는 금방 수그러들었으나, 은행권 소유자들이 은행으로 몰려가 대거 금태환을 요구하자 금리가 치솟았다. 이에 대출금을 상환하기 못한 사람들이 파산했고, 이어서 은행도 줄줄이 무너졌다. 잭슨 대통령의 임기 말기에 발생한 이같은 신용경색과 은행 파산은 여기에서 그치지 않았다.

마틴 밴 뷰런이 대통령에 취임한 1837년에 전 세계적으로 금융공황이 발생하고 말았다. 당시 중국에서는 아편 수입이 대거 늘어 무역수지 적자가 심각해지자 도광제는 임칙서를 보내 아편무역 단속에 나섰다. 이에 자국의 무역 적자를 우려한 영국은 미국으로부터 면화 수입을 크게 줄여 미국 면화농장들이 도미노처럼 연쇄 도산했다. 그 여파로 면화농장에 신용 융자를 해주었던 미국 지방은행

1,500개가 대거 도산했다. 만약 그때 중앙은행이 있었다면 공황의 충격이 그나마 줄어들지 않았을까? 잭슨 대통령의 무모한 중앙은행 중지 조치와 정화 유통령으로 인해 미국은 1837년에 금융공황과 불경기에 직면해야 했다. 미국의 중앙은행에 해당되는 연방준비위원회는 한참 지난 1913년 들어 연방준비제도법이 제정되면서 다시 생겨났다.

토크빌이 파헤친 미국의 민주주의 진면목

잭슨 대통령 시기였던 1831년에 프랑스의 젊은 귀족 알렉시스 드 토크빌은 미국식 민주주의 연구를 위해 친구 구스타브 보몽과 함께 미국에 9개월 체류하게 된다. 그는 미국 전역을 돌며 잭슨 대통령, 개척자, 인디언 등 다양한 미국인들과 인터뷰를 했다. 프랑스로 돌아가서는 1835년《미국의 민주주의》를 출간했고 1840년《미국의 민주주의》제2권을 출간했다. 인기가 좋아 1848년까지 12쇄를 냈다.

이방인이었던 토크빌은 미국인이 미처 알아차리지 못한 미국의 특성을 간파했다. 서부 개척에서 미국의 민주주의를 목격한 토크빌은 처절한 혁명을 거치지 않고서도 민주주의로 얼마든지 비상할 수 있음을 보았다. 미국에는 유럽과 달리 모든 것에 지대한 영향을 주는 대도시가 없다는 것에 주목했다. 임기 없는 법원의 판사를 미국의 귀족이라 보았다. 미국인들은 철학보다는 실용에 치중하여 돈을 숭배한다고 했다. 엄청난 간행물 숫자에도 주목하여 바로 여기에서 언론 자유가 이루어지고 있다고 보았다. 미국인의 역사 콤플렉스와 열정적 애국심과 자부심도 눈에 띄였다. 토크빌은 행정의 중앙집중화가

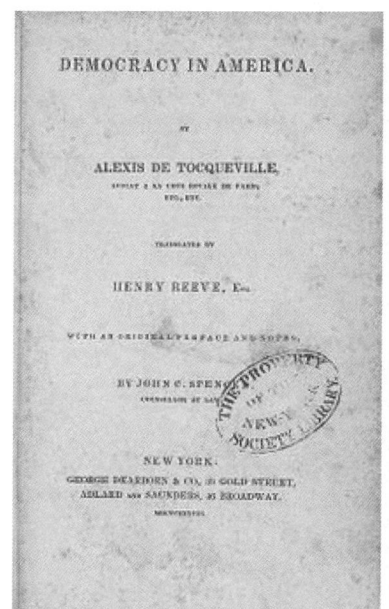 

《미국의 민주주의》는 알렉시 드 토크빌이 미국의 민주주의 제도와 장단점에 대해서 쓴 책이다. 오른쪽은 1838년 뉴욕시에서 발행된《미국의 민주주의》표지(출처_위키피디아).《미국의 민주주의》(프랑스어: De la démocratie en Amérique)는 두 권으로 구성되어 있다. 1권은 1835년, 2권은 1840년에 출간됐다.

민주주의 토대와 맞지 않음을 지적하면서 평등주의가 초강력 중앙집중화의 원인이라고 보았다. 토크빌이 남겼던 말 중에 이런 유명한 말이 있다. "모든 국민은 자신들의 수준에 맞는 정부를 가진다.Every citizen chooses a government that suits his or her level." 결국 국민이 어떻게 하느냐에 따라 대통령이 바뀐다. 어느 나라든, 어느 시대든 통용되는 말이다.

　이처럼 1830년대의 미국에서는 유럽과는 상당히 다른 민주주의 형태가 생겨났다. 물론 이렇게 된 데에는 앤드루 잭슨의 정치·통치 행태가 크게 기여했음은 물론이다.

5

영 히커리, 제임스 포크

매우 효율적이고 깔끔한 대통령

 7대 대통령 앤드루 잭슨의 노선을 이어받은 후임 대통령은 8대 마틴 밴 뷰런과 11대 제임스 포크다. 특히 1845~1849년에 재임한 제임스 포크는 앤드루 잭슨과 유사한 면이 상당히 많다. 스코틀랜드 조상, 어렸을 때 고생 경험을 비롯하여, 테네시주에서 변호사, 주의원, 연방 하원의원, 주지사, 그리고 민병대 장교, 팽창주의 노선 등등등. 그래서인지 '올드 히커리Old Hickory'라는 잭슨의 별명은 포크에게 옮겨 가서 '영 히커리Young Hickory'로 바뀌었다.

 포크는 대선 당시에 상대편 당으로부터 '잭슨의 겁 많은 꼭두각시'라고 비난받기도 했는데 실제로 잭슨을 자신의 멘토로 섬겼다. 포크는 대통령직을 딱 4년 단임만 했지만 특히 영토 확장 측면에서 보면 짧은 기간 동안 너무나 많은 일을 해치웠다. 그는 대선 기간에 국민에게 약속한 바 모두를 달성했다. 정말 효율적인 대통령이었다.

미국의 11대 대통령 제임스 포크. 제임스 포크는 앤드루 잭슨과 유사한 면이 상당히 많았다. (출처_위키피디아)

그리고 퇴임 후 3개월만에 콜레라로 죽었다.

그런데 이상하게도 포크는 우리에게 널리 알려지지 않았다. 서글프게도 그리 알려지지 않은 승자인 것이다. 팽창주의를 신봉한 그는 전쟁광, 국수주의자라는 악평도 들었다. 하지만 자신이 하고자 했던 일을 모두 성취했으며 가장 위대하게 자신의 임기를 마쳤다. 텍사스를 미국에 편입했고, 영국과 협상하여 오리건을 얻었고, 멕시코와의 전쟁도 불사하며 캘리포니아도 편입함으로써 미국을 태평양 국가로 만드는 위업을 달성했다.

포크는 재임 초기에 네 가지 목표를 세웠다. 첫째, 오리건 지역을 통합하여 미국의 영토를 태평양까지 넓힌다. 둘째, 멕시코로부터 캘리포니아를 매입하여 태평양 연안 영토를 넓힌다. 셋째, 1842년 산업 보호를 위해 관세를 낮춘다. 마지막으로, 연방 자산을 보호하고 유동성을 안정시키기 위해 밴 뷰런이 주장했던 '독립관 재무청'을 만든다는 목표를 세웠던 것이다.

취임 후 포크는 국무장관으로 제임스 뷰캐넌, 재무장관으로 로버트 워커, 해군장관으로 조지 반크로프트를 임명했다. 그리고서 포크는 자신의 멘토인 잭슨에게 이렇게 말했다. "자신이 정부가 되어야 되며 누구의 조정도 받지 않겠다'라며 혼자서 모든 결정을 내리겠다고 밝혔다. 잭슨의 그림자에게서 벗어나겠다고 용감하게 천명한 것이다.

젊은 포크

스코틀랜드 종교개혁가이자 지도자인 존 녹스John Knox의 자손인 제임스 포크는 노스캐롤라이나에서 맏아들로 태어나 가족과 함께 애팔래치아산맥을 건너 서쪽의 테네시주로 이사했다. 어려서부터 병에 자주 걸려 고생을 했다. 노스캐롤라이나 대학을 졸업하고 잭슨처럼 1820년에 테네시주에서 변호사가 되어 나중에 테네시 민병대의 장교로 복무하기도 했다. 잭슨은 일찍부터 자신과 똑 같은 삶의 궤적을 걸어가는 포크를 마음에 들어해 자신의 측근으로 삼았다.

포크는 주의회 의원을 거쳐 연방 하원의원이 되었으며 1835년 연방 하원의장까지 역임한다. 하원의장으로 재임하면서 잭슨 프로그램을 통과시켜 그후 '젊은 히커리Young Hickory'라는 별명이 생겼다. 1839년에서 1841년까지 테네시 주지사를 역임하다가 교착 상태에 빠진 1844년 민주당 전당대회에서 잭슨의 도움으로 민주당 대통령 후보로 선출된다.

1844년 대선에서 반대편 휘그당의 대선 후보는 헨리 클레이로 일

찌감치 확정되었다. 휘그당 창당을 주도한 헨리 클레이는 대통령 선거에 네 번째 도전하고 있었다. 민주당에서는 밴 뷰런이 가장 강력한 후보였는데 잭슨 정부에서 전쟁장관을 하던 카스가 갑자기 뜨면서 텍사스 문제를 둘러싸고 두 사람 간의 투표를 8번이나 했지만 도통 결판이 나지 않았다.

그래서 잭슨의 후광 아래 조지 반크로프트를 비롯한 민주당 막후 세력들이 포크를 밀면서 포크가 민주당 후보로 당선되는 이변이 일어났다. 포크는 초기에 밴 뷰런의 러닝메이트가 되어 부통령이 되려고 했는데 갑자기 대통령이 된 것이다. 포크는 잭슨 대통령의 직계로 민주당 정책에 충실했고 텍사스 문제에도 훨씬 적극적이었던 점이 유리하게 작용한 것이다.

포크는 대통령 후보가 되자 1844년 선거의 정강에 오리건과 텍사스 지역의 병합에 적극 나서겠다는 새로운 조항을 넣었었다. 휘그당의 헨리 클레이는 텍사스 즉각 병합을 반대했다. 휘그당 지지 언론은 포크를 '잭슨의 겁 많은 꼭두각시'로 공격했고, 민주당 지지 언론은 클레이를 '술주정뱅이 기회주의자'로 몰아갔다. 포크는 자신이 오직 한 임기만 대통령직을 맡을 것이라 선언했다. 선거 초기에는 클레이가 크게 앞섰지만 텍사스 이슈가 부각되며 결국 포크가 승리했다. 이처럼 그는 공약대로 대통령 재임기에 텍사스, 오리건 문제를 해결해야만 했다.

재임시 업적

기본적으로 잭슨의 노선을 따른 포크는 국립은행과 연방 주도의

미국의 15대 대통령 제임스 뷰캐넌.
제임스 포크 대통령에 대해서
"가장 열심히 일한 사람"이라고 평가했다.
(출처_위키피디아)

도로와 운하 건설을 반대했고 텍사스의 병합을 적극 찬성했다. '명백한 운명'으로 알려진 팽창주의를 신봉했다. 가급적 매입을 통해, 필요하다면 무력 동원까지 인정했다. 노예제 폐지론자들은 노예주가 늘어날까 봐 포크의 이런 팽창주의를 비난했다.

포크 대통령은 1845년 12월 텍사스를 미국의 주로 인정한다고 선언했는데 멕시코는 국경이 누세스강이라고 주장했고 미국은 훨씬 남쪽의 리오그란데강이라고 주장했다. 멕시코 군대가 리오그란데강을 넘어 진군하여 그곳에 캠프를 치고 있던 미군에게 발포를 하자 1846년 5월 포크는 즉시 멕시코와의 전쟁을 선언했다. 의회도 발빠르게 일주일 후에 공식적으로 전쟁을 선포했다. 이처럼 전쟁은 신속하게 진행되어 1848년 초 미국은 150만 평방 마일에 달하는 영토를 1천5백만 달러만 지불하고 매입했다. 멕시코는 캘리포니아와 오늘날 뉴멕시코 지역을 넘겼고 텍사스에 대한 권리도 모두 포기했다.

멕시코와의 전쟁이 시작될 무렵 포크는 영국과 갈등을 겪고 있는 오리건 지역도 안정시켰다. 무력 충돌 없이 1846년 오리건 조약에 의해 북위 49도를 경계로 하여 땅이 영국과 미국에 분할되었다. 또한 1847년에 미국은 오늘날의 콜롬비아 공화국의 전신인 뉴그라나다 공화국과 조약을 체결해 철도나 운하를 통해 파나마 해협을 가로지를 수 있는 권리를 인정받았다.

국내 문제에 있어서 포크는 신민주주의 정책을 전개해 밴 뷰런 대통령이 추진했던 독립재정 제도를 강화시켰다. 1846년에 제정된 독립기금법Independent Treasury Act을 통해 연방 자금을 더 이상 개인은행에 예치하지 않고 미국 재무부가 보유토록 하며, 나아가 연방정부에 대한 상환은 단지 금과 은, 그리고 연방정부의 어음으로만 상환된다고 규정했다. 또한 포크가 1846년의 워커 관세법Walker Tariff을 주도하여 유럽으로부터 들어오는 원재료에 대한 수입관세를 낮추어 국내 산업을 장려했다.

포크는 1849년 임기 말기에도 바빴다. 의회에 보내는 연두교서에서 캘리포니아에 많은 황금이 있다고 말해 캘리포니아 골드러시와 이주민 정착을 촉진시켰다. 그리고 이임식 이틀 전에 내무부를 신설하는 열정을 보였다.

대통령직에서 물러난 후 민주당 지도부는 국민에게 인기가 있는 포크에게 남부를 순회 여행하면 좋겠다고 권고했다. 순회 여행은 성공적이었으나 불행하게도 뉴올리언스에서 창궐하던 콜레라에 걸리고 말았다. 이임 후 3개월이 채 되지 않은 시점이었다.

한마디로 제임스 포크는 정말 효율적으로 대통령직을 수행했다.

다른 대통령이 남긴 말을 봐도 확실히 알 수 있다.

- 제임스 뷰캐넌 : "그는 내가 알고 있는 사람들 중에서 가장 열심히 일하는 사람이다. 너무 열심히 일을 한 나머지 4년이라는 짧은 기간 동안 그는 너무 많이 늙은 사람처럼 보였다."
- 해리 트루먼 : "위대한 대통령인 그는 자신이 하고자 하는 것을 정확히 말했고, 그리고 그것을 실행했다."

5강

에이브러햄 링컨
(Abraham Lincoln : 1809~1865)
: 껄다리 대통령

현재까지 미국의 역대 대통령 45명 중에서 가장 위대한 대통령을 고르라면 우리는 링컨을 손꼽는다. 왜 위대하냐고 물어보면 대부분 노예해방을 가장 큰 이유로 말한다. 하지만 링컨 자신이 가장 중시한 것은 노예해방이 아니라 연방 수호였다. 남부연합이 떨어져 나간다니까 전쟁을 통해서 연방을 지킨 것이다. 링컨은 위대한 대통령으로 칭송을 받지만 사실 잘못한 점도 많았다. 연방을 수호한다면서 남북 전쟁으로 정말로 많은 사람들이 희생당했다. 1차 대전, 2차 대전으로 희생당한 미국인 수를 능가했다. 남북전쟁이 4년이나 지속되면서 그렇게 많은 사상자들을 냈어야 했느냐는 근본적인 질문을 던질 수 있다. 사실 다른 나라에서는 노예해방을 하면서 전쟁이 나는 경우가 별로 없었다. 미국만 유난히 시끄러웠다. 링컨은 전쟁 비상 상황이라며 권력을 과다하게 사용해서 반대파로부터 독재자라는 비난을 감수해야 했다.

1

링컨의 넘버원 평판

링컨하면 떠오르는 연상어

링컨의 넘버원 평판에 대해 얘기를 해보자. 에이브러햄 링컨 하면 우리 머리에 여러 연상어들이 떠오를 것이다. 우리가 어렸을 때 많이 봤던 위인전에 나오듯이 링컨이 통나무집에서 장작을 패는 모습, 대표적인 업적인 노예제 폐지와 큰 키도 연상될 것이다. 우리가 턱수염을 많이 연상하지만 사실 대통령이 되기 전까지는 턱수염을 기르지 않았다. 11살 여자 아이가 수염을 기르면 좋겠다고 해서 그때부터 기른 턱수염이 링컨의 대표적 아이콘이 되었다.

링컨은 위트가 풍부해 재밌는 일화를 많이 남겼다. 정적들로부터 숱하게 비난받았을 때 좌중의 웃음을 터뜨리는 얘기를 해서 맹비난을 잠재우기도 했다. 하지만 링컨은 어려서 고생도 많이 했고, 연애하며 퇴짜도 많이 맞아 이런 것들이 모두 연결되어 우울증을 앓았다. 링컨은 이 우울증을 극복하는 과정에서 위트를 개발하고 유머를 구사하게 되었다. 우리가 우울증을 앓다가 거기에 함몰되기도 하지만, 그걸 극복해서 한 단계 점프할 수도 있는데, 링컨은 바로 후자에 해당된다. 링컨은 상대편으로부터 비난을 받아도 인내심이 대단해서 잘 견뎌냈다. 우리가 요즘 SNS에서 타인으로부터 비난을 받으면 토라지고 우울해지기 쉽다. 이 책을 읽는 독자분 중에 자기 자신에게 그런 성향이 있다고 생각하면 링컨에게서 우울증 극복 방안을 배우면 좋을 것 같다. 링컨의 우울증만 다룬 책도 있다.

알고 보면 링컨은 철도와 인연이 매우 많다. 물론 링컨이 젊었을 때와 대통령 재임 시 철도 확장이 엄청나게 이루어지기도 했지만, 변호사로 일하면서 철도회사를 위해 변론을 많이 맡았고 나중에 대통령으로서 대륙횡단철도 법안에 서명했다. 정확히 어느 노선으로 대륙횡단철도를 부설할지 결정도 내렸다.

링컨 브랜드 자동차

미국 자동차 브랜드로 링컨이 있다. 헨리 릴랜드Henry Leland가 일찍이 1917년에 링컨 모터 회사를 세워 링컨 자동차를 출시했다. 회사 이름을 왜 이렇게 지었을까? 1864년에 링컨이 대통령 재선 후보로 나왔을 때 젊은 릴랜드는 링컨의 열렬한 지지자였다. 그는 링컨 자동차를 출시하기 전에 캐딜락을 먼저 만든 바 있고, 나중에는 GM(제너럴 모터스) 회사를 공동 설립했다. 존 F. 케네디가 텍사스에서 암살당했을 때 탑승했던 자동차가 바로 컨티넨탈Continental인데, 링컨 자동차 브랜드의 하위 브랜드다.

2020년 들어서 이 회사는 세단형을 모두 단종시키고 프리미엄

SUV로만 판매하고 있는데 특히 내비게이터~Navigator~ 브랜드는 아직도 인기가 많다. 마이클 코넬리의 소설 《링컨 차를 타는 변호사》나 동명의 영화를 봤을지 모르겠다. 이 영화에서 배우 매튜 매커너히가 나쁜 변호사로 나왔는데 광고 모델로 히트를 치기도 했다.

우리나라 국회 방송에 해당되는 미국의 시스팬~C-SPAN~은 2000년부터 대통령이 바뀔 때마다 4차례에 걸쳐서 링컨에 대한 평가를 했는데 링컨은 1000점 만점에서 네 번 항상 최고점을 받아 1위였다.

구체적으로 들어가면 여섯 분야에서 굉장히 높은 점수를 받았다. 특히 대중설득에서 아주 귀재다. 링컨은 전쟁 내내 위기관리를 잘했

에이브러햄 링컨 대통령 평판 : 시스팬 조사

평가 항목	2021년 점수	2021년 순위	2017년 순위	2009년 순위	2000년 순위
총평가	897	1	1	1	1
대중설득	91.5	1	3	2	3
위기관리	96.4	1	1	1	1
경제관리	81.9	1	2	2	3
도덕권위	95.2	3	2	1	2
국제관계	82.8	1	3	3	4
행정능력	86.7	4	1	2	1
의회관계	78.9	1	4	3	4
비전제시	96.4	1	1	1	1
공정추구	90.9	1	1	1	1
당시성과	96.5	2	2	2	1

* 출처: https://www.c-span.org/presidentsurvey2021/?page=overall

미국 16대 대통령 에이브러햄 링컨
(출처_위키피디아)

다. 대통령은 자신이 추진하고자 하는 정책을 만들어서 대중을 설득해 법안으로 채택되도록 하고 이를 실행에 옮기는 것이 매우 중요하다. 이런 정책 입안, 수행능력은 정상 상태와 위기 상태에서 항상 중요한데, 링컨은 두 가지 경우에 모두 잘했다.

미국 대통령 중에 정책 입안과 실행은 잘했으나 도덕성에 흠결이 있는 경우가 있지만 링컨은 도덕권위마저도 1~3위를 차지했다. 비전 제시와 공정추구에서 링컨은 압도적인 1위를 차지하고 있다. 위대한 대통령으로 꼭 들어가는 조지 워싱턴, 프랭클린 루스벨트, 시어도어 루스벨트의 도덕권위 또한 전체적으로 높다. 1위부터 4위까지의 대통령은 능력과 업적은 물론이고 도덕성마저 탁월했기에 사람들로부터 존경을 받고 있는 것이다.

유머, 위트에서도 링컨은 1위

여기에서 미국 상원의원이었던 밥 돌Bob Dole을 잠시 언급해보자.

1996년에 빌 클린턴과 대통령 후보를 놓고서 경합을 벌이기도 했던 밥 돌은 미국에서 인기가 매우 많았던 정치가였다. 예전에 TV를 통해서 보면 그는 느긋하기도 하고 유머 섞인 얘기를 잘했다. 얼굴에 항상 미소가 그득하고 부인 엘리자베스 돌도 인기가 대단했다.

그런데 밥 돌이 쓴 책《위대한 대통령의 위트》에서 미국 역대 대통령을 유머 관점에서 분석해 여러 단계로 나누면서 경지에 이른 위트를 가진 대통령으로 네 명을 뽑았다. 1위가 에이브러햄 링컨, 2위가 로널드 레이건, 3위가 프랭클린 루스벨트, 4위가 시어도어 루스벨트였다. 이들은 우리가 다루려는 대통령 8명에 모두 들어갔다.

굉장히 엄숙하고 딱딱한 대통령도 있지만, 어떤 대통령은 얼굴에 미소를 잔뜩 머금고 사람들한테 조근조근 얘기하고 자신에게 쏟아지는 비난 앞에서도 유머와 위트를 능수능란하게 이용하지 않는가? 이처럼 경지에 이른 위트 단계의 1위는 링컨이다. 반면에 평가가 제일 낮은 대통령 단계는 농담거리 신세인데 밀러드 필모어가 최악이다. 재커리 테일러, 제임스 뷰캐넌, 워런 하딩, 프랭클린 피어스도 가장 낮은 수준에 속해 사람들로부터 농담거리 신세를 면치 못하고 있다. 여러분이 혹시 대통령이 되더라도 사람들로부터 농담거리나 되고 싶지는 않을 것이다. 우리는 위트 능력, 유머 능력을 개발하는 노력을 게을리 하지 말자.

링컨이 위대한 인물이 된 이유 다섯 가지

링컨은 왜 위대한 대통령에서 단연 1위일까? 다섯 가지로 정리를 해봤다. 먼저 링컨이 대통령이 될 무렵은 서부 개척이 매우 활발했던 시기였고 노예 문제를 둘러싸고 찬반 논쟁이 비등했을 때였다. 서부 개척이 본격화되기 전에는 미국 영토가 동부와 중서부에 걸쳐 있으면서 미국 주를 자유주와 노예주로 나누었다. 노예주는 노예제에 찬성해서 노예제를 운영하고 있고, 자유주는 노예제를 인정하지 않고 있었다. 주로 북부와 남부로 나뉘었는데 주 숫자 상으로 보면 항상 50대 50이었다. 국가가 어떤 정책을 결정할 때 이 비율은 매우 중요했기에 일부러 균형을 맞추어 놓았던 것이다.

그런데 서부 개척이 진행되면서 새로운 주들이 계속 생기면서 신규 편입 주를 노예주, 자유주 중 어디로 정할 것일지를 두고 치열하게 싸웠다. 1840년대, 1850년대에 노예해방 문제가 수면 위로 드러났는데 링컨의 전임 대통령들이 그 첨예한 이슈를 제대로 수습하지 못하다가 드디어 남북전쟁이 터지고 만 것이다.

서부 개척이 진행되며 노예주, 자유주 선택 과정에서 정치적 불안이 생겼고, 전임 대통령들이 이 문제를 악화시키다가 링컨이 남북전쟁을 통해 해결했기에 링컨이 위대한 인물이 됐다고 정리하고 싶다. 우리는 시대가 영웅을 만든다는 말을 많이 한다. 링컨은 이런 혼란 시기에 등장해 전쟁이라는 큰 희생을 치르면서 미국의 큰 과제를 가까스로 수습했기 때문에 위대한 대통령이 됐다.

남북전쟁에서 승전 후 링컨이 재선에 성공하고서 암살을 당했다. 만약에 링컨이 암살당하지 않고 4년 동안 더 재임했다면 어떤 다른 일들이 벌어졌을까? 전쟁 시기라서 쉬쉬 했지만 전쟁이 끝나고 나면 모든 이해관계들이 폭발하면서 심각한 정쟁으로 얼마든지 나갈 수 있었다. 실제로 앤드루 존슨 같은 후임 대통령들은 그런 전후 시기를 제대로 헤쳐 나가지 못해 낮은 평가를 받았다. 따라서 링컨이 위대한 인물이 된 이유의 하나로 승전 직후에 여러 문제점들이 터지기 전에 사망했기 때문에 위대한 인물이 됐다고 해석할 수도 있다.

　마지막으로는 부인의 끊임없는 압력과 정성이 있었다. 나중에 자세히 설명하겠지만 링컨의 부인, 메리는 결혼 때부터 자신은 앞으로 대통령이 될 사람과 결혼하겠다는 포부를 갖고 있었고 이런 포부를 주위 사람들한테 계속 얘기를 했었다. 링컨은 결혼 후 연방 하원의원과 연방 상원의원 선거에서 연거푸 졌음에도 부인이 계속 닦달을 해서 링컨은 대통령이 꼭 되려고 더욱 노력했다. 물론 링컨 자신도 대통령이 되고 싶었겠지만 부인이 심하게 닦달하지 않았다면 중간에 포기했을지도 모른다. 부인의 상승 욕구에 힘을 얻어 링컨은 대통령 선거에서 드디어 이겼고 재선에도 성공했다. 링컨이 위대한 인물이 된 이유를 다섯 가지로 정리하면 이렇다.

- 서부 개척과 노예 논쟁
- 전임과 후임 대통령의 갈등 조절 실패
- 남북전쟁 승전으로 연방 유지
- 승전 직후 때 이른 사망
- 부인의 끊임없는 압력과 정성

위대한 대통령은 모두 승전 인물?

　미국이 건국 이후 치렀던 전쟁들을 살펴보자. 대통령 재임 기간 동안에 전쟁에서 승리하면 위대한 대통령이 될 가능성이 커진다는

대통령과 전쟁

대통령	시기	전쟁
조지 워싱턴	1770년대	독립전쟁
에이브러햄 링컨	1860년대	남북전쟁
시어도어 루스벨트	1890년대	미서전쟁
프랭클린 루스벨트	1940년대	2차 대전
로널드 레이건	1980년대	소련 냉전
제임스 매디슨	1810년대	미영전쟁
제임스 포크	1840년대	미멕전쟁
윌리엄 매킨리	1890년대	미서전쟁
우드로 윌슨	1920년대	1차 대전
해리 트루먼	1950년대	한국전쟁
린든 존슨	1960년대	베트남전쟁

것을 알 수 있다.

조지 워싱턴은 독립전쟁에서, 링컨은 남북전쟁에서 이겼다. 시어도어 루스벨트는 스페인과의 미서전쟁에서 단기간 내에 이겼고, 프랭클린 루스벨트는 독일, 이탈리아, 일본과의 2차 대전에서, 레이건은 소련과의 냉전에서 결국 이겼지 않은가? 전쟁에서 이겼다고 항상 위대한 대통령이 되지는 않지만, 위대한 대통령 반열에 오를 가능성이 커진다는 것은 당연하다. 이제 링컨의 삶 전체를 훑어보자.

2

링컨의 일생

- 링컨의 일생

    1809년 켄터키주 하딘카운티 출생

    1830년 일리노이주 뉴세일럼에서 독립

    1832년 인디언과의 블랙호크전쟁으로 민병대에 입대

    1833년 보조 측량기사로 임명

    1834년 일리노이 주의회 의원(휘그당)

    1836년 재선, 변호사 자격 취득

    1842년 메리 토드와 결혼

    1847년 연방 하원의원 초선

    1855년, 1858년 연방 상원의원에 낙선

    1861년 대통령에 취임하여 남부연합 무효 선언

    1862년 대륙횡단철도 법안에 서명

    1863년 노예해방 선언, 징병제 실시

1864년 국민통합당 후보로 선출되어 재선
1865년 대통령 취임, 포드극장에서 피살

켄터키, 인디애나 그리고 일리노이

링컨은 1809년에 태어났다. 켄터키 주 통나무집에서 태어났다고 우리가 많이 알고 있는데 정말로 그랬다. 시간이 지나면서 켄터키 주에서 북쪽으로 올라가 인디애나 주에서 잠깐 살다가 서쪽의 일리노이 주로 다시 옮겼다. 일리노이 주 뉴세일럼에서 독립해 살다가 부근의 주 수도인 스프링필드로 옮겨 주의회 하원의원을 지내며 정치적 기반을 쌓게 된다. 미국에 가서 자동차 번호판을 보면 일리노이 번호판에는 '링컨의 땅Land of Lincoln'이라고 써있다. 링컨이 태어난 곳은 켄터키 주이지만 정치적 성공은 모두 일리노이 주에서 거두었다.

링컨은 군대에 안 갔을 것 같은데 군대에 잠깐 복무했다. 왜냐하면 당시 블랙호크black hawk 인디언이 미시시피 강을 건너서 일리노이 주로 넘어왔기 때문에 전쟁이 일어났던 것이다. 인디언 추장 이름인 블랙호크는 나중에 미군 헬기의 이름이 되기도 하여 〈블랙호크 다운〉 영화가 2001년에 나왔다. 이 전쟁이 벌어지면서 링컨이 민병대에 3개월 입대를 했는데 전투에 투입되지는 않았다. 하여튼 이로 인해 링컨에게 군대 경력이 잠시 생겼다.

조지 워싱턴이 젊었을 때 했던 측량 기사를 링컨도 잠시 한 적이 있었다. 이후에 일리노이 주 하원의원을 5번이나 했었다. 이어서 연방 하원의원이나 연방 상원의원에 도전했는데 이건 만만치 않았다. 연방 하원의원은 딱 한 번 했고 상원의원은 두 번 도전했으나 한 번

링컨이 출생한 켄터키주 국립공원에 상징적으로 만들어놓은
통나무 오두막집(출처_위키피디아)

도 당선되지 못한 채 갑자기 대통령이 되었다. 그래서 워싱턴DC에 가서 엄청난 멸시와 수난을 겪어야 했다. 정치 경력이 일천한 중서부 촌뜨기가 갑자기 나타나서 대통령 행세를 하려고 한다는 이유에서였다. 더구나 전쟁 비상 상황이라 독재자처럼 행동할 때도 가끔 있었는데 그럴 때면 엄청난 비난을 받았다.

링컨은 멕시코와의 전쟁을 격렬하게 반대했다. 왜냐하면 미국이 멕시코 영토를 정말로 무모하게 빼앗았기 때문이었다. 사기성이 농후해서 도덕적으로 문제가 다분했다. 링컨이 사실 남북전쟁을 원했던 것은 아니다. 노예해방 반대론자인 링컨이 대통령으로 당선되자 남부의 10개 주들이 떨어져 나와 남부연합을 따로 만들었다. 나라를 달리하겠다 해서 빠져나온 것이니 링컨과 북부 연방의 많은 정치인들이 연방을 수호하겠다는 일념으로 전쟁이 치열하게 벌어졌던 것이다. 남북 전쟁은 외국과 싸운 전쟁이 아니라 내전이다. 우리나라 6.25 전쟁도 사실 내전이었지만 중국군, 미국군, UN군이 들어와 국제전쟁이 되어버렸다. 하지만 다행히 남북 전쟁에는 영국이 남부와 관여되어 있었지만 외국이 본격 개입하지 않았다.

링컨이 젊어서 전전했던 많은 직업

대통령이 되기까지 링컨은 고난의 행군을 겪어야 했다. 링컨이 젊어서 어떤 직업을 전전했는지 보면 눈물겹다. 아버지와 같이 살았을 때에는 농부로 일했고, 미시시피강 근처에서는 사람들을 나르는 뱃사공 일을 하며 뱃삯을 받았다. 평저선을 타고 뉴올리언스까지 가축을 옮기는 일도 했는데 그곳에서 노예제를 처음 목격했다. 일리노이 주 뉴세일럼에 가서는 두 사람이 동업으로 잡화상을 운영하며 점원으로 일했었다. 어렵게 운영하던 잡화상은 그만 파산하고 말았는데 빚을 갚지 않고서 도주하지 않았다. 나중에 변호사를 하면서 번 돈으로 10년에 걸쳐 빚을 모두 갚았다. 우리가 링컨을 '정직한 에이브Honest Abe'라고 부르곤 하는데 그런 정직성이 바로 여기에 나타난다.

한때 우체국장도 했는데 우리는 우체국장이라면 대단한 걸로 생각하지만 조그만 마을이라서 직원이 링컨 자신 혼자였다. 우편 배달도 본인의 몫이었다. 어떤 여성에게 우편 배달을 하다가 연애에 빠지기도 했는데 이건 일하다가 생긴 부수입이었을 뿐이다. 측량 보조 일도 잠시 했다.

젊어서부터 정치에 관심이 많아 2년 임기의 주 의원직을 25살 때부터 시작한다. 링컨은 주 의원을 두 번째로 하던 중 변호사가 되었는데, 변호사 개업 이후에도 주 의원을 3번 더 했다. 젊었을 때의 링

1939년에 제작된 영화
〈젊은 날의 링컨〉 포스터

컨 모습을 보고 싶다면 1939년에 나온 영화 〈젊은 날의 링컨〉을 보기 바란다. 헨리 폰다가 링컨으로 나와 젊었을 때 어떻게 살았는지 굉장히 리얼하게 보여준다. 링컨이 마을 불한당과 레슬링도 하는 모습도 나온다. 이 시합에서 이겨 상대편 사람들한테 호감을 얻게 되고 나중에 선거 유세에서도 큰 도움을 받기도 했다.

농부 → 뱃사공(21세~) → 가게점원(22세~) → 우체국장(24세~) → 주 의원(25세~) → 변호사(28세~) → 연방 하원의원(37세~) → 대통령(52세~)

링컨 vs 노무현

링컨을 말하다 보면 노무현 대통령을 언급하지 않을 수가 없다. 실제로 노무현은 대통령 되기 전부터 링컨을 매우 좋아해서 《노무현이 만난 링컨》 책을 써서 출간하기도 했다. 두 사람 모두 젊었을 때 굉장히 고생을 했고 변호사를 거쳐 정계에 들어오게 되었다. 그런데 두 사람 다 엄청난 낙선을 경험했다. 링컨은 낙선을 밥먹듯이 했다. 노무현도 1992년, 1996년, 2000년 국회의원 선거에 나가 세 번이나 낙선을 했다. 부산광역시장 선거에 나와서도 낙선을 했고 해양수산부 장관을 잠시 거친 후 대통령 선거에서 가까스로 적은 표차로 당선 된다. 그래서 노무현 대통령은 비슷한 인생역정, 정치역정 면에서 자신을 링컨과 상당히 동일시 했다. 노무현의 링컨 책은 잘 써졌으니 관심 있는 분들은 읽어보기를 바란다.

링컨 집안의 가계도

링컨 집안의 가계도를 잠깐 얘기를 해보자. 루시 행크스라는 여성이 헨리 스페로와 결혼을 해서 버지니아 주에 살았다. 루시 행크스가 버지니아 농장주와의 사이에서 사생아를 낳았는데 그 사생아가 바로 낸시 행크스다.

낸시 행크스는 토마스 링컨과 결혼을 해서 에이브러햄 링컨을 낳았다. 그런데 토마스 링컨은 당시 개척농이었다. 미국에 땅이 있으면 새로운 변경으로 나가서 농장으로 만들려는 억척스러운 사람들을 개척농이라고 불렀다. 이 부부는 통나무 집을 지어 살았는데 그곳에서 에이브러햄 링컨이 태어났다. 안타깝게도 낸시 행크스가 우유병에 걸려 그만 죽고 말았다. 당시 사람들은 소의 젖을 많이 먹었는데 우유 안에 들어있는 독초 때문에 죽는 일이 흔했다.

토마스 링컨은 혼자 살 수가 없어서 사라 부시와 재혼했는데 이 재혼이 링컨에게는 큰 도움이 되었다. 계모가 생모보다도 교양이 많아 책을 보던 사람이었던 것이다. 재혼할 때 사라 부시가 들고 온 책 몇 권을 링컨이 읽기 시작했다. 이전에 링컨은 책을 한 번도 읽어본 적이 없었으니 책 읽기에 푹 빠져서 향학열에 불이 붙어 변호사도 하고 나중에 대통령까지 된 것이다.

계모 사라가 가지고 온 책 5권에는 《성경》, 《이솝 우화》, 《천로역정》, 《로빈슨 크루소》, 《신드바드의 모험》이 있었다. 링컨은 이 다섯 권의 책을 1독, 2독, 3독, 4독 5독 하면서 머리에 완전히 집어넣었다. 시간이 지나면서 주위에서 구한 전기 책, 농담 책, 문법 책, 역사 책을 닥치는 대로 읽었다. 특히 《맥베스》를 굉장히 좋아했다고 한다. 여러분은 어떻게 책을 읽는지 모르겠지만 링컨은 책을 읽을 때 항상 소릴 내며 읽었다. 자신이 입으로 한 말이 자기 귀로 쏙쏙 들어오니 훨씬 생생하게 책을 읽게 되지 않을까? 여러분도 만약 책이 잘 읽히지 않으면 이렇게 큰 소리로 낭독을 해보기 바란다.

링컨의 연애 행각

에이브러햄 링컨은 젊었을 때 생각보다 연애를 많이 했다. 처음에는 앤 러틀리지와 연애에 빠져서 결혼까지 생각했었는데 그녀가 장티푸스로 죽자 우울증에 빠지고 말았다. 자살 충동을 간신히 극복하고 사라 리커드와 메리 오웬스에게도 청혼했지만 모두 퇴짜를 맞았다.

다행히도 켄터키 출신의 정치가 집안의 메리 토드를 알게 되었다. 당시 메리 토드는 인기가 많아서 스티븐 더글라스로부터 청혼을 받앉는데 메리가 스티븐 더글라스에게 퇴짜를 놨다. 스티븐은 나중에 연방 상원의원을 두 번이나 하면서 대통령 자리를 놓고 링컨과 경합을 벌였다. 웬일인지 메리 토드가 링컨을 마음에 들어해 링컨에게 용감하게 청혼을 했다. 결혼하기로 하고 결혼식 날까지 정했는데 막상 결혼식 당일에 링컨이 나타나지 않는 게 아닌가? 우여곡절을 거쳐 2년 후에 두 사람은 마침내 결혼에 성공했다.

정치가 집안 출신의 메리 토드는 그때부터 자신의 남편은 나중에 대통령이 되는 사람이어야 한다고 생각했다. 그러니 메리 토드의 예언이 나중에 실현된 셈이다. 퍼스트레이디로서 메리 토드의 평판이 바닥이긴 했지만 시골뜨기 링컨을 대통령으로 만들었다는 점에서는 인정하지 않을 수 없다.

자기계발서를 많이 쓴 사람으로 데일 카네기를 여러분은 잘 알 것이다. 그가 쓴 《데일 카네기가 만난 링컨》을 한 번 읽어보기를 강력하게 추천한다. 우리가 잘 모르는 내용을 많이 소개하고 있고 가독성이 좋다. 이 책에는 링컨이 10대 후반과 20대 초반에 읽었던 책의 리스트도 적혀 있다.

어렵게 성사된 메리 토드와의 결혼

1840년에 약혼을 하고 1841년 1월 1일에 결혼식을 하기로 했는데 링컨은 이 결혼식에 나타나지 않았다. 그야말로 '노쇼 No Show'를 한 것이다. 정말로 링컨은 결혼을 안 하려고 결혼식장에 나타나지 않았다. 그런데 시간이 흘러 1842년 10월에 중매인이 신부감을 소개해 준다고 해서 링컨이 나갔는데 바로 그 자리에 메리 토드가 나온 것이 아닌가? 다행히도 그곳에서 두 사람 간에 화해가 어느 정도 이루어졌다. 첫 번째 청혼은 메리가 했지만 두 번째 청혼은 링컨이 해서 메리가 받아들였다. 혹시나 마음이 바뀔지 몰라 링컨이 청혼한 바로 그날 결혼했다. 1842년 11월 4일이었다.

배우자 메리 토드는 처음에 결혼할 때는 자신의 성격을 그대로 노출하지 않았을지 모르지만 결혼 후 시간이 지나며 내부에 감춰진 원래 성품들이 마구 튀어나왔던 모양이다. 왜 오래 사귀다 보면, 오래 살다 보면 숨겨진 성격이 다 나오지 않는가? 화려함, 과시, 권력, 야망이 메리 집안의 내력이기도 하지만 메리 본인에게도 그런 성향들이 다분했다고 한다. 불같은 성미, 심술, 난폭, 잔소리, 바가지, 질투 등 우리가 말하는 여러 악덕이 메리 토드에게 있었던 모양이다.

메리 토드를 일부러 험담하려는 게 아니다. 자료와 문헌에 나와 있는 내용이다. 링컨을 반대하는 정적들이 많았는데 메리의 이런 나쁜 평판을 훨씬 부풀렸을 것이다. 링컨은 부인으로부터 정신적으로 스트레스를 많이 받았다. 링컨이 변호사 일을 사무실에서 앉아서만 하는 게 아니라 여러 지역을 돌아다니며 순회 변호를 많이 했다. 순회 변호를 왜 좋아했을까? 무서운 부인이 버티고 있는 집으로부터 탈출해 나가 있을 수 있었으니까.

메리 토드는 허례허식, 낭비벽이 많았다. 메리 토드의 언니인 에드워즈 부인이 "동생은 화려한 것, 과시, 허식, 그리고 권력을 좋아했고 야망이 아주 큰 여자"라고 말한 바 있다. 링컨이 갑자기 죽고 나니까 메리 토드가 주위 사람에게 이렇게 얘기했다고 한다. "내 남편이 죽어서 정말 다행이야. 내가 진 빚이 정말로 많은데 남편에게 얘기 안 했거든. 그런데 그거 모르고 죽었잖아. 그래서 정말 다행이야." 하여튼 링컨 부부에게는 이런 일화들이 매우 많다.

링컨을 에워싸고 있는 신화

우리가 링컨을 위대한 대통령이라고 칭송하지만 사실은 문제가 많다. 토머스 J. 디로렌조가 쓴 《가면을 벗긴 링컨》이라는 책에서 흥미로운 부분들이 많이 나온다. 이 책에 의하면 링컨에게는 근거 없는 신화들이 많다는 것이다.

링컨은 노예해방과 연방 수호를 위해 남부연합과 전쟁을 벌여 승전했고 평등에 헌신한 위대한 정치가, 위대한 인도주의자라는 환상이 있는데 그렇지 않다고 이 책에서 조목조목 얘기하고 있다. 물론 이런 주장에 대해 어느 정도 무리가 따르기도 한다. 하지만 이 책의 저자는 정말로 많은 자료들을 찾고 나름대로 해석해서 상당히 객관적이고 공정하게 쓰려고 노력했음을 알 수 있다. 정말 비난하려고 쓴 것도 없진 않으나 최대한 많은 근거를 찾아서 체계적으로 정리를 해놓았다. 생각보다 재미있으니 링컨의 허울에 대해 알고 싶다면 이 책을 읽어보길 바란다.

3

대통령 이전 링컨의 행보

링컨의 독특한 스타일

　링컨의 스타일을 보면 비난에 대한 둔감, 유머감각, 인내심은 정말 인정해줘야 한다. 링컨은 많은 정적들로부터 그토록 숱한 비난을 받았는데 허허 웃으며 그걸 다 받아 넘겼다.

　인내심 얘기할 때 링컨이 실제로 어떻게 했는지 한 번 보자. 링컨은 누구로부터 비난을 받으면 집에 가서 혼자 편지를 쓰곤 했다. 'hot letter'라고 하는데 상대편의 말을 반박하는 편지를 쓴 것이다. 편지를 통해 자기 화풀이를 다 했을 거 아닌가? 물론 유머도 들어갔을 것이다. 그런데 편지를 다 쓰고 나서 그냥 버렸다. 편지를 쓰면서 자신의 분노를 삭힌 것이다. 그 편지가 실제로 상대편에 갔다면 정말 문제가 심각했을 것이다. 요즘 SNS로 모든 걸 연락하는 우리는 링컨처럼 하기는 힘들다. 메시지를 상대편에게 순식간에 보내버리기 때문이다. 하지만 링컨이 살던 시기는 편지 시대라서 밤과 새벽에 편지를 쓰면서 분을 삭히고 다음 날 아침에 편지를 보내지 않았다. 혹시 여러분도 분노 조절이 안 되면 링컨을 따라 해보길 바란다.

대단한 인내심에 더해 뛰어난 화술과 연설은 링컨의 트레이드 마크다. 그런데 이런 성향과 능력은 대통령이 된 후가 아니라 젊어서부터 그랬다. 한마디로 스토리텔러였다. 젊어서부터 링컨은 책을 읽으면 책에서 읽은 내용을 머릿에 잘 담아뒀다가 사람들과 얘기하면서 적절히 활용했다. 자기가 재밌다고 생각하는 얘기를 사람들에게 계속 해주곤 했다. 그래서 사람들은 이야기꾼 링컨이라고 많이 불렀다.

당시에는 책을 구하기가 힘드니 그런 재미있는 스토리를 아는 사람들이 많지 않았을 것이다. 그런데 링컨이 잘 소화를 잘 시켜서 유머를 담아서 사람들한테 얘기했다. 사람과의 소통, 대중적 인기를 얻는데 뛰어난 화술이 아주 중요했고 시간이 지나면서는 연설 형태로 나타났다. 링컨의 연설에는 미사여구가 별로 없다. 평이한 말로 얘기하는데 사람 머리에 쏙쏙 들어오게 하는 연설을 했던 것이다. 게티스버그 연설은 겨우 2분 했는데 지금까지도 회자되고 있다. 압축된 연설 능력이라고 하지 않을 수 없다.

변호사 생활 25년

링컨은 대통령이 되기 전까지 변호사 생활을 25년이나 했는데, 마지막 동업자인 윌리엄 헌든이 링컨 전기를 썼다. 이 전기를 아직 읽어보지는 않았는데 매우 잘 썼을 것 같다. 왜냐하면 17년 동안 동업을 했기 때문에 링컨의 모든 면들을 속속들이 잘 알고 있었을 것 아닌가? 특히 사업을 할 때는 그런 면모들이 더욱 나타나기 때문이다.

링컨이 순회 변호 활동을 좋아했다고 앞서 말했다. 당시에는 배심원 제도가 있어서 변호사는 법정에서 여러 배심원들을 설득해야 했다. 배심원들은 학력이나 지력이 높은 지식층이 아니라 평범한 사람이 대부분이다. 그래서 링컨은 어려운 용어를 구사해 현란한 논리로 설득하기보다는 쉽고 명쾌하게, 때로는 감정에 호소하여 설득했다. 그래서 링컨의 승소율은 매우 높았다.

수임료 문제를 좀 보자. 우스개 소리지만 다른 사람에게 사진을 찍어줄 때 웃음 지으라고 하면서 우리는 '스마일' 혹은 '치즈'라고 말하는데 변호사들은 뭐라고 외칠까? '리걸 피$_{Legal\ Fee}$'라고 한다. 바로 수임료다. 링컨은 젊어서 의뢰인에게 수임료를 거의 받지 않거나 무료 변론도 빈번했고 저렴했다고 한다. 사람들이 이런 경우를 링컨의 미담으로 치장하기도 한다. 하지만 링컨이 점차 유명해지고 나서는 수임료가 많이 올라갔다. 왜냐하면 혼자 일을 하는 것도 아니고 동업자와 함께 법률사무소를 잘 운영해야 될 테니까. 하여튼 25년에 걸쳐 변론을 300번 넘게 하면서 소통 능력을 배양하고 자신의 대외 인지도를 올리게 된다.

철도 변호사 링컨

링컨은 실제로 철도 변호 업무를 많이 담당했었다. 1832년 23세에 일리노이 주의회 하원의원 후보로 나와 미시시피강의 지류인 일리노이 강과 일리노이 주의 수도인 스프링필드를 잇는 철도 건설을 공약으로 내걸기도 했다. 이때에는 낙선의 고비를 마셨다. 당시에 철도회사들이 많이 생기고 여러 사고들이 터지면서 링컨은 철도회사를 위해 변론을 많이 했다. 1857년에 록아일랜드 브리지 컴퍼니가 미시시피 강을 건너는 철교를 건설했는데 증기선이 철교 교각을 들이받아 불에 타 가라앉은 사고가 일어난 적이 있다. 이때 링컨은 선박업체와 철도회사 간에 벌어진 재판에서 철도회사 변호를 맡아 승소했다.

당시만 하더라도 대서양과 태평양을 잇는 대륙횡단 철도가 아직 만들어지기 전이라서 북쪽 노선, 중부 노선, 남쪽 노선 등 여러 노선이 후보로 나왔다. 그런데 남부와 북부가 서로 싸우느라고 타협점을 찾지 못해 대륙 횡단철도가 부설되지 못했다. 철도에 관심이 많았던 링컨은 대륙횡단철도를 빨리 놓기를 원했다. 1859년에 대통령 후보로 나왔을 때 철도 기관사를 만나서 철도가 서부로 가려면 어느 길이 최적인지 물어보기도 했다.

링컨은 대통령이 되자 전쟁 와중이었던 1863년에 태평양철도법을 제정해 중부 노선으로 최종 결정했다. 전쟁 기간이라 노선 결정하기는 오히려 쉬웠다. 미주리 주 오마하에서 캘리포니아 주 새크라멘토까지 가는 중부노선의 길이는 2,826km였다. 철도 완공은 링컨이 죽고 나서 1869년에야 이루어졌다. 링컨이 피살되고 마지막 길은 철도와 함께했다. 워싱턴DC에서 일리노이주 스프링필드까지 장례 운구를 할 때에 철도를 이용했던 것이다.

영토 확장에 따른 노예법안 변화

영토 확장을 하면서 노예 관련 법안들이 매우 많이 생겼다. 우리가 노예 법안에 대해 말할 때 1820년에 이루어진 미주리 협정 얘기를 많이 한다. 이 협정에서 북위 36도 30분 이북에서는 노예제를 금지했다. 처음에 노예주와 자유주가 10대 10이었는데 미주리 협정을 통해서 12대 12로 바뀐다. 미주리 주는 노예주로 하고, 균형을 맞추기 위해 매사추세츠 주에서 메인 주를 인위적으로 따로 떼내 자유주로 만들었다.

시간이 지나며 노예 관련 법안들이 속속 생기게 되는데, 특히 1850년에 도망노예법이 생겼다. 노예제를 운영하는 남부에서 노예들이 북부로 도망을 가도 자유주인 북부에 사는 사람은 그 노예를 남부로 보낼 의무가 원래는 없었다. 하지만 도망노예법이 생기면서 북부인은 그 노예를 의무적으로 보내야 했다. 알고도 노예를 보내지 않으면 법에 걸리게 된 것이다.

도망노예법(1850년)을 비롯해, 캔자스-네브라스카 법(1854년), 드레드 스콧 사건(1857년)을 통해 남부에 유리하도록 판결이 이루어지는 바람에 노예 문제는 계속 악화되었다. 캔자스-네브라스카 법이 통과되면서 두 주의 노예주/자유주 여부는 지역주민의 의사에 따르도록 함으로써 미주리 협정 효력은 정지되었다.

드레드 스콧 판결에서는 "노예는 재산이고 재산은 권리장전의 수정헌법 5조로 보호되므로 미국 어디에도 시민 재산을 빼앗을 권리가 없다"고 함으로써 노예제를 지지하는 남부가 판정승을 거두었다. 1849년부터 1861년까지의 대통령은 재커리 테일러[1849~50], 밀러드 필모어[1850~53], 프랭클린 피어스[1853~57], 제임스 뷰캐넌[1857~61]인데 모두 최악의 대통령들이었다.

노예제에 대한 남부인과 북부인의 현격한 견해 차이

노예제 찬반에 대해서는 남부와 북부의 입장이 정말 첨예하게 달랐다. 노동집약적인 면화 생산을 많이 하는 남부에게는 노예제가 필수적이었다. 이처럼 남부는 경제적인 이유로 노예주를 찬성한 반면, 공장을 많이 운영하던 북부는 노예가 아니라 임금노동자가 필요했다. 그러니까 북부는 도덕적 면은 물론이고 경제적 면에서 노예제 폐지에 찬성했다. 산업 구조가 달랐기 때문에 노예제에 대한 생각이 달랐던 것이다.

남부 사람들은 자기 합리화를 위해서도 그랬지만 노예제가 흑인의 복지에도 좋다고 생각했다. 그 이유는, 알아서 살라고 하면 공부도 안 하고 게으른 흑인들이 오히려 빈곤에 허덕이게 될 거라고 생각한 남부 백인들이 많았다. 북부는 개인의 자유 관점에서 반대로 생각했다. 이처럼 남부와 북부의 기본적인 생각과 이해관계 차이가 좁혀지는커녕 상황을 악화시켜 자잘한 무력 충돌들이 생기면서 남북 전쟁까지 치닫게 되었다.

노예제에 대한 에이브러햄 링컨 vs 스티븐 더글러스

에이브러햄 링컨과 스티븐 더글러스는 오랜 기간에 걸쳐 정쟁을 많이 벌였다. 물론 두 사람은 일리노이 주에서 살면서 젊어서부터 알고 있었고 메리 토드를 놓고 경합을 벌이는 연적 관계였다. 시간이 지나며 일리노이주에서 선출하는 연방상원의원 선거에서는 스티븐 더글러스가 이겼고 대통령 선거에서는 졌다.

링컨이 대통령 되기 전에 정치가로서 어떤 행보를 보였을까? 우선

"노예제가 잘못이 아니라면 잘못된 것은 아무것도 없다"는 말을 링컨이 자주 했다. 무슨 말일까? 노예제는 도덕적으로나 여러 모로 잘못이 많다는 것을 인정한 셈이다.

사실은 링컨이 처음부터 노예제에 대해 반대했던 건 아니었다. 시간이 지나면서 노예제 반대 쪽으로 계속 강화되었다. 젊었을 때는 노예제를 어느 정도 인정했지만 정치 생활을 해가며 노예해방, 노예 폐지 방향으로 점차 선회했고 그 업적으로 링컨이 위대한 대통령 반열에 훌쩍 올라가게 되었다. 정치에는 일관성이 있어야 된다고 우리가 보통 말을 한다. 옛날에 그렇게 얘기했으면 지금도 그래야 된다고 얘기하는 경우가 많지 않은가? 그런데 사실 사람은 발전을 거듭하며 입장을 바꾸기도 한다. 링컨이 대표적인 발전 케이스다.

더글러스는 링컨만큼 노예제 반대를 하지 않았다. 그는 선거 유세에서 이렇게 말했다. "악어와 흑인이 함께 있다면 나는 흑인을 도울 것이다. 하지만 백인과 흑인이 함께 있다면 백인을 돕겠다." 노예제 채택에 있어서도 각 주가 알아서 결정하라고 주문했다.

하지만 막상 링컨이 대통령이 되자 더글러스는 자신의 원래 견해를 접고 통크게 링컨을 지지했다. 이런 정치문화를 우리나라에서는 찾기가 어려워 안타깝다. 선거 전까지 싸우더라도 승패가 결정되면 승자에게 힘을 실어주는 것이 매우 필요한데 스티븐 더글러스는 실제로 그렇게 했다. 그는 링컨이 대통령에 취임한 해에 여기저기 순회하며 링컨을 지지하는 연설을 많이 하다가 그만 장티푸스에 걸려 죽고 말았다. 안타까운 일이다.

1865년 4월 14일 링컨이 암살당한 포드극장(Ford's Theatre), (출처_위키피디아)

링컨이 워싱턴DC를 향해 스프링필드를 떠나며

　대통령에 당선된 링컨은 정치적 고향 스프링필드를 떠나 워싱턴DC로 가려는데 당시 흉흉한 정치 상황에서 암살 위협을 많이 받았다. 언제 암살될지 모르기 때문에 변장까지 하고서 밤중에 호텔 뒷문으로 빠져나오기도 했다. 대통령이 되기 전부터 그랬는데 대통령 되고 나서도 계속 암살 위협에 시달렸다. 그러다 남북전쟁을 승리로 마무리하고 1865년에 포드 극장에서 결국 존 부스에게 암살당하고 말았다.

　몽양 여운형은 1947년에 대낮에 길거리에서 암살을 당했는데, 암살 시도 11번째 만에 성공한 것이었다. 암살 위협을 누구보다도 잘 알던 여운형은 "혁명가는 집에서 죽지 않는다"고 주위에 말하곤 했다. 그래서 계속 돌아다니다가 혜화동 로타리에서 결국 암살을 당했다. 링컨도 똑같다. 링컨은 대통령에 당선된 후 이런 말을 하고 정치적 고향인 스프링필드를 떠났다.

링컨이 암살당한 후
포드극장 맞은편에 있는 민가
피터슨 하우스로 옮겨 치료를 받다가
다음날 사망했다. (출처_위키피디아)

"친구 여러분, 제 입장이 되어보지 않은 사람은 누구도 이 작별에서 제가 느끼는 슬픔을 이해할 수 없을 겁니다. 저의 모든 것은 이 지역과 이곳에 모인 여러분들의 친절과 인정을 먹고 자란 것입니다. 이곳에서 저는 25년을 살았고 어린 시절부터 중년의 시기를 보냈습니다. 여기서 제 아이들이 태어났고 한 아이가 이곳에 묻혔습니다.

지금 저는 언제 다시 돌아올지, 혹은 돌아오기는 할 수 있을지 모른 채 이곳을 떠납니다. 늘 저와 함께하셨던 하느님의 도움 없이 저는 성공할 수 없습니다. 그분이 도우실 때 저는 실패를 면할 수 있습니다. 저와 함께하시고 여러분과 함께하시며 선을 위해 어디든 계시는 그분을 믿으며 모든 일이 잘 되기를 소망합시다. 여러분이 기도를 통해 저를 지켜주듯이 저도 그분의 보호하심에 여러분을 맡기며 작별인사를 마치겠습니다."

이렇게 말하고 링컨은 1861년 2월 11일에 스프링필드를 떠나서 4

년이 지난 1865년 5월 4일에 7개 주 180개 도시를 거쳐 돌아왔다. 그런데 그때는 장례 운구차로 왔다. 링컨의 고별사가 그대로 현실로 나타났으니, 정말 안타까운 얘기다.

1860년 11월에 링컨이 대통령에 당선되자 다음 달 남부 7개 주가 연방 탈퇴를 선언했다. 이듬해 2월 남부의 6개 주가 남부연합 건국을 선포하고 제퍼슨 데이비스를 대통령으로 선출했다. 물론 링컨은 "어느 주도 연방에서 탈퇴하지 못한다"고 공표했다. 3월 4일 링컨은 16대 대통령에 취임했으나 그의 앞에는 험난한 여정이 놓여 있었다.

이제까지 링컨이 대통령 되기 전까지의 얘기를 다루었다면, 다음에는 대통령 된 이후에 남북전쟁 위기를 어떻게 극복했는지 얘기하겠다.

4

남북전쟁 당시 링컨의 위기 리더십

링컨의 지상 목적은 연방 유지

　남북전쟁 특히 노예해방과 관련해 여러 설들이 있다. 링컨의 전임 대통령인 제임스 뷰캐넌은 정치에 서투른 걸로 유명한데 이런 얘기를 한 적이 있다. "어떤 주도 연방에서 탈퇴할 권리가 없지만, 설사 탈퇴한다 하더라도 연방 정부가 이를 막을 권한은 없다"라고. 남부가 연방에서 탈퇴하더라도 연방 정부는 어쩔 수 없다는 말이다. 사실 연방 헌법상에는 그렇게 명시되어 있었다. 이런 무책임한 발언 때문에 남부가 탈퇴하려는 생각을 굳히게 된 것도 사실이다.

　하지만 링컨은 대통령 취임 후 이렇게 말했다. "이번 전쟁에서 저의 가장 중요한 목표는 연방을 지키는 것입니다. 노예제도를 유지하거나 파괴하는 것이 아닙니다"라고. 우리가 얼핏 생각하기에는 링컨이 노예제 폐지를 가장 큰 목적으로 여겼을 것 같지만 연방 유지가 지상 목적이고 노예제 폐지는 그에 수반되는 정책이었다. 뷰캐넌은 연방정부 유지를 소극적으로 생각했고 링컨은 적극적으로 봤다는 게 큰 차이다. 그러니까 연방에서 탈퇴하면 전쟁도 불사하겠다는 것이 링컨 입장이었기 때문에 링컨이 대통령에 취임하자 남북전쟁이 발발한 것이다. 4년이나 지속된 남북전쟁을 크게 몇 가지 관점에서 비교해 보면 이렇다.

전쟁 이전 남부와 북부 비교

남부는 컨페더러시Confederacy라고 해서 남부연합으로 똘똘 뭉쳤고, 북부는 유니온Union이라고 해서 북부연맹으로 뭉쳤다. 남북전쟁 관련 영화를 보면 남군과 북군의 병사는 각각 회색 군복, 푸른 군복을 입는다. 우리가 미국인 전체를 양키Yankee라고 말하곤 하는데, 당시에는 북부 사람들만 양키라고 불렀다. 반면에 우리는 남부를 딕시랜드Dixie land라고 부르곤 한다. 1859년에 대니얼 디케이터 에밋Daniel Decatur Emmett이 발표한 노래 'Dixie'가 남북 전쟁 당시 남부 연합군의 행진곡으로 사용되면서 딕시라는 호칭이 퍼졌다.

총사령관을 보면, 남부와 북부의 대표인물은 로버트 리, 율리시즈 그랜트이다. 그리고 남북전쟁에 있어서 연방 유지의 가장 중요한 이슈라지만 노예 문제도 매우 큰데 남부는 노예제를 중시했고 북부는 이에 반대했다.

북부가 인권 측면에서 노예제 제도가 바람직하지 않다고 생각했기 때문에 노예해방을 주장했다고 말하기 쉽다. 물론 그런 측면도 있지만 사실 더 중요한 것은 북부인에게는 노예가 별로 필요가 없었다. 농업보다는 제조업과 서비스업이 발달했기 때문에 노예해방을 해서 노예가 자유노동자가 되면 제조업에 투입해 저임금의 노동자를 고용할 수 있었다. 따라서 우리가 남북전쟁을 너무 도덕적으로만 해석하면 한계가 있고 산업적 측면도 함께 고려해야 된다.

남북전쟁 발발 전인 1850년에 남부의 백인 숫자는 618만 명이었다. 노예 소유주는 35만 명으로 5~6%였는데 200명 이상의 노예를 거느린 소유주는 254명, 500명 이상의 노예를 거느린 소유주는 11명에 불과했다. 노예 소유주에 연결된 외부 인력들이 많았다. 도망갈 노예를 찾아오는 사냥꾼을 포함해 노예 산업이 다각도로 발달되어 있었다. 이들은 당연히 모두 남군 편이었다.

당시에 북부가 남부보다 인구가 두 배나 많았다. GDP로 환산한 경제력을 보면 북부가 남부의 여섯 배 이상이었다. 이처럼 객관적인 지표인 인구나 경제력에 있어서 북부가 훨씬 우위였다. 그렇지만 남부는 노예 제도를 지키지 않으면 안 되는 절체절명 위기라서 훨씬 똘똘 뭉쳤다. 더욱 중요한 것은 군인 특히 사령관, 지휘관 면에서 남군이 월등히 유리했다. 병사의 질이나 사기에 있어서도 남부가 우세를 보였다.

하지만 시간이 지나면서 인구와 경제력에서 우위였던 북군이 군인을 계속 늘렸다. 자국 군대로만 부족하니까 외국에서 이민을 많이 받아 군대에 투입했던 것이다. 결국 북부가 물량 싸움에서 이겼다고 봐도 크게 틀리지 않다.

링컨의 거국 내각

링컨은 1861년 3월에 대통령에 취임하고 나서 내각을 구성했다. 그는 공화당 출신 대통령이지만 각료로는 공화당뿐만 아니라 민주당에서도 능력 있는 사람들을 뽑았다. 하물며 전쟁장관으로 민주당의 에드윈 스탠턴Edwin M. Stanton을 임명했다. 전쟁장관은 지금의 국방장관으로서 전쟁 기간이므로 매우 중요한 직책이었다. 에드윈 스탠턴은 처음에 링컨을 경멸하여 원숭이, 긴팔 달린 원숭, 무식쟁이라고 비난하기도 했다. 하지만 링컨은 이런 비난을 모두 잊어버리고 전쟁을 가장 잘 수행할 수 있는 사람이 누구냐라는 관점에서 설득에 설득을 거쳐서 그를 전쟁장관에 임명했다. 해군장관 기디언 웰스도 민주당에서 뽑았다. 공화당에서는 국무장관으로 윌리엄 슈어드William Seward, 재무장관으로 새먼 체이스Salmon Chase, 법무장관으로 에드워드 베이츠Edward Bates를 뽑았는데 이들 역시 링컨을 시골뜨기라며 무시한 점에서는 마찬가지였다.

    링컨은 이렇게 임명한 장관들을 쉽게 교체하지 않고 오랜 기간 함께 일했다. 그러니까 전쟁 시작부터 종료까지 해고하지 않았다. 당연히 정책의 일관성도 유지되었다. 도리스 컨스 굿윈은 책 《권력의 조건》에서 링컨 대통령에 대한 언급 외에도 윌리엄 슈어드, 새먼 체이스, 에드윈 스탠턴을 포함해서 링컨의 측근들을 집중 분석했다. 우리가 링컨을 폭넓게 이해하기에 매우 유용하니 이 책을 적극 추천한다. 이 사람들은 링컨을 경멸했으나 링컨의 넓은 포용력에 의해 나중에 링컨을 진심으로 존경하게 된다는 것이 핵심 포인트다.

섬터 요새에서 첫 전투

    1861년 3월에 링컨이 대통령으로 취임하기 전에 이미 남부의 주들은 연방에서 탈퇴했다. 사우스캐롤라이나주에 찰스턴 항이 있는데 그곳에 북군의 섬터 요새가 자리잡고 있었다. 남군 하면 버지니아를 핵심 주로 생각하기 쉽지만, 당시 제일 과격한 남부 대표 주는 사우스캐롤라이나주였다. 이미 섬터 요새만 빼고 주위 지역은 모두 남군 휘하로 들어갔기 때문에 링컨은 이 요새를 어떻게 처리할지 고민에 빠졌다.

링컨은 세 가지 옵션을 생각했다. 섬터 요새에 군대를 더 파견해서 수비를 강화할 것인지, 아니면 아예 포기할 것인지, 아니면 중립적인 방법으로 주둔군에게 식량만 계속 보급할 것인지 등 세 가지 방안이었다. 링컨은 고심 끝에 마지막 방안인 식량 보급만 해주기로 했다. 하지만 남군이 섬터 요새를 포위해 공격하자 북군 수비대장은 사흘 만에 항복하고 만다. 이게 바로 남북전쟁의 시발점이었다.

남군이 일단 이긴 것처럼 보이니 노예 주지만 주위 상황을 지켜보며 행로를 고민하던 남부의 네 개 주(버지니아, 아칸소, 테네시, 노스캐롤라이나)가 남부연방에서 탈퇴했다. 전쟁이 발발하자 북군은 본격적으로 전쟁 준비를 하기 시작했다. 당시에는 민병대라서 군인을 모집하면 3개월만 복무를 하다가 고향으로 돌아가곤 했는데 장기 복무가 필요하다고 판단해 3년을 복무하는 지원병을 모집하게 된다. 그래서 50만 명을 모집하게 되는데 처음에는 군대에 안 가겠다는 사람들이 많았다.

이후 여러 회유책을 동원해 모집을 독려했으나 병력 충원이 제대로 되지 않아 외국에서 이민자까지 받아 군대에 투입하게 되었다. 나중에는 남부의 흑인 노예를 해방시켜서 해방노예가 북군에 입대하는 식으로 충원을 늘렸다. 이처럼 시간이 지나면서 남부연합의 군인들이 계속 줄어들었지만 북군은 계속 늘어나니 병력 면에서 북군이 유리할 수밖에 없었다.

섬너 요새 전투 이후 진짜 전투인 불런 전투가 벌어지게 된다. 북군의 맥도웰 장군이 포토맥 강을 건너 선제 공격을 했으나 이 전투에서 남군이 완벽하게 승리를 해버렸다. 한마디로 얘기하면 1861년부터 4년간 전쟁을 할 때 게티스버그 전투 이전에는 남군이 훨씬 유리했던 것이다.

물론 북군이 때때로 전투에서 이기기도 했지만 링컨이 조지 맥클렐런George McLaren 북군 총사령관에게 남군을 추격하라고 명령해도 총사령관이 도대체 진격하질 않았다. 추격하다가 북군 군인들이 많이 죽을 것 같기도 하고 링컨의 명령을 따르면 자신의 자존심이 망가지는 것도 싫었다. 이 사령관은 군사 전략은 군인인 자신에게 맡겨두라고 링컨에게 충고했다. 링컨은 꾸욱 참고 해고를 한동안 하지 않았으나 그 자제력이 2년을 넘지는 못했다. 링컨이 1864년 대통령 재선 선거에 나왔을 때 맥클렐런은 민주당의 대통령 후보로 나와 링컨과 붙었으나 선거에서 링컨이 이겼다.

링컨은 당시 남북전쟁을 외국과의 전쟁으로 생각하지 않았다. 남북전쟁을 시빌 워civil war라고 하는데 이른바 '내전'이다. 내부 반란이라서 링컨은 국회에 전쟁 승인을 요청하지 않고 그냥 군대를 파견해서 참전했다. 물론 이를 가지고 나중에 반대하는 사람들은 링컨이 법을 어기고 자기 마음대로 했다고 주장하지만 링컨은 이 전쟁을 외국과의 전쟁이 아니라 내전으로 보았기에 대통령의 권한을 최대한 이용해서 전쟁을 수행한 것이다.

링컨이 참다가 연방군 총사령관 경질

 링컨은 처음에 맥클렐런을 총사령관으로 임명하기 전에 로버트 리에게 총사령관직을 맡아달라고 요청했다. 로버트 리는 고민에 빠졌다. 사실 로버트 리는 링컨의 연방 유지를 기본적으로 지지하고 있었고 노예제도 싫어했다. 그런데 문제는 그가 버지니아 출신이라는 사실이다.

 버지니아는 남부의 핵심 주다. 더구나 리의 아버지도 예전에 조지 워싱턴과 함께 독립전쟁에 크게 기여하고 버지니아 주지사도 했었다. 리의 아버지는 아들에게 연방보다도 버지니아 주를 더 사랑하라고 말하곤 했다. 예를 들면 우리나라에서 지방의 어느 도가 있는데 전쟁이 나서 국가를 택할 것인지 자기의 출신 도를 택할 것인지 같은 상황에 닥쳤을 때 리 장군의 아버지는 도를 택하라고 얘기한 것이다. 리의 아버지가 꼭 그렇게 얘기하지 않았다 하더라도 당시에는 연방의 권한이 상당히 사실 약했다. 그래서 로버트 리는 링컨의 연방군 총사령관 요청을 거부하면서 이렇게 얘기했다. "나는 내 친척과 내 아이들과 내 고향에 적대적인 군을 지휘할 수 없다. 내 고향 사람들의 고통을 함께 나눌 것이다."

 그래서 로버트 리는 남부 연합군이 항복할 때까지 4년 동안 남군의 총사령관으로 끝까지 재임했다. 반면에 북군은 중간에 총사령관이 계속 바뀌었다. 전투에서 로버르 리를 당해내지 못했기 때문이다. 전쟁 후반 들어 로버트 리가 군사적으로 위축된 건 사실이지만 초반 2년 동안 로버트 리가 군사적 우위를 지켜냈다.

 북부 연방군의 첫 총사령관은 처음에 윈필드 스콧이었는데 불런 전투 패배 후 물러났다. 링컨은 차기 총사령관으로 조지 매클렐런을 임명했는데 앞서 말한대로 매클렐런은 링컨의 지시를 도무지 듣지 않았다. 전투에 나가라고 해도 훈련이 더 필요하다며 출전하지 않았던 것이다. 링컨은 애가 탔지만 놀라운 인내심으로 2년간 그에게 총사령관 직을 맡겼다. 링컨은 한 번 맡기면 웬만한 실수를 안 하고서는 그냥 오래 가는 경향이 있었기 때문이다.

결국 해임을 시키고 이 사람 저 사람으로 바꾸다가 율리시스 그랜트에게 총사령관직을 맡겼다. 그랜트는 웨스트포인트 학교를 거의 꼴찌로 나오고 술주정뱅이로 지냈던 인물이다. 하지만 용기와 저돌적인 기질이 넘쳐 실패하더라도 서부지역에서 전투에 계속 참여해서 결국 남군을 이겨내는 모습을 보였다. 그랜트에게 신뢰가 생긴 링컨은 그를 총사령관으로 임명해서 전쟁을 이끌도록 했다. 우리가 흔히 패기가 중요하다고 말하는데, 패기에 있어서는 그랜트를 따라갈 사람이 없었다.

1865년 버지니아 주에서 열린 종전 협상에서 서명하기 위해 율리시스 그랜트와 로버트 리가 승자와 패자로서 만났다. 두 사람은 웨스트포인트 출신으로 옛날에 같은 부대에도 근무하기도 했다. 웨스트포인트를 나올 때는 리는 수석으로, 그랜트는 거의 꼴찌로 나왔다.

북군의 유명한 장군으로 윌리엄 테쿰세 셔먼이 있었다. 테쿰세는 원래 유명한 인디언 추장인데 셔먼의 아버지가 테쿰세를 매우 존경해 아들 이름에 테쿰세를 집어 넣었다. 셔먼은 전쟁 초반보다도 중반 이후에 혁혁한 공을 세웠는데 남동부에서 초토화 작전을 과감하게 벌인 것으로 특히 유명하다. 영화 〈바람과 함께 사라지다〉에서 애틀랜타 부근에서 남군들이 처참하게 패퇴 당하는 장면을 우리가 보듯이, 북군은 진군하는 길의 좌우 몇 km에 있는 모든 것을 민가 포함해서 완전히 불태워버렸다. 군인은 군인끼리만 싸워야 되는데 그런 고전적 전쟁 방식을 아예 포기한 것이다.

물론 셔먼 혼자 알아서 그런 군사 작전을 펼친 것은 아니고 링컨의 허락을 받고 초토화 작전을 구사했다. 이 때문에 나중에 링컨이 욕을 얻어 먹는다. 자신이 재선에서 이기려고, 전쟁 영웅이 되려고, 위대한 인물이 되려고 이런 무자비한 초토화 작전을 썼다고 비난을 받은 것이다. 그렇지만 전쟁에는 이겨야 된다라는 당위성도 있어서 셔먼이 그런 악역을 맡았던 것이다.

남군에서 로버트 리 휘하의 토마스 잭슨이라는 장군 이야기를 해보자. 이 별명이 스톤월stonewall이었다. 돌로 만들어진 벽이니, 아무리 공격해도 무너지지 않는다라는 의미다. 진짜 탁월한 장군이었다. 남군과 북군 통틀어서 넘버원 장군을 뽑으라면 보통 토마스 잭슨이 거론된다. 그런데 잭슨이 초반에 엄청나게 전공을 세우다가 전투 중에 그만 죽고 만다.

게티스버그 전투에 투입되기 전에 잭슨 장군이 죽자 롱스트리트가 리 장군의 핵심 참모가 된다. 만약에 롱스트리트가 아니고 잭슨이 참모였다면 남군이 게티스버그에서도 이겼을 것이고, 결국 남북전쟁에서 남군이 승리를 거두었을 것이라고 얘기를 하기도 한다. 롱스트리트가 전투를 못했던 사람은 아니지만 잭슨이 워낙 뛰어나서 이런 말이 나왔다.

게티스버그 전투 이후 전황

영화 〈게티스버그〉는 네 시간이나 걸린다. 이 영화에 잭슨은 등장하지 않는데, 이미 죽었기 때문이다. 리와 롱스트리트가 등장해 게티스버그 전투 작전을 둘러싸고 서로 갑론을박 논쟁을 벌인다. 1차 전투에서 이기자 리가 자신감이 넘쳐서 2차 전투에서 정면 돌파 하라고 롱스트리트에게 명령을 내린다. 하지만 롱스트리트는 이 전략이 무모하다며 반대했다. 결국 리의 지시대로 부대가 급경사를 따라 진군하다가 엄청난 피해를 입어 결국 게티스버그 전투에서 남군이 패배한다.

남북전쟁 초기에 물량측면의 전력에서 북군이 우세였으나 실제 전투에서는 남군에게 계속 밀렸다. 남군의 지휘부가 뛰어나고 병력도 정예병으로 구성되어 있었기 때문이다. 반면에 북군은 총사령관이 전투에 적극적이지 않았고 군대도 징집병이라 훈련이 부족해 연전연패를 당하고 있었다.

남군에게 유리한 점이 또 하나 있었다. 남북전쟁 전체를 봤을 때 전투가 벌어진 현장이 거의 대부분 남쪽 지역이었다. 남군은 자기 지역을 잘 알고 있어서 전략을 세우고 수행하기에 훨씬 유리했다. 우리가 남북전쟁 하면 동부쪽의 버지니아 주와 펜실베이니아 주의 전투만 주로 생각하기 쉬운데 사실 전투 현장은 굉장히 넓었다. 남서부의 미시시피강 쪽도 있었고, 테네시 같은 중서부, 그리고 애틀랜타 같은 남동부도 있었다. 동부에서는 남군이 전투를 잘 했으나 서부와 남부에서는 그랜트 장군의 지휘 아래 북군이 승리를 계속하고 있었다.

텍사스나 미시시피 지역이 북군에게 넘어가자 그쪽에서 로버트

영화 〈게티스버그〉 포스터

리가 있는 동부로 물자가 제대로 이송될 수 없었다. 그래서는 전투 운영이 힘들기 때문에 리장군이 오히려 북동부를 치겠는 전략을 취해 1863년에 벌인 전투가 게티스버그 전투다. 펜실베이니아 주의 게티스버그는 원래 북군 지역이다. 로버트 리는 게티스버그를 거쳐 워싱턴DC를 포위해 공격하고 뉴욕 주, 매사추세츠 주까지 계속 진군하겠다는 계획이었다. 게티스버그 전투에서 만약 남군이 이겼다면 북군은 쑥대밭이 됐을 가능성이 크다. 게티스버그에서 북군이 이겼기 때문에 리 장군의 전략은 실행되지 못했다.

　동부에서 사실 북군이 몇 번 이기기는 했다. 특히 엔티템 전투에서는 북군이 승리했는데 매클렐런 총사령관이 링컨의 추격 명령을 무시하고서고 쫒아가지 않았다. 군대에서 이러면 참 당황스럽다. 예컨대 조선시대에서도 선조가 이순신에게 공격 명령을 내렸는데 이순신이 거부하자 소환당하고 고생을 당하지 않았는가? 하여튼 매클렐런은 링컨의 명령을 무시하다가 옷을 벗게 된다.

북군은 처음에 남군에 대해 다소 신사적으로 대하려고 했지만 도저히 전황이 좋아지지 않으니 거칠게 나가는 정책을 쓰기로 했다. 그래서 셔먼 장군이 남동부에서 초토화 전략을 구사한 것이다.

남북전쟁 동안 통과된 민생 관련 법

우리가 남북전쟁 얘기만 하면 링컨이 전쟁 기간 중에 민생 관련 일들을 어떻게 틈틈이 처리했는지 간과하기 쉽다. 그런데 링컨이 중요한 법안들을 많이 통과시키고 정책화 했다.

우선 1862년에 자영농지법Homestead Act을 통과시켰다. 서쪽으로 이주하면 땅을 160 에이커씩 준다고 했다. 그리고 토지 등록에 10달러, 토지 권리증을 발부 받는 수수료로 6달러, 토지 중개인에게 주는 복비 2달러를 합쳐 총 18달러만 있으면 160에이커(우리나라 평으로 68만 평) 땅을 배정받게 되는 것이었다. 그리고 이 땅에 5년 안에 집을 짓고 농토를 개발하면 완전히 자기 소유 땅이 되는 것이다. 이처럼 링컨은 변방을 개척하려고 자영농지법을 통과시켜서 서부 이주를 크게 촉진했다.

이외에 모릴 토지 허여 법안Morrill Land-Grant Act도 있었는데 당시 연방 하원의원이던 저스틴 모릴이 1862년에 이 법안을 통과시켰다. 1860년대만 하더라도 대학이 전국적으로 많지 않았다. 나라가 커지고 강해지려면 사람들이 고등교육을 많이 받아야 되는데 학교가 너무 없었다. 그래서 각 주가 주립대학을 설립하도록 땅을 무상으로 제공하고 연방에서 지원을 해준 것이다. 이 법안 통과로 인해 우리가 지금 알고 있는 미국의 주요 주립대학들이 설립되었다.

예를 들면 1876년 텍사스 주에 텍사스 A&M_Agricultural and Mechanical College Texas 대학이 설립되었는데 A는 어그리컬처_Agriculture, 즉 농업이고 M은 미케닉스_Mechanics, 즉 기계를 말한다. 이 법안의 혜택을 받아 당시에 주립대학으로 만들어졌고 나중에 남부가 통합되고 나서 1890년대에 남부지역에 주립대학들이 연달아 세워졌다.

또 하나는 링컨이 태평양 철도법을 제정하여 유니언 퍼시픽(오마하에 본부)과 센트럴 퍼시픽의 회사 설립을 인가해 대륙횡단철도 부설 권한을 줬다. 철도가 깔리면 철도의 좌우의 일정 토지를 철도 회사가 가질 수 있도록 다양한 혜택을 부여했다.

남북전쟁 전비 조달 방안

남북전쟁을 제대로 수행하기 위해 링컨은 세 가지 방법으로 전비를 조달했다. 우선, 기존 세금을 더 늘리거나 새로운 세금을 만들어냈다. 또 다른 방법으로는 채권을 발행했다. 정부가 발행한 채권을 은행이나 개인들이 매입하도록 하여 조달된 돈을 전비에 사용했다. 마지막으로 지폐를 발행했다. 불환 지폐이니 금을 보유하고 있지 않아도 정부가 마음대로 지폐를 발행하면 됐다. 물론 이로 인한 부작용으로 인플레가 발생하는 것은 어쩔 수 없었다. 이처럼 링컨은 세금 부과, 채권 발행, 지폐 발행 등 세 가지 방법으로 전비를 조달했다.

현재 한국에서 조세 수입에서 관세가 차지하는 비중이 그리 크지 않지만 과거에는 상당히 컸다. 당시 미국에서는 조세 수입을 늘리려고 관세율을 계속 높였다. 관세율 인상은 자유무역에 반하지만 국내 산업보호에는 도움이 된다. 미국에서는 국내 산업이 크게 발달하지 않았기에 관세를 높이면 외국 물건들이 못 들어오므로 물건을 비싸게 팔 수 있어서 국내 산업에는 유리했다. 대신 소비자들은 고물가로 고통을 겪었다.

당시에는 소득세제가 없었는데 링컨은 세수 확보를 위해 소득세를 일시적으로 신설하여 개인에게 1만 달러 이상 소득에 대해 10% 과세했다. 남북전쟁이 끝나자 소득세법은 사라졌고 1910년대에 다시 생겨서 지금은 모든 나라에서 소득세가 당연하게 여겨지고 있다. 전비 조달을 위해 정부가 발행한 대규모 정부 채권을 민간인들이 많이 사야 되는데 민간인들이 잘 사려고 하지 않았다. 만약 전쟁에서 지기라도 하면 채권이 휴지 조각 신세가 되어 버리기 때문이다. 그래서 정부는 전국은행들을 설립해 이들이 정부 채권을 매수하도록 했다. 당시에는 은행들이 모두 지방은행이었었고 지금 우리가 FRB라고 말하는 연방준비위원회가 없었다. 또한 링컨은 전국은행$_{national\ bank}$을 만들어 이 은행들이 정부의 공채를 매입하도록 강제했다. 이것만으로는 재원 마련에 부족했기에 정부는 불환지폐도 발행했다. 미국 정부가 그냥 찍은 달러 지폐인데 뒷면이 파란색이라서 그린백$_{greenback}$이라 불렀다. 전쟁이 오래 진행되면서 인플레로 인해 그린백 지폐 가치가 폭락했다.

노예제 해방의 원인과 과정

노예해방이 드디어 이루어졌다. 링컨은 처음에 노예해방까지 생각하지 않았고 연방 유지를 가장 큰 목적으로 봤다. 노예해방을 해버리면 남과 북의 경계에 있는 주들은 어떤 입장을 취할까 링컨은 고민하고 있었다. 노예해방을 해버리면 노예주는 남쪽으로 편입될 가능성이 크지 않을까? 아군, 적군으로 나누는 패싸움에 있어서 노예해방 조치는 연방 유지에 불리하다고 링컨이 생각했었기 때문에 노예해방을 일찍 실시하지 못했다. 더구나 당시 헌법에는 노예 소유주의 권리가 보장돼 있었으므로 노예해방을 하면 위헌 소지 문제도 있었다.

링컨이 원래 생각했던 노예해방 해법은 노예 소유주에게 돈을 줘서 노예를 해방시키도록 유도하는 것이었다. 사실 영국에서는 미국에서 노예해방이 일어나기 20~30년 전에 그런 식으로 문제를 해결한 바 있다. 그런데 전쟁 기간이라서 이런 방법은 돈도 많이 들어서 결국 무산되고 말았다. 링컨은 초기에 가능하면 노예해방 조치없이 전쟁을 수행하려고 했는데 전황이 북군에게 자꾸 불리해지니 강경책을 써야 되겠다며 노예해방으로 방향을 튼 것이다. 링컨은 1883년 1월 1일에 노예해방을 공포하지만 이미 몇 개월 전에 노예해방 선언 전문을 이미 전국에 발표했었다. 미리 공포하여 여론을 우호적으로 바꾸려고 한 것이다.

북부에도 미주리주, 메릴랜드주, 델라웨어주 등 노예주가 일부 있었다. 북부 노예주의 노예에 대해서는 현상 유지를 시키고 적국인 남부연합에 속한 주에 있는 노예만 해방시킨 것이다. 왜냐하면 북부의 노예주에 대해서도 노예해방 조치를 취한다면 그 주들이 모두 남부 연합으로 넘어갈 가능성이 있기 때문에 과도기적 조치를 취한 것이다. 나중에 남북전쟁에서 북군이 이기자 모든 주의 노예를 해방하도록 법안을 바꾼다.

5강. 에이브러햄 링컨(Abraham Lincoln; 1809~1865) ; 꺽다리 대통령

게티스버그 전투 3일째 모습을 담은 그림(출처_위키피디아)

또 하나, 링컨은 남부의 노예들이 해방되면 탈출하여 북군에 입대할 수 있도록 했다. 그러면 해방된 노예들로 보강된 북군이 남군과 싸우게 되니 북군 전력 강화 효과도 거둘 수 있기 때문이었다. 더구나 당시에 유럽에서는 노예가 이미 해방된 상태라서 노예해방 자체가 도덕적인 우위를 가지므로 유럽의 남부 지원을 막는 효과도 얻을 수 있었다. 이처럼 1863년 초에 노예해방 공포로 흑인도 북군에 입대할 수 있게 되었고, 전쟁이 끝날 무렵 수정헌법 13조를 제정해 남부 주는 물론이고 북부 주 노예들도 모두 해방시켰다.

게티스버그 전투가 일어나기 전인 1863년 3월에 링컨은 불리한 전황 타개를 위한 방법으로 국가 징집법에 서명했다. 장년층, 청장년층, 북부 백인 남성들의 복무 기간을 3년으로 정했는데 사실은 300달러만 내면 징집에서 면제될 수 있다는 문제를 지니고 있었다. 그리고 외국에서 오는 이민자들을 전쟁에 투입시키는 정책도 구사한다. 징집자 명단 발표에 반대하는 사람들이 약탈하고 방화하는 일들을 벌이자 링컨은 단호하게 범법 행위 진압에 나선다. 그래서 링컨 반대자들은 징집 반대자에게 가혹하게 진압한 것이 잘못되었다며 비판하고 있다.

링컨은 주를 분할하는 방법도 구사했다. 버지니아주는 좀 큰데 모두 노예주였고 남부연합에 속해 있었다. 그래서 북군이 장악한 서쪽만 떼어내어 웨스트버지니아주를 자유주로 만든 다음에 북부연맹에 편입시켜 버린다.

우리는 링컨을 공화당원으로 다 알고 있겠지만 링컨은 1863년에 국민통합당을 창설했다. 공화당원 외에 민주당원 중에서도 노예제 반대자는 북군 편을 들었다. 그래서 민주당의 북군파와 공화당을 합쳐서 국민통합당 National Union Party으로 명칭을 바꾼다. 원래 민주당원이었던 앤드루 존슨이 나중에 부통령이 되는데 국민통합당으로 들어왔기 때문에 가능했다. 우리가 미국 대통령의 연보를 보면 링컨이 첫 번째 대통령 임기 중에는 공화당 소속으로 되있으나 재선에 출마할 때는 국민통합당으로 표기되어 있음을 보게 된다. 바로 이런 정치적인 이유 때문에 정당 명칭을 바꾼 것이다.

2분 짜리 게티스버그 연설

게티스버그에서 1863년 7월 1일부터 3일까지 사흘간 큰 전투가 벌어졌다. 첫 번째 전투에서는 남군이 대승을 했지만 마지막 날에 벌어진 두 번째 전투에서는 남군이 대패했다. 550대의 대포가 무려

링컨기념관에 있는
링컨의 연설문
(출처_위키피디아)

569톤의 포탄을 사용했는데 양측 군대에서 모두 5만 2천 명이 사망했다. 남군은 그때부터 불리한 전황으로 접어든다.

게티스버그 전투 이후 4개월이 지난 11월 19일에 링컨은 전몰자 국립묘지 봉헌식에 참석했다. 이곳에서 했던 링컨의 연설이 매우 유명한데 사실은 겨우 2분짜리 연설이었다. 링컨이 연설하기 직전에 하버드 대학 총장이 무려 두 시간이나 연설을 했다고 한다. 청중이 너무 지쳤을 텐데 링컨은 272개 낱말로 겨우 2분 연설을 했다. 현장에 있었던 사람들이 링컨의 연설에 환호를 보낸 것은 훌륭한 연설 내용보다는 짧은 연설 시간 때문이 아니었을까?

'국민의, 국민에 의한, 국민을 위한 정부' 이야기는 사실 링컨이 처음 한 말도 아니다. 이전에 다른 사람이 했던 문장의 일부를 링컨이 인용한 것인데 명연설로 남고 말았다. 연설의 핵심은 이렇다. "게티스버그에서 전사한 북군 병사들은 국민의, 국민에 의한, 국민을 위한 정부가 세상에서 사라지지 않도록 하기 위해 목숨을 바쳤다"이다.

링컨이 연설하고 연단에서 내려오면서 정작 자신의 연설이 엉망이었다고 생각했다고 한다. 실제 이야기다. 하지만 나중 사람들은 그렇게 평가하지 않았다. 여러분이 무슨 강연이나 강의를 마친 후에 망쳤다고 너무 자책하지 말기 바란다. 링컨의 게티스버그의 연설을 생각하면 얼마든지 위로를 얻을 수 있지 않을까?

남북전쟁 종전

드디어 남북전쟁이 막을 내렸다. 버지니아 농가에서 남북연합의 로버트 리가 그랜트 장군에게 항복을 했다. 당시 항복 문서에 서명한 장소를 그린 그림들이 있다. 그림에 그랜트 장군이 매우 후지게 나온다. 반면에 로버트 리는 패장임에도 불구하고 깨끗한 옷차림에 거만하게까지 보인다.

나중에 알고 보면 그랜트 장군의 그런 모습은 다 작전이었다. 링컨이 그랜트 장군에서 이런 지령을 내렸다고 한다. "가서 너무 잘난 척하지 마라. 모든 남군을 포섭하고 포용하는 정책을 써라. 너무 깨끗하게 입지 말라" 링컨이 이 정도까지 구체적인 지령을 내렸는지는 모르겠지만 실제로 그랜트가 로버트 리에 비해 초라하게 보였던 것은 사실이다.

실질적으로 북군은 남군을 따뜻하게 포용하는 정책을 구사했다. 항복 서명 장면에서 그랜트가 이렇게 말했다. "전쟁은 끝났다 이제 반란군은 다시 우리의 국민이 되었다"라고. 그리고 로버트 리는 "이

제 고향으로 가라. 지금껏 그대들이 훌륭한 병사였던 것처럼 훌륭한 시민이 되길 바란다. 나는 여러분이 자랑스럽다"라고 말했다.

이처럼 링컨은 관대한 사후 정책을 썼는데 후임 대통령인 앤드루 존슨도 같은 노선의 정책을 쓰려고 했다. 하지만 북군의 과격파들이 극렬하게 반대했고 패배한 남군은 자존심 때문에 이를 거부했다. 결국 링컨이 원했던 만큼의 관용 정책을 베풀지는 못했다. 링컨이 살았더라면 북군이 점령군을 안 보냈겠지만 실제로는 점령군을 보냈다. 왜냐하면 앤드루 존슨 대통령이 탄핵받아 무력해졌고 강경파가 장악한 의회가 남부를 잔뜩 억누르는 정책을 썼기 때문이다. 대통령이 누구냐에 따라 상황은 정말 달라진다는 것을 알 수 있다.

참혹한 남북전쟁은 과연 불가피했나

참혹한 남북전쟁은 과연 불가피했을까? 이 질문은 매우 중요하다. 당시 남부에 있던 노예는 400만 명이었는데 양측 군대는 합쳐서 62만 명이 죽었다. 62만 명은 400만 명보다 훨씬 적으니 괜찮지 않느냐고 말할 수도 있지만 62만 명은 대단한 숫자다. 2차 세계대전 때 미군은 31만 명, 1차 대전 때에는 11만 명이 전사했다. 그러니까 미국이 그동안 치른 많은 전쟁 중 남북전쟁에서 가장 많이 죽은 것이다. 노예를 해방시키려고 이렇게 많은 군대들이 죽어야 하겠느냐는 질문을 던지면 생각할 바가 많다.

영국에서는 1834년에 노예제가 폐지되었다. 영국 정부가 6년에 걸쳐서 노예 소유주에게 노예 가격의 40%를 주고 노예를 해방시켰기에 피를 잔뜩 흘리는 전쟁은 일어나지 않았다. 남미 국가에서도 모두 평화적으로 노예제가 폐지되었다. 물론 일부는 나중에 해방시킨 경우도 있었지만 아르헨티나, 콜롬비아, 칠레, 멕시코에서 미국의 남북 전쟁 이전에 평화적으로 조치가 이루어졌다.

만약 링컨이 연방 수호와 노예제 폐지에 연연하지 않았다면 전쟁 없이 미국이 남부 국가와 북부 국가로 나누어지지 않았을까? 그렇다면 지금처럼 큰 미국이 아니라 아담한 둘로 나눠졌을 것이고 강대국으로 발돋움하지 못했을지도 모른다. 하여튼 링컨의 강경한 입장 때문에 결국 피가 낭자한 남북전쟁이 벌어졌고, 그 결과 연방이 간신히 유지되어 지금의 수퍼파워가 되었다.

링컨 직전의 제임스 뷰캐넌 대통령은 남부 주들이 연방에 떨어져 나가도 어쩔 수 없다고 얘기한 바 있다. 사실 헌법에 그렇게 되어 있었기 때문이다. 하지만 링컨은 헌법을 무시하면서 연방을 유지시켰고, 링컨은 전쟁이라는 이유로 언론을 많이 탄압했다. 군사 법정을 가동해 즉결 처분도 했다. 즉결 처분이라기보다는 즉결로 당면 문제들을 해결했다. 그래서 링컨을 비난하는 사람들은 링컨의 마키아벨리적인 태도에 환멸을 느끼고 전쟁 핑계로 독재를 펼친 사람으로 매도하기도 한다.

프레드 더글러스는 흑인은 당시 매우 유명한 노예 인권론자였다. 더글러스는 나중에 링컨 기념물 봉헌식 연설을 하면서 링컨이 두 가지를 잘했다고 말했다. 하나는 연방을 유지한 점, 또 하나는 노예해방을 했다는 점인데 확실한 진단이다. 하지만 링컨이 이 두 가지 일을 잘 하려고 다른 잘못된 일도 서슴없이 벌였음을 우리는 기억하고 있어야 한다.

5

링컨 사후 재건 계획

영화 〈음모자〉에서 여러 공범자

　링컨 사후의 재건 계획으로 넘어가려면 우선 2010년 영화 〈음모자〉에 주목할 필요가 있다. 이 영화는 링컨 피살 관련 공모자들을 잡아들이는 과정을 다룬다. 우리는 배우 출신인 존 윌크스 부스를 링컨 암살자로 알고 있는데, 사실 단독 범행이 아니라 다른 공범자들도 많았다.

　이들 공모자들은 처음에는 남북전쟁이 끝나기 전에 링컨을 납치해서 북부에 잡혀 있는 남군 포로들과 교환하려고 했다. 그런데 남군이 어느 새 항복해버리니 공범자들은 북부의 전범들을 아예 죽여버리기로 전략을 바꾸었다. 당시에 링컨뿐만 아니라 국무장관 윌리엄 슈어드도 죽이려고 했다. 슈어드는 실제로 칼에 찔렸지만 간신히 살아났다.

　링컨을 데린저 총으로 암살한 부스는 도주하다가 버지니아 주의

링컨의 암살계획, 실행과정과
그후 처리과정을 담은
영화 〈음모자〉 포스터

가렛 농장 헛간에서 경찰 총에 맞아 죽는다. 공모자들은 군사법재판소에서 판결을 받아 4명이 7월 7일에 교수형을 당했다. 이중에는 공모자 한 명의 어머니인 메리 수랏이 포함되어 있었는데 미국 정부에 의해 사형당한 최초의 여성이었다.

이처럼 링컨 암살 계획, 실행 과정과 그후 처리 과정을 다룬 이야기가 〈음모자〉에 나와 있다. 이 영화에서 전쟁장관 에드윈 스탠턴은 '전시 중에 법은 침묵한다'고 말한 바 있다. 그러니까 전쟁 중에는 법을 좀 무시해도 된다는 것이다. 군사 법정에서는 뚝딱 판결하고 공모자들을 사형시켜도 아무런 문제가 없다.

링컨과 존슨의 관대한 재건 계획

링컨은 전쟁이 마무리되기 전에 승전을 예상하고 전후 재건을 위한 10% 계획을 수립해 발표했다. 남부 연합의 주요 지도자들은 반란자들이니까 이런 사람들은 제외하지만, 당시 남부 유권자 기준으로 주민 10%라도 연방 정부에 충성하겠다고 말하면 남부에 새로운 주 정부를 구성토록 허용하겠다는 것이었다.

이런 재건 계획에 대해 북부의 강경파들은 당연히 반대했다. 남부 주의 과반수가 충성을 한다면 모르지만 어떻게 10%만 찬성하면 되냐며 연방 의회가 극력 반대했다. 그런데 이에 대해 링컨은 거부권 행사를 하여 링컨은 10% 계획을 계속 추진했다.

링컨 피살 후 엉겹결에 대통령에 취임한 앤드루 존슨은 링컨의 유지를 받들어 남부에 대해 관대한 정책을 펴려고 했다. 앤드루 존슨은 남부를 거세게 밀어붙이면 위험하다고 판단해 전쟁이 끝났으니까 남부인에 대한 대사면령을 발표했다. 그리고 연방에서 탈퇴하고 남부연합에 속했던 주들도 노예제 폐지를 담고 있는 수정 헌법 13조만 비준하고 주민 10%만 찬성하면 주의 자격을 회복해 다시 연방의 일원이 될 수 있도록 했다. 하지만 전쟁을 일으킨 남부연합의 지도자들이 대부분 복귀한 남부 주 의회들은 흑인단속법black codes을 제정해 노예제를 다시 복구시키려 했다.

그러자 연방의회를 장악하고 있던 공화당 급진파는 존슨의 일방적 조치에 반발해 새로 구성된 남부 주정부의 연방 가입 승인을 거부했다. 연방의회는 존슨의 재건 정책을 견제하고자 수정헌법 14조를 통과시켜 흑인의 시민권을 인정하고 어떠한 주도 시민의 권리를 빼앗을 수 없도록 했다. 단 흑인에게 투표권을 준다는 내용은 분명하게 밝히지 않았다. 그리고 남부연합에 협력했던 주요 인물들은 아예 정부 고위직에 오르지 못하게 했다. 이 수정헌법 14조는 1868년

미국 17대 대통령 앤드루 존슨.
미국 대통령 중에서 탄핵을 당한 사람은
앤드루 존슨뿐이다.(출처_위키피디아)

에 비준된다.

1870년에 연방의회는 수정조항 15조도 통과시키며 흑인에게 투표권을 보장하는 내용을 집어넣었다. 그리고 연방의회를 장악한 공화당 급진파는 의회만의 재건법을 제정해 남부를 5개 지역을 분할해 군정을 실시해버린다. 링컨이 원했던 관대한 정책방향이 전혀 아니었다.

앤드루 존슨에 대한 탄핵

이런 관대한 정책 추진때문에 앤드루 존슨이 탄핵을 당한다. 지금 미국 역대 대통령 중에서 탄핵당한 사람은 앤드루 존슨뿐이다. 앤드루 존슨은 상당히 웃기는 이유로 탄핵을 당했다. 1867년에 연방의회는 관직보유법을 통과시켜 대통령이 상원의 동의 없이는 장관을 마음대로 해임시키지 못하게 했다. 그런데 앤드루 존슨이 에드원 스탠턴 전쟁장관이 꼴보기가 싫어 해임을 시키려고 하자 대통령이 그를 해임시키지 못하도록 의회가 대통령을 탄핵해버린 것이다.

3분의 2 이상의 표결이 나와야 대통령 탄핵이 되는데 딱 한 표가 부족해서 탄핵을 할 수는 없었다. 하지만 사실상 탄핵에 준하는 표결이 나와 앤드루 존슨은 남은 임기 동안 식물 대통령으로 전락하고 말았다.

이처럼 앤드루 존슨은 민주당원으로서 링컨의 유업을 받아서 대통령직을 제대로 수행하려고 있지만 결국 좌절하고 말았다. 이 때문에 노예해방 문제, 남부 전후 처리 문제는 거의 옛날 상태로 돌아가 앞으로 전진할 수 없었다.

링컨의 진짜 모습

링컨의 진짜 모습은 과연 무엇일까? 우리가 링컨의 여러 모습에 대해 얘기를 했는데, 여기에서는 좋지 않은 면을 부각시켜보려 한다.

링컨은 주 의회에서는 하원의원을 다섯 번 했지만 연방 하원의원은 겨우 한 번, 연방 상원의원은 한 번도 하지 못하고 대통령이 되었다. 물론 명문가 출신도 아니고 부유한 지주도 아니었다. 대통령으로 당선되었을 때 득표율이 40%에 불과해 대표성이 약하다는 비난을 받았다.

1864년 재선 당시 링컨에게 쏟아진 별명들을 모아 보았다. 독재자, 거짓말쟁이, 도둑, 허풍꾼, 광대, 권력찬탈꾼, 괴물, 무식쟁이 저질만담가, 위증꾼, 사기꾼, 학살자, 꺾다리, 외조부가 인디언, 무식하고 팔이 긴 일리노이 원숭이 등 별명이 부지기수다. 이런 비난을 받

영화 〈솔저 블루〉 포스터. 솔저 블루는 인디언을 학살한 푸른 군복을 입은 사람들인데 푸른 군복은 남군이 아니라 북군이었다. 그래서 링컨은 무자비한 인디언 학살자라는 얘기도 많이 들었다.

으면 링컨은 명예훼손으로 상대편을 고소할 수도 있었지만 그저 허허 웃었다. 최근에 들은 얘기만도 아니고 옛날부터 익히 들었기 때문이다. 링컨은 이런 말을 했었다. "적을 없애는 좋은 방법은 적을 포용하는 것이다." 그러니까 적과 싸우면 끝이 없고 더욱 척이 지므로 그런 사람들을 모두 포용하면 된다는 것인데, 링컨은 실제로 그렇게 해서 성공했다.

링컨은 대통령이 되기 전에는 노예 폐지론을 별로 말하지 않았고 노예제를 그냥 인정하는 발언도 많이 했다. 더구나 링컨은 평소에 흑인이 열등하다고 말했고 미국에 거주하고 있는 흑인을 아프리카로 이주시켜야 한다고도 주장했다. 그런데 링컨이 대통령이 되어야 하니 과거의 발언과는 달리, 노예 폐지론을 전개했다고 반대자들은 링컨을 맹비난했다.

링컨은 대통령 재임시 인디언들을 학살하기도 했다. 1864년에 존

시빙턴 대령이 콜로라도주 샌드크리크에 거주하던 샤이엔 족을 실제로 학살했다. 배우 캔디스 버겐이 나온 영화 〈솔저 블루〉가 바로 샤이엔족 학살 얘기를 다루었다. 솔저 블루는 인디언을 학살한 푸른 군복을 입은 사람들인데 푸른 군복은 남군이 아니라 북군이었다. 그래서 링컨은 무자비한 인디언 학살자라는 얘기도 많이 들었다.

링컨이 위대한 대통령인 이유 중에 가장 중요한 것은 디 유나이티드 스테이츠 The United States 가 문장에서 주어로 나올 때 복수이냐 단수이냐 하는 것이다. 예전에는 복수였다. 여러 주들이 제대로 통합되지 않았기 때문이었다. 하지만 링컨 덕분에 주들이 단단하게 통합되어 이제는 미국이 단수가 되었다는 사실이다. 이 부분이 링컨의 위대한 업적을 한마디로 보여주는 표현이 아닐까?

6강

시어도어 루스벨트
(Theodore Roosevelt : 1858~1919)
: 전사형 대통령

미국의 역대 대통령 중에 책을 가장 쓴 사람은 시어도어 루스벨트였다. 그는 지적인 면이 출중하고 자연환경을 끔찍이도 좋아한 자연보호론자이기도 했으나 어느 대통령보다 돌출 행동을 많이 했다. 평소에 사냥을 매우 좋아하던 그는 용감하게 의용기병대로 지원해 스페인과의 전쟁에서 승전을 거두기도 했다. 또 사회의 부패를 도려내고자 당시 강력한 기업연합 형태인 트러스트trust에게 싸움을 걸어 과감하게 개혁을 추진하면서 성공을 거두어 '트러스트버스터trustbuster'라는 별명도 얻었다. 보수적인 공화당은 일반적으로 친기업적인데 공화당 출신 시어도어는 혁신적인 진보주의 정책을 구사했다. 시어도어가 펼친 경제정책을 '스퀘어 딜square deal'이라 부르는데, '스퀘어square'란 정정당당, 공정을 의미한다. 기존의 중립주의 외교에서 벗어나 제국주의 정책을 본격적으로 전개했다. 여러 전쟁에 개입도 하고 중재도 맡아서 노벨평화상을 처음으로 수상한 미국 대통령이 되었다. 하지만 그의 제국주의 노선은 마크 트웨인 같은 작가들로부터 비난을 많이 받았다.

1
액시덴탈 프레지던트

　소제목으로 '액시덴탈 프레지던트accidental president'라고 일부러 영어로 썼는데 한국어로 적절히 번역하기 힘들기 때문이었다. '액시덴탈'이란 '우연한'이라는 뜻이다. 1901년 윌리엄 매킨리 대통령이 피살되는 바람에 당시 부통령이던 시어도어 루스벨트가 우연히 갑자기 대통령이 됐기 때문이다. 만약 시어도어가 대통령에 오르지 않았다면 우리나라에서 벌어진 러일 전쟁과 얽히는 악연이 생기지 않았을 수도 있는데 우연히 대통령이 되는 바람에 우리나라에 치명타를 먹인 대통령이 되고 말았다.

　우리는 러시모어산에 새겨진 미국 대통령 네 명을 잘 알고 있다. 사람들에게 물어보면 가장 왼쪽과 가장 오른쪽 대통령은 누구인지 확실히 안다. 가장 왼쪽은 조지 워싱턴, 가장 오른쪽은 에이브러햄 링컨인데 중간 두 명이 정확히 누구인가? 하며 고개를 갸우뚱거릴지 모르겠다. 워싱턴 바로 옆에 있는 사람은 3대 대통령 토머스 제퍼슨

러시모어산에 새겨진 미국 대통령 조각상. 왼쪽부터 조지 워싱턴, 토머스 제퍼슨, 시어도어 루스벨트, 에이브러햄 링컨

이고, 가장 깊숙이 있는 대통령은 26대 대통령 시어도어 루스벨트다.

테쿰세의 저주 덕분에 부통령에서 대통령으로

우선, 원주민 얘기를 해보자. 북미 원주민은 부족이 500개를 넘길 정도로 많았는데 그중에 쇼니족의 추장으로 테쿰세라는 사람이 있었다. 테쿰세와 미국과의 관계가 처음에 나쁘지는 않았다. 테쿰세는 서로 타협적으로 공존하려는 정책을 폈었는데 미국이 그만 배반하고 말았다. 그래서 테쿰세 종족이 대학살을 당하고 다른 곳으로 강제 이주해야 해서 테쿰세가 부족을 이끌고 반란을 일으키다가 1813년에 죽게 됐다. 테쿰세는 미군 장교 윌리엄 해리슨에게 피살되면서 이런 저주의 예언을 남겼다. "10의 자리가 짝수이고 1의 자리가 0인 해에 대통령이 되는 사람은 임기 중에 죽을 것이다"라고.

1840년에 대통령으로 당선된 사람이 윌리엄 해리슨이었는데 27년 전에 테쿰세를 죽인 바로 그 미국 장교였다. 그는 대통령이 되고 나서 곧바로 폐렴으로 사망하고 만다. 이후에도 테쿰세의 저주대로 대통령들이 연달아 죽었다. 1860년에는 에이브러햄 링컨이 재선 직후 피살되었고, 나중에 제임스 가필드, 윌리엄 매킨리, 워런 하딩, 프랭클린 루스벨트, 존 F. 케네디가 임기 중에 20년마다 한 번씩 테쿰세의 저주의 희생자가 되었다. 1900년에 재선되고 이듬해에 피살당한 윌리엄 매킨리 때문에 당시 부통령이던 시어도어가 대통령직을 이어받았다.

　　1980년에 당선된 로널드 레이건은 1981년 1월에 취임하고 3월에 가슴에 총탄을 맞았으나 총탄이 심장을 약간 벗어나 간신히 살아남았다. 2000년에 당선된 조지 W. 부시는 큰 문제 없이 지나갔지만 이듬해 무지막지한 9.11 테러를 당했다. 2020년에 당선된 조 바

테쿰세의 저주

당선 연도	대통령의 사망 이유
1840년	1841년 9대 대통령 윌리엄 해리슨, 폐렴으로 사망
1860년	1865년 16대 대통령 에이브러햄 링컨, 총으로 피살
1880년	1881년 20대 대통령 제임스 가필드, 총으로 피살
1900년	1901년 25대 대통령 윌리엄 매킨리, 총으로 피살
1920년	1923년 29대 대통령 워런 하딩, 폐렴으로 사망
1940년	1945년 32대 대통령 프랭클린 루스벨트, 뇌출혈로 사망
1960년	1963년 35대 대통령 존 F. 케네디, 총으로 피살

6강. 시어도어 루스벨트(Theodore Roosevelt; 1858~1919) ; 전사형 대통령

부통령에서 대통령직을 승계한 경우

당시 대통령	승계 연도	당시 부통령
윌리엄 해리슨	1841년	존 타일러
재커리 테일러(위장염)	1850년	밀러드 필모어
에이브러햄 링컨	1865년	앤드루 존슨
제임스 가필드	1881년	체스터 아서
윌리엄 매킨리	1901년	시어도어 루스벨트
워런 하딩	1923년	캘빈 쿨리지
프랭클린 루스벨트	1945년	해리 트루먼
존 F. 케네디	1963년	린든 존슨
리처드 닉슨(탄핵)	1974년	제럴드 포드

이든이 혹시 임기 중에 사망할지 모른다는 얘기가 그전부터 파다했다. 바로 테쿰세의 저주 때문이다. 1840년부터 1960년까지 20년마다 일곱 번에 걸쳐 예외가 없었다. 이후에는 잘 들어맞지 않고 있지만 정말로 끔찍한 저주의 하나가 아닐 수 없다.

예전엔 테쿰세의 저주가 20년마다 한 번씩 연달아 일어났으니 부통령으로 있다가 갑자기 대통령으로 승계를 받은 사람들은 모두 아홉 명이다. 테쿰세의 저주에 해당되지 않는 경우로는, 재커리 테일러가 임기 중 위장염으로 급사해 밀러드 필모어가 대통령직을 인계받았다. 리처드 닉슨은 탄핵 위기에 몰렸다가 탄핵이 결정나기 전에 사임을 하면서 제럴드 포드가 대통령직을 승계했다. 이처럼 부통령이 갑자기 대통령직을 승계 받은 경우를 액시덴털 프레지던트라고 하는데 이중 한 사람이 시어도어 루스벨트였다.

시어도어 루스벨트의 평판은 역대 4위

시스팬C-SPAN의 대통령 평판 조사에 의하면 시어도어 루스벨트의 평판은 2000년, 2009년, 2017년, 2021년 네 번에 걸친 조사에서 항상 4위였다. 평가 항목별로 보면 대중설득 부분이 90.3점으로 점수가 가장 높다. 대중설득은 역대 대통령 중에 2~4위에 머물렀다. 이처럼 시어도어 루스벨트는 상당히 공격적인 대통령이었지만 대충 설득에 뛰어나 자기 페이스로 국정을 펼쳤다. 위대한 대통령들을 보

시어도어 루스벨트 대통령 평판 : 시스팬 조사

평가 항목	2021년 점수	2021년 순위	2017년 순위	2009년 순위	2000년 순위
총평가	785	4	4	4	4
대중설득	90.3	3	2	4	2
위기관리	80.8	4	5	5	5
경제관리	75.0	4	4	4	4
도덕권위	79.3	5	5	4	3
국제관계	80.6	4	4	5	3
행정능력	75.0	5	4	4	4
의회관계	71.6	7	7	6	6
비전제시	86.9	4	4	5	4
공정추구	62.7	11	11	8	9
당시성과	82.5	4	4	4	4

* 출처: https://www.c-span.org/presidentsurvey2021/?page=overall

미국의 26대 대통령 시어도어 루스벨트
(출처_위키피디아)

면 항상 대중설득이 뛰어나다. 반대자나 수수방관하는 사람의 마음을 움직여 자신이 원하는 방향으로 국정을 이끄는 재주가 있기 때문이다.

다른 하나는 비전 제시다. 시어도어 루스벨트는 스퀘어 딜(공정 정책)을 펼쳤다. 대내적으로는 당시에 대기업들이 갖은 편법을 써서 나쁜 일들을 저지르며 돈을 축적하고 있어서 이를 바로잡으려고 노력했다. 대외적으로는 미국이 전임 대통령 윌리엄 매킨리의 노선을 따라 제국주의 정책을 본격적으로 펼칠 시대가 왔다는 것을 역설했다. 유럽 국가들이 이미 제국주의 정책을 쓰고 있었기 때문에 미국이 동참하지 않으면 뒤떨어지니 오히려 더 나가야 된다는 비전 설정을 하고 대외 정책을 실제로 그런 방향으로 펼쳤다.

2

한국과 시어도어 루스벨트의 악연

한국을 세 번 배반한 미국

미국과 한국 간의 악연 얘기를 해보자. 미국은 우리나라와 1882년에 조미수호통상조약으로 정식 외교관계를 맺기 시작했는데 이후 우리나라를 세 번 배반했다고 보통 알려져 있다. 첫 번째가 가스라 태프트 밀약이다. 러일 전쟁에서 일본이 이기니까 일본이 한국을 차지하고, 미국은 필리핀을 갖자고 1905년 7월에 미일간에 맺은 밀약이다. 이 밀약의 여파로 2개월이 지난 9월에 러일전쟁을 마무리 짓는 포츠머스 조약이 정식 체결되었고 11월에 을사늑약까지 이어진다. 이런 세 개의 조약 체결이 모두 시어도어 루스벨트 대통령 재임기에 일어났다. 당시 국무장관에 해당되던 전쟁 장관은 윌리엄 태프트였다.

40년이 지나 1945년에 우리가 잘 아는 포츠담 선언으로 인해 한반도에 38도선이 그어지며 남북으로 나뉜다. 그리고 5년 지나 1950

년 1월에 미국의 극동방위선으로 애치슨 라인Acheson Line을 정해서 한국과 타이완은 미국의 관할 대상이 아니니, 다른 나라가 한국을 먹어도 미국은 개입하지 않는다는 선언을 만천하에 밝혔다. 결국 이 때문에 5개월 있다가 북한의 남침으로 한국전쟁이 발발했다. 미국이 우리나라와의 관계가 좋기는 좋았지만 이처럼 우리나라를 세 번 배반했는데, 첫 테이프를 끊었던 사람이 다름 아닌 시어도어 루스벨트다.

사실 시어도어는 대통령 취임 전부터 일본을 매우 좋아했고, 한국을 우습게 여겼다. 한마디로 친일, 혐한이었다. 제국주의 성향이 충만하던 시어도어 루스벨트는 공격적, 호전적이라 이런 말들을 공공연히 했다. "모든 위대한 민족은 전투적 종족이었으며 평화적 승리는 어떤 경우라도 전쟁을 통한 승리만큼 위대하지는 못하다." 승리하려면 전쟁으로 이겨야 되고, 그래야 위대한 민족이라는 것이다. 또 이런 말도 서슴없이 했다. "나는 어떤 전쟁도 환영한다. 왜냐하면 이 나라에는 전쟁이 필요하기 때문이다." 완전히 전쟁광이다. 우리나라와 관련되는 말로는 "나는 일본이 한국을 손에 넣는 것을 보고 싶다"고까지 했다.

왜냐하면 당시에 조선의 고종은 우리나라가 더 이상 곤궁에 빠지는 것을 막아달라고 미국을 계속 졸랐는데 루스벨트는 귀찮아 했다. 그래서 미국이 더 이상 관여하지 않고 옆나라 일본이 한국을 아예 먹어버려서 미국이 신경쓰지 않으면 좋겠다는 생각을 기본적으로 갖고 있었다. 그래서 "나는 일본이 한국을 손에 넣는 것을 보고 싶다"며 공공연하게 얘기했다. 이런 노골적인 말을 하기가 쉽지 않을

시어도어 루스벨트의 21살 딸 앨리스가
홍릉 석상에 올라탄 모습
(출처_위키피디아)

것 같은데 너무 솔직하게 말했다. 이런 얘기들은 공문서에 다 남아 있다.

아까 말했듯이 태프트와 가스라 간의 밀약이 조인되고 2개월 후 포츠머스 조약이 체결되었다. 그리고 며칠 후 미국 사절단이 우리나라를 방문했다. 사절단장으로 윌리엄 태프트가 왔고, 시어도어 루스벨트 대통령의 21살 딸 앨리스, 그리고 곧 남편이 될 하원의원 니콜라스 롱워스도 동행했다.

고종 입장에서는 이들 사절단이 대단한 국빈이었다. 미국 대통령은 아니지만 전쟁장관, 공주도 왔으니까, 우리는 대통령의 부인을 영부인, 대통령의 딸을 영애라 부르기도 하는데, 왕정국가에서는 영애를 뭐라고 불렀을까? 고종은 공주라 불렀다. 이들은 국빈 대우를 받아 덕수궁 안에 있는 중명전에서 고종을 만나고 가든 파티도 하고 민비 무덤이 있는 홍릉에도 갔었다. 그런데 아직도 사진에 고스란히

남았듯이 앨리스는 홍릉에 있는 석상 위에 올라타 깔깔깔 웃었다. 당시 한국 국민들은 울화통이 터져서 분을 삼키지를 못했지만 앨리스는 이를 아는 듯 모르는 듯 천연덕스럽게 치기 어린 행동을 했다.

앨리스는 보통 때도 돌출 행위를 많이 했다. 시어도어의 첫 번째 부인이 앨리스를 낳자마자 죽어서 엄마 없이 쭉 커서 그랬는지 앨리스는 방종적인 행동을 많이 한 것으로 유명하다. 그후 앨리스는 90세까지 장수했는데 젊었을 때 한국과 이런 악연을 갖게 된다.

시어도어 루스벨트에게 고종 밀서를 전달한 호머 헐버트

당시에 우리나라에 와있던 미국인 호머 헐버트Homer Hulbert를 잘 알 것이다. 고종이 서양식 교육기관으로 세웠던 육영공원의 영어 교사로 헐버트가 1886년에 조선에 처음 발을 딛은 이후 조선의 매력에 흠뻑 빠졌다. 그는 당시 조선이 열강에 의해 허덕이고 있었지만 과거 한국의 정체성과 뛰어난 문화, 한글, 과학기술을 보고서 조선이 다시 계기만 만든다면 잠재력을 발휘하여 다시 번영할 것이라고 확신했다. 그래서 단군 시대부터 시작하는 한국통사 책으로 《The History of Kores》(번역본은 《한국사, 드라마가 되다》)를 1905년에 출간하기도 했다. 그는 주시경 선생과 함께 작업하며 한글에 띄어쓰기, 점찍기(쉼표, 마침표)를 처음으로 도입했고, 구전으로만 전해지던 아리랑을 오선지에 옮겨 전 세계에 알렸다.

1906년, 고종은 헐버트에게 외교 업무의 전권을 부여하고, 조선과 수교한 나라들 중 미국을 비롯한 아홉 개 국의 국가 원수에게 을사늑약 무효를 선언하는 친서를 전달하게 했다. 하지만 시어도어 루스벨트는 밀서를 전달받고서도 무시했다. 헐버트는 1907년 헤이그 특사 파견 작업을 도왔으나 결국 일제에 의해 한국에서 추방되어 미국으로 돌아갔다. 하지만 헐버트는 미국에서도 여러 매체를 통해 한국의 자주독립을 위한 노력을 지속해 나갔다. 특히 1882년에 미국과 조선 간에 맺어진 조미수호통상조약을 근거로 하여 조선이 위기에 처하면 이 조약에 따라 미국이 조선을 도와주어야 하는데 왜 도와주지 않느냐고 미국을 질타했다.

헐버트는 대한민국이 세워지고 1949년에 한국을 방문했는데 기관지염으로 인해 서울에서 세상을 뜨고 말았다. "나는 웨스트민스터 사원에 묻히는 것보다 한국 땅에 묻히기를 원한다"라고 말했던 그는 현재 양화진외국인선교사묘원에 안장되어 있다. 한국과 관련된 많은 외국인 중에 호머 헐버트는 단연 최고다.

러일전쟁 중재 공로로 노벨평화상을 받은 시어도어 루스벨트

시어도어 루스벨트는 러일전쟁 종전에 기여했음을 인정받아 1906년에 노벨평화상을 받게 된다. 당시 독일과 프랑스가 모로코 쟁탈전을 벌이던 중에 시어도어가 알헤시라스 회의에서 중재를 했다며 분쟁 조정자 역할도 인정받았다. 이 모로코 사건은 당시 아슬아슬하게 넘어갔지만 나중에 2차 모로코 사건이 발생하여 이 문제를 근본적으로 해결하지는 못했다.

시어도어 루스벨트 이후에 세 명의 미국 대통령이 노벨평화상을 받았다. 1차 세계대전 종전 후 우드로 윌슨이 국제연맹을 창설해 평화상을 받았고, 지미 카터는 재임기의 업적은 아니고 퇴임 이후에 사랑의 해비타트 집 짓기 운동에 매진해 평화상을 받았다. 버락 오바마는 핵무기 확산 억제를 인정받아 노벨평화상을 수상했는데, 대통령이 첫 취임한 연도에 상을 받아서 구설수에 오르기도 했다.

3

유별난 루스벨트 스타일

정말 부산스러웠던 시어도어

　시어도어 루스벨트의 유별난 스타일 얘기를 하고 싶다. 그의 유별남을 어떤 식으로 정리할까 고민했는데 부산스러움이 적절해 보인다. 어디 한 곳에 정착하지 못하고 여기저기 마구 돌아다니면서 문제를 일으키기도 하고 관심도 많이 표명하는 걸 부산스러움이라고 한다.

　시어도어에게 관심거리는 상당히 많았다. 본인에게 문제가 좀 생겨도 앞으로 잘 되겠지 하며 낙관적으로 생각하고 과감하게 행동에 옮겼다. 책도 정말 많이 썼다. 사냥을 포함해서 전 세계 돌아다니는 건 물론이고 역경을 당해도 투지를 갖고 관철해 나갔다. 대통령을 두 번 하고 나서 더 이상 하지 않는다고 말했는데 자신의 후계자가 자기 뜻대로 하지 않아 불만을 품고 나중에 대통령직에 재도전한다. 3선에 성공하지는 못했다. 하여튼 이런 식으로 루스벨트는 굉장

시어도어의 다양한 경력을 보여주는 풍자화

히 유별났다고 얘기를 할 수밖에 없다.

외교적이면서도 호전적이었던 루스벨트는 이런 말을 즐겨 사용했다. "말은 부드럽게 하되 몽둥이는 큰 걸 들고 다녀라 Speak softly, and carry a big stick." 무슨 말일까? 평소에는 부드럽게 대해도 큰 스틱을 가지고 다니다가 문제가 생기면 때리라는 말이다. 처음부터 무작정 때리는 게 아니라 말로 잘 설득해 상대편이 말을 잘 들으면 좋지만 상대편이 거부하면 좀 때려서 말을 듣도록 해야 한다는 뜻이다. 결국 세상은 내 뜻대로 갈 것이라는 의미다. 이 말을 통해서 루스벨트의 스타일을 능히 가늠할 수 있으리라.

루스벨트의 경력은 정말 다양하다. 경찰청장, 주지사, 부통령, 대통령 같은 공직 외에도, 평화중재자에다가 사냥꾼, 자연주의자 웅변가, 카우보이, 저술가였다. 해군 차관보도 잠시 했는데 사표를 던지고 의용 기병대로 나가서 미서 전쟁에서 공적을 세워 여세를 몰아 뉴욕주지사에 당선된다. 뉴욕주지사를 재임하며 자꾸 문제를 일으키니까 문제를 더 일으키지 않도록 공화당 사람들이 그를 실권이 없는 부통령으로 추대한다. 그런데 현직 대통령 매킨리가 피살되자 부통령이던 루스벨트는 최연소 42세 나이에 대통령에 취임한다. 존 F. 케네디는 미국 역대 대통령 중에 선거를 통해 당선된 최연소 대통령이고, 승계까지 포함하면 시어도어가 최연소이다.

공부를 잘했던 책벌레

시어도어가 어렸을 때부터 이야기를 해보자. 아버지는 부자였는데 큰 기업가가 아니라 자선사업가로 유명했다. 루스벨트의 아버지를 존경하는 사람들이 당시에 상당히 많았는데, 어린 루스벨트도 아버지의 그런 모습을 좋아했다. 시어도어 자신은 이런 아버지 덕분에 공익적 관점에 일찍 눈을 뜨게 되었고. 자신도 사람들로부터 존경받고 싶다는 생각을 품게 되었다. 1865년에 시어도어가 여섯 살 때 할아버지 집에 갔다가 집 2층에서 링컨의 장례 행렬을 목격했다. 그러면서 시어도어가 자신도 링컨처럼 위대한 사람이 되어야 하겠다라는 생각을 굳혔다고 한다.

꿈은 컸으나 막상 본인의 건강은 좋지 않았다. 특히 천식이 심해서 목이 막혀서 죽을 뻔하기도 했고, 몸이 기본적으로 매우 허약했다. 또 어렸을 때부터 책을 많이 봐서 그랬는지 근시였다. 아버지가 보다 못해 아들에게 이렇게 충고를 했다. "너는 정신력은 강한데 몸이 약하다. 몸이 약하면 정신도 제 기능을 제대로 발휘하지 못하니 앞으로 체력 단련에 힘써라."

이에 아들이 적극 공감을 하고 몸 단련에 들어갔다. 온갖 종류의 스포츠를 다 했다. 레슬링, 권투, 등산, 조정, 승마, 사냥을 했다. 권투를 하다가 눈에 펀치를 맞아 실명 위기에 간 적도 있었으나 이런 몸 단련을 통해서 몸이 굉장히 좋아졌다. 집에 돈이 많으니 가족 전부 유럽에 그랜드 투어를 갔다. 377일 그러니까 1년간 9개 국가를 투어한 것이다. 물론 거기에서 이것저것 많이 배웠다.

우리 건강이 나쁘면 아버지가 조심하게 다녀라라고 얘기할 수도 있는데 시어도어의 아버지는 반대로 얘기를 했고 아들이 적극 호응해서 허약함을 극복하게 되었다. 나중에는 천식도 없어졌다고 한다. 도시 생활을 많이 하면 천식이 생기곤 하는데 시어도어는 공기 좋은 곳에서 야외 활동을 많이 해서 건강을 회복했다. 그 결과 시어도어는 자연주의자가 되어서 나중에 국립공원 조성에 크게 기여한다. 어렸을 때 앓았던 심한 천식을 극복하는 과정에서 공기 좋은 야외에서 운동을 많이 하면서 자연의 중요성을 자연스럽게 알게 된 것이다.

시어도어는 공부를 잘해서 하버드대학에 들어가 매우 열심히 공부를 했다. 같은 학교에 나중에 들어간 프랭클린 루스벨트는 A 학점 없이 주로 B, C였지만 시어도어는 굉장히 잘했다. 177명 졸업생 중에서 21등으로 준 최우등 졸업을 한다. 미국 대학 졸업생 중에 마그나 쿰 로드 magna cum laude 등급이 있는데 준 최우등에 해당된다. 가장 잘하면 최우등이 되는데 이것은 숨마summa이다. 시어도어는 숨마 급까지는 아니고 마그나 급으로 졸업한다.

대학 졸업 후 22살에 결혼을 하고 나니 주위 사람들이 루스벨트의 역량을 인정해 하원의원에 한번 출마해봐라 했는데 덜컥 당선된 것이 아닌가? 하원의원으로 2년 활동하다가 재선에도 성공한다. 이때 루스벨트가 자신의 책을 첫 출간하는데 약관 24살이었다.

1884년대 연달아 불행이 닥치다

여기까지는 정말 잘 나갔는데 1884년에 시어도어는 마의 해를 맞이하고 만다. 딸이 태어났는데 흥릉에서 석상에 올라 탔던 바로 그 딸, 엘리스였다. 하지만 이틀 있다가 엄마가 죽는데, 출산의 여파에다가 신장염도 있었다고 한다. 설상가상으로 바로 그날 시어도어의 어머니도 장티푸스로 죽는다. 예쁜 딸이 태어나긴 했지만, 어머니와 아내를 똑같은 날에 잃었으니 정말로 큰 충격이었다.

그래서 하원의원직을 훌훌 던져버리고 서부의 다코타 주로 간다. 지금은 노스다코다와 사우스다코다로 나뉘어 있는데 당시에 다코타의 배드랜드 지역에 가서 카우보이 생활을 한다. 시어도어는 목장을 운영하면서 자연의 중요성을 느끼고 사냥도 즐기며 자신의 야생성을 충분히 발휘한다. 다코타에서 무작정 계속 살 수는 없으니까 2년 후 뉴욕 주로 돌아와 옛날에 알았던 이디스와 재혼을 해서 다섯 자녀를 두게 된다.

시어도어는 책을 정말 많이 썼다. 무려 38권이나 출간했다. 첫 책이 1882년에 출간된 《1812년 해전》이다. 1812년에 미국과 영국 간에 전쟁이 발발했는데 당시 일어났던 해전을 분석한 책이다. 시어도어는 해군에 대한 관심이 지대했다. 그동안 미국은 육군 중심이라 해군이 상당히 약했는데 해외로 팽창하려니 해군의 필요성을 절감하여 시어도어는 첫 번째 책의 주제를 그렇게 정했던 것이다. 시어도어 대통령 취임 당시 미국의 해군력이 세계 7위였으나 재임 중에 다섯 단계나 점프해서 세계 2위로 올랐다.

《1812년 해전》을 비롯해 《서부의 승리》(1895년) 등 역사 책을 많이 썼다. 역사는 기본적으로 대통령에게 굉장히 중요하다. 대통령은 과거 역사 인식과 의식, 냉철한 현실 파악과 해법, 그리고 미래 통찰력을 두루 구비해야 하기 때문이다. 시어도어는 다코타에서 목장 경영을 하면서 사냥도 즐기면서 자신의 삶을 수필 형태로 《목장 경영자의 사냥여행》(1884년)을 쓰기도 했다. 출판에 관심이 지대했던 시어도어 루스벨트는 퇴임 이후에 〈아웃룩〉 잡지의 편집장을 지내기도 했다. 이처럼 글을 써서 자신의 생각을 다른 사람들에게 전달하는 데에 관심이 많았던 특이한 대통령이었다.

경찰청장에서 해군성 차관보, 뉴욕 주지사, 부통령까지 연달아 출세

시어도어는 어머니와 부인을 잃고서 스트레스를 못 이겨서 다코타에 가서 2년간 마음정리와 충전을 마치고 뉴욕으로 돌아오긴 했는데 적응하기가 쉽지 않았다. 뉴욕 시장도 하고 싶었는데 잘 되지 않아 1886년에 포기했고 대신 조그마한 직책을 맡았다. 주위 친구들은 시어도어에게 왜 조그만 직책을 맡으려고 하느냐며 말렸지만 시어도어는 1889년에 미국 시민 봉사위원회 위원 직책을 기꺼이 맡았다.

길게 보면 그게 좋다고 판단했는지 모르겠지만 6년이 지난 1895년에 시어도어는 뉴욕 주 경찰청장 직책을 맡게 되었다. 요즘은 경찰들이 순찰차를 타고 다니지만 당시에는 걷거나 말을 타고 다녔다. 당시 자전거가 유행을 타자 시어도어는 경찰도 자전거를 타고 다니게 했는데 경찰 기동력이 높아지며 범인 검거율이 크게 높아졌다. 시어도어는 새로 등장한 자전거 트렌드를 재빨리 파악해 경찰청장 직책을 성공적으로 수행한 것이다.

2년 후 1897년에 윌리엄 매킨리가 대통령이 되자 루스벨트를 해군성 차관보로 임명했다. 평소 해군에 관심이 지대했던 시어도어는 해군성에서 해군력 증강에 많은 노력을 기울인다. 1년 있다가 스페인과의 전쟁이 일어나니 책상에만 앉아서 일하기가 따분했는지 사표를 던지고 '러프라이더Rough Rider'라는 의용 기병대를 만든다. 쿠바에 건너가서 산티아고 전투에서 대승을 거둔다. 자세히 들여다보면 러프라이더 외에 다른 부대들의 힘으로 전투에서 함께 이겼다고 하는 것이 맞지만 신문 덕분에 시어도어는 전쟁 영웅으로 부각되어 일거에 주목을 받는다. 이런 인기에 힘입어 뉴욕 주지사에 한번 도전해보라는 주위의 권유를 받아들여 도전했는데 그만 덜컥 당선되고 말았다.

뉴욕 주지사를 맡은 시어도어는 과거에 연줄로 채용되었던 공직자들, 부패했거나 무능력한 사람들을 모두 잘랐다. 이런 부패 척결을 환영한 사람들도 있었겠지만 불평을 가진 사람도 많았을 것이다.

당시에는 공무원을 공개 채용하지 않았는데 이런 엽관제가 확립되는 계기가 만들어진다. 당시에 팽배했던 정치 문화나 공무원 문화를 완전히 제거하려고 하니 반발 세력들의 저항 또한 매우 크지 않았을까? 그래서 매킨리 대통령을 꼬드겨서 시어도어를 부통령으로 밀어 넣은 것이다.

부통령에서 대통령직을 승계 받은 시어도어

그런데 매킨리 대통령이 무정부주의자한테 그만 피살을 당하고 말았다. 사실 그 이유가 흥미로운데 매킨리 대통령이 공화당으로서 시어도어만큼은 아니지만 밖으로 대외 정책을 펴려고 했고, 그 나라의 재벌들을 굉장히 좋아해서 재벌들이 마음대로 사업을 하도록 내버려뒀다. 그러니까 당연히 빈부 격차가 굉장히 심했을 것이다. 또 기업들에게 큰 혜택을 준 만큼 권력 상층부가 뇌물을 많이 받으면서 전국이 이상한 방향으로 가니까 무국가가 너무 커지는 걸 싫어하는 무정부주의자에게 결국 피살을 당한다.

일반적으로 미국 부통령은 실권이 별로 없다. 물론 상원에서 상원의원장을 맡고, 대통령에게 유고가 생겼을 때 첫 번째로 대통령직을 이어받는 기회가 있긴 하지만 평상시에 실질적 권한은 별로 없다. 그래서 당시 공화당에서 시어도어의 인기가 계속 올라가니까 기를 좀 꺾어 한가한 곳으로 보내자는 음모를 주위 정치인들이 꾸며 시어도어가 부통령이 된 것이다. 운명의 장난인지 전임 대통령이 갑자기 죽으니까 시어도어는 완전히 날개를 달았다. 하지만 기본적으로 내공과 포부가 컸기에 대통령으로서 국정을 자신이 원하는 방향으로 펼쳐나갔다.

정리하자면, 시어도어는 1895년에 뉴욕 주 경찰청장이 되었다가 2년 후 해군성 차관보로 임명되고 이듬해 전쟁 영웅이 되고 연이어 뉴욕 주지사, 부통령, 그리고 대통령직을 승계 받은 것이다. 5년 사이에 천지가 개벽할 정도로 시어도어의 지위는 일취월장 행보를 보였다.

대박난 테디 베어

대통령이 되고 나서 미시시피강에 사냥을 하러 갔는데 그날 따라 사냥감이 잘 안 잡혔던 모양이다. 충성스러운 아랫사람들이 빈사 상태의 곰을 우연히 발견하고서 시어도어 루스벨트에게 겨냥해 총을 쏘라고 권유했다. 하지만 시어도어는 총쏘기를 거부했다. 그런데 대통령실은 이 사실을 홍보감으로 생각해 미담으로 포장하여 사람들에게 널리 퍼뜨렸다.

뉴욕에 있는 어느 장난감 가게의 주인이 그 얘기를 듣고서 자기 가게에 있던 곰 인형에 시어도어의 별명인 테디$_{Teddy}$ 이름을 붙여서 사람들한테 팔았는데 그만 대박을 터뜨리고 말았다. 하지만 막상 더 큰 왕대박을 터뜨린 사람은 마가렛 슈타이프라는 독일 여성이었다. 그녀가 만들어 출품한 테디 베어는 장난감 박람회장 전시에서 큰 인기를 끌어 독일내 판매보다는 오히려 미국으로 수출이 더 많았을 정도다. 나중에 테디 베어 날로 10월 27일이 결정됐는데 그날은 시어도어의 생일이었다.

대담하고 강압적인 스트롱맨

여러 관점에서 종합해 보면 시어도어 루스벨트는 스트롱맨strong man이었다. 기디언 래크먼이 쓴 책《더 스트롱맨》에서 스트롱맨은 민족주의, 국익 우선, 대중주의, 우파 성향의 지도자라며 푸틴, 시진핑, 모디, 트럼프를 거론하고 있다. 말하는 스타일에 있어서도 우회적이 아닐라 직설적이다. 예컨대, "너 그렇게 해" 식의 마초 성향도 있고, 좌고우면하지 않고 자기가 하겠다고 정하면 반발에도 불구하고 마구 추진하는 사람이 있지 않은가? 남에게 양보하지 않고 자신의 의지를 대담하게 혹은 강압적으로 밀어붙이는 사람을 스트롱맨이라고 한다.

미국 대통령에 국한하면 시어도어 루스벨트와 앤드루 잭슨, 도널드 트럼프가 해당된다. 다른 나라로 고개를 돌려보면 시저, 나폴레옹, 스탈린, 리비아의 카다피, 튀르키예의 에르도안이 해당된다. 우리나라 역대 대통령 중에 스트롱맨으로 박정희, 전두환이 당연히 생각 날 것이다. 그래서 박근혜가 대통령에 당선되자 당시 〈타임〉지 커버스토리로 박근혜 당선자를 '스트롱맨의 딸'로 소개한 바 있다.

4

진보주의 정책

진보주의 시대에 시어도어의 스퀘어딜

시어도어 루스벨트는 국내에서 진보주의 정책을 펼쳤다. 스퀘어딜square deal이라고 했다. 시어도어의 스퀘어딜을 프랭클린이 본받아 나중에 뉴딜new deal로 바꿨다. 요즘은 기후변화 이슈 때문에 그린딜green deal이라는 말도 나오기도 하는데 이처럼 딜deal의 역사가 서로 연결되어 있다. 'square'가 수학에서는 정사각형이지만, '정정당당하게', '공정하게'라는 뜻도 있다. 그래서 스퀘어딜은 이념적으로 진보주의 정책에 해당된다.

진보주의를 영어로는 liberalism 혹은 progressivism이라고도 한다. 정치 그런 변화나 정부의 이 힘을 얻어서 여러 사람들의 이해관계를 대변하도록 정치 변혁을 일으키는 걸 의미한다. 그러니까 이 거는 일부 사람들보다도 보통 사람들을 위한 정책이다. 어떻게 보면 좀 대중적인 그런 정책이다라고 할 수 있다. 그러니까 우리가 우파,

좌파라고 나눠서 봤을 때 진보주의 정책은 좌파 성격을 갖고 있다.

그런데 시어도어는 공화당원이었음에도 불구하고, 공화당이 칼을 빼들고 개혁을 하도록 유도했다. 시어도어 이전까지 공화당은 재벌들과 손을 잡고 이권을 이용해 부패를 저지르곤 했다. 하지만 시어도어는 공화당의 이런 방식이 지속된다면 공화당이 아예 없어질 것이라 생각했다. 그래서 개혁 위주의 진보 정책을 써야 되겠다 생각하고 칼을 들고 그쪽으로 나간 것이다. 미국 전체 입장에서 봤을 때는 상당히 바람직한 현상이었다. 보수 성향이 짙은 공화당은 진보 노선에 반발했으나 시어도어는 능수능란한 화술, 대중 설득을 통해 공화당을 바꿔 나갔다.

도금 시대의 날강도 귀족

'도금 시대'라는 말이 있다. 1870년부터 1900년까지의 시대를 도금 시대 Gilded Age 라고 부르곤 한다. 매튜 조지프슨이 1934년에 《날강도 귀족》에서 가장 먼저 얘기를 꺼냈다. 당시 미국은 다른 나라에는 신경 쓰지 않고 국내적으로 경제 성장에 박차를 가했다. 우리가 산업혁명을 1차부터 4차까지 얘기하는데 이 때가 바로 2차 산업혁명에 해당되는데 미국과 독일이 함께 주도했다. 공화당 집권 시기와 겹쳐서 대기업, 재력가와 정치인들이 이권을 서로 주고받아 정경유착이 심했다.

빈부 격차가 너무 심해지니까 진보주의 운동가들이 속속 등장했는데 시어도어가 진보주의 개혁을 실제 정치에 접목시켜 미국이 더 이상 부패하지 않도록 해야겠다고 생각하게 되었다. 이처럼 시어도어가 갑자기 등장해 진보 정책을 쓴 게 아니라 당시 시대적 상황과 맞물려서 추진하게 된 것이다. 시어도어는 '트러스트 파괴자Trust Buster'라 불렸다. 트러스트trust라는 말은 요즘 잘 사용되진 않지만 동종 기업들이 뭉쳐 수직결합을 통해 자기들 마음대로 시장을 지배하는 것이다. 예를 들어 가격 담합을 통해 가격이 떨어지지 않게 하고 이에 반발하는 사람들에게는 물건을 공급해주지 않아 망하게 하는 것이 바로 트러스트다.

트러스트 파괴자

이런 비정상적 상황을 더 이상 묵과할 수 없다고 판단해 1890년에 존 셔먼 상원의원이 트러스트를 억제하는 법안을 주도하여 상원에서 통과시켰다. 하지만 이후 대통령들이 이 법에도 불구하고 대기업을 제대로 규제하지 않자 재벌들의 세력은 더욱 커졌다. 그런데 시어도어가 셔먼 반독점법을 다시 꺼내들어 존 록펠러의 스탠다드 오일이나 JP 모건의 노던 증권 회사를 공격해 트러스트를 해체토록 한다.

시어도어는 평소에도 그랬지만 대통령에 되고 나서도 이런 얘기를 연거푸 했다. "나는 재산권은 존중하지만 부패는 존중하지 않는다", "나는 대기업의 친구지만 트러스트의 적이다" 대기업이 제대로 돈을 벌면 관계없지만 동종업계가 담합해 행패를 저지르는 트러스트에 대해서는 반대한다는 메시지를 분명하게 전한 것이다. 자신은 기업주뿐만 아니라 피고용자인 노동자 쪽도 함께 고려한다며 진짜 실행에 옮겼다. 정치인들이 말만 하고 용두사미로 끝나는 경우가 많은데 시어도어는 매우 정력적이고 실행에 옮겼다. 당시에 사람들은 시어도어가 말을 저렇게 해도 과연 제대로 실행할까 의구심을 가졌는데 괜한 걱정이었다.

당시 최대 재벌 존 록펠러는 시어도어의 집권 시기에 당하지 않았지만 우드로 윌슨 대통령 시기에 결국 철퇴를 맞는다. 1911년에 연방 최고 재판소가 록펠러의 스탠더드 오일을 해체하라고 판결을 내리자, 록펠러가 법정에서 연방 대법원장에게 이렇게 최후진술을 했다. "당신은 이것을 독점monopoly이라고 하지만 나는 그것을 사업enterprise라 부른다." 이 최종 판결 결과 스탠더드 오일 회사는 많은 자회사로 잘게 나누어진다.

트러스트 파괴자trustbuster라는 말을 들어본 적이 있는가? 블록버스터blockbuster라는 말은 들어봤을 것이다. 블록block이란 공간에서 어떤 한 구간을 말하고, 버스터는 엉덩이bust를 걷어찬다는 의미다. 거리에 포탄을 마구 쏘아서 모든 것을 날려버리는 것을 블록버스터라고 한다. 시어도어는 트러스트 버스터라는 별명을 얻게 되는데, 허상이 아니라 진짜 그랬다.

철도기업연합 노던 증권 해체

철도 전성 시대에 시어도어는 노던 증권도 해체했다. 그레이트 노던 철도 회사, 유니온 퍼시픽, 사우스 퍼시픽 등 3개 철도 회사가 합쳐져 노던 증권이라는 지주회사가 만들어졌는데 금융재벌 JP 모건이 자신의 막강한 금융력을 이용해 설립한 회사였다.

하지만 시어도어는 이 회사를 트러스트로 인정해 해체토록 한다.

1902년에 법무 장관이 노던 증권이 셔먼 반독점법을 위반했다고 기소해 대법원에서 투표를 했는데 5대 4로 통과되어 정말로 회사가 해체된다. 그뿐만 아니라 재임 기간 동안에 43개 독과점 기업을 제소하는 일도 벌이게 된다. 그러니까 시어도어는 트러스트 파괴자로서 역량을 여지없이 발휘한 것이다.

탄광파업 중재

다음으로 시어도어는 탄광 파업에도 개입했다. 1902년에 전미 탄광 노동자 조합은 석탄 기업들로 이루어진 카르텔과 분쟁을 벌였다. 당시에 소득이 낮은 사람들도 석탄을 많이 이용하니까 시어도어는 처음에 탄광 파업을 내버려 뒀다. 사실은 개입하고 싶은 마음이 굴뚝 같았는데 장관들이 너무 개입하면 안 된다고 해서 꾹 참고 있었는데 진척이 없자 할 수 없이 중재 개입을 한다.

대통령이 석탄 경영주들, 노조 지도자들을 모두 불러 머리를 모아 회의를 하는데 노조 지도자들은 좀 양보를 하려고 하는데 경영자 측이 너무 경직되게 하는 것이 아닌가? 화가 잔뜩 난 시어도어는 백악관 보좌관을 통해 합석 회의에서 일어났던 일들을 그대로 신문사에게 주어 모든 과정이 드러나게 되었다. 언론 노출에 당황한 경영자 측은 한발 양보하지 않을 수 없었다.

시어도어는 탄광에 연방군을 투입할 생각도 갖고 있었지만 실제로 투입하지는 않았다. 시어도어는 탄광에 정부 관재인을 보내 생산이 잘 이루어지도록 하고 만약에 합의점이 잘 이루어지면 그때 관리 권한을 돌려주겠다고 말했다. 그러니까 문제 타결 이전까지는 정부가 보낸 관재인이 탄광을 관리하니 국영 기업처럼 다루겠다고 얘기를 한 것이다. 그러니 노조 지도자는 물론이고 경영주도 상당히 당황해 결국 대통령 주재로 무연탄 파업위원회가 결성되어 파업 163일 만에 타결되었다.

당시 미국에서는 한 번도 이런 적이 없었다. 기업 일은 기업이 알아서 하도록 하는 전통을 무너뜨리고 정부가 직접 개입하여 문제를 해결한 것이다. 왜냐하면 탄광이 제대로 가동되지 않으면 석탄, 무연탄이 안 나와 일반 사람들이 겨울에 추위로 피해를 입으니 탄광 파업에 대한 정부 개입은 공익적 성격이 있다고 내세워 탄광 문제 중재에 개입한 것이다.

시어도어는 파업을 타결하면서 광부 임금을 10% 인상하고 노동시간도 줄이고 분쟁이 또 생기면 이를 처리할 노사 조정국도 설립한다. 탄광 파업 중재는 시어도어 재임 초기에 이루어졌는데 이로 인해 시어도어의 인기는 급상승하게 된다.

사회고발 소설 덕분에 순정식품의약품법, 고기검사법 제정

소설 《정글》을 쓴 미국 작가 업튼 싱클레어Upton Sinclaire는 시카고에 있는 육류 포장 공장에서 일어난 일을 신랄하게 묘사해 당시 사회를 고발했다. 이 공장 노동자들은 낮은 임금에서 매우 오랫동안 일을 하고 공장내 청결 상태가 너무 좋지 않아 노동자의 건강을 크게 해치고 있었다. 그래서 싱클레어는 이 공장에 잠입해 실상을 파악한 후 낱낱이 책에 담게 된다. 사실 이 공장만 그런 게 아니라 다른 공장에서도 문제가 많아 당시에 큰 이슈로 부상했다.

이를 계기로 하여 시어도어는 연방 정부로 하여금 모든 육류 도매상을 검사하도록 하여 육류 포장을 언제 했는지 조사했고, 포장주가 검사비를 모두 부담하도록 했다. 시어도어는 관련 법안을 제안해서 1906년에 순정식품의약품법과 고기검사법이 의회에서 통과되면서 보건 분야에 있어서도 혁혁한 성과를 거두게 된다.

머크레이커Muckraker라는 말을 혹시 들어본 적이 있는지 모르겠다. 우리가 진실을 알면 불편하기도 하지만 사실 알 필요가 있다. 앨 고어의 《불편한 진실》이란 책에서도 이런 불편한 진실을 다른 사람들보다 먼저 찾아내 사람들에게 폭로하여 개선이 이루어지도록 유도하는 사람들이 지금도 있지 않은가? 머크레이커였던 업튼 싱클레어는 당시에 용감하게 이를 파헤쳤고 실제로 그의 작품에 자극받은 시어도어 덕분에 사회 환경이 개선되었다.

자연보호정책, 국립공원 조성

어려서 천식으로 고생을 했던 시어도어는 자연 생활을 통해 건강이 좋아지면서 자연의 중요성을 절감한다. 대통령이 되고 나서도 자연을 계속 잘 유지해야 하고 도시화가 지나치면 안 된다는 믿음이 굳어졌다. 시어도어는 인간이 자연으로부터 그냥 수혜를 받기도 하지만 인간의 야생성을 기르려면 자연을 적극적으로 잘 보존하여 사냥도 하고 자연 속에서 즐길 수 있어야 한다고 생각했다. 그래서 자연을 그냥 내버려 두지 말고 국립공원을 조성해서 적극적으로 보존해야 된다고 생각해 자연 보호 정책을 적극적으로 펼쳤다.

시어도어는 젊었을 때 미국 북동부의 메인 주의 황야를 같이 돌

시어도어 루스벨트 국립공원(출처_위키피디아)

아다니면서 안내 역할을 했던 빌 수리와 관계를 계속 맺으면서 국립 자연 보호 정책을 기획하여 국립공원을 만들게 되었다. 2억 에이커 이상 지역에서는 산림 개발을 금지했다. 댐 건설을 취소하고 광대한 숲을 국유림으로 지정했고 국립공원을 다섯 군데나 조성했다. 국립공원은 그전에 만들어지기 시작했지만, 시어도어 때 더 많이 조성했다. 이때 혁신적인 자연보호주의자 기포트 핀초트가 많이 기여하였고 내무장관 제임스 가필드도 역할을 했다.

시어도어는 1908년에 대통령직에서 물러나면서 평소에 친했던 영국 친구에게 이런 편지를 보낸 적이 있다.

"나는 그야말로 대통령이었다. 나는 주어진 모든 힘을 다 사용했다. 비판가들이 내가 권력을 남용했다고 평하는 것에 개의치 않는다. 그것은 말도 안 된다. 정부의 효율성은 강한 행정부에 달려 있다고 생각한다. 그 직책의 힘을 강화하기 위한 선례로서 나는 세계를 순항하는 함대를 보냈고, 기업들의 책임을 물었다. 왜냐하면, 나는 이러한 일들에 대해 내가 옳았다는 것뿐만 아니라 이 일들로 행정부의 힘을 보여줬다고 믿기 때문이다. 나는 이러한 가치의 선례를 만들고 싶었다. 나는 강한 행정부를 믿고 권력을 믿는다."

이처럼 시어도어는 자신의 대통령직 수행에 대해 자부심을 가졌다.

5

제국주의 정책

국내 서부 팽창을 마친 미국의 다른 생각

시어도어 루스벨트 대통령 취임 전에 미국은 이미 해외 팽창을 전개하고 있었다. 해외 팽창 계기는 두 개였다. 하나는 미국이 1890년 무렵에 국내적으로는 서부 팽창을 마쳤다. 당시 국무장관도 미국에 더 이상 개발할 프론티어는 없다고 공언한 바 있다. 다른 하나는 유럽 열강들이 아프리카, 아시아를 향해 제국주의 정책을 펼치고 있어서 미국은 사실 불안했다. 자기들이 가만히 있으면 유럽 국가들이 세계를 모두 차지할 것 같아서 우리도 가만있어서는 안 된다 생각해 해군력을 키우려는 움직임이 일고 있었다.

당시 해군 제독 앨프리드 마한Alfred Mahan은 이런 주장을 했다. "바다를 장악하는 제해권을 가지고 있어야 역사상 최강국이 된다." 그러니까 육군만 가지고는 전 세계적으로 최강국이 된 사례가 없었다고 말한 것이다. 앨프리드 마한은 이러한 움직임은 피할 수 없는 운명이라며 제해권을 보유하기 위해 함대를 증강하고 해외 항구를 연결하는 해상망 확보 필요성을 역설했다.

마한의 이런 주장에 대해 해군은 격하게 동조한다. 헨리 캐벗 로지Henry Cabot Lodge와 엘리후 루트Elihu Root는 해군을 키우고 해외로 팽창하는 제국주의 정책을 본격적으로 펼친다. 특히 엘리후 루트는 시어도어 루스벨트 대통령 당시에 전쟁 장관에 이어 국무장관도 하면서 해외 팽창을 주도했고, 1912년에는 노벨평화상까지 받게 된다. 제국주의 정책을 마음대로 구사한 사람이 노벨평화상을 받았다는 게 좀 어이없게 생각되기도 하지만 당시는 그 정도로 제국주의가 일반적인 정서였다.

하와이를 50번째 주로 편입

당시 미국은 하와이, 파나마 등 여러 나라로 슬며시 들어가 하와이를 미국의 50번째 주로 만들어 버틴다. 남북전쟁이 끝나자 미국인들은 사탕수수, 파인애플 등 플랜테이션 경작을 하려고 하와이로 들어가 땅을 소유하기 시작했다. 1886년에 농장주들이 대담해져서 선거를 통해 하와이 정권 장악을 시도하다 실패하고 말았다. 1893년에 하와이 여왕 릴리우오칼라니가 화가 나서 외국인을 플랜테이션 사업으로부터 배제하려고 하자 농장주들이 반란을 일으켜 여왕을 실각시켜 버리고 이듬해 공화국을 세웠다. 이 공화국의 첫 번째 대통령이 샌퍼드 돌Sanford Dole이다. 파인애플 브랜드로 '돌 푸드Dole Food'가 유명한데 하와이의 미국인 농장주이자 하와이 초대 대통령이 만든 브랜드다.

미국 의회가 처음에는 하와이를 정식 주로 편입하려고 하지 않았다. 그런데 미국이 1898년에 미서전쟁에서 승리하자 생각을 바꾸어 절호의 기회를 이용하는 게 좋겠다고 해서 하와이 병합에 찬성해 50번째 주로 편입한다. 미서전쟁은 오래 가지 않았다. 스페인이 오래 버티지 못하고 빨리 항복해 4개월 만에 전쟁이 끝나버렸기 때문이다. 사실 스페인에서 독립하기를 원했던 쿠바인들은 미국을 지지했으나 막상 전쟁에서 이긴 미국은 쿠바 독립을 시켜주기는커녕 병합해버리고 말았다.

호시탐탐 쿠바를 노리고 벌인 미서전쟁

사실 미국은 남북전쟁 이전인 1850년대부터 쿠바를 가지고 싶어 했다. 돈으로 쿠바를 매입하겠다고 스페인에게 제안했으나 스페인이 거부하기도 했다. 1895년 스페인으로부터 독립을 열망하는 쿠바에서 반란이 발생하자, 스페인은 반란을 잔인하게 진압해 수용소에 40만 명이나 수용하게 된다. 당시 미국의 황색 신문은 이를 대서특필하면서 스페인이 미개하다며 호전적 분위기를 고조시켰다.

이런 상황에서 1898년에 쿠바 하바나 항에 정박해 있던 미국 전함 한 척이 갑자기 폭발이 일어나 미군이 266명이나 죽게 된다. 미군은 쿠바나 스페인이 일을 벌였다고 믿고 쿠바를 공격한다. 하지만 당시 상황을 보면 미서전쟁의 사실이 조작되었다는 것이 현재까지 정설이다. 쿠바나 스페인 사람들이 일을 벌인 게 아니라 미국이 자작극을 벌이다가 잘못을 저질러 그렇게 많이 죽었다는 것이다. 공식적으로는 전함 메인호가 왜 폭발했는지 아직도 미궁이다.

미서전쟁(출처_나무위키)

사고가 터지자 미군은 스페인이 전함을 폭발시켰다고 믿고 스페인에게 선전 포고를 하고 쿠바에 돌격대를 투입했다. 이때 시어도어도 기병대를 만들어 돌격한다. 한편 해군사령관 조지 듀이는 필리핀 마닐라만 전투에서 스페인 함대를 격파하며 대승을 거둔다. 개전 4개월 만에 종전협정을 체결해, 스페인은 푸에르토리코와 웨이크섬, 괌을 미국에게 양도하고 권리금 2천만 달러를 받고 필리핀까지 넘기게 된다. 이처럼 미서전쟁은 미국이 벌인 많은 전쟁 중에서 가장 추악한 전쟁이라는 평가를 받는다. 반면에 시어도어는 완전히 전쟁 영웅으로 떠서 이후 탄탄 일로를 걷게 된다.

1565년부터 스페인의 지배를 줄곧 받아왔던 필리핀은 이번 기회에 미국의 힘을 빌려 식민지 굴레에서 벗어나고 싶어했다. 에밀리오 아기날도가 1898년에 제1공화국을 만들면서 필리핀의 조지 워싱턴이라는 칭호도 받게 된다. 하지만 필리핀을 먹고 싶었던 미국은 미국 병사가 산후안 다리를 건너고 있던 필리핀 군인에게 총격을 가해서 교전이 벌어졌는데 그걸 빌미로 전쟁을 일으켰다. 대학살을 벌이고 아기날도를 생포해 1901년에 공화국을 붕괴시키고 총독 정부가 들어섰다. 첫 총독이 다름아닌 윌리엄 태프트였다. 러일전쟁 와중에 태프트-가스라 밀약을 맺은 바로 그 사람이다. 그후 1934년에 필리핀은 공화국 체제로 바뀌었다가 우여곡절을 거쳐 1946년에 완전 독립하게 된다.

중남미는 미국의 뒷마당?

파나마는 1903년에 독립하는데, 원래 파나마는 콜롬비아 국가의 일부였다. 미국은 해외 무역을 대폭 늘리기 위해 대서양과 태평양을 뚫는 운하가 필요했다. 처음에는 니카라과를 뚫어 운하를 만들려고 했으나 공사 구간도 길고 작업이 어려워 파나마 운하 쪽으로 눈길을 돌렸다. 수에즈 운하를 뚫은 프랑스의 페르디낭 드 레셉스가 파나마 운하도 뚫기로 했는데 너무 어려운 공사라서 결국 포기하고 만다. 그래서 파나마 운하 공사를 인수받고 싶어한 미국은 처음에는 파나마 지역이 콜롬비아 땅이라 말을 제대로 못했는데 콜롬비아에게 압력을 주어 파나마 구간 지역을 아예 독립국으로 만들어버렸다. 1904년에 운하 공사를 시작해 한참 지난 1915년에야 운하가 개통된다. 거의 80년 동안 미국이 운하 운영권을 지니고 있다가 1999년이 되어서야 운하 소유권이 파나마 국가로 넘어가게 된다.

미국은 유럽 일에 많이 개입하지는 않았지만 먼로 독트린을 이용해 중남미 국가들을 계속 장악하곤 했다. 그런데 유럽 국가들이 중남미로 자꾸 들어오려고 하자 이를 억제하려고 1890년에 범미주연합OAS을 만들었다. 이러던 차에 베네수엘라가 독일, 영국, 이탈리아로부터 차관을 빌렸는데 빚을 갚을 수가 없게 되어 1902년에 유럽 나라들이 베네수엘라 해안까지 와서 봉쇄를 했다. 이런 상황에서 미국의 시어도어 루스벨트는 독일 황제를 압박해 순순히 물러나도록 하면서 미국은 중남미 일에 본격 개입하게 된다.

나중에 대통령이 된 윌슨도 멕시코, 아이티, 도미니카의 내정에 간섭해 중남미를 미국의 뒷 운동장으로 만든다. 이후 중남미 국가들이 많이 발전하지 못하게 되는데 그 이유가 미국이 중남미에서 이권을 지나치게 이용하려고 했기 때문이라고 많이 얘기한다.

사회풍자에 능했던 미국 문호 마크 트웨인은 당시 제국주의를 맹비판하면서 특히 시어도어의 대외노선을 이렇게 신랄하게 비판하곤 했다.

"시어도어는 남북전쟁 이후 미국에 내린 가장 큰 재앙이다.", "루스벨트는 정치세계의 톰 소여다. 항상 과시하고 과시할 기회를 찾아 다닌다. 그의 광적 상상력에서, 위대한 공화국은 거대한 바넘 서커스단이다. 그곳에서 자신의 광대 역할을 하고, 이 세상이 관객 역할을 한다."

6

영원한 전사

시어도어의 3선 도전

시어도어 퇴임 후 어떤 일들이 벌어졌을까? 1904년에 시어도어가 재선에서 이기고 나서 재선 직후 세 번째 출마를 하지 않겠다고 전격 선언을 했다. 대통령직을 승계받았기에 엄밀히 보면 재선은 아니었지만, 이전까지는 재선 후 3선까지 된 대통령이 없었기 때문에 이렇게 말한 것이 그리 이상한 일은 아니었다. 그런데 자신의 섣부른 발언에 대해 나중에 후회한다.

재선 임기가 끝나가던 1908년에 시어도어의 인기는 최고였다. 3선에 도전하면 충분히 성공할 수 있었으나 자신의 발언에 대한 책임과 대국민 이미지가 훼손될까봐 자신이 정말로 믿었던 윌리엄 태프트에게 양보를 했다. 1908년 태프트는 민주당의 제닝스 브라이언을 누르고 대통령에 당선되었는데 이후 문제가 발생했다. 태프트는 원래 시어도어의 절친으로, 기본적으로 생각이 비슷해서 진보주의적 개혁 정책을 계속 유지할 것으로 믿었는데 태프트가 보호무역 정책을 펼치며 보수화로 방향을 틀어버렸던 것이다. 관세를 인하하지도 않았고 주식회사에 소득세를 청구했고, 개인 소득세 징수 합법화에 동의를 했다. 그리고 약소 국가에 자본 수출을 추진했다.

이에 시어도어는 상당한 배신감을 느꼈다. 그래서 4년 후 공화당 후보로 나오려다가 상황이 녹록치 않자 1912년에 아예 진보당을 창당해서 대통령 선거에 출마한다. 당시 밀워키에서 선거운동을 하면서 시어도어가 연단에서 암살범한테 총을 맞고 말았다. 흥미롭게도 시어도어가 연설을 하다가 총을 맞았으면 곧장 병원에 가야 하는데 그렇지 않았다. 가슴에 넣어둔 연설문 뭉치가 정말로 두꺼워 총알이 몸에 깊게 들어가지 않았기 때문이다. 연설을 제대로 마무리하고서야 병원에 실려가 수술을 받고 살아났다. 당시에 시어도어의 가슴이 얼마나 피로 흥건했는지를 보여주는 사진이 있다. 귀에 총알을 맞은 도널드 트럼프 경우보다 심각했다.

이 선거에서 시어도어는 27.4%나 득표했으나 공화당 표가 공화당과 진보당으로 갈라졌기에 민주당의 우드로 윌슨이 어부지리로 대통령에 당선된다. 하지만 시어도어는 이에 굴하지 않고 차기 대선에 3수 도전할 생각까지 품었다. 그가 계속 건강했다면 충분히 그렇게 했으리라.

낙선 이후의 시어도어

낙선 이후에 시어도어는 어떤 활동을 벌였을까? 자신의 야생성을 다시 키워야겠다고 생각하고 1913년에 브라질 열대우림 탐사 도전에 나섰다. 자연에 워낙 관심이 많았던 시어도어는 열대 브라질의 열대 우림 안에 있는 의혹의 강을 탐사한 것이다. 그런데 불행히도 그곳에서 말라리아에 걸리고 후유증으로 열병, 감염증, 무력증, 류머티즘에도 걸린다. 하지만 불굴의 루스벨트였기에 이 병마도 극복했다.

1917년에 미국이 1차 세계대전에 참전하겠다고 하자 시어도어는 전쟁에 참전하겠다는 마음을 굳힌다. 예전에 미서 전쟁 때 활동했던 러프라이더처럼 지원병을 만들어서 나라에 기여하겠다고 윌슨 대통령에게 제안했다. 하지만 윌슨이 허가를 내주지 않았다. 이 전쟁으로 인해 시어도어의 아들 넷 중에 막내아들이 전사했다.

이런 불굴의 투지를 계속 유지하고 있다가 1919년에 〈메트로폴리탄〉 매거진에 기고하려고 글을 썼다. 노령 연금, 실업보험, 8시간 노동, 단체교섭, 퇴역 군인 우대, 양당제의 폐해를 다룬 글이었다. 그런데 시어도어가 이 글의 교정을 보고 나서 침대에 누웠다가 혈전증으로 사망하고 만다. 처음에는 사람들이 그의 죽음을 눈치채지 못했다고 한다.

그가 기고글에 썼던 노령연금, 실업보험, 8시간 노동 정책은 나중에 같은 네덜란드계로 먼 친척인 프랭클린 루스벨트로 넘어가서 실행에 옮겨진다. 시어도어는 정말 정력적으로 인생을 살았던 인물이다. 그가 미처 마무리하지 못한 일들은 먼 친척 프랭클린으로 넘어가서 빛을 본다.

시어도어와 프랭클린 비교

시어도어와 프랭클린을 여러 모로 비교해 보자. 우선, 두 사람 모

시어도어 VS 프랭클린

시어도어 루스벨트 (1858~1919)	프랭클린 루스벨트 (1882~1945)
뉴욕주 출생	뉴욕주 출생
하버드대(포셀리언 서클)	하버드대(플라이 서클)
컬럼비아대 로스쿨 중퇴	컬럼비아대 로스쿨 중퇴
뉴욕주 하원의원(공화당)	뉴욕주 상원의원(민주당)
카우보이, 뉴욕시장 낙선	국방부 해군성 차관보
뉴욕주 경찰청장	부통령 낙선
국방부 해군 차관보, 러프라이더	소아마비
부통령 1년	뉴욕 주지사
26대 대통령(1901~1909)	32대 대통령(1932~1945)
스퀘어딜 정책	뉴딜 정책
대통령 3선 실패(진보당)	2차 세계대전 승전

두 네덜란드 이민자의 후손으로, 뉴욕주에서 태어났고 하버드대를 졸업했고 컬럼비아대 로스쿨에서 중퇴한 것도 같다. 뉴욕주에서 한 사람은 하원의원, 다른 사람은 상원의원을 지냈다. 국방부 해군성 차관보 경력은 같고 한 사람은 부통령을 했고, 다른 사람은 하지 않았다. 프랭클린은 부통령을 하려다가 낙선했지만, 시어도어는 부통령을 잠시나마 했다.

시어도어는 대통령을 두 번, 프랭클린은 네 번이나 하였고, 주요 정책으로 스퀘어딜과 뉴딜을 펼쳤다. 이처럼 두 사람은 여러 면에서 시차가 있을 뿐 평행선을 따라 인생을 살았다. 어떻게 보면 시어도어가 만약 대통령을 안 했다면 프랭클린이 과연 다음에 등장할 수 있었을까 생각될 정도로 삶의 궤적이 비슷했다.

프랭클린의 아들이 나중에 이런 얘기를 했다. "아버지는 성년기의 생애 전체를 시어도어와 경쟁하면서 보냈습니다." 프랭클린은 항상 시어도어를 염두에 두고 어떻게 비슷하게 할지 고민했다는 이야기다. 이렇게 얘기하면 프랭클린을 너무 평가절하하는 것 같지만 시어도어가 그만큼 일을 잘했다는 것이고, 그가 미처 이루지 못한 것을 프랭클린이 실행에 옮기며 대통령직을 수행했다고 얘기를 할 수 있지 않을까? 시어도어는 프랭클린에게 역할 모델이었다.

시어도어와 프랭클린 루스벨트는 네덜란드계 집안의 후손으로서 20세기 초반 미국 현대사 시기에 개혁정책을 활발하게 펼치며 미국을 한 단계 올린 훌륭한 대통령이었음은 분명하다.

7강

프랭클린 루스벨트
(Franklin Roosevelt : 1882~1945)
: 벽난로 대통령

미국에서 4선 대통령은 프랭클린 루스벨트가 유일하다. 당시에는 재선까지만 대통령이 될 수 있다는 제한 규정이 없었기 때문이다. 1933년에 취임한 루스벨트는 1930년대 대공황, 1940년대 2차 세계대전이라는 미증유의 위기를 극복했기에 위대한 대통령 톱3에 들어간다. 상원의원, 해군성 차관보를 지내고 39살에 걸린 척추성 소아마비를 용케 극복하고 뉴욕 주지사를 거쳐, 대통령이 되었다.

대통령이 된 그는 당시 총체적 위기를 국민들과 함께 극복하려고 벽난로 옆에서 라디오로 차분하게 대화를 하는 노변정담을 최대한 활용하면서 소통의 대가로 자리잡았다. 국민들은 이런 소통으로부터 큰 위안을 얻었다. 2차 세계대전 초기에는 의회를 설득해 연합국에게 무기를 대여해 주었고, 전쟁 선포 후에는 총력을 기울여 전쟁에서 승리를 거두었다. 프랭클린 루스벨트는 경제사령관과 전쟁사령관 직을 훌륭하게 수행하여 전후 국제정세 질서를 재편하고 경제 호황을 일으키는 일등 공신이 되었다.

1
프랭클린 루스벨트 총평

프랭클린 루스벨트가 특히 뛰어난 분야

미국의 대통령을 평가할 때 항상 이용하는 시스팬C-SPAN의 데이터를 보면 에이브러햄 링컨과 조지 워싱턴에 이어 프랭클린 루스벨트는 3위다. 하지만 10개 항목 중에서 한 항목만은 타의 추종을 불허한다. 2021년 프랭클린의 대중설득 점수가 100점 만점에서 94.8점이고 2000년부터 네 번에 걸쳐서 항상 1위였다. 그는 소통에 있어서 정말로 뛰어났고 자신이 원하는 방향으로 국민이 오도록 유도하는 능력이 탁월했음을 알 수 있다.

이 소통의 대상이 미국 국민이라면 외국 대상으로 그의 소통능력을 어땠을까? 국제관계 항목을 보면 한 번만 제외하고 세 번에 걸쳐 1위다. 의회관계 항목에서도 1위와 2위가 한 번씩 있는 것을 보면 프랭클린의 소통은 상대방이 누구이든 항상 막강했음을 알 수 있다.

다음으로는 미국이 새로운 방향으로 전진해가도록 유도하는 프

프랭클린 루스벨트 대통령 평판 : 시스팬 조사

평가 항목	2021년 점수	2021년 순위	2017년 순위	2009년 순위	2000년 순위
총평가	841	3	3	3	2
대중설득	94.8	1	1	1	1
위기관리	91.6	3	3	3	2
경제관리	75.4	3	5	5	1
도덕권위	81.8	3	3	3	4
국제관계	88.0	1	1	2	1
행정능력	80.7	3	3	3	3
의회관계	80.5	3	3	1	2
비전제시	92.0	3	3	2	2
공정추구	66.2	9	8	7	6
당시성과	89.6	3	3	3	3

* 출처: https://www.c-span.org/presidentsurvey2021/?page=overall

랭클린의 비전제시 능력 또한 매우 높아서 92.0점을 차지했다. 국가가 위기에 봉착해도 이를 극복하는 위기관리 리더십도 91.6점으로 뛰어났다.

프랭클린에 대한 여러 궁금증

프랭클린 루스벨트 하면 여러 궁금증이 떠오른다. 무엇보다도 26대 대통령 시어도어 루스벨트와의 관계가 궁금하다. 두 사람은 그저 먼 친척으로 그쳤을까? 아니면 나이 어린 프랭클린이 성장할 때 윗사람 시어도어를 역할 모델로 하여 많은 가르침을 받았을까? 더 나

미국 32대 대통령 프랭클린 루스벨트
(출처_위키피디아)

아가 정치가로서 국정 운영을 위한 정책을 여러모로 배웠을지도 궁금해진다.

또 프랭클린이 소아마비에도 불구하고 대통령직을 어떻게 오랜 기간 제대로 수행할 수 있었는지 궁금해진다. 프랭클린은 소아마비에 걸려 몸이 불편했다고 하면 사람들은 그가 어릴 때부터 소아마비였을 거라고 짐작하는데 사실은 청년기를 훌쩍 넘어 39세에야 걸렸다. 그는 대통령 임기 내내 목발을 이용하거나 동행자의 팔에 의지해서 걷곤 했고 휠체어를 타는 경우도 많았다. 정치가로서 소아마비에 걸렸다는 것은 대단한 핸디캡이 아닐 수 없는데, 프랭클린은 신체적, 정신적 난관을 이겨내고 4선 대통령까지 이어갔고 아직까지도 평판이 정말 좋은 대통령으로 남았다. 1930년대 미국에 몰아닥친 대공황 위기를 프랭클린이 과연 어떻게 극복했는지도 궁금 사항이다. 우리가 뉴딜 정책으로 대충 알고는 있지만 보다 어떤 브레인들과 팀을 이루어 구체적인 정책을 입안해 효과적으로 집행했는지 궁금해진다.

프랭클린 루스벨트 이야기를 하다 보면 항상 부인 엘리너 이야기가 나온다. 두 사람의 관계는 실제로 어땠고 엘리너가 퍼스트레이디 평판 1위가 되는데 남편 프랭클린의 역할이 궁금해진다. 이런 여러 궁금증을 앞으로 차근차근 알아보자.

노변정담의 대가

프랭클린이 대통령을 할 당시에는 라디오가 상당히 많이 보급되어 있었는데 프랭클린은 국민을 설득하는데 라디오를 정말로 많이 활용했다. 임기 동안 29번 라디오 방송을 했는데 노변정담爐邊情談 방식으로 하게 된다.

말씀 담談에는 말씀 언言에다가 화염 할 때 쓰는 불타는 염炎자가 붙는다. 그러니까 말이 불꽃처럼 활활 타오른다는 의미다. 이처럼 프랭클린은 소통의 대가였다. 프랭클린이 화로 옆에서 얘기하고 있지는 않지만 마치 화로 바로 옆에서 얘기하는 것처럼 국민들과 이야기를 나눈다. 정담을 마친 후에 국민에게 문제가 있으면 하소연 사항, 불만 사항을 적어 백악관으로 편지하라고 했는데 이게 대단한 인기를 끌었다.

2

젊은 프랭클린

루스벨트 가문의 가계도

　젊은 프랭클린 루스벨트 얘기로 시작해보자. 우선 루스벨트 가계도를 볼 필요가 있다. 루스벨트의 선조를 계속 따라 올라가면 네덜란드 출신이다. 클라에스$_{Claes}$라는 사람이 네덜란드에서 뉴욕으로 이민을 와서 1652년에 미드타운 맨해튼 땅을 구매해 정착했다. 그의 정식 이름은 클라에스 반 로젠벨트$_{Claes\ Maartenszen\ van\ Rosenvelt;\ 1626~59}$였다. 맨해튼 섬에 인디언의 공격을 막기 위해 장벽을 쌓은 곳이 월스트리트$_{WallStreet}$인데 이 장벽을 쌓은 사람들이 바로 네덜란드인들이다. 뉴암스테르담은 나중에 영국에 빼앗겨 뉴욕시가 된다.

　루스벨트가 어떤 뜻일까? 루스벨트의 원래 이름은 로젠벨트$_{Rosenvelt}$다. 로젠$_{Rosen}$은 로즈$_{Rose}$, 즉 장미이고 벨트$_{velt}$는 필드$_{field}$, 즉 밭을 의미한다. 그러니까 '장미를 키우는 밭'이다. 이 집안의 선조는 옛날 네덜란드에 살면서 밭에다가 장미를 많이 키웠을 가능성

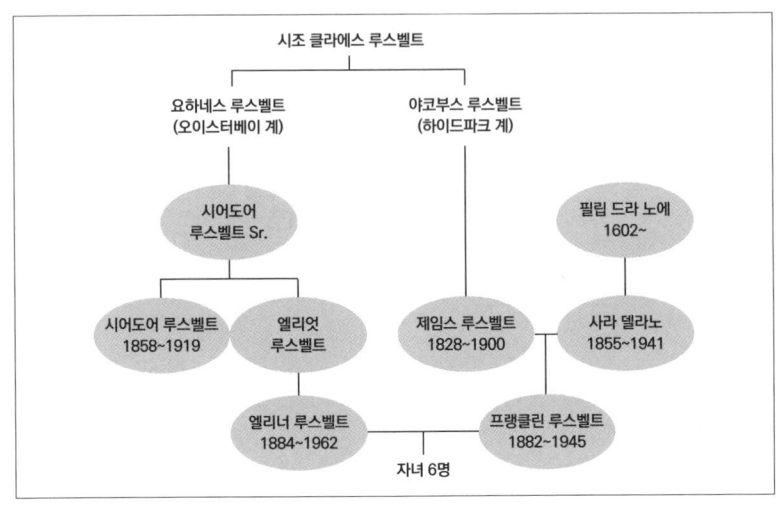

루스벨트 가문의 가계도

이 크다.

  루스벨트 가계도를 좀더 들여다보자. 클라에스의 아들인 니콜라스는 뉴암스테르담에서 올더맨Alderman 지위를 얻게 되는데, 요하네스와 야코부스라는 두 아들을 두었다. 야코부스의 후손들은 뉴욕주 하이드파크Hyde Park에 주로 살아서 하이드파크 계로 불리는데 나중에 계속 민주당을 지지한다. 프랭클린 루스벨트는 여기에 해당된다. 요하네스의 후손들은 오이스터 베이Oyster Bay에 살아서 오이스터베이 계라고 불리는데 공화당을 쭉 지지한다. 시어도어 루스벨트가 오이스터베이 계다. 그러니까 프랭클린과 시어도어는 먼친척인 셈이다. 시어도어에게는 엘리너라는 조카가 있는데 그녀가 프랭클린과 결혼하면서 본격적으로 얽히게 된다.

  시어도어와 엘리엇은 형제인데 엘리엇의 딸이 바로 엘리너이니 시어도어와 엘리너는 큰아버지와 조카 관계다. 그런데 엘리너가 19살이고 프랭클린이 22살 때 만나 서로 마음에 들어 1905년에 결혼에 이른다. 결혼하게 된 계기로는 엘리너의 큰아버지가 시어도어라는 점이 많이 감안됐다. 자신보다 24살 많은 시어도어는 프랭클린에게 여러모로 역할 모델이었고 당시 대통령이었으니, 시어도어의 조카인 엘리너가 결혼 상대자로 더욱 매력적으로 다가오지 않았을까?

프랭클린은 시어도어를 본받기 위해서 다양하게 흉내를 낸다. 코에 걸치는 옛날식 안경도 걸치고 다녔다. 시어도어는 말할 때 감탄사를 자주 냈다는데 프랭클린은 그런 것도 모방했다. 시어도어가 대통령 때 여러 정책을 개발해 실행에 옮겼는데 프랭클린은 그런 것도 일부 받아들였다. 시어도어 때 스퀘어딜Sqaure Deal 정책을 편 적이 있었는데 프랭클린은 뉴딜New Deal로 개편해 대대적으로 실행했다.

프랭클린의 어머니 사라와 아버지 제임스는 26살 차이였다. 사라가 26살 때 결혼했을 때 제임스는 52세였었다. 결혼한 지 10년 있다가 병으로 아버지가 죽어 사라는 혼자 남게 되었지만 다행히 재산이 많아서 먹고사는 걱정은 전혀 없었다. 아들만 딱 하나 있어서 어머니는 프랭클린에 간섭을 매우 많이 했다고 한다. 사라에게는 딸이 없어서 아들을 딸같이 키우고 여자 옷도 입으라고 시켰는데 프랭클린은 엄마를 생각해서 고분고분 전부 들어주었다. 그래서 친구들은 프랭클린을 마마보이라고 부르며 비아냥도 했다고 한다. 하지만 점차 나이가 들면서 자기 목소리를 내면서 엄마를 실망시키게 된다.

7강. 프랭클린 루스벨트(Franklin Roosevelt; 1882~1945) ; 벽난로 대통령

대통령 이전의 프랭클린 루스벨트

대통령 되기 이전에 프랭클린이 어떻게 지냈을까? 뉴욕 주 북부에 있는 허드슨 밸리의 하이드파크에서 태어난 프랭클린은 어렸을 때 집에서 가정교사로부터 배웠지만 그로트 스쿨이라는 귀족형 예비학교를 다니고 대학에 들어갔다. 처음에는 해군 장교가 되고 싶어서 메릴랜드 주 아나폴리스에 있는 해군사관학교에 진학하고 싶었지만 부모의 반대로 하버드대에 들어갔는데 막상 들어가서는 공부를 별로 안 했다. A학점을 받은 건 하나도 없고 B, C로 가득 찼다. 대신에 교내 신문으로 유명한 하버드 크림슨Harvard Crimson에서 편집장을 하면서 글솜씨와 말솜씨를 잔뜩 기를 수 있었다. 콜롬비아대학 로스쿨로 진학했으나 두 학기 동안 공부를 하다가 낙제해 자퇴를 하고 만다.

그럼에도 불구하고 나름 공부해서 변호사 자격 시험을 통과해 로펌에서 잠깐 일을 하기도 했다. 하지만 법률이 전혀 마음에 들지 않았고 자기는 시어도어처럼 대통령이 되려는 장대한 목표를 갖고 있었기 때문에 정계로 진출했다. 뉴욕의 주의회에서 상원의원을 하면서 정말로 평생 영향을 많이 주었던 루이스 하우Louis Howe를 만나게 된다.

프랭클린이 루이스 하우를 만나지 않았다면 이렇게 성장할 수 있었을까 의문을 갖고 있는 사람이 많다. 루이스 하우는 뉴욕 주에 있는 신문 기자였는데 프랭클린의 잠재력을 눈여겨보고 그의 정치 참모로 본격 일을 하게 된다. 평생 측근에서 역할을 많이 했기에 루스벨트의 그림자 또는 오른팔로 불리곤 했다. 하우는 1936년에 세상

척수성 소아마비에 걸린 프랭클린 루스벨트는 우연히 찾아온 소아마비를 극복하면서 타인과의 소통 능력을 키우게 되었다. (출처_위키피디아)

을 뜬다.

민주당 출신 대통령인 우드로 윌슨 시기에 1차 세계대전이 터지면서 프랭클린은 해군성 차관보를 하게 된다. 6강에서 언급했듯이 시어도어도 해군성 차관보를 지낸 바 있다. 두 사람의 이력을 보면 하버드대학교 학부 졸업, 컬럼비아대학교 로스쿨 중퇴, 국방부 해군성 차관보 등 대통령이 되기까지 유사한 측면이 한두 가지가 아니다. 프랭클린이 해군성 차관보로 지낼 때 루시 머서Lucy Mercer라는 여성과 염문이 생긴다.

부인 엘리너가 자신의 비서로 영입했는데 정작 본인은 처음에 눈치를 채지 못하다가 나중에 알고서 정말로 대단한 충격을 받았다. 그전까지만 해도 집에서 아이들만을 돌보며 외부 활동을 거의 하지 않았는데 이때부터 남편과 거리를 두고 본격적으로 사회생활에 나선다. 이런 사회활동은 매우 성공적이어서 엘리너가 나중에 퍼스트

레이디 평판 1위가 되는데 결정적으로 기여했다. 우리는 살면서 여러 위기에 봉착하곤 한다. 그때 위기에 굴복하느냐 극복하느냐 그리고 더 나아가 이를 승화시키느냐는 개인에 따라 매우 다르다. 그래서 루시 머서는 엘리너 입장에서 볼 때 얼키고 설킨 관계라고 할 수 있다.

39세에 척수성 소아마비에 걸린 프랭클린

이런 염문에도 불구하고 프랭클린은 1920년에 민주당 제임스 콕스 대통령 후보의 러닝 메이트인 부통령 후보로 나온다. 하지만 선거 패배 후 정치계에서 잠시 물러나 메릴랜드 신용예금회사 부사장으로 재직하는데 이때 루스벨트가 척수성 소아마비에 걸리고 만다. 하반신을 모두 못 쓰는 그런 병이다. 처음에 엄청나게 고생하면서 치료에 온갖 노력을 기울였지만 결국 실패하고 만다. 혼자 힘으로는 걸을 수가 없어서, 휠체어를 타거나 목발을 짓거나 다른 사람의 팔을 잡아야 했다.

프랭클린의 엄마, 사라는 아들을 잔뜩 믿었는데 소아마비에 걸리니까 자식의 출세에 대한 욕심을 버리고 이렇게 말한다. "이제 정치를 포기하고 별장에 와서 평생을 지내라." 그런데 프랭클린은 이런 절체절명 위기를 극복하려고 노력했고 부인도 포기하지 않고 남편의 신체적, 정치적 회생을 적극 돕는다.

루시와의 염문으로 엘리너의 부부관계는 이미 틀어질 대로 틀어졌는데 소아마비 덕분에 오히려 호전된다. 남편이 소아마비에 걸리니 부인이 적극 간병을 해준 것이다. 특히 미시 르핸드 Marguerite "Missy"

프랭클린 루스벨트가
소아마비에 도움이 된다는
온천을 찾아가게 되고
온천에 투자를 하면서
전문재활치료센터를 만들게 되는
내용이 담긴 영화 〈웜 스프링스〉

　LeHand라는 여성이 치료를 전담하면서 프랭클린의 건강이 크게 호전된다. 그녀는 나중에 프랭클린이 대통령이 되고 나서 백악관 문고리 역할을 톡톡히 한다.

　프랭클린은 조지아주의 광물성 온천인 '웜 스프링스Warm Springs'는 치료 효과가 매우 높아서 이곳에 자주 갔다. 소아마비 환자를 포함해 많은 환자들을 접하게 되면서 이들을 지원해 주는 의사 역할도 담당하면서 사람들로부터 '닥터 루스벨트Dr. Roosevelt'라고 불리기도 했다. 이처럼 프랭클린은 온천 생활을 통해 사람과의 관계도 배우고 한번 떨어진 나락에서 벗어나는 노하우도 체득하게 된다.

　역설적으로 말해, 프랭클린의 건강이 계속 좋았다면 대통령이 못되지 않았을까? 되었다 하더라도 아주 성공적인 대통령은 못되었을 것 같다. 왜냐하면 프랭클린은 태어나서부터 매우 귀족적인 분위기에서 자랐기 때문에 밑바닥 생활을 전혀 몰랐기 때문이다. 다시 말하면 실패 자체를 몰랐던 것이다. 그런데 우연히 찾아온 소아마비를 극복하면서 타인과의 소통 능력을 키우게 되었다. 그야말로 환골탈태 기회였다. 2005년에 나온 〈웜 스프링스Warm Springs〉 영화를 기회 되면 보기 바란다.

3
프랭클린과 네 명의 여성

앞서 프랭클린과 여성과의 관계에 대해 약간 언급했는데 더 자세히 들여다보자. 프랭클린에게는 주목할 만한 여성 네 명이 있었다. 어머니 사라, 부인 엘리너, 애인 루시 그리고 비서 미시 르핸드.

어머니 사라 델라노

프랭클린의 어머니 사라 델라노Sarah Delano도 프랭클린의 아버지와 마찬가지로 네덜란드 계였다. 사라의 아버지는 무역상으로 가정 형편이 좋았는데 1880년 사라가 26살 때 무려 26살 연상의 제임스와 결혼하게 되었다. 제임스는 시어도어의 먼 사촌이었다. 20년이 지나 1890년에 남편이 죽고서 혼자서 가정을 꾸려야 해서 하나밖에 없는 아들, 프랭클린을 매우 감싸며 키우게 된다. 아들의 모든 일에 간섭하는 것은 물론이었다. 엘리너가 며느리로 들어온다고 했을 때 사라는 매우 반대했으나 아들의 주장이 워낙 완강해 결혼을 막을 수는

1883년 사라 델라노와 아들 프랭클린 (출처_위키피디아)   1933년 뉴욕 하이드파크에서 사라 델라노와 프랭클린(출처_위키피디아)

없었다. 하지만 며느리로 들어온 엘리너에게 시시콜콜 간섭을 하는 혹독한 시어머니였다.

엘리너가 남편이 루시와 외도하는 것을 알고 남편한테 이혼을 요구하자 시어머니는 이혼을 반대했다. 이혼을 하면 아들의 정치 생명이 끝날 것이라고 의구심을 가졌기 때문이다. 그래서 이혼을 안 시키려고 작정하고 만약 이혼하면 사라가 며느리에게는 재산을 하나도 물려주지 않겠다고 으름장을 놓아 이혼 이야기는 쏙 들어갔다. 사실 엘리너에게는 자식이 다섯이나 있어서 이혼하기가 쉽지 않았을 것이다.

그런데 이혼이 불발되어 프랭클린 본인도 그렇고 부인 엘리너도 정신적으로 크게 성장하게 된다. 그런 면에서 어머니 사라의 이혼 반대는 신의 한수였다. 1941년에 사라가 87세에 사망할 때 그녀가 살던 하이드파크 지역에서 가장 큰 떡갈나무가 쓰러졌다. 번개에 우

1908년 엘리너와 프랭클린이
첫 두 자녀들과 촬영한 사진
(출처_위키피디아)

연히 맞아 쓰러졌지만 사라의 죽음과 연결시켜 이야기가 많이 회자되고 있다.

부인 엘리너

부인 엘리너Anna Eleanor Roosevelt는 어렸을 때 외모가 출중하지는 않았다. 입이 튀어나와 본인도 자신의 외모에 대해 자책할 정도였다. 그런데 프랭클린의 청혼을 받아 19살 때 결혼을 하여 아이를 여섯이나 낳게 된다. 부부간 금슬이 상당히 좋았다. 나중에 프랭클린의 염문이 발각되어 부부 관계가 완전히 틀어지기 전까지는.

엘리너가 쓴 책으로 《영원한 퍼스트레이디 엘리너 루스벨트 자서전》이 있다. 미국의 역대 대통령 중에 최근 대통령의 퍼스트레이디들이 자서전을 쓰는 경우가 꽤 있는데, 힐러리 클린턴도, 미셸 오바마도 자서전을 썼다. 예전에는 부인이 자서전을 쓴 경우가 없는데 엘리너가 최초였다.

루시 머서(출처_위키피디아)

엘리너는 자서전에서 본인을 자화자찬하지 않고 상당히 솔직하게 모든 것들을 털어놓았다. 그래도 시어머니 문제는 빼놓았다. 아마 초판에서 들어갔을지는 모르겠다. 엘리너는 자서전에서 얘기했듯이 처음에는 내용이 많았는데 나중에 많이 줄였다. 내용이 충실하고 쉽게 쓰여 있어서 추천한다. 이 책에는 미국 정치계의 인물들이 많이 등장하므로, 사전 정보가 없으면 좀 복잡하다고 생각하실지 모르지만, 당시 상황을 어느 정도 아는 분들에게는 쉽게 읽힐 것이다.

연인 루시 머서

어머니와 부인 다음으로 루시 머서와 미시 르핸드가 중요한 여성이다. 루시 머서Lucy Mercer Rutherfurd는 엘리너의 개인 비서로 오게 됐는데 프랭클린과 은밀한 관계가 생기면서 비서직에서 사직하게 된다. 그후 루시는 다른 사람과 결혼을 했으나 남편이 죽으니 루스벨트와 다시 관계가 생기게 된다. 루스벨트가 1945년에 세상을 뜰 때 바로

프랭클린 루스벨트의 비서 미시 르핸드
(출처_위키피디아)

옆에서 임종을 지켜본 사람도 부인이 아니라 루시였다. 정작 부인은 사회 활동을 하느라 바빠 임종을 지키지 못했다. 루시는 프랭클린 사망 후 3년 있다가 세상을 뜬다. 프랭클린이 매우 오랫동안 관계를 유지한 여성이라서 관련 책도 많다.

비서 미시 르핸드

사실 바람직한 진짜 비서는 미시 르핸드Marguerite Alice "Missy" LeHand였다. 그녀는 프랭클린이 소아마비에 걸렸을 때부터 시작해 프랭클린이 대통령이 되고 나서 백악관 내에서 제일 중요한 사람이 되었다. 부인은 백악관에서 살긴 했지만 사회 활동에 바빠 출타가 많았다. 윈스턴 처칠이 백악관에 나중에 와서 프랭클린과 전쟁 이야기를 하며 며칠 숙박한 적이 있었는데 부인이 왜 이렇게 오랫동안 백악관에 없는지 궁금하다는 얘기를 했다고 한다.

그런데 실질적으로 부인 역할을 한 사람이 미시 르핸드다. 1920

년대부터 비서로 일하면서 1944년까지 거의 20년 동안 프랭클린 수발을 포함해 모든 정책 참모 역할을 수행했다. 우리가 한때 청와대 문고리 4인방 이야기를 많이 했는데 르핸드가 그야말로 백악관 문고리 대장이었다. 미시 르핸드는 편지를 대신 쓰는 것은 물론이고, 정책 제안도 매우 많이 했다. 르핸드는 대통령을 부를 때 프랭클린 루스벨트 이름이 길어서 'FD'라고 간단히 불렀는데 FD는 당시 백악관에서 통칭으로 자리잡았다. 김대중을 DJ로, 김영삼을 YS로 부른 것과 비슷하다. 르핸드에 대한 책으로 《게이트 키퍼Gate Keeper》가 있는데, 바로 문고리를 말한다. 루시 머서가 프랭클린에게 감정적 도움을 줬다면, 르핸드는 신체적 도움과 지적 도움을 주었던 총비서였던 셈이다.

엘리너의 활발한 사회 활동

엘리너는 아이를 여섯 명 낳았는데 아이 하나를 8개월 만에 저세상으로 보내고 다섯 명의 아이들이 살아남았다. 엘리너는 남편의 외도에 분개해 이혼도 하려고 했는데 자제력을 발휘했고, 대신 사회 활동에 몰두했다. 우선 여성의 유권자 등록을 늘려 여성의 투표율을 높이려고 엄청난 노력을 했다. 여성 개혁 모임들과 만나면서 복지 활동에도 관심을 가진다. 주택 공급을 어떻게 늘릴지, 아동 노동을 어떻게 줄일지, 산아 제한을 어떻게 할지에 고민을 거듭했고 실행에 옮겼다. 이런 사회생활 경험은 남편이 나중에 대통령이 되면서 큰 힘을 발휘하게 된다. 사회의 여러 문제를 체득한 엘리너가 대통령의 실질적 사회분야 참모 역할을 톡톡히 했기 때문이다.

유엔 대사 시절의 엘리너 루스벨트
(출처_위키피디아)

1938년에 엘리너는 소아마비 퇴치를 위한 자선 재단으로 마치오브다임스 March of Dimes를 설립한다. 다임 dime은 달러의 10분의 1 가치를 지닌 화폐 단위인데, 사람들이 조그만 돈이라도 자선재단에 기부하도록 기금 모금 활동을 전개한 것이다. 모인 돈으로 여러 프로젝트를 진행했는데, 특히 의학 연구자 조너스 소크 Jonas Salk를 지원하여 소아마비 백신을 처음으로 개발하는데 성공한다. 소아마비는 아직도 지상에서 사라지지 않았으나 발병율은 현저하게 떨어져 있다. 이 재단은 그동안 방향을 바꾸어 산모, 아기의 건강 개선을 위한 영리단체로 활동하고 있다.

전쟁이 발발하자 엘리너는 해외순방을 하며 군인을 많이 만나 위로했다. 이처럼 남편의 일을 음과 양으로 많이 도와주고 어린이 노동, 여성 노동, 흑인 문제를 해결하는 일에 적극 나섰다. 남편이 세상을 뜬 후로도 UN의 미국 대표로, 인권위원회 의장으로서 인권을 국제적으로 확대하는 활동을 활발히 전개했다.

4

미국을 엄습한 대불황

안일한 허버트 후버의 크나큰 실책

　이제 대불황 얘기를 본격적으로 하자. 프랭클린 루스벨트의 전임 대통령인 허버트 후버는 자수성가한 사람이다. 스탠퍼드 대학을 나와 광산업으로 큰 돈을 벌었고 대통령까지 되었다. 그래서 사회가 자신을 도와주기보다도 자기 자신이 채찍질을 해서 성공해야 한다는 생각이 머리에 꽉 박힌 사람이었다. 단호한 개인주의 신봉자라서 사람들과 말을 섞는 것을 싫어해 소통에 매우 약했다. 그래서 대통령 재임 시기에 '불통 대통령'이라는 별명도 달고 다녔다. 후버는 야구, 낚시를 매우 좋아해서 후버는 이런 말도 남겼다. '미국인들에게 종교 다음으로 영향을 끼친 것은 야구다', '모든 인간은 물고기 앞에서 평등하게 창조됐다.'

　후버는 사람들과의 교감 능력이 많이 떨어졌다. 하물며 사람들이 이런 비유를 한 적도 있다. "후버는 파장을 계산할 수 있지만 색을 볼 수 없다. 진동을 이해하지만 음색을 들을 수 없다." 파장 계산 같은 이성은 발달했을지 모르지만 색을 보고 느끼는 감성은 매우 부족하다는 말이다.

허버트 후버는 1929년 3월에 대통령 취임을 했다. 대공황이 일어났던 10월보다 7개월 이른 시점이었다. 그때만 하더라도 경제가 나름 괜찮았다. 그래서 후버는 대통령 취임사에서 "빈곤에 대한 최후의 승리가 드디어 눈앞에 다가왔다"고 말했다가 나중에 몰매를 맞았다.

1929년 10월에 대공황이 시작되고서 이후 상황이 약간 호전되는 기미를 보였다. 1930년 초 주식시장이 잠시 회복되었기 때문이다. 그러자 후버는 참지 못하고 이런 허튼 소리를 내뱉았다. 1930년 1월에 "경기와 기업은 이제 고비를 넘겼다" 그해 5월에는 "최악의 상태는 지나갔다"고 말하며 구제책 동원을 꺼렸다. 실업자, 기아자에 대한 정부구제책은 사회주의/공산주의 정책이라는 것도 하나의 이유였다. 후버는 이런 생각을 굳히는데 당시 유명한 사회진화론자 윌리엄 섬너William Sumner의 영향을 꽤 받았다. 이 예일대학 교수의 말이 당시 미국 지식층의 일반적인 정서였다. 섬너는 실업과 빈곤은 개인 문제이니 사회가 간섭하지 말고 개인이 알아서 해결해야 한다고 역설했다. 이럴 때 정부가 개인을 구제하는 복지를 제공하는 일에 나서면 아무 쓸모도 없고 해당 개인을 더욱 낭떠러지에 떨어뜨릴 뿐이라는 것이다. 요즘도 이렇게 말하는 사람이 있기는 하나 이 정도까지 가기는 쉽지 않다.

하지만 1930년 말에 주식시장이 다시 폭락세를 보이며 경제 상황은 악화일로를 거듭한다. 1년이 지난 1931년 12월에 후버는 국회에 재건 계획안을 제시하면서, 행정지출 대폭 삭감, 연방 공공사업 발전, 연방 농업대출은행 대출 한도 인상, 긴급 재건회사 대규모 설립을 포함시켰다. 하지만 이 계획안은 국회에서 빨리 통과되지도 않았고 이미 늦어서 경제 상황은 더욱 나빠졌다. 미국 경제 규모가 1929년 호시절에 비해 1934년에는 무려 30%나 감소했다. 1929년 실업률은 4%에 불과했으나 1932년에는 22%로 치솟았다.

후버가 경제 정책을 빨리 제대로 썼다면 프랭클린 루스벨트가 대통령으로 당선되지도 못하고, 대통령이 되었더라도 위대한 대통령 반열에 오르지 못했을 것이다. 위대한 대통령 바로 전에는 최악의 대통령이 있어야 기저효과로 후임 대통령의 평가가 좋아지기 때문이다. 그런 면에서 허버트 후버는 프랭클린 루스벨트 대통령의 당선과 높은 평판의 일등 공신이었다.

후버를 비꼬는 여러 용어

1931년에 엠파이어 스테이트 빌딩이 뉴욕시에 완공되었다. 이때는 이미 경제가 상당히 안 좋았을 때라 사무실은 모두 비었다. 그래서 엠파이어$_{empire}$를 빈터$_{empty}$라는 표현으로 바꾸어 풍자하기도 했다. 사실 꼭 엠파이어 스테이트 빌딩만이 아니라 일반적으로 고층빌딩은 경기가 좋았을 때 착공했다가 경기가 최악일 때 완공하는 경향이 있긴 하다. 그래서 '마천루의 저주'다.

당시에 허버트 후버 관련해 신조어가 연달아 생겨났다. 후버 담요란 따뜻한 털 담요가 아니라 덮을 게 없어서 종이로 된 쪼가리 신문

같은 것을 말한다. 후버 빌Hoover Ville은 살기 좋은 마을처럼 보이지만 사실은 열악한 판자촌을 말한다. 이런 식으로 바지 주머니에 돈이 하나도 없으면 빈털터리라는 의미의 후버 주머니도 생겼다. 이외에도 후버 돼지, 후버 왜건, 후버 가죽처럼 후버를 비하하는 용어들이 부지기수다. 단 여기에서 후버 청소기와는 관계가 없다. 후버 청소기는 지금도 시판되는 미국 브랜드 청소기일 뿐이다.

후버 댐은 후버가 대통령 재임하던 1931년에 착공했는데 프랭클린 재임기인 1935년에 준공하였다. 계획상으로는 1937년에 준공 예정이었으나 프랭클린이 사회간접자본SOC 차원에서 투자를 늘려 공사 기간을 단축하였다. 원래는 이름이 볼더 댐Boulder Dam이었으나 후버를 기리기 위해 후버 댐으로 명칭을 바꾸었다.

뉴욕 주지사 프랭클린 루스벨트

프랭클린 루스벨트는 대통령 되기 전에 1930년부터 3년 동안 뉴욕 주지사를 역임했다. 이 뉴욕 주지사 경험이 나중에 대통령 직무 수행에 엄청나게 도움을 준다. 주지사 시기에 대공황이 발생했기 때문에 연방 정부 차원은 아니지만 주 정부 차원에서 온갖 정책을 폈던 것이다.

알고 보면 뉴욕 주지사 때 시행했던 정책이 뉴딜 정책과 상당히 가깝다. 예를 들면 주 정부의 예산을 확대해서 임시 긴급 구제청을 신설했고, 수력 발전을 강화해서 전기세 부담을 낮추기도 했다. 그런데 대통령이 되고 나서 테네시 댐을 포함해 TVC 프로젝트를 본격 가동했다. 물가가 너무 떨어져 문제가 생기니까 농산물이 과잉 생산되지 않도록 경작지를 축소하고 대신에 나무를 심도록 하는 정책도 폈다. 산업재해 배상금을 개혁하고 학교와 병원 같은 공공시설을 늘려 복지를 강화하는 정책도 전개했다. 우리가 생각할 때 루스벨트는 처음부터 재정 적자 정책을 주장했던 사람으로 오해하기 쉬운데 실제로는 균형 예산론자였다.

루스벨트는 정부 지출과 정부 수입을 맞추려는 정책을 계속 폈는데 대공황 같은 아주 이례적인 상황이 나오니까 균형 예산만으로는 사람들이 다 굶어 죽을 것 같았다. 그래서 수입보다 지출을 더 늘리는 정책을 뉴욕 주지사 때 취했는데 이런 정책은 대통령이 되어서도 지속적으로 추진된다. 그래서 만약 루스벨트에게 뉴욕 주지사 경험이 없었다면 대통령이 되어서 그렇게 과감한 정책들을 펼 수 없었을 것이다. 하물며 노변정담도 주지사 시기에 했던 소통방식이었다. 이처럼 뉴욕 주지사 경험은 나중에 대통령직 수행에 큰 도움을 주었다.

대통령 선거를 할 때 여러 매체를 통해 캠페인을 하는데 후세 평론가들은 당시 라디오 매체의 위력에 대해 이렇게 말하곤 한다. 당시에 TV가 굉장히 보급되어 있었다면 루스벨트는 대통령이 못 됐을 것이다라고. 왜냐하면 소아마비로 하반신이 불구인데, TV로 방영하면 루스벨트의 신체적 약점이 모두 드러나 유권자들은 과연 저런 사람이 일을 잘할 수 있을까 회의감이 생겨 상대편 후보자에게 투표했을 가능성이 크다. 그런데 다행히도 국민들이 라디오를 통해서는 눈으로 볼 수는 없고 귀로만 들을 수 있다. 더구나 루스벨트가 논리적인 말 그리고 사람을 많이 배려하는 말을 잘해 득표를 올릴 수 있었다.

루스벨트 정권의 초기 브레인, 각료

루스벨트 대통령 이야기를 하면서 대통령 참모와 각료 이야기를 별로 하지 않는 것 같다. 루스벨트 정권 초기에 각료 얘기를 좀 해보자. 대통령이 어떤 정책을 펴려고 할 때 기획안을 만들고 이를 실행에 옮기려면 훌륭한 참모와 각료는 결정적으로 중요하다. 루스벨트는 아주 똑똑한 사람들을 옆에 두었는데 신문 기자 출신 참모였던 루이스 하우와 그가 발탁한 전략가 제임스 팔리James Farley는 브레인 트러스트의 핵심이었다.

컬럼비아 대학 교수로 브레인이 한 명이었던 레이몬드 몰리Raymond Moley는 기업의 사회적 책임을 강조했다. 기업이 돈만 벌지 말고 경제가 나쁘고 사회가 안 좋을 때에 사회에 기부도 하며 좋은 일을 하라는 것이었다. 또 급진적인 제도학파 인물로 럭스포드 터그웰Lexford Tugwell도 있었다. 집산주의적, 공산주의적 얘기들을 좀 많이 해서 찬반이 엇갈리지만, 당시에 터그웰은 사회주의 성격의 정책 제안을 많이 했다. 그래서 자유주의를 포기하고 사회주의로 방향을 틀었다며 루스벨트를 맹렬히 비판하는 사람도 꽤 있었다. 당시 영향력이 컸던 여성으로서는 프랜시스 퍼킨스Frances Perkins가 있다. 원래는 사회 개혁가로 활동하다가 노동부 장관이 되어 장기간 역임을 한다. 미국의 역대 여성 장관 목록을 만들어보면 최초로 나오는 프랜시스 퍼킨스는 루스벨트의 측근과 노동부 장관을 하면서 미국 노동조합의 권한을 많이 키웠다.

정책이 제대로 효과를 거두려면 정책 일관성이 매우 중요한데, 프랭클린은 각료를 한 번 쓰면 오랫동안 재임토록 했다. 링컨 경우도 마

좌측부터 급진적인 제도학파인 럭스포드 터그웰, 노동장관을 지낸 프랜시스 퍼킨스, 컬럼비아 교수인 레이몬드 몰리(출처_위키피디아)

찬가지였는데 대통령에게는 그만큼 자기가 믿을 수 있고, 정책을 일관성 있게 한 방향으로 꾸준하게 추진하는 각료가 전적으로 필요하기 때문이다. 물론 오래 재임하다 보면 타성도 생기고 오만해지고 부패도 생길 가능성도 있다. 그런데 좋지 않은 방향으로 흐르지 않고 정책을 제대로 펼 수 있는 사람들을 오랫동안 가질 수 있다는 것은 대단한 행운이다. 사실 프랭클린은 행운아로만 치부할 수 없다. 대통령이 제대로 관리하니 훌륭한 참모와 각료들이 나오기 때문이다.

5
경제사령관 프랭클린 루스벨트

프랭클린 루스벨트의 유명한 연설

경제사령관으로서 루스벨트 이야기를 해보자. 1932년 시카고에서 민주당 대통령 후보 수락 연설에서 루스벨트는 이런 말을 했다. "I pledge you, I pledge myself to a new deal for the American people." "당신 국민과 자신에게 미국민을 위한 새로운 뉴딜을 맹세한다"는 얘기다. 후보니까 아직 대통령이 된 건 아니다.

1933년 3월 대통령 취임 연설을 하면서 이런 유명한 말을 하기도 했다. "우리가 두려워해야 할 단 한 가지는 바로 두려움 그 자체입니다." 당시 미국 경제가 맨 밑바닥을 향해 추락하고 있었으니, 대다수가 자본주의 체제는 앞으로 어떻게 되는 거지? 내 지금 삶은 어떻게 되는 거지? 하면서 정말로 낭패와 공포에 시달리고 있었다. 그래서 두려움을 버리고 잘 될 거라는 희망을 품자고 강조한 것이다. 앞으로 어떻게 하겠다도 중요하지만 두려움 자체를 없애는 게 중요하다는 메시지인데 프랭클린 루스벨트 하면 으레 생각나는 유명한 말이다. 그런데 이 말은 사실 헨리 소로Henry D. Thoreau가 이미 했던 말 "두려움만큼 두려워해야 할 것은 아무 것도 없다"를 약간 바꾼 것에 불과했다.

프랭클린 루스벨트의 100일 계획

루스벨트는 대통령에 취임하자마자 100일 계획을 세운다. 우리가 처음 100일 동안은 하니문Honey moon 시기여서 비판을 삼가고 지켜봐야 한다는 얘기를 많이 하는데 이 대통령은 사실 100일 동안 여러 가지 변혁을 꾀하며 3R을 내걸었다. 바로 구제Relief, 재건Recover, 개혁Reform이었다.

이중에 초기 100일 동안에는 경제를 구렁텅이에서 구해주는 구제Relief부터 하자는 것이었다. 당시에 많은 은행들이 파산을 하고 있었다. 그래서 은행들의 문을 아예 며칠 동안 문을 닫도록 했다. 이른바 은행 휴일bank holiday이다. 그런 다음에 재정 상태가 좋은 은행부터 하나씩 문을 다시 열게 하고 구제 가능성이 희박한 은행은 아예 부도 처리를 했다. 은행 휴일이 시작된 지 며칠 있다가 루스벨트는 화로 옆에서 노변정담을 하며 국민들에게 이렇게 논리적으로 말했다. "은행 휴일을 우리가 하고 있지 않았느냐. 여러분이 돈을 맡긴 은행이 망할 것 같다고 생각해 은행으로 달려가 돈을 인출하면 은행은 진짜 망한다. 그러니까 여러분은 제발 공포에 휩싸여서 은행에서 돈을 빼내려고 하지 말고 오히려 은행을 믿고 돈을 맡겨라. 그래야 은행이 산다." 제발 공포심에서 벗어나서 은행을 믿고 돈을 맡기면 경제가 되살아난다고 말한 것이다. 루스벨트가 이렇게 노변정담을 하고 나니 다음 날부터 은행의 예금이 팍팍 늘었다고 한다.

라디오를 통해 노변정담을 안 했다면 상황이 계속 악화되었을 텐데 그 사이에 상황을 반전시킨 것이다. 이처럼 위기가 닥칠 때마다 루스벨트는 노변정담을 통해 상황을 호전시키곤 했다. 12년 재임 중 1933년 3월 12일 첫 노변정담을 시작해 노변정담을 29번이나 했다. 대통령이 신문 기자 앞에서 마구 얘기하는 것도 필요하지만 감정과 진정성을 국민에게 전달하는 게 중요하다. 그저 시늉만 내지 않고 진짜 진심을 담아 메시지를 아주 쉽게 전달하는 것이 루스벨트의 최고 장점이다. 앞서 언급했듯이 루스벨트의 여러 덕목 중에 압도적 1위가 바로 대중설득이었다. 물론 노변정담이라는 소통 방법이 설득에 큰 역할을 했다.

루스벨트는 초기 100일 동안 금융기관 관련 규제법들을 실행에 옮겼다. 신주를 발행할 때 보통 유상증자 형태이니 주식의 양이 늘어나 주가가 떨어질 가능성이 크다. 그렇지 않아도 주가가 떨어지고 있는데 신주를 마음대로 발행하면 주가가 더욱 떨어지니 이를 규제하자는 것이다. 그래서 초기 100일 동안 루스벨트는 증권법을 발효해서 기업들이 신주를 일정 기간 동안 공시하여 발행하도록 하고, 발행된 신주를 정부기관에 등록하도록 했다. 이 증권법은 미국 증권시장 사상 최초의 증시 규제 법안이다. 루스벨트는 연방 예금보험공사도 처음으로 만들었다. 예금주가 은행에 돈을 맡기면 그중 일부는 보증해주는 것이니, 은행이 혹시 망하더라도 그만큼은 정부가 예금주에게 현금을 지급해준다. 이처럼 금융과 관련되는 정책들을

100일 동안 시행하면서 정지 작업을 어느 정도 했다.

루스벨트의 푸근한 노변정담

노변정담 얘기를 다시 하고 싶다. 1932년에 미국 가정의 62%가 라디오를 보유하고 있었는데 라디오 보유자의 70% 이상이 노변정담을 청취했다. 인구의 절반까지는 아니더라도 43%가 노변정담을 들었다는 얘기다. 사람들이 자기 집에서만 라디오를 청취하는 게 아니라 상점, 클럽, 극장, 호텔 로비, 택시에서도 라디오를 들을 수 있었다. 정말 강력한 매체였다.

이처럼 루스벨트는 라디오로 국민들을 설득했다. 노변정담을 끝낼 때 루스벨트는 항상 이렇게 말했다. "여러분의 어려움을 이야기해 주십시오." 엄청나게 많은 편지가 백악관에 몰려들어 참모, 비서들이 무지막지한 양의 편지를 읽고서 국민의 불만을 처리해 주느라 얼마나 고생을 했을까? 편지를 보낸 국민 입장에서는 백악관에서 피드백이 오니까 좋고, 편지를 안 썼다 하더라도 우리는 이렇게 대통령과 직접 소통하고 있다는 생각을 하게 되니 마음이 훨씬 더 차분해졌을 것이다.

루스벨트는 기자회견도 엄청나게 많이 했다. 기자들을 불러놓고 미리 이렇게 질문하라고 언질을 주고, 대통령은 질문에 대한 답을 미리 준비해서 앵무새처럼 답하는 것이 아니다. 여기에는 사전 준비가 별로 필요 없다. 백악관에 오벌 오피스Oval office가 있다. 타원형으로 된 집무실에 기자들이 우루루 오도록 해서 미리 짜여지지 않은 질문 중심으로 자유스러운 분위기에서 서로 묻고 답하는 방식이다.

1933년 3월 12일
첫 번째 담화를 발표하는 루스벨트.
프랭클린 루스벨트는 12년 재임 중
노변정담을 29번 했다.
(출처_리브레 위키)

기자 입장에서는 정말로 좋지 않을까? 기자는 자신이 궁금했던 것을 물어보거나, 독자들이 하고 싶은 이야기를 대신 전달하면 되니까. 대통령 입장에서도 좋다. 대통령은 기자들과 이야기를 나누면서 다양한 의견을 들어 정책에 적절히 반영하면 된다. 그래서 루스벨트가 12년 재임 중 기자회견을 무려 천 번이나 했다. 천 번을 하다니 대단하지 않은가? 노변정담은 29번 했는데 기자와는 훨씬 자주 만난 것이다. 이런 노력들이 차곡차곡 누적되어 루스벨트는 소통의 달인이 되었다.

100일 계획 직후 시작된 1차 뉴딜

뉴딜 정책은 두 차례에 걸쳐 시행되었다. 1차 뉴딜은 1933년에 100일 계획 직후 시작되었고, 2차 뉴딜은 2년이 지난 1935년부터 시작된다. 1차 뉴딜에는 농업조정법, TVA테네시강 유역 개발 공사: Tennessee Valley Authority, 전국산업부흥법이 포함된다.

루스벨트는 1차 뉴딜 중 하나로 농업조정법AAA; Agricultural Adjustment Act을 제정해 농산물 과잉 생산을 막아 가격 하락을 막고, 농가 부채가 많은 사람에게 보조해주었다. 그리고 패리티 가격Parity Price이라는 것을 만들어, 정부가 물가상승율과 농업의 이윤을 감안해 적정가격을 고시하고, 생산량을 조절해 그 가격까지 끌어올리도록 한 것이다. 농산물 가격이 공산품 가격에 비해 격차가 너무 심하면 농민에게 불리하므로 이 비율이 일정 수준을 넘지 않도록 하여 농민을 보호했다. 실제로 농업조정법 정책 시행 후 3년 사이에 농산물 가격도 올라 농가 소득이 50% 늘고 농가 부채도 감소하는 현상이 벌어졌다.

그 다음에 TVA 프로젝트도 진행했다. 우리가 잘 아는 테네시강 유역 개발공사 사업을 통해 대형 댐을 만들어 홍수를 조절하고 발전도 하니 전기 가격이 싸졌다. 더구나 주위에 나무를 많이 심어 휴양지도 개발하여 건설 수요를 늘렸다. 이런 대규모 사업이 건설 회사에게도 좋지만 건설 공사에 참여하는 노동자들의 소득도 올려주었다. 노동자의 일자리 창출과 소득 증대에 기여한 것이다.

또한 루스벨트는 전국산업부흥법National Industrial Recovery Act을 제정하여 노동조합, 기업, 정부 3자가 파트너십을 갖고 조합주의corporatism 방식으로 위기를 극복하도록 노력했다. 그래서 기업 생산을 촉진시키려고 생산, 노동, 원가를 정부가 통제했다. 적정가격 이하로 판매하는 행위와 아동 노동을 금지했다. 그리고 노동자를 위해 적정임금을 유지하고 노조설립권을 보장해주었다. 루스벨트도 처음에는 노조의 권한이 너무 커지는 것을 싫어했다. 하지만 시간이 지나면서 대공황처럼 심각한 때에는 노동자의 권익 보호와 노동자의 수입 제고를 위해서는 기업에 손해를 끼치더라도 노조 활동을 중시해야 되겠다라고 생각을 바꾸었다. 그리고 전국산업부흥국은 마케팅 목적으로 로고를 만들어 많은 상점에 붙여놓고 소비자들이 이곳에 와서 싼 가격에 상품들을 구입하도록 유도했다.

프랭클린 루스벨트는 이처럼 농업조정법, 전국산업부흥법, TVA 프로젝트를 야심차게 추진했는데 문제가 생겼다. 컬럼비아대학의 철학자인 윌리엄 몬터규는 "뉴딜은 페이비언 파시즘"이라고 주장하기도 했고, 저널리스트 월터 리프먼도 "뉴딜은 전체주의, 집단주의 경제계획"이라고 비난했던 것이다. 또 미국사회당 대표 노먼 토머스는 "뉴딜의 경제학과 무솔리니의 조합주의 국가 혹은 히틀러의 전체주의 국가의 경제학 간의 유사성은 밀접하고도 명백하다"고 말했다. 사회당 대표가 이렇게 말할 정도였으니 당시 비판의 수위를 능히 짐작할 수 있다. 그래서 당시 의회에서 다수를 차지했던 공화당의 주도하에 연방최고재판소에서 1935년 5월에 전국산업부흥법을 무효화시켰고, 1936년 1월에는 농업조정법마저 무효화시켜 버렸다. 더구나 증권거래법, 석탄법, 파산법, 최저임금제를 모두 무효화시켜 버린다. 하지만 입법부와 사법부의 파강공세에 쉽게 밀려날 루스벨트가 아니었다. 2차 뉴딜을 새로 전개하기 시작했다.

1935년에 시작된 2차 뉴딜

2차 뉴딜로 프랭클린 루스벨트는 공공사업진흥국, 사회보장법, 노사관계법, 공정근로기준법을 발효시킨다. 우선 1935년에 공공사업진흥국 WPA; Works Progress Administration을 창설하여 병원, 시청, 법원, 학

뉴딜아트. 화가 릴리 푸레디(Lily Furedi)가 1934년에 그린 뉴욕 지하철 모습(출처_ 위키피디아)

교를 신축하고 도로, 교량, 공항, 국립공원 등 대형건설 프로젝트를 전개했다. 그리고 WPA 예산의 7%를 연방 극장 프로젝트, 연방 예술 프로젝트, 연방 작가 프로젝트에 배정해 수천 명의 음악, 화가, 작가에게 창의적 일자리를 주었다. 한국의 경우 코로나19 시기에 문재인 정권이 예술가들에게 여러 지원을 했는데 사실은 미국의 WPA에서 아이디어를 얻은 것이다.

정부가 예술인들로 하여금 콘서트를 열도록 재정 지원을 해주면, 일반인들은 콘서트를 무료나 아주 싼 가격에 관람할 수 있다. 그래서 1억 5,000만 명 이상의 관객을 대상으로 22만 5,000건의 콘서트가 열렸다. 정부가 미술가들에게 돈을 주고 벽에다 그림을 그리도록 했는데 그 결과 47만 5,000점의 미술품이 창작되었다. 우리가 잘 아는 잭슨 폴록도 이 프로젝트를 통해 유명해졌다. 당시 화가들은 지하철에 사람들이 앉아 있는 모습, 결혼하는 모습들을 많이 그렸는데 이걸 '뉴딜 아트New Deal Art'라고 불렀다.

또 작가들에게는 각 지역의 민요나 민담을 수집해 글로 만들도록 했다. 카우보이나 이민자와 인터뷰를 하도록 해서 대담 내용을 글로 정리하도록 하자, 당시에 각 지역에 흩어져 있는 스토리들이 대거 발굴되었다. 우리가 잘 아는 소설 《분노의 포도》를 쓴 작가 존 스타인벡도 당시에 그런 일을 했었다. 이런 노력을 통해 미국 곳곳을 안내하는 《미국 가이드 시리즈》도 나왔다.

사회보장법 이야기를 해보자. 프랭클린 루스벨트는 뉴욕 주지사 시절에 주정부 정책을 입안하면서 혁신주의 개혁가들과 함께 사회복지법을 개정한 바 있는데 이를 연방 차원으로 격상해 추진했다. 미국 최초의 여성 노동부 장관이었던 프랜시스 퍼킨스Frances Perkins를 책임자로 해서 1934년에 경제안전위원회가 구성된다. 루스벨트는 사회보장법에 서명해 실업보험제, 노령연금제, 전국건강보험제를 만든다. 부유세wealth tax를 재원으로 하여 실업자에게는 실업 수당을, 65세 이상 노인들에게는 노년 수당을 주는 것이다. 이런 사회보장제가 독일에서는 일찍이 1880년대 비스마르크 시절에 생겼지만 미국에서는 이제서야 최초로 사회보장법이 만들어졌다.

노사관계법National Labor Relation Act 경우를 보자. 민주당 상원의원 로버트 와그너는 노동자의 단체교섭권, 조직권, 파업권을 인정하자며

이 법을 제안한다. 이런 입법 제안에 대해 루스벨트는 처음에 찬성하지 않았다. 하지만 친노동 법안과 정책을 통해 뉴딜과 민주당에 대한 노동자들의 지지를 기대하며 생각을 바꾸었다. 일명 와그너법에 의해 노동자의 권익 향상은 물론이고 노동자의 실질임금도 오르게 된다. 이처럼 루스벨트의 제2차 뉴딜정책의 성공에 힘입어 1936년 루스벨트는 재선에 성공한다.

1938년에는 공정근로기준법Fair Labor Standards Act이 의결된다. 이른바 최저임금제이다. 처음부터 최저임금을 너무 높게 설정하면 안 되니까 처음에는 한 시간당 25센트로 정해놓고 3년간 매년 올려서 3년 후에는 40% 수준까지 오르도록 했다. 노동 시간도 주당 최대 44시간으로 조정했고 어린이 노동도 금지시켰다. 미국이 그전에는 노동 착취가 엄청 많았는데 이처럼 대공황 시기를 거치면서 개선되었다. 하지만 실질임금 상승으로 실업률은 별로 하락하지 않아 노사관계법의 효과는 별로 인정받지 못했다.

1930년대 후반에는 규모가 훨씬 커지고 공격적인 산업 노조가 결성됐다. 1935년에 결성된 전미자동차노동조합UAW; United Auto Workers은 이듬해 미시건주 플린트시의 GM 공장을 점거하여 대치한 적이 있었다. 이 노조 활동은 나름 성공적이어서 1937년에 GM 노조는 전미자동차노조를 GM 노동자들의 포괄적 협상대표로 인정한다. 이 해에 리퍼블릭철강회사 노동자들이 시카고 남부에서 가족과 함께 야유회 겸 시위를 벌여 경찰과 대치하다가 10명이 사망하는데, 이른바 1937년 현충일 대학살 사건이다.

노동개혁가 존 루이스는 원래 광산 노조를 이끌고 있다가 다른 노조와 함께 산업노조연합CIO; Congress of Industrial Organizations을 결성해 미국총노동연맹AFL; American Federation of Labor에서 아예 독립했다. AFL은 기능공 중심이라 상대적으로 보수적이었기 때문이다. 반면에 CIO는 산업별로 밑바닥 노동자까지 모두 포함시키니 노조원 수도 훨씬 늘고 공격적이었다. 그래서 한때 AFL, CIO 두 개의 노조가 있다가 1955년 들어 AFL/CIO 하나로 통합되었다. 1979년 전성기에는 회원이 무려 2천만 명에 이르기도 했다. 하여튼 이런 과정을 거치며 노조의 권한이 훨씬 커졌다.

민주당 지지층의 변화

1936년 대통령 선거 상황을 한 번 보자. 유권자는 뉴딜 지지파와 반대파로 양분되었다. 의회에서는 뉴딜 정책에 많이 반대했지만 루스벨트를 지지한 유권자들이 더 많아서 재선에 성공하게 된다. 루스벨트가 대통령이 되기 전에는 링컨 이후 60년 동안 공화당의 집권 기간이 압도적으로 길었다. 그런데 루스벨트 이후 민주당이 훨씬 많이 집권하게 되는데, 이는 루스벨트가 포섭한 지지층이 크게 달라졌기 때문이다.

그러니까 노조를 포함해서 경제적으로 하층부 사람들을 루스벨트가 포섭한 것이다. 예전에는 흑인들이 주로 공화당을 찍었는데, 링컨이 노예를 해방시켜주었기 때문이다. 하지만 루스벨트가 대공황 기간 동안 구제책을 활발하게 펴는 바람에 북부의 흑인이나 남부의 백인, 이민자, 도시노동자들이 민주당을 적극 지지하게 되었다. 이처럼 프랭클린은 기존의 경제 귀족, 부자, 고소득자를 배척하고 도시

노동자, 하층민 등 소외받은 사람들을 포섭하면서 연거푸 선거 승리를 거두며 재선, 3선, 4선으로 이어졌다.

뉴딜 정책과 케인스 경제학과의 관계

뉴딜 정책 얘기가 나오면 케인스와 어떻게 관련되냐는 질문이 많이 들어온다. 즉 뉴딜이 먼저냐, 케인스 경제학이 먼저냐는 질문이다. 케인스가 이론적으로 정립한 이론을 루스벨트가 뉴딜 정책에 가져다 썼다고 생각하는 경우가 많은데 오히려 그 반대다. 앞서 말했듯이 루스벨트가 1930~1933년 뉴욕 주지사 재임시 이미 사회 지출 정책을 대거 집행했다. 더구나 1936년 케인스의 《일반이론》 책 출간 이전에 루스벨트는 연방 차원의 뉴딜 정책을 구사하기도 했다.

사실 이런 정책은 미국보다도 오히려 영국에서 먼저 시작되었다. 영국의 자유당 정권의 데이비드 로이드 조지(David Lloyd George) 총리는 1920년대에 실업 문제 해결을 위해 대규모 공공 사업을 전개해야 된다라고 말했는데 이에 대해 케인스는 전폭 지지를 했다. 실제로 영국에서는 그런 사회 정책들이 어느 정도 시행되었다. 그러므로 케인스는 미국에서 아이디어를 어느 정도 얻은 것도 있겠지만 자신의 나라인 영국에서 아이디어를 먼저 얻었다고 하는 게 맞다. 케인스는 1934년에 미국을 방문해 루스벨트와 면담하면서 뉴딜에 대한 이야기를 나누기도 했다.

뉴딜 정책이 실제로 어느 정도 성공을 거두니까 케인스가 재정 지출을 재정 수입보다 늘려 재정 적자 정책을 구사해야 된다며 이론적으로 얘기하게 된 것이다. 케인스 이론과 뉴딜정책 중 무엇이 먼저냐, 그리고 미국과 영국의 정책 중 무엇이 먼저냐에 말이 많다. 실제 정책이 효과를 거두었기에 이론에 반영시킨 것이고, 이론이 확립되니까 이런 정책이 맞나 보다라고 생각해서 이후에 다른 정부들이 케인스 이론과 정책을 갖다 썼다고 보는 것이 더 타당하다.

루스벨트가 1933년부터 1945년까지 12년 집권 시기에 일어났던 미국의 실질 GDP 변화를 보자. 1929년 피크 이후 후버 정권 기간 내내 계속 하강했다. 그러다가 루스벨트가 집권하여 여러 정책을 구사하니 GDP는 상승 추세를 탔다.

엄밀히 보자면 루스벨트 기간을 두 단계로 나눠야 한다. 1933년부터 1939년까지는 뉴딜 정책에 힘입어서 예전 수준으로 간신히 복구한 것이고, 그 다음에 미국이 전쟁에 참전해 군사비 지출을 크게 늘리다보니 재정 적자를 내지 않을 수가 없었다. 전쟁이라서 의회에서도 재정지출 급증을 묵인할 수밖에 없었다. 당연히 전쟁 시기에 경제가 대폭 개선되고 당연히 실업률도 1932년 23.6% 최악에서 벗어나 14%로 절반 정도까지 줄어들었다.

만약 루스벨트가 2차 세계대전 발발 이전까지만 대통령으로 재임했다면 그저 그런 대통령으로 끝났을지도 모른다. 전쟁으로 인해 GDP 성장률과 취업률도 크게 좋아졌기 때문에 루스벨트가 이렇게 좋은 평가를 받는 것이 아닐까?

7강. 프랭클린 루스벨트(Franklin Roosevelt; 1882~1945) ; 벽난로 대통령

6

전쟁사령관 프랭클린 루스벨트

1941년 3월 무기대여법 통과

경제 이야기에서 전쟁 이야기로 넘어가 보자. 미국 입장에서 2차 세계대전의 중요한 전환점은 1941년에 실시한 무기대여법이다. 이 전까지만 해도 미국은 먼로 독트린을 계속 유지하면서 유럽에서 벌어지는 전쟁에 개입하지 않았다. 1차 세계대전 때 미국이 유럽을 잠시 도와주고 나서 예전 상태로 다시 돌아간 것이다. 그래서 1933년에 일본과 독일이 국제연맹을 탈퇴한 이후 유럽 상황이 안 좋아졌음에도 불구하고 미국 의회는 1936년에 무기 수출을 금지하는 법안을 통과시켰다.

1938년에 독일이 오스트리아를 병합하고 1939년 폴란드를 침공해 2차 대전이 본격 시작되어 1940년 6월 프랑스마저 항복했다. 이때 영국은 루스벨트에 이런 편지를 보냈다. "우리가 패한다면 대통령께서는 나치의 지배하에 통일된 유럽과 맞서야 합니다. 그 유럽은 신세계보다 훨씬 인구가 많고 훨씬 강력하며 군비를 훨씬 더 갖추고 있을 겁니다"라며 미국의 참전을 촉구했다.

1940년 11월의 3선 대통령 선거를 앞두고 루스벨트는 예전처럼 중립주의 공약을 내걸었으나 대선에서 이기고 나자 마음을 바꾸었다. 다음달 노변정담을 통해 "우리는 민주주의의 위대한 병기창이 되어야 한다"고 말했다.

1941년 1월 연두교서에서 그 유명한 네 가지 자유를 역설하고 노변정담에서 이렇게 말하기도 했다. "누구든 지금 불타고 있는 이웃집에 호스를 빌려줄 때 먼저 물건 값부터 내라고 하지는 않을 겁니다." 누구든지 자기 집 옆에 이웃집이 불타고 있는데 호수를 빌려주면서 호스 값을 내야 빌려줄 거라고 얘기하지 않는다는 말이다. 일단 빌려주고 불을 끈 다음에 돈을 받든 안 받든 할 문제이지, 위기 상황에 어떻게 돈 받고서 빌려줄 수 있겠냐는 말이었다. 즉 유럽에 무기를 대여해주자는 말이었다. 물론 유럽 연합국이 무기를 일부 사기도 하지만 굉장히 헐값에 빌려주는 것이다.

이처럼 루스벨트는 국민과 의회를 설득하는데 성공해 1941년 3월 무기대여법은 의회에서 통과된다. 당시 상황에서 신의 한수였던 셈이다. 당시 윈스턴 처칠은 진정성 있게 빌지 않으면 자기들이 망할 것 같아 백악관에 자주 와서 루스벨트에게 읍소를 했다고 한다. 2차 세계대전 당시에 미국은 최강 적국 독일을 사이에 두고 싸워야 하니 영국은 물론이고 러시아에게도 무기를 대여해 주었다. 러시아에게 무기를 대여해준 걸 나중에 후회했으나 당시 상황에서는 어쩔 수 없었다.

7강. 프랭클린 루스벨트(Franklin Roosevelt; 1882~1945) ; 벽난로 대통령

전쟁으로 인해 미국경제 회복 가속화

미국이 무기를 대여해 주려면 무기 생산을 크게 늘려야 했고 다른 농산물도 보조를 통해 생산을 늘렸다. 하지만 공급이 수요를 따르지 못해 물가와 임금은 계속 오르고 소득도 많이 늘어났다. 그러니까 미국 국민 입장에서 봤을 때는 전쟁 덕분에 GDP가 많이 올라간 것이다.

전쟁 전까지만 해도 미국 군사력은 세계 15위에 불과했으나 시간이 지나며 세계 1위로 등극한다. 미국의 산업 전체가 전시 체제로 바뀌었기에 가능했다. 예전에 비행기 제조 회사가 전투기를 만드는 회사로, 자동차 제조 회사가 탱크 제조 회사로 급속히 탈바꿈을 했다. 1941년 11월에 일본이 하와이 진주만을 공격하자 미국은 바로 한 달 후에 참전을 선언하여 이런 전시 체제는 더욱 공고해진다.

전쟁 기간 동안 미국 정부는 국민에게 전쟁 채권 매입을 적극 강요했다. 왜냐하면 갑자기 많은 물자를 만들려면 돈이 크게 부족하기 때문이었다. 군수품이 얼마나 많이 나왔는지 보여주는 수치가 있다. 당시 미국에서는 GDP 통계치보다 GNP를 많이 이용했는데 1941년 GNP는 1,240억 달러였다. 그런데 군수품을 주문하는 금액이 무려 1,000억 달러에 이르렀다. GNP에 거의 육박하는 군수품을 만들었다는 얘기다.

1942년에 창설된 전시생산위원회는 비행기, 전함, 탱크, 군복, 유류, 고무 등 엄청난 양의 무기와 군수물자 생산을 독려했고, 인플레 억제를 위해 가격통제국을 창설하여 가격과 임금을 전면 통제했다. 정부는 기업가들이 전시 생산을 직접 관장하도록 권력을 대폭 이양

1962년 10월에 출간된
필립 딕의 소설
《높은 성의 사내》 초판본

했다. 대신 대기업 CEO들은 1달러 연봉을 감수하는 한편, 자사 기업에 우호적인 정책결정을 내렸다.

당시 전시 상황을 요약한다면 전쟁은 미국의 경기 회복에는 크게 기여했으나 뉴딜 개혁 정책에는 별로 기여하지 못했다. 예를 들면 노동조합 활성화를 제대로 할 수 없었고, 스파이 문제 때문에 도청이나 검열을 할 수밖에 없었다. 이처럼 시민의 자유 측면에서 후퇴는 불가피했다.

만약 프랭클린 루스벨트가 없었더라면 이후 미국은?

프랭클린 루스벨트가 만약 없었다면 우리가 사는 세상이 어떻게 되었을까를 극적으로 보여주는 소설과 영화가 있다. SF 작가로 필립 딕Philip K. Dick이 대체역사소설을 많이 쓴 것으로 유명한데, 딕의 소설 대부분이 영화로 만들어졌다. 그중 하나로《높은 성의 사내》가 있다. 사나이가 높은 성에 있으니 모든 것을 지켜보고 지휘 통제하는 독재자를 의미한다.

1933년에 프랭클린 루스벨트가 대통령이 되는데, 대통령이 되자마자 암살당하는 걸로 이 소설은 시작된다. 당시 부통령이던 존 네스 가노가 대통령에 취임하지만 사회적 압박을 받아 뉴딜 정책을 포기해버리고, 이로 인해 대공황은 더욱 심각해져 미국은 이류 국가로 전락하고 만다. 이런 상황에서 2차 세계대전이 터지니 미국은 독일과 일본에게 패배해 미국 서부 영토는 일본 땅으로, 동부와 중서부는 독일 지배하에 들어가고 만다. 이런 상황에서 1962년에 미국에서는 어떤 일들이 벌어질까?

스토리 전개가 흥미롭지 않은가? 미국 드라마로도 나와 있으니 한번 보기 바란다. 과거에 어떤 일들이 벌어졌다면 그 후에 상황이 어떻게 다르게 전개됐을까를 상상의 나래를 펼쳐 보여주는 것이 대체역사소설이다. 루스벨트가 대공황을 극복해서 세계 강국이 됐기 때문에 미국은 평화롭게 지내는 것이지, 루스벨트가 아니었다면 미국은 완전히 끝장났음을 이 소설은 여실히 보여준다.

프랭클린 루스벨트의 성공 포인트

프랭클린 루스벨트의 성공 포인트를 어떻게 정리할 수 있을까? 루스벨트 가문이 좋고 부인의 큰아버지가 시어도어 루스벨트였다는 후광 효과도 어느 정도 역할을 한 것은 분명하다. 개인적으로 여성 문제에 봉착했고 소아마비도 걸렸지만 이를 헤쳐 나갔다. 루스벨트는 성향이 낙관적이라 그리 당황하지 않았다고 한다. 루스벨트는 기자들은 물론이고 진정성과 신뢰감을 갖고 국민들과 소통했다. 또 개혁적인 뉴딜 정책을 꾸준히 밀어붙여서 자본주의가 무너지지 않도록 한 점도 정말로 중요하다.

루스벨트의 평가를 두 개만 한다면 그가 자본주의를 다시 회생시킨 점, 그리고 2차 세계대전에서 승리해서 자유민주주의가 지속되도록 한 점이 가장 중요하다고 생각한다. 대공황 당시에 루스벨트는 노변정담을 하며 이렇게 얘기를 한 적이 있다. "국민 여러분, 밧줄의 끝에 도달해서는 매듭을 묶고 매달리십시오." 그러니까 꽉 매달리면 최악의 상황은 어느 새 지나가고 여러분은 살아날 것이라는 이야기다. 또 이런 이야기도 했다. "내가 타석에 나설 때마다 안타를 칠 거라 생각하지 않습니다. 내가 기대하는 것은 타율을 최고로 올리는 것입니다." 베이브 루스가 홈런을 그렇게 많이 치면서도 삼진을 많이 당했다. 루스벨트가 항상 잘할 수는 없더라도 좀 참고 기다리면 타율을 최고로 높여서 국민 여러분을 행복하게 해드리겠습니다라고 얘기를 하는 것이다.

루스벨트는 마지막 대국민 메시지에서 이런 말을 했다. "내일의 실현을 방해할 수 있는 건 단 하나, 바로 오늘의 의심입니다. 강하고 굳센 믿음으로 전진합시다." 현재의 공포, 두려움, 의심에서 벗어나 정부와 루스벨트를 믿고 난관을 극복하자는 말이었는데 바로 이런 낙관성, 진취성 때문에 루스벨트는 국민으로부터 신뢰를 얻었다.

시어도어 루스벨트는 1900년대 들어 집권하면서 공화당답지 않게 진보주의 개혁 정책을 많이 펼쳤다. 이후에 등장한 프랭클린 루스벨트는 공화당의 시어도어에게서 개혁 정책 아이디어를 얻는 한편, 민주당의 우드로 윌슨으로부터는 전쟁 시기 외교관계 지혜를 얻어 대공황과 2차 세계대전 위기를 힘겹게 극복했다. 시어도어와 프랭클린의 삶과 정책을 연계해 미국의 역사를 훑어본다면 흥미로운 시각을 얻을 수 있을 것이다. 퍼스트레이디 엘리너 루스벨트의《영원한 퍼스트레이디 엘리너 루스벨트 자서전》도 있으니 함께 읽으면 프랭클린 루스벨트를 더욱 심층적으로 파악할 수 있다.

8강

로널드 레이건
(Ronald Reagan : 1911~2004)
: 람보 대통령

영화배우가 미국 대통령이 된 경우는 로널드 레이건이 유일하다. B급 배우, 방송 진행자 경력을 거쳐 주지사 경험을 통해 내공을 쌓은 레이건은 대통령이 되어 특유의 소통 능력과 이미지 정치를 통해 국민의 지지를 얻어 경제를 부흥시키고 전 세계 질서를 재편했다.
보수주의, 신자유주의자였던 그는 레이거노믹스를 통해 미국 경제를 다시 일으켰고, 대외적으로는 강경한 레이건 독트린을 표방하고서 소련을 붕괴시켜 미국 헤게모니 시대를 열었다. 1980년대 당시에 유명했던 배우 실베스터 스탤론이 영화 〈람보Rambo〉에서 기관총을 갈겨대는 근육질의 남자로 나와서 레이건에게는 람보라는 별명이 따라다녔다.

1
레이건 평판

　시스팬C-SPAN의 대통령 평판 조사에서 1위부터 4위까지는 에이브러햄 링컨, 조지 워싱턴, 프랭클린 루스벨트, 시어도어 루스벨트다. 이제는 5위부터 8위까지는 건너 뛰고 9위인 로널드 레이건으로 넘어가 보자.

　해리 트루먼, 드와이트 아이젠하워, 존 F. 케네디가 포함된 5~8위를 점프하는 이유는 프랭클린 루스벨트 이후 지속된 민주당의 강세 트렌드를 1980년대 들어 로널드 레이건이 공화당 우세로 반전시켰기 때문이다. 더구나 레이건은 루스벨트가 시작한 기존의 진보주의, 케인스주의 정책이 1970년대에 한계에 부딪히자 보수주의, 신자유주의 정책으로 대거 전환시켜 미국은 지금까지도 영향을 많이 받고 있다.

　로널드 레이건이 최고 평가를 받는 부분이 바로 대중설득이다. 2021년 여러 항목 중 대중설득이 89.1점으로 가장 높다. 2000년부터 2021년까지 대중설득 순위가 3~5위에 머무르고 있다. 로널드 레이건은 자신의 배우 경험을 대통령이 되어서도 능수능란하게 구사했다. 그리고 신자유주의라는 비전을 레이거노믹스 정책으로 포장하여 사람들에게 소구했고 과감하게 실행에 옮겼다. 레이거노믹스는 가난한 사람에게는 불리하고 부자를 위한 경제정책이기는 했지만 이 정책을 끈질기게 밀어붙여 미국의 경제 규모를 다시 크게 늘리는데 기여했다. 국제관계에 있어서는 소련을 붕괴시켜야 된다며 '레이건 독트린'을 강력하게 추진해 소련을 비롯하여 공산주의 국가를 많이 사라지게 하는데 결정적 역할을 했음은 부인할 수 없다.

하지만 공정추구는 46점으로 점수가 유난히 낮다. 레이거노믹스의 부작용인데, 이 정책이 부자에게는 유리하나 가난한 사람에게는 불리했기 때문이다. 상위계층에 부가 쌓이면 이들의 지출이 늘어 시간이 걸리지만 하위계층의 소득이 자연스럽게 올라간다는 것이 이른바 낙수 효과인데 이것이 제대로 작동하지 않은 것이다. 낙수효과의 타당성은 아직도 의심받고 있다.

레이건의 원칙

《레이건 일레븐》이라는 책이 있다. 이 책은 기독교 관점을 지나치게 강조한 점이 흠이지만 전체적으로 레이건의 보수성을 11가지 원칙으로 잘 풀어 썼다. 레이건에게 자유, 신앙, 가정, 그리고 인간 생명의 신성과 존엄이 기본적인 원칙이다. 미국은 다른 나라와는 다르다는 예외주의를 굉장히 강조했다. 레이건노믹스와 관련하여 낮은 세금과 제한된 정부도 들어갔고 외교 정책으로는 힘을 통한 평화,

반공주의도 있다.

　최근 한국에서 힘을 통한 평화를 강조하고 있는데 레이건이 예전에 얘기했던 바와 일맥상통한다. 레이건의 보수주의에서 매우 중요한 것 중 하나는 자신이 어렸을 때 매우 가난했다는 사실이다. 그랬는데 그것을 극복해 영화배우도 되고, 캘리포니아 주지사도 되고 대통령까지 되었다. 그래서 자기 자신에 대한 믿음, 개인에 대한 믿음을 매우 강조하고 있다. 다시 말하면 자기가 제대로 못한 것을 정부나 사회, 환경 탓으로 자꾸 돌리지 말고 자기 자신을 철저히 믿고 제대로 추진하면 성공할 수 있다는 생각을 레이건이 가졌기에 이것을

로널드 레이건 대통령 평판 : 시스팬 조사

평가 항목	2021년 점수	2021년 순위	2017년 순위	2009년 순위	2000년 순위
총평가	681	9	9	10	11
대중설득	89.1	5	5	3	4
위기관리	69.0	9	8	12	15
경제관리	60.5	15	16	17	21
도덕권위	65.4	13	13	8	11
국제관계	73.8	9	9	8	14
행정능력	52.1	30	33	30	32
의회관계	68.4	8	8	8	8
비전제시	84.0	5	6	7	8
공정추구	46.0	22	23	16	24
당시성과	73.0	8	8	7	12

* 출처: https://www.c-span.org/presidentsurvey2021/?page=overall

2017년 파코 벨레즈와 세에라 페텐길 감독이 제작한 영화 〈레이건쇼〉 포스터.
1980년대 뉴스와 비디오 자료들로 만들어진 이 영화는, 로널드 레이건이라는 인물이 방송 매체에 노출되는 방식을 어떻게 정치적으로 이용하는지 분석한다.

보수주의 원칙에 집어넣은 것이다.

레이건의 마법 같은 이미지 정치

레이건은 이미지 정치에서 탁월했다. 레이건이 대통령일 때 나는 미국에 살고 있었는데, 텔레비전에 나와서 말하는 레이건의 모습을 보면 나도 모르게 친근감과 신뢰감이 들곤 했다. 레이건이 캘리포니아 주지사에 당선되었을 때 "정치는 쇼 비즈니스와 같다"는 말을 한 적이 있었다. 정말 그렇다.

배우 생활을 오래 했던 레이건은 이런 말도 했다. "할리우드에는 한 가지 법칙이 있다. 카메라 앞에 선 상태에서는 대사를 실제로 믿는 마음으로 연기해야 된다." 대사를 읽을 때 거기에 몰입되지 않으면, 그리고 자신이 연기해 말하는 걸 실제로 믿지 않으면 얼굴 표정에 나타나 그 미세한 차이를 시청자들은 귀신같이 알아챈다는 것이다. 레이건 주변 사람들은 "레이건은 실생활에서 연기를 하면서도 연기를 한다고 믿지 않았다"고 한다. 그러니까 진짜 자기 일인 것처럼 생각하고 연기를 한다는 것이다. 보는 사람 입장에서는 레이건의 진정성에 빠질 수밖에 없다. 이처럼 레이건에게는 업무 추진력 등 여러 강점이 있지만, 무엇보다도 연기력이 최고다.

레이건 대통령의 바로 전임 대통령인 지미 카터가 TV에 나와서 말을 하면 시청자는 힘을 얻기보다는 힘이 빠지고 우울하게 느끼곤 했다. 게다가 지미 카터는 "미국이 잘 안 될 것 같다" "전 세계가 이상한 방향으로 갈 것 같다" 등 미래를 비관적으로 바라보며 불안감을 주는 이야기들을 많이 했다. 실제로 당시 평론가들은 지미 카터의 연설을 '멀레즈$_{malaise}$ 스피치'라고 깎아내렸다. 반면에, 레이건은 저음으로 차분함과 신뢰감을 주는 연설로 많은 인기를 얻었다.

2

B급 배우와 여성

어릴 적 신발 선택으로 고민했던 레이건

로널드 레이건의 배우 시절과 그와 관련된 여성 얘기를 해보자. 우리가 최고의 배우를 A급 배우라고 부르고, 최고 배우가 아니면 B급 배우나 2류 배우라고 말한다. B급 배우였던 레이건이 정치 분야로 발을 딛게 되는 과정 얘기를 해보자.

우선 레이건이 어렸을 때 얘기부터 해보자. 레이건의 아버지는 아일랜드에서 이민을 와서 여러 잡일을 했는데 직업이 제대로 없어서 여기저기 이사를 자주 가곤 했다. 때로는 백화점 구두코너에서 점원으로 일하기도 했다. 레이건의 아버지도, 빌 클린턴의 아버지도 알코올 중독자였다. 레이건은 일리노이 주에서 태어나 어렸을 때 매우 가난하게 지냈다. 다행스러운 점은 가난했어도 어머니가 매우 알뜰하게 살림을 했고 주위 사람들한테 손을 벌릴 수도 있는데 절대로 그렇지 않았다. 그래서 레이건은 근면하고 검소하고 도덕적인 생활,

낙관적인 태도를 가지게 되었다. 그래서 사람들은 레이건이 아버지를 본받지 않고 어머니의 검소함, 종교성, 도덕성, 낙관성을 배웠기에 결국 대통령이 됐다고 평가를 많이 하곤 한다.

레이건의 유년 시절을 언급하다보니 '신발'에 대한 에피소드 하나를 말하지 않을 수 없다. 레이건이 초등학교 고학년 때 돈이 생겨서 구두를 사러 구두 가게에 갔다. 당시에는 기성화 제품보다는 발 치수를 재어 구두를 맞춤 주문하곤 했다. 매장에는 구두쟁이가 직접 만든 샘플 구두가 많이 놓여 있었는데, 레이건이 어떤 구두를 살까 살펴보았다. 그중에 원하는 구두 A와 B 두 개로 압축하기는 했으나 고민만 하고 결정을 못하니까 구두방 주인이 레이건에게 이렇게 얘기를 했다. "일주일 후에 와라, 그러면 네가 정말 만족스러워 할 그런 신발을 내가 만들어서 준비해 놓을게."

일주일이 지나고 레이건은 기대에 부풀어 구두가게에 갔다. 그런데 A 구두의 오른쪽 신발과 B 구두의 왼쪽 신발을 갖다 놓고 이걸 신으라고 구두방 주인이 말하는 게 아닌가? 한쪽은 A 구두, 다른 쪽은 B 구두라면 짝짝이었던 것이다. 레이건이 너무 당황해서 할 말을 잃자 그때 구두방 주인이 이렇게 충고했다. "로널드, 네가 결정을 해야 할 때 머뭇거리면 다른 사람이 결정할 수밖에 없고, 그러면 너는 다른 사람의 결정을 받아들여야 한단다."

레이건에게는 그때의 기억이 평생 갔던 모양이다. 나중에 대통령직을 수행하면서 어떤 정책을 놓고 고민을 해야 하는 순간이 많았는데, 그럴 때마다 그는 결정을 질질 끌지 않았다고 한다. 그렇다고 해서 졸속으로 결정을 내린 건 아니지만 자신이 빨리 결정을 내려야지

라디오 방송국 스포츠 해설자였던 로널드 레이건(사진_위키피디아)

다른 사람들의 일이 진행된다고 생각하고서 참모들의 중지를 모아 빨리 결정을 내렸다. 우리가 어렸을 때 겪은 경험이 오래 가곤 하는데 레이건의 구두에 얽힌 당황스러운 경험은 평생 자신의 신조를 형성했던 것이다.

고등학교 졸업 후 인명구조요원과 방송국 스포츠 해설자

딕슨 고등학교를 졸업했으나 돈이 없자 아르바이트를 뛰어야만 했다. 그때 야외 수영장에서 인명 구조대원 활동을 하면서 돈을 약간 벌기도 했다. 인명 구조 활동이 물론 생계에 도움이 됐지만, 더 중요한 것은 인명구조대원으로 일하면서 77명의 생명을 구했다는 사실이다. 세븐7을 럭키세븐이라 하는데, 77명에는 럭키세븐이 2개나 있다. 그래서 레이건이 나중에도 "내 생에 가장 자랑스러운 통계 수치는 77이다"라고 말하곤 했다. 사실 우리나라 여름이 되면 폭우로 홍수 수해가 많이 발생하는데 이때 인명 구조가 정말로 중요하다. 레이건은 고등학교 다닐 때부터 이런 일들을 해서 자부심을 갖게 됐다.

레이건은 고등학교 졸업 후 유레카 대학에 입학했다. 일리노이 주에 있던 그리 크지 않은 칼리지였는데, 이 학교에서 경제학과 사학을 전공했다. 나중에 레이건이 대통령이 되고서 펼친 경제 정책인 '레이거노믹스'가 대학교 때 전공으로 배웠던 경제학 이론에서 나왔냐고 누가 물어보니까 레이건은 껄껄껄 웃으며 이렇게 답했다. "나는 대학교 때 무슨 경제학을 공부했는지 전혀 기억나지 않습니다."

레이건은 대학에 다니면서 취미 활동을 여럿 했다. 인명 구조 활동을 비롯해 풋볼 선수도 하고 연극반을 다니기도 했고 학생회 회장까지 했다. 우리가 대학에 다닐 때 전공 공부도 중요하지만, 어떤 취미 활동이나 사회 활동을 했는지도 상당히 중요하다. 특히 리더십 측면에서 학생회 회장 경력은 매우 중요하다. 레이건의 이후 인생을 보면, 대학 전공보다는 대학에서 했던 취미, 사회활동이 결정적으로 중요했다.

학교 때 풋볼 선수 경험 덕분에 졸업 후 얻은 첫 직장이 방송 라디오 방송국의 스포츠 해설자였다. 미국 대학들이 풋볼을 할 때 빅텐Big 10이라고 부르는 10개 대학팀이 경합을 벌이는데 인기가 대단하다. 레이건이 라디오에서 바로 이 경기 중계를 한 것이다. 레이건은 빨리 진행되는 경기에 순발력을 발휘하고 말솜씨도 좋아서 청취자로부터 큰 인기를 얻었다. 스포츠 해설자 생활을 5년 동안 한 후에 영화배우 생활로 접어든다.

영화에서 선한 배역을 맡은 레이건

레이건은 26살에 '워너 브라더스'라는 영화사와 전속 계약을 맺어 샘 우드 감독의 〈킹스 로Kings Row〉 영화에서 조연을 비롯해 많은 영화에 출연했다. 2차 세계대전이 발발하자 공군에 입대해 전투 요원으로 활동하지 않고 군인들에게 애국심과 즐거움을 위해 영화를 400편이나 찍었다. 실제로는 이렇게 군대에서 영화를 많이 찍으면서 본인의 연기 역량이 크게 늘어나게 되고 나중에 인지도가 높아져 자신의 정치 생활에도 큰 영향을 미쳤다.

레이건은 영화배우를 하면서 '영화배우조합'에도 가입했고 대학교에서 학생회 회장 경험을 살려 영화배우조합 회장도 잘 수행하게 된다. 영화배우들이 모이면 슬로건을 내걸고 주장을 펼칠 때가 필요하다. 영화배우는 개성이 많아서 조합에서 단합하기가 힘든데 레이건은 특유의 리더십을 발휘해 일을 잘 보듬어서 한 방향으로 가도록 잘 이끌었다.

1950년에 미국에서 매카시 신드롬이 일어나 큰 충격을 주었다. 조지프 매카시 상원의원이 등장해 공산주의자들이 미국의 많은 중요 직책에 침투해서 나라를 이상한 방향으로 끌고 간다고 주장하기 시작한 것이다. 그래서 공산주의자냐 아니냐를 가려내는 일들이 미국 전체적으로 벌어졌는데 영화산업에도 예외가 아니었다. 당시 공산주의자들은 헐리우드 영화산업으로도 많이 진입했다. 영화는 많은 사람들에게 영향을 줄 수 있기 때문에 배우, 시리오 작가, PD, 감독 등 영화계에서 일하는 사람들은 공산주의자들에게 매력적인 공략 대상이었다. 영화계의 공산주의자를 걸러내는 작업을 영화배우조합에서 많이 했다. 레이건이 영화배우조합 회장을 하면서 판별 작업을 한 것이 추후에 정치계로 가면서 반공주의를 기초로 내세웠다는 점과 연결된다.

사실, 레이건이 대학교에 다닐 때에는 프랭클린 루스벨트를 매우 존경했다. 왜냐하면 레이건은 가난한 사람을 도와주는 뉴딜 정책의 수혜자였기 때문이다. 이처럼 레이건은 민주당을 열렬히 지지했으나 사회 생활을 하면서, 또 소득이 늘어나면서 공화당으로 점차 방향 선회를 한다.

레이건은 1937년부터 1964년까지 할리우드에서 총 53편의 영화에 출연했다. 어떤 평론가가 레이건이 출연한 영화 53편에서 레이건의 역할을 분석해보니 나쁜 역할은 딱 한 번뿐이고, 나머지는 모두 선한 배역이었다. 그래서 이런 역할 배정이 나중에 레이건이 대통령으로 당선되는 데 매우 중요한 역할을 했다고 평가했다. 왜냐하면 사람들은 레이건이 옛날에 찍은 영화에서 맡았던 배역의 모습으로 기억하고 있을 텐데 선한 역할만 주로 맡아서 했기 때문에 대통령 이미지로 연결시켰을 가능성이 컸다.

레이건은 나중에 소련을 비난하면서 '악의 제국Evil Empire'이라는 표현을 자주 사용했다. 세상을 선과 악으로 구별해 악의 제국은 소련이고 좋은 제국은 미국이라고 주장한 것이다. 레이건 자신이 과거에 출연했던 영화에서 선한 역할을 했기에 선한 제국을 이끌 자격이 있다는 식으로 사람들이 생각하게끔 만들었다. 현재 영화 배우인데 나중에 정치가로 활동하고 싶다면 악역을 피하고 정의의 사도 배역을 맡으라고 추천하고 싶다.

레이건은 29살에 23살의 영화배우 제인 와이먼(왼쪽)과 결혼을 하고, 이혼 후 영화배우 낸시 데이비스(오른쪽)와 두번째 결혼을 한다.(출처_위키피디아)

제인 와이먼과 첫 결혼, 낸시 데이비스와 재혼

1938년에 나온 〈브라더 랫Brother Rat〉 영화를 촬영하면서 레이건이 제인 와이먼Jane Wyman을 알게 되었고, 연인으로 이어져 1940년에 결혼까지 하게 된다. 당시 레이건은 29살, 제인 와이먼은 23살이었다. 남자배우 레이건이 B급 배우였고, 여자배우 제인은 A급이었다. 레이건에게는 첫 번째 결혼이었으나 제인 와이먼에게는 세 번째 결혼이었다. 제인이 평생 네 번의 결혼을 했으니 레이건과 이혼을 하고 나서 한 번 더 결혼을 한 셈이다. 그래도 제인이 가장 오랫동안 결혼 생활을 한 사람이 바로 레이건이었다. 레이건과는 9년 동안 결혼 생활을 했고, 다른 남자들과는 2년, 3년 정도만 지냈다.

레이건은 제인 와이먼과 결혼하고서 처음에는 아이도 낳으며 함께 잘 살았다. 제인 와이먼이 레이건보다 더 잘나가는 배우였는데,

1948년에 제인이 〈조니 벨린다Johnny Belinda〉 영화로 아카데미 여우주연상을 받자 부부 간에 간격이 벌어지기 시작했다. 게다가 당시 제인이 불륜 스캔들을 일으켜 결국 이혼을 하게 된다. 흥미로운 점은, 레이건이 이혼한 후에 공식적인 자리에서나 사적인 자리에서 단 한 번도 그녀에 대해 언급하지 않았다고 한다. 그런 면에서 레이건이 입이 상당히 무거운 사람이다. 제인은 레이건보다 오래 살았다.

레이건은 이혼하고 3년 후에 낸시 데이비스와 결혼을 했다. 낸시는 C급 배우였는데, 둘은 어떻게 만나게 되었을까? 레이건이 영화배우조합장을 하고 있을 때 매카시 명단에 낸시의 이름이 들어갔던 모양이다. 낸시는 레이건을 찾아가서 "난 공산주의자 아니다. 나를 명단에서 빼달라"라고 요구하다가 호감이 생겨 결혼까지 하게 됐다. 결국 '배우' 직업으로 인해 서로 알게 된 것이다. 두 사람은 나이가 12살 차이였는데 결혼 후 50년 동안 같이 살았다.

낸시 레이건에 대한 평판은 퍼스트레이디 전체 평균으로 보면 그리 높지는 않다. 보통 네 가지 이유를 든다. 무엇보다도 사치가 심했고, 다른 하나는 점성술 의존이었다. 낸시 레이건이 점성술사에게 물어 어떤 날짜가 좋은지를 받아서 그날 남편이 해외에 가도록 했다. 또 다른 하나는 레이건이 나이가 들어서 대통령이 됐기에 안마사가 심신에 쌓인 피로를 풀게 했는데 이런 부분도 문제가 되었다. 또 장관, 참모를 뽑을 때 낸시는 그 사람은 되고, 저 사람은 안 된다며 인사 개입을 자주 했다. 아랫사람들한테 낸시가 나쁜 이미지로 각인이 되었음은 물론이다.

이처럼 낸시 레이건의 전체적인 평가는 좋지는 않았지만 레이건과 낸시는 대통령이 되기까지 그리고 이후에도 긴밀한 영향을 주고받았다. 레이건이 대통령이 되고 나서 1980년대에 미국에 코카인 등 마약이 큰 사회적 문제로 대두되었을 때 낸시가 마약 퇴치 운동에 매우 적극적이어서 그런 면에서는 사람들에게 좋은 인상을 주었다.

3

민주당에서 공화당으로

젊었을 때 골수 민주당원, 소득이 늘자 공화당원

　레이건은 민주당을 20년 동안 지지했지만 점차 공화당으로 방향을 틀었다. 이를 설명하려면 레이건이 어떤 직업을 가졌고 그때 직업에서 어떤 영향을 받았는지에 대해 얘기하지 않을 수 없다. 레이건은 영화배우 생활을 접고 제너럴 일렉트릭GE 회사에 들어갔다. 그곳에서 레이건이 공장 일을 한 것은 아니고, 아무래도 배우 출신이라서 홍보 일을 담당했다.

　당시 'GE 시어터GE 극장'이라는 TV 프로그램이 CBS-TV에서 매주 일요일 밤 9시에 방영되었는데 레이건은 이 프로그램의 진행자를 맡으면서 꽤 많은 인기를 끌었다. 8년에 걸쳐 209회나 전국적으로 방영되었다. 일요일 밤 9시는 프라임 타임 시간대라서 사람들이 TV를 많이 시청한다. 이처럼 레이건은 정치계에 입문하기 전에 군대 영화를 통해서는 군인들에게 자신을 노출했고, GE 시어터의 밤 9시프라임타임 프로그램을 통해서는 일반인에게 얼굴을 자주 보였기 때문에 대중에게 자신을 각인시킬 기회를 많이 가졌던 셈이다.

GE는 미국의 대기업이라서, 프로그램 진행자였던 레이건이 방송 콘텐츠를 만들면서 아무래도 대기업들을 지지하는 발언을 많이 하곤 했다. 정부의 각종 규제에 반대한다든지 근로자의 소득에 중과세를 매기는 세제 정책에 대해 반대하거나, 정부가 기업 활동에 간섭하지 말라고 역설했다. 레이건이 예전부터 이런 생각을 했을지도 모르지만 GE에서 8년 근무를 하면서 자신도 모르게 생각이 바뀌었을 것이다. 사실 우리 주위를 보더라도 대기업에 오래 다녔던 사람들 중에는 사회주의자가 그렇게 많지 않다. 회사 일을 하면서 자기 생각이 점차 보수적으로 바뀌게 되기 때문이다. 이처럼 GE 근무 경험이 레이건의 공화당으로 전향에 상당히 영향을 주었다.

젊었을 때는 소득이 없어서 공화당의 감세 정책이 별로 피부에 와 닿지 않았을지 모르지만, 직장 생활을 하면 돈을 점점 많이 벌다보니 세금에 예민해진다. 더구나 소득세에 누진세가 적용되면 납부해야 하는 세금이 더욱 많아진다. 따라서 고소득자는 당연히 작은 정부를 원하게 된다.

레이건이 B급 배우였다고는 하지만, 소득이 높을 때도 있었다. 소득이 높아지면서 누진세로 레이건이 번 소득의 90%가 세금으로 나간 적도 있었다. 미국 소득세의 누진세율은 프랭클린 루스벨트 이후에 계속 올라갔기 때문에 레이건이 세금 부담을 절감했던 것이다. 자기는 열심히 일했는데 봉급이 세금으로 다 나가니까 굳이 열심히 일할 필요가 있나 하는 회의에 빠지기도 하였다.

1981년 10월 백악관에서 레이건 당선자(오른쪽)를 만나는 카터 대통령(출처_위키피디아)

이처럼 개인적 경험에다가 GE 근무 경험이 축적되면서 레이건은 선호 정당을 민주당에서 공화당으로 바꿨다. 충분히 그럴 수 있다고 본다. 우리가 젊어서는 사회주의자이고, 나이 들어서는 보수주의자가 된다고 많이 얘기한다. 로널드 레이건도 예외가 아니었다.

캘리포니아 주지사 선거에서 상대는 에드먼드 브라운

공화당에 입당한 레이건은 당시 공화당 거물이던 배리 골드워터 Barry Goldwater를 지지하면서 여러 곳에서 선거자금 모집 연설을 하게 된다. 1964년 10월에 레이건은 사람들에게 인상적인 연설을 하게 된다. 레이건이 당시에 주장했던 이 내용은 대통령이 되기 전에, 대통령이 된 후에도 일관되게 연결된다.

레이건은 연설에서 뭐라고 얘기했을까? "미국 정부의 규모를 줄여야 된다. 기업 규제 같은 간섭을 줄여야 된다. 기업에 대한 세금을 줄여야 된다. 경기 침체에서 벗어나도록 경제 부흥을 시켜야 된다. 그리고 소련은 나쁜 나라이니 공산주의를 해체시켜야 된다." 당시는 레이건이 대통령이 되기 훨씬 이전이니 이런 주장이 처음에는 잘 먹혀들지는 않았지만 공화당 입장에서는 코드에 맞는 발언이었다. 레이건은 너무나 확신에 차서 이 말을 되풀이했기에 사람들에게 강한 이미지로 각인되었다.

시간이 지나며 1966년에 레이건은 캘리포니아 주지사 출마에 나섰을 때 상대방은 재선까지 했던 현역 주지사 에드먼드 브라운Edmund Brown이었다. 민주당의 브라운은 당시 레이건을 굉장히 우습게 여겼다. 요즘은 그런 편견이 덜 하긴 하지만 그때까지만 해도 영화배우가 대통령이 된 경우가 아예 없었기 때문이다. 주지사 출마에 나선 레이건은 1964년에 선거자금 모집 연설에서도 했던 작은 정부 주장을 반복했다. "주정부 예산을 줄여라, 행정부처를 축소해라." 물론 국가 차원이 아니라 캘리포니아 주 차원이긴 했으나 정부 운영 노선에 있어서는 매한가지였다. 결국 주지사 선거에서 레이건은 완승을 거두었다.

전반적으로 주지사로서 레이건의 경제 정책은 크게 성공하지 못했으나 사회 정책은 성공했다고 평가한다. 레이건이 주지사에 취임하고 나서 초기에 주 정부 예산을 10%를 줄였다. 그러나 당시 인플레이션이 매우 심해서 예산 규모를 팽창하지 않을 수가 없었고 결국 재정 적자 때문에 세금을 인상해야 했다. 당시 흑인 폭동이 자주 일어났고 버클리 캠퍼스를 비롯한 캘리포니아대학 학생들이 베트남 반전 시위를 비롯해 사회를 비판하는 운동이 잦았는데 레이건은 이에 엄정하게 대처했다. 그래서 사회 불안을 낮추는 데에 레이건이 기여했다는 평가를 받고 있다.

레이건의 주지사 경험이 나중에 대통령직 수행에도 어느 정도 영향을 주었다. 사람들은 과거에 자기가 주장했던 것을 잊어버리고 시간이 지나면 새로운 것을 내곤 하는데 레이건은 상당히 일관성을 유지했다. 그러니까 배리 골드워터 선거 자금 연설할 때, 캘리포니아 주지사로 출마했을 때, 그리고 대선에 나갈 때 주장했던 바가 한결같았다.

대선의 상대자는 지미 카터

레이건은 공화당의 대통령 후보에 세 번이나 도전을 했으나 연거푸 실패하고 1980년에서야 공화당 대통령 후보가 된다. 레이건은 본인이 제안했던 아젠다가 다소 과격하다고 생각하여 온건파인 조지 H. W. 부시를 자신의 부통령 후보로 지명했다. 조지 H.W. 부시는 8년 후 대통령이 되는데 레이건과 노선이 똑같이 작은 정부, 세금 인하, 규제 완화, 경제 안정, 국방력 강화, 반공을 주장한다.

지미 카터는 현직 대통령으로 재임하면서 민주당 대선 후보로 나왔는데 레이건에게 그만 패배하고 만다. 지금 와서 생각해 보면 공화당의 레이건이 대선 캠페인을 잘해서라기보다는 카터의 실책과 최악의 평판에 힘입어 대통령이 됐다고 얘기하는 게 맞을 정도다.

실제로 당시 카터 대통령은 국정 상황을 제대로 통제하지 못하고 있었다. 무엇보다도 1970년대 후반과 1980년대 초반에 인플레이션이 엄청 심했다. 오일 쇼크로 경제가 크게 침체되어 실업률이 매우 높았다. 인플레이션율과 실업률을 합친 고통 지수misery index는 사람들에게 가장 피부에 와 닿는 부분인데 최악이었다.

카터는 대외 정책을 전개할 때마다 실패해 이미지를 크게 구겼다. 이란에서 인질로 잡힌 미국인들을 제대로 구출하지도 못했다. 구출 작전에 투입된 미국 헬리콥터가 추락하여 작전 자체가 무산되었던 것이다. 소련이 아프가니스탄을 대거 침공하자 카터는 소련의 침략을 막지 못했다는 비난을 받았다. 또 동생인 빌리 카터가 로비를 하다가 문제를 일으키는 사건도 연달아 벌어졌다.

대선 당일에 유권자들이 투표하고 나면 출구조사를 하곤 한다. 당시 레이건에게 투표했다고 얘기하는 사람에게 왜 그를 뽑았느냐 물어보면 "레이건이 카터가 아니라서"라고 답변한 사람이 압도적으로 많았다. 그러니까 레이건이 앞으로 국정 운영을 잘할 것 같고 작은 정부, 보수 정책을 쓸 것 같아서가 아니라, 레이건이 단지 카터만 떨어뜨려 주면 좋겠다는 바람이었다.

이미지 관점에서 보더라도 카터와 레이건은 정말 격차가 컸다. 카터는 음성이 약하고, 톤이 높고 날카로웠다. 연설을 하다가 버벅대는 것은 물론이고 본인이 잘 아는 문제에 대해 토론하더라도 도대체 알고 말하는지 의심스러울 정도였다. TV 시청자와 눈을 마주치면서 말하는 것이 매우 중요하다고 얘기하는데, 카터는 이상한 데를 바라보고 있거나 대본을 보고 그저 읽곤 했다. TV로 시청자와 눈을 마주친 것이 겨우 10초에 불과했다고 한다.

TV방송 연설에서 지미 카터와 레이건(출처_위키피디아)

반면에 로널드 레이건은 TV 시청자와 229초나 마주쳤다. 그리고 낮고 굵은 톤으로 말하고 달콤하고 따뜻해 친근감을 느끼곤 했다. 레이건의 지적 능력이 아주 뛰어났다고 얘기를 하지는 않지만 자신이 잘 모르는 문제에 대해서도 막힘 없이 얘기를 잘 했다. 그러니 사람들은 레이건이 해당 문제에 대해 정말 정통하고 있다고 착각할 정도였다.

레이건은 어떤 말을 인용할 때 사람들한테 설득력이 컸다. 예를 들면 "카터의 대통령 취임 이후 여러분은 전보다 더 행복해졌다고 느끼나요?"라고 아주 직설적으로 말했다. 당시는 정치적으로, 외교적으로, 경제적으로 상황이 모두 좋지 않았는데, 특히 경제적으로 고통 지수가 최악이었다. 레이건은 이 사실을 알고 있기에 사람들에게 질문을 던져서 카터는 안 되겠구나라고 판단하도록 유도했다. 그리고 레이건은 "경제가 불황이면 카터도 실직자가 될 것"이라고도 말했다. 무슨 말일까? 경제가 안 좋으니 카터는 대선에서 떨어져 집에 가고 자신이 당선될 것이라는 자신감이었다. 이처럼 레이건은 직설적으로 얘기하면서 사람들이 자신을 지지하도록 했다. 정말 레이건은 능수능란했다.

4

대통령 레이건

레이건의 참모, 각료

드디어 레이건이 대통령에 당선되었다. 레이건은 능력있는 인물들을 휘하에 두었다. 대통령이 되면 참모, 각료들을 능력 있는 사람들로 뽑아야 하는데 당시에 민주당이 보기에 집권 초기에 레이건의 참모가 별로라고 생각했다. 그런데 결과적으로는 좋은 참모들을 많이 얻게 됐는데, 그중에 연방 예산국장으로 데이비드 스토크맨David Stockman을 임명했다. 자신의 경제정책으로 레이거노믹스, 즉 공급측 경제학Suppl-side economics을 현실에 접목하기 위해 데이비드 스토크맨David Stockman을 기용했다. 미시간주의 공화당 하원의원을 4년간 지낸 스토크맨은 35살 나이로 1981년에 대통령 직속의 예산관리실 총무국장을 맡아 4년 동안 레이거노믹스를 진두지휘했다. 레이건의 작은 정부 노선을 따라 연방 예산을 대거 삭감하고 세금을 크게 줄이는 작업을 했다. 당시 정부의 각 부처는 예산을 삭감당하지 않으려

미국 40대 대통령 로널드 레이건
(출처_위키피디아)

고 스토크맨에 대한 각 부처의 로비가 대단해, 스토크맨은 당시 〈뉴스위크〉 커버인물로 나오기도 했다. 사실 스토크맨은 레이건 정부 초기에 작은 정부 노력은 어느 정도 성공했지만 시간이 지나며 별로 성공하지 못했다. 왜냐하면 국방비 예산이 크게 늘어나며 정부 예산도 계속 늘어났기 때문이다. 스토크맨은 1985년 공직에서 나와 투자은행 살로몬 브라더스를 거쳐 사모펀드회사 블랙스톤 그룹에서 일했다.

우리나라는 현재 기획재정부 안에 예산국이 있는데 당시에 미국 예산국은 유난히 중요했다. 레이건이 작은 정부를 추진했기에 예산을 줄여야 된다고 생각했기 때문이다. 여러 부처에 큰 돈을 배정하는 스토크맨에 대한 각 부처의 로비는 대단했다. 사실 스토크맨은 정부 규모를 줄이려고 노력을 많이 했다. 초기에 어느 정도 성공했지만 시간이 지나며 별로 성공하지 못했다. 왜냐하면 국방비 예산이

레이건정부의 연방 예산국장
데이비드 스토크맨
(출처_위키피디아)

크게 늘어나며 정부 예산도 계속 늘어났기 때문이다.

당시에 백악관 비서실장은 제임스 베이커James A. Baker III와 도널드 리건Donald Regan이 맡았다. 두 사람은 모두 레이건 행정부에서 재무장관을 거쳤다. 국무장관으로는 알렉산더 헤이그Alexander Haig가 초기에 1년 조금 넘게 하다가 레이건 피격 당시 자신이 미국의 2인자인 것처럼 발언하여 몰매를 맞으면서 중도 하차한다. 후임으로 들어온 조지 슐츠George Schultz는 레이건 퇴임까지 7년 동안 재임하면서 국무장관 직을 안정적으로 수행하여 레이건 행정부의 순항에 크게 기여했다. 레이건이 부통령으로 지명한 조지 H.W. 부시는 8년 동안 끝까지 부통령직을 수행했고, 레이건의 후임 대통령으로 당선되었다.

레이건의 멘토는 캘빈 쿨리지

레이건 대통령의 백악관 집무실 탁자에 누구의 사진이 놓여 있었을까? 우리는 존경하는 사람을 자신의 역할 모델로 생각하고서 그 사람의 사진 액자를 가까이 놓아두는 경우가 많다. 레이건 집무실

레이건 대통령의 집무실에는
8년간 캐빈 쿨리지 사진이
놓여 있었다.
(출처_위키피디아)

에는 다름 아닌 캘빈 쿨리지John Calvin Coolidg 대통령의 액자가 있었다. 미국이 대호황을 구가하던 1920년대 중후반의 미국의 30대 대통령이었기 때문이다. 캘빈 클리지는 말수가 너무 적어서 아예 별명이 '사일런트 캘빈Silent Calvin'였다. 캘빈은 정부 규제를 하지 않기로 유명한데 이런 작은 정부 노선에 힘입어 경제는 믿기지 않을 정도로 좋았다.

레이건은 정말로 쿨리지처럼 되고 싶었다. 공화당의 기본 원칙처럼 정부 규제를 없애고 기업들이 하고 싶은 대로 내버려 두었던 쿨리지는 당시에 이런 말을 하기도 했다. "미국의 일은 사업을 하는 것이다Business of the U.S. is Business." 그러니까 기업이 사업을 잘하면 미국 경제가 좋아진다는 얘기다. 그래서 레이건은 캘빈 쿨리지를 갈망하면서 신자유주의 노선의 레이거노믹스 정책을 본격 펼쳤다.

그래서 레이건 대통령의 집무실에는 8년간 쿨리지 사진이 놓여 있었다. 우리가 잘 아는 러시모어 산의 큰바위 얼굴에 대통령이 4명 있는데 바로 캘빈 쿨리지 대통령 재임 시기였던 1927년에 대통령 조각 프로젝트를 시작했다. 경제가 너무 잘 나가니까 그런 프로젝트까지 하게 된 것이다. 그후 대공황으로 인해 공사비 조달이 어려워져 프랭클린 루스벨트 대통령 시기였던 1935년에야 이 프로젝트는 완공되었다.

레이건과 전두환 간의 은밀한 관계

1980년에 쿠데타로 정권을 탈취한 전두환은 미국 대통령에 누가 될지에 관심이 쏠렸다. 카터가 재선되면 정말로 낭패라고 생각했다. 왜냐하면 카터는 전두환을 인정하지도 않았고, 주한미군을 다 철수하겠다고 공언했기 때문이다. 그래서 전두환 입장에서는 공화당 레이건의 당선을 몹시 기대했는데 정말로 레이건이 거머쥐었다.

전두환은 이듬해 1981년 1월에 레이건 대통령 취임식에 참가하기로 했는데 실제로 취임식에 참가하지는 않았고 따로 만나 한국과 양국은 서로 거래를 했다. 박정희는 핵 개발을 열심히 추진해 미국의 심기를 불편하게 했으나 전두환은 향후 자주국방 계획을 포기하고 미국 무기를 대거 구입하겠다는 제안을 했다. 미국은 이에 대한 화답으로 카터 시기에 추진하던 주한미군 철수 계획을 접었다.

레이건은 8년 재임 중 전두환 대통령과 네 번이나 회동했으며, 한국을 방문하기도 했다. 레이건과의 관계가 잘 해결됐기 때문에 전두환은 장충체육관에서 선거인단에 의한 간접 선거로 당선되어 대통령에 바로 취임한다. 역사의 가정법은 없지만 만약에 카터가 재선에 성공했다면 전두환의 운명, 그리고 대한민국의 향방은 어떻게 되었을까?

레이건의 피격 사건과 이미지 조작

레이건은 대통령 취임 70일 만에 피격당했다. 영화배우 조디 포스터Jodie Foster를 열광적으로 좋아하던 존 힝클리 주니어John Hinckley Jr.의 소행이었다. 자신이 사회적 물의를 일으키면 조디 포스터가 뉴스를 보고 자신을 기억할 것이라고 생각했기 때문이었다. 총알이 심장에서 겨우 1.2cm 비켜났기에 레이건은 다행히 살아날 수 있었다. 만약에 죽었다면 테쿰세의 저주의 신통한 예측력에 대해 전 세계 사람들은 더욱 탄복했을 것이다.

평소에 순발력 넘치는 유머 감각으로 유명한 레이건은 이런 절박한 상황에서도 유머를 계속 날렸다. 레이건이 총에 맞아서 혼수상태에 빠지기 전에 들것에 실려 앰블런스로 가면서 레이건이 뭐라고 말을 했을까? "총에 맞고도 죽지 않는 것은 정말 기분 좋은 일이지"라고 말했다. 병원에 가서도 피를 계속 흘리니 간호사가 지혈하려고 자신의 몸에 손을 대자 레이건은 "내 와이프 낸시한테 허락받았나?"라고 넌지시 물어보았다. 나중에 혼수 상태에서 깨서 낸시가 병원에 오자 그녀에게 자신이 조금만 피했으면 안 맞았을 텐데 그러지 못했다는 의미로, "내가 더킹(ducking, 고개 숙이는 것)을 깜빡 안 했네"라며 여유롭게 얘기했다.

유머는 여기에서 그치지 않는다. 의사가 몸에 박힌 총알을 꺼내려고 수술실에 들어오자 레이건은 수술에 대해 긴장돼서 그랬는지 의사들에게 "당신 의사들 다 공화당원이지?"라고 말했다. 의사가 혹

영화 〈킬링 레이건〉 포스터

시라도 민주당원이면 음모를 꾸며 수술을 핑계 삼아 자신을 죽일지도 모른다는 의미였다. 이처럼 사람들의 미소를 짓게 하는 유머가 절박한 상황에서도 연달아 튀어나왔기에 사람들은 레이건을 느긋한 대통령이라고 생각하게 되었다. 저격 사건 이후에 레이건의 인기도가 62%에서 73%로 치솟았다.

이런 일화는 레이건의 유머, 느긋함, 낙관성을 보여주지만, 알고 보면 백악관 참모들이 교묘하게 조작하여 유포시킨 홍보 작업이었다. 정부에 홍보 부서가 있어 언론에 흘려 대통령의 이미지를 얼마든지 조작할 수 있는데, 레이건 시기에 이런 조작은 유난히 효과를 발휘했다. 홍보하려다가 잘못하면 오히려 인기가 추락하는데 레이건 팀은 미디어 조작을 환상적으로 수행했다. 사실 이런 일화의 진위 여부를 확인할 방법은 없다. 〈킬링 레이건〉 영화도 있으니 나중에 보기 바란다.

5

레이거노믹스 : 작은 정부

"정부 자체가 문제입니다"

경제 얘기로 넘어가 보자. 큰 정부, 작은 정부 얘기를 우리가 많이 듣는다. 카터 행정부는 큰 정부였고 레이건 행정부는 작은 정부였다. 작은 정부는 자유, 성장, 개인, 그리고 자조를 강조한다. 여기에서 자조는 자신을 조롱하는 게 아니라 자신을 스스로 돕는다는 얘기다. 자기가 열심히 노력해서 가난을 타개하는 것이다. 보수주의, 신자유주의, 시카고학파가 작은 정부의 중요한 키워드다.

레이건은 대통령 취임사에서 이런 말을 한 적이 있다. "정부는 우리의 문제에 대한 해결책이 아닙니다. 정부 자체가 문제입니다." 그러니까 우리가 정부에 무작정 의존하려고 하지 말고, 정부 자체를 개혁해야 경제가 좋아진다는 얘기다. 즉 큰 정부를 작은 정부로 만들고, 개혁을 해야 정부 문제가 해결되고 덩달아 경제가 개선된다는 것이다. 그래서 레이건의 대통령 취임사는 굉장히 유명하다. 특히 이

1979년부터 1987년까지
연준FRB 의장을 지낸 폴 볼커
(출처_위키피디아)

말이 레이거노믹스의 모든 것을 대변해줄 정도다.

  로널드 레이건이 대통령이 되기 2년 전인 1979년에 영국 보수당 총리가 된 마가렛 대처Margaret Thatcher가 먼저 비슷한 경제 정책을 시작했다. 1981년에 로널드 레이건이 바로 이어받았는데 대처와 레이건은 코드가 같아서 자주 만나 외교 정책이나 경제 정책에서 공동 작전을 폈다. 더구나 독일의 기민당의 헬무트 콜Helmut Kohl이 1982년에 총리로 당선되면서 대처와 레이건의 신자유주의 정책을 쫓아 추진했다. 자본주의 경제의 삼두 마차인 영국, 미국, 독일이 모두 같은 경제 정책을 추진하니 그 파괴력은 대단했다.

  시간이 좀 지나 1997년에 영국의 총리가 된 토니 블레어는 노동당임에도 불구하고 집권 10년 동안 신자유주의 정책을 구사했다. 덕분에 당시 영국 경제는 상당히 좋았다. 2008년에 세계 경제가 거꾸러지면서 신자유주의 시대는 종말을 고하지만 30년 동안 신자유주의가 세상을 지배했다고 말해도 틀린 얘기가 아니다. 그래서 신자유주의의 부활과 경제성장을 이끈 레이건은 아직도 두고두고 많은 사람들의 입에 회자되고 있다.

미국 대통령은 민주당과 공화당에 따라서 정책이 상당히 달라진다. 공화당은 규제를 완화하는 신자유주의 정책을, 민주당은 정부의 적극 개입을 일삼는 케인스주의 정책을 구사한다. 1979년부터 1987년까지 연준FRB 의장은 폴 볼커Paul Volcker였는데 시간이 지나며 앨런 그린스펀Alan Greenspan으로 바뀌었다. 볼커와 그린스펀 두 사람 모두 정부가 규제를 대거 철폐하고 인플레이션율을 대폭 줄이고 낮게 유지하는데 상당히 기여했다. 폴 볼커는 재임 초기에 금융 정책을 잘못 써서 지탄을 받긴 했지만, 레이건 시대에 오랫동안 연준 의장을 하면서 '인플레이션 파이터Inflation Fighter'라는 별명까지 얻게 되었다. 그는 인플레이션 진압에 크게 기여해 성공적인 FRB 의장으로 아직도 기억되고 있다.

대통령 취임 직후 의회에 요구한 경제 개혁 네 가지

취임 직후인 1981년 2월 18일에 레이건은 상하원 합동회의에서 경제 개혁 네 가지를 요구했다. 1981년 올해 연방정부 지출을 414억 달러 줄여달라, 소득세를 한꺼번은 아니지만 3년에 걸쳐 매년 10%씩 삭감해서 3년 동안 30%를 줄여달라, 정부 규제를 철폐해달라, 인플레이션을 억제하고 금리를 안정시키기 위해 통화량을 줄여달라고 요구했다.

- 1981년에 연방정부 지출 414억 달러 감축
- 소득세를 3년 동안 매년 10%씩 삭감
- 정부 규제 철폐, 개혁
- 인플레이션 억제, 금리 안정을 위해 통화 긴축

실제로 초기에 이런 개혁정책을 쓰면서 경제가 좀 악화되었지만 점차 효과가 나타나면서 미국 경제는 급상승으로 선회하게 된다. 레이건은 자신의 경제 개혁 프로그램을 '미국의 새로운 시작: 경기 회복 프로그램America's New Beginning: A Program for Economic Recovery'이라 공식적으로 표현했다. 하지만 너무 길어 번잡하니까 라디오 방송인 폴 하비가 '레이거노믹스Reaganomics'이라는 말로 압축했는데, 발음하기가 좋아 이 용어가 크게 퍼졌다. 그래서 이후부터 다른 대통령이 새로운 경제정책을 만들면 대통령 이름에 노믹스nomics를 붙여서 '클린터노믹스', '부시노믹스' 식으로 표현하게 되었다. 다른 어느 대통령보다도 레이건이 전달하고자 했던 경제정책 메시지가 가장 확실했으므로 레이거노믹스가 우리 기억에 오래 남아 있다.

간단하지만 강력했던 래퍼 곡선

레이거노믹스는 방금 말한 네 가지 요구사항을 기치로 내걸고 경제를 실제로 그렇게 운영했다. 그런데 이때 경제학자가 중요한 역할을 하게 된다. 바로 아서 래퍼Arthur Laffer였다. 이 학자는 레이건이 대통령이 되고 나서야 래퍼 곡선 이야기를 처음 한 게 아니라, 일찍이 1975년에 말했다. 그때엔 제럴드 포드가 대통령이었고, 딕 체니Dick

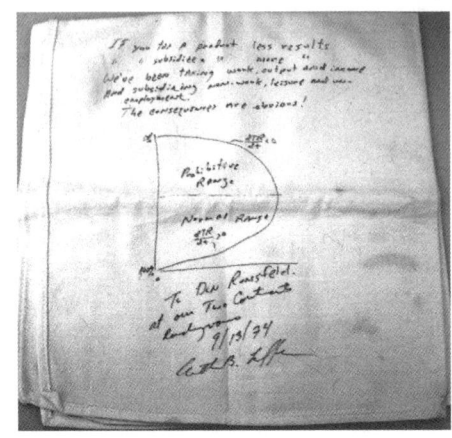

아서 래퍼가 냅킨에 직접 그린
래퍼곡선
(출처_위키피디아)

Cheney가 대통령 참모장이었다. 딕 체니는 나중에 아들 부시가 대통령으로 있을 때, 오랫동안 부통령으로 재임하면서 실권자로 권력을 휘두른 바 있다. 1975년에 워싱턴DC에 있는 레스토랑에서 아서 래퍼는 딕 체니와 경제 관련 얘기를 나누면서 냅킨에 간단한 그림을 그렸는데 그게 바로 래퍼 곡선이다. 아서 래퍼가 그린 이 그림 원본은 아직까지도 남아 있다.

세로축에는 세율을 0%부터 100%까지 놓고, 가로축에는 조세 수입을 놓았다. 그런데 곡선은 종 모형이었다. 그러니까 소득세율이 오르면 조세 수입이 오르게 마련이다. 하지만 소득세율을 너무 높이면 사람들이 일할 의욕을 잃어버려서 오히려 일을 안 하게 되니 세금이 다시 줄어들게 된다. 그래서 아서 래퍼는 당시에 이렇게 말했다. 하나의 조세 수입에는 두 가지 세율이 있는데 현재 미국은 높은 세율 상태에 있다. 현재 세율을 크게 낮춰도 조세 수입은 오히려 늘거나 그냥 똑같은 상태로 되니 세율을 줄여야 한다고 주장한 것이다.

무슨 말인지 쉽게 이해가 된다. 그러니까 높은 세율을 a, 낮은 세율을 b라고 하면 a에서 b로 줄여라. 그러면 조세 수입에 영향을 별로 안 주면서 사람들이 일을 더 하니 생산이 늘어나는 효과를 가지게 된다는 것이다. 이런 주장은 사실 꼭 맞다 틀리다를 떠나서 상당히 직관적이라서 사람들에게 아주 쉽게 다가섰다. 레이건은 세율을 줄이면 경제가 오히려 좋아진다는 걸 합리화해주는 아주 좋은 시각적 도구라고 믿고 적극적으로 홍보를 했다. 덕분에 아서 래퍼가 미디어에 각광받으며 강연 의뢰가 쇄도했다.

그래서 레이건 정부는 이 래퍼곡선을 기반으로 해서 개인 소득세율의 최고 구간을 70%에서 훨씬 낮은 20%로 줄였고 법인세율도 마찬가지로 48%에서 34%로 줄였다. 이런 걸 낙수효과라고 부른다. 그러니까 부자들의 세금 부담을 줄이고 대기업의 법인세 부담을 줄여 투자를 촉진하면 상층부의 경제가 일단 좋아지고, 시간이 지나며 상층부에서 생긴 돈이 자꾸 아래로 흘러가면서 하층부 사람의 경제도 덩달아 좋아진다라는 얘기다. 요즘 들어 낙수효과는 사실 별로 신빙성이 없다고 얘기를 한다. 하지만 레이건 당시에는 사람들이 낙수효과를 마치 진리처럼 믿었다. 그래서 미국 정부는 레이거노믹스에 따라 감세 정책을 적극 펼쳐 경제를 활황으로 몰고 갔다.

레이거노믹스의 효과

1981년 1월에 레이건의 대통령 취임 이후 처음 1년 반 정도는 경제가 부진했지만 레이거노믹스의 효과가 점차 나타나게 된다. 퇴임하던 1989년 1월이 되면서 산업생산 지수가 굉장히 올라갔다. 경제 상태의 중요한 바로미터인 산업생산 지수는 무려 92개월이나 연속 상승을 했다. 이런 성과는 케네디와 존슨 시대에 버금갈 정도로 훌륭한 성장이었다.

생산이 이렇게 좋다는 것은 대기업들이 엄청나게 수익을 많이 냈음을 말한다. 당시에 다우존스 지수가 정말로 많이 올랐었다. 우리가 아직도 레이거노믹스에 대해 좋은 이미지를 갖고 있는 것은 다른 여러 문제점에도 불구하고 경제가 당시 매우 좋았기 때문이다. 1980년대 중반 미국과 세계 경제 호황에 힘입어 우리나라 경제도 연성장률 10%를 초과하며 하늘을 날았다.

당시에 산출액이 많이 늘어났지만 고용은 그렇게 크게 늘어나지는 않았다. 대기업에게 혜택을 너무 많이 주다 보니 경제 전체적으로 양극화 현상이 심해졌다. 낙수효과대로라면 돈이 빨리 아래로 내려와야 하는데 아래로 제대로 흐르지 않았던 것이다. 그래서 상위 10%와 아래쪽의 격차가 점차 벌어졌다.

또 하나는 정부가 지출 규모를 줄인다고는 했지만 국방비를 워낙 많이 늘려야만 했다. 미국은 레이건 독트린에 입각해 소련을 군사적으로 압도해야 된다며 국방비 지출을 대폭 늘리는 바람에 재정 적자가 계속 심화 되었다. 재정 적자가 심화되면 이를 메우기 위해 채권을 발행해야 했고 채권 가격이 떨어져 금리가 오르게 된다. 그러면 미국 은행의 높은 금리를 누리기 위해 외국에 있는 돈들이 미국으로 몰려드니 달러가 초강세일 수밖에 없었다. 달러 고평가로 미국 제품의 국제 경쟁력이 떨어져서 일본과 한국 제품이 미국으로 수출이 크게 늘면서 두 나라도 대호황을 구가하게 되었다.

재정 적자, 무역 적자 양극화는 레이거노믹스의 큰 문제점이긴 했으나 산업생산 지수가 계속 올라갔고 GDP 성장률은 레이건 당시 3.2%였다. 미국 경제가 워낙 좋았던 1960년대 케네디 존슨 시기의 연평균 4.9%에는 미치지 못하지만 다른 대통령과 비교해보면 레이건 시기가 가장 좋았다. 우리는 고성장의 이면에 있는 재정 적자나 무역 적자, 소득 양극화 문제는 다 제쳐두고 성장, 고용에서의 밝은 면만 강조하는 경향이 있어서 레이거노믹스에 대한 환상 신화는 아직까지 강력하게 남아 있다.

6

레이건 독트린 : 강한 미국

힘을 통한 평화 역설

　이제 외교 정책으로 가보자. 미국은 경제력뿐만 아니라 군사력에서도 강한 미국을 원했다. 마가렛 대처가 퇴임 후 자서전으로《국가경영》을 2002년에 출간했는데 책 서문에 이렇게 썼다. "이 책을 레이건에게 바친다. 세계는 그에게 너무나 많은 빚을 지고 있다." 경제력과 군사력 모두에서 미국이 소련을 압도한 것을 말한다.

　레이건 이전의 닉슨과 카터는 데탕트를 원했다. 데탕트는 소련과의 긴장을 풀고 교류도 하면서 사이좋게 지내자는 것인데 레이건은 데탕트가 한계에 부딪혔다고 생각했다. 그래서 군사 측면에서 소련을 압도적으로 눌러야 세계 평화가 온다고 생각하면서 힘을 통한 평화를 역설했다.

　레이건은 구체적인 방법으로 SDI, 즉 전략 방위 계획을 수립했다. 당시 소련에서 미국으로 대륙간 탄도탄을 쏘면 미국이 막을 방법이 별로 없었다. 대공포라고 해서 땅에서 포를 쏴서 멀리서 날아오는 미사일을 떨어뜨리는 방법이 있기는 하지만 명중률이 약했다

또 하나는 하늘에 군사 저격 장치를 만들어 대륙간 탄도탄이 날아오면 오히려 더 높은 상공에서 탄도탄을 격파하는 군사작전을 추진했다. 그래서 당시에 스타워즈 계획이라고 불렀다. 레이건 정부 시기에 이런 새로운 개념의 전략 방위 계획이 착착 진행되면서 하이테크 군수산업이 엄청나게 팽창했다.

레이건 정부의 군사 계획이 착착 가시화되자 소련은 군비 경쟁을 포기하게 된다. 군비 경쟁을 하려면 두 나라가 엄청나게 국방비를 늘려야 하는데 소련 경제에 당시 심각한 문제가 생겼다. 자칫하면 소련 경제가 파산할 것 같아서 대통령이 된 고르바초프는 무모한 계획들을 모두 포기하게 된다. 이후 소련은 결국 붕괴되었으니 미국은 힘을 통한 평화라는 레이건 독트린으로 성공한 셈이다.

레이건은 대통령이 되기 전인 1975년에 라디오 방송에서 이런 얘기를 한 적이 있다. "공산주의는 질병$_{disease}$입니다. 인류는 온갖 종류의 사악한 질병과 전염병에서 살아 남았지만 공산주의도 극복할 수 있을까? 공산주의는 경제정치 체제가 아닙니다. 정신질환$_{insanity}$의 한 종류입니다."

레이건은 대통령이 된 후 1984년에 아일랜드 국회와의 공동회의에서 이렇게 말했다. "오늘날 자유주의와 전체주의 간의 싸움은 무기와 미사일의 시험이 아니라 신앙과 영혼의 시험입니다." 또 "인간의 자유에 있어 공산주의보다 더 큰 적은 없습니다." 이런 식으로 레이건은 자신의 투철한 반공주의를 전 세계에 알리며 실제로 행동에

옮겼다. 레이건 독트린은 공산주의 국가에 대한 매우 강력한 압박 정책이었다.

레이건의 강경한 반공 독트린

독트린doctrine이라는 용어는 한국에서 미국 얘기할 때 항상 나온다. 대통령 때마다 독트린이 있었던 건 아니지만 대부분 있었다. 독트린이란 "국가수반이 향후 국가의 외교 정책을 어떻게 끌고 갈 것인지 국제사회에 표방하는 정책 원칙이자 교리"를 말한다. 실제로 그렇게 갈지 안 갈지 알 수가 없으나 일단 그렇게 표방하는 것이다. 트루먼이나 아이젠하워, 카터나 닉슨 때에도 있었다.

전 세계 공산 세력을 박멸하겠다고 마음을 굳힌 레이건은 다른 나라의 정권이 좌파 정권이면 쿠데타를 일으켜 우익 정권으로 바꿔버렸다. 예를 들어 중남미에 좌파 정권이 들어서면 강제로 우익이 정권을 집권하도록 한다. 그리고 이미 우익이 집권하고 있다면 더욱 밀어붙이면서 그 정권이 무너지지 않게 하는 정책들을 썼는데 레이건은 이 측면에서 일관성을 유지했다.

중남미는 한마디로 예전부터 미국의 뒷뜰이었다는 얘기를 많이 한다. 그래서 미국은 니카라과의 산다니스타 좌파 정권을 전복하는 작전을 펼쳤다. 영국과 아르헨티나 간에 1982년 포클랜드 전쟁이 벌어졌을 때 미국은 영국을 전폭 지지했고, 이미 우익이던 엘살바도르 정권을 계속 지지했다.

1982년 들어 미국에서 중간선거를 했는데 이때는 레이거노믹스 경제 효과가 나타나기 이전이라서 공화당이 패배하고 말았다. 그래

역대 미국 대통령 독트린

대통령의 독트린	독트린의 핵심 내용
먼로 독트린(1823)	유럽 열강이 아메리카 대륙 식민화, 간섭하는 것을 거부
트루먼 독트린(1947)	공산주의 확대 저지를 위해 반공 국가에게 군사적, 경제적 지원 제공
아이젠하워 독트린(1957)	중동 국가에 미군 주둔, 경제 원조
케네디 독트린(1961)	카리브해 국가에 대한 공산세력 봉쇄
존슨 독트린(1965)	케네디 독트린과 비슷하게 중남미에서 공산 세력의 집권 저지
닉슨 독트린(1969)	고립주의 정책, 데탕트, 주한미군 감축
카터 독트린(1980)	미국 국익을 위해 페르시아만에서 군사 조치
레이건 독트린(1986)	공산세력 봉쇄, 우익혁명 지원, 경제 봉쇄, 군사력 우위로 냉전 종식
클린턴 독트린(1995)	세계의 지역 분쟁에 대해 미국이 제한된 개입
부시 독트린(2001)	선제적 공격 독트린으로, 테러 국가에 대한 적극적 군사 개입
오바마 독트린(2009)	국제 문제 해결에서 대립과 일방주의가 아니라 협상과 협업으로 조정

서 인기를 반전시키기 위해서 레이건은 연달아 세 번에 걸쳐 연설을 하면서 소련을 악의 제국이라고 선포했다.

더구나 당시 1983년에 동해상에서 칼$_{KAL}$ 비행기 격추 사건이 일어났다. KAL 격추 사건은 미국과 크게 관계없다고 말하기는 하나 당시에 미국이 개입했다는 음모설이 많이 나왔다. 왜냐하면 알래스카 앵커리지에서 서울을 향해 KAL 비행기가 올 때 적성 국가인 소련의 영공을 피해서 남쪽으로 와야 했었다. 그런데 실제 항로를 보면 캄차카 반도를 거쳐서 이동했다. 미국이 보기에 비행기가 정상 항로에서 이탈했다면 조종사에게 연락해 고치도록 하면 되는데 미국이 통보하지 않았다는 것은 비행기가 소련을 정찰하는 임무를 수행하고 있었기에 내버려 뒀을 개연성이 충분하다. 결국 소련은 KAL 비행기를 스파이 비행기로 간주하고 격추해서 269명이나 사망하는 참사가 벌어졌다.

레이건은 이 사건을 완전히 정치적으로 이용했다. 소련이 악의 제국이라는 사실이 다시 한 번 입증 됐고, 미국 국방비 예산을 대폭 늘릴 절호의 기회로 삼았다. 칼 사건은 우리나라에게 정말로 끔찍한 사건이었으나, 레이건한테는 최고의 호재였다. 1985년 1월에 35%였던 레이던 지지도는 1년 사이에 57%로 급등했다.

레이건 vs 고르바초프의 헤게모니 다툼

레이건의 8년 재임 기간 동안 소련의 서기장은 계속 바뀌었다. 무려 18년이나 서기장을 했던 레오니트 브레즈네프가 76세에 사망 후에 유리 안드로포프와 콘스탄틴 체르넨코가 연달아 서기장이 됐지만 둘 다 심장병으로 재임 중에 빨리 죽었다. 새로 등장한 미하일 고르바초프가 53세로, 이전 서기장들과는 달라서 상당히 오픈 마인드였다.

소련이 과거 방식을 지속하면 안 되겠다 판단해서 개방 정책을 과감하게 구사한 고르바초프의 발빠른 개혁은 레이건의 코드와 잘 맞았다. 물론 두 사람이 처음부터 서로 믿었던 것은 아니나 시간이 지나면서 신뢰가 쌓였다. 만약 레이건이 고르바초프를 만나지 않았다면 레이건 독트린이 성공하지 못했을 텐데 고르바초프의 등장 덕분에 극적 효과를 발휘하여 성공한 셈이다. 미국이 헤게모니 전쟁에서 대승을 거둘 것이다.

1987년 6월 베를린 장벽 부수라고 연설하는 레이건(사진_위키피디아)

레이건은 정권 후반에 대소련 정책을 성공시키기 위해 고르바초프와 매우 자주 만났다. 1985년 11월에 고르바초프를 처음 만나서 군비 경쟁을 멈추자고 얘기를 했는데 그때만 하더라도 그냥 말만 오갔다. 그런데 5개월 후 체르노빌 원자력 발전소에서 대형 사고가 발생하면서 정말 소련 발등에 불이 떨어졌다. 좀 지나 아이슬란드 레이캬비크에서 미소 정상회담을 가지면서 고르바초프가 레이건의 제안을 덥석 받아들였다. 왜냐하면 소련 국내 상황이 너무나 안 좋았기 때문이다. 유럽에서 중거리 미사일을 모두 철수하자는 레이건의 제안을 받아들이긴 했으나 미국이 추진하던 우주 전략 방위 계획은 포기하지 못하겠다 말해 양자 회담은 무위로 끝나버리긴 했다.

그럼에도 불구하고 두 사람은 계속 만나 먼저 신뢰를 쌓아 나갔다. 스타트START라 불리는 전략 무기 감축 계획을 레이건 재임 시기에 시행하지는 않았으나, 후임인 아버지 부시 대통령이 고르바초프와 서명을 해서 결국 전략무기 감축이 이루어졌다. 1989년 1월에 레이건이 퇴임하고 나서 10개월 후에 베를린 장벽이 드디어 무너지고 다시 2년이 지나 1991년 12월에 소련은 공식 해체되었다. 레이건 재임기에 소련이 붕괴되지는 않았으나 결국 레이건이 이긴 것이다.

1980년대 소련 경제 후퇴 vs 미국 경제 회복

소련은 외침 전쟁과 미국과의 군비 경쟁, 그리고 유가 폭락으로 인해 경제적 부담을 견디지 못해 붕괴되었다. 그 과정을 좀 더 들여다보자. 소련은 1979년에 아프간 전쟁에 개입한 후 10년이나 늪에 빠지면서 엄청난 국방비 지출을 해야만 했다. 상대적으로 유순한 고르바초프가 개혁 개방 정책을 전개한 것도 소련 붕괴의 이유다. 또 사람들이 많이 언급하지는 않지만 당시 1980년대 중후반에 유가가 엄청나게 폭락한 것도 이유다. 소련은 유류에서 세금을 걷어서 정부 재원을 많이 조달했는데 유가 폭락으로 세수가 격감되자 정부 지출을 제대로 하지 못했다. 설상가상으로 1986년 4월에 체르노빌 원전 사고가 터지고 말았다.

상황이 이렇게 급박하게 돌아가자 러시아의 옐친 대통령은 1991

레이건의 성과

레이거노믹스	레이건 독트린	이미지 정치
작은 정부	힘에 의한 평화	능숙한 소통
신자유주의	전략방위계획	언론의 지지
보수주의	소련 해체	대중적 인기

년에 3개 나라를 합쳐 독립국가연합CIS을 만들면서 소비에트연합인 소련에서 탈퇴한다. 주요국들이 빠진 소련은 더 이상 의미가 없게 되자 고르바초프가 사임하면서 완전히 공중 분해되고 만다. 이처럼 소련 붕괴의 이유는 다양하지만 레이건 독트린으로 대표되는 강경한 대외 정책이 크게 기여했음은 분명하다.

로널드 레이건의 성과를 정리해보자. 1960년대와 1970년 미국에 여러 가지 문제들이 있었다. 케네디가 피살된 것, 존슨이 베트남 전쟁을 확산시킨 것, 그리고 위대한 사회를 주장하며 복지를 늘린 것 그리고 히피문화, 마약이 번지면서 사회적으로 기강이 매우 해이해졌다. 1970년대 들어서는 닉슨이 탄핵 위기에 몰려 중간에 물러났고 지미 카터도 정치를 제대로 못한 가운데 오일쇼크로 인해 극심한 인플레이션이 일어나면서 경제는 계속 하강세를 보였다. 1960년대 호경기와는 상당히 대조적이었다.

이런 하강세를 대반전시킨 사람이 바로 레이건이었다. 경제적으로는 레이건노믹스, 대외적으로는 레이건 독트린 그리고 활력 있는 이미지 정치를 통해서 국민으로부터 신뢰를 받아 미국인들은 1980년대를 아직도 좋은 시절로 생각하고 있다. 나중에 핵 항모가 만들어졌을 때 로널드 레이건이라는 이름을 붙일 정도로 미국인들은 레이건을 추모하고 있다.

사실 레이건의 건강에는 문제가 많았다. 존 힝클리 주니어에게 당한 피격, 승마 사고로 인한 수술, 또 세 차례에 걸친 수술, 많이 감추긴 했지만 알츠하이머 증세가 재임 중에 괴롭혔다. 레이건은 퇴임 후에도 알츠하이머로 고생을 하다가 2004년 93세의 나이로 세상을 떴다.

국내에 소개된 레이건 관련 책은 생각보다 그리 많지 않다. 《레이건 일레븐》, 《미국을 연주한 드러머 레이건》, 《레이건 회고록》 그리고 여러 평가서들이 있으니 시간을 내어 읽어보면 좋겠다. 레이건 관련 영화로는 TV 시리즈 물 〈레이건〉, 다큐 영화 〈레이건 쇼〉도 있다.

9강

버락 오바마
(Barack Obama : 1961~)
: 아프리카계 대통령

버락 오바마는 미국 최초의 아프리카계 대통령이었다. 백인과 흑인 사이에서 태어났고 계부가 아시아인이었기에 자신의 정체성에 대해서 어려서부터 젊어서까지 고민이 많았다. 이런 고민이 잘못되면 한 사람을 나락으로 떨어뜨리기도 하지만 오바마는 잘 극복해서 담대한 희망을 갖게 되었다. 일리노이주 상원의원과 연방상원의원을 거쳐 대통령까지 되겠다는 꿈을 품고 결국 실현시켰다. '담대'에서 담이 무슨 담일까? 쓸개 담膽이다. 쓸개가 커서 배포가 크다는 의미다. 오바마는 대통령이 되고자 하는 희망을 담대한 희망이라고 표현했고 오바마가 쓴 책 제목도 '담대한 희망'이어서 일반인에게 더 많이 알려졌다. 부인 미셸과의 환상적인 파트너십도 오바마의 인기몰이에 큰 도움을 주었다.

1
미국 첫 아프리카계 대통령

버락 오바마 연상어

　오바마 하면 여러 가지가 떠오른다. 반쪽 흑인, 오레오, 이슬람인 오사마? 검은 케네디, 노벨평화상, Yes, we can!, 케냐, 인도네시아, 탁월한 연설, 오바마케어, 미셸 등 많다.

　오바마의 어머니는 백인이고 아버지가 흑인이라서 오바마가 반쪽 흑인, 50% 흑인이라는 얘기를 많이 한다. 우리가 자주 먹는 과자인 오레오Oreo를 보면 안에 든 크림은 하얗고 밖의 쿠키는 까맣다. 오바마가 정치 무대에 처음 등장하자 많은 사람들이 오바마를 오레오라고 부른 이유는 피부만 까맣지 속으로는 백인이라서 진짜 흑인이 아니라고 생각했기 때문이다. 그래서 흑인들의 오바마 지지도가 처음에는 별로 높지 않았다. 그런데 사람들이 오바마의 연설을 듣고, 직접 접촉해 보니 오바마에게 진짜 흑인 측면이 상당히 많다고 느껴서 그때부터 지지도가 올라갔다.

미국 44대 대통령 버락 오바마
(출처_위키피디아)

오바마의 아버지는 케냐 출신으로 100% 흑인이다. 백인 어머니는 나중에 인도네시아인과 재혼을 한다. 그래서 미국 하와이, 아프리카 케냐, 아시아 인도네시아 등 전 세계가 엮어 있으니 오바마는 글로벌 시대에 오히려 적합한 인물이라는 생각이 드는 것도 사실이다.

케냐에는 여러 언어들이 있는데 그중에 영어와 스와힐리어가 공용어다. 스와힐리어로 버락은 '신의 축복을 받은', 후세인은 '아름답다', 오바마는 '불타는 창'이라는 의미를 지닌다.

오바마의 정식 이름은 후세인 오바마다. 후세인 하면 우리는 이라크 대통령 사담 후세인이 연상되어 이슬람 이미지로 가득하다. 사람들이 잘 모를 때에는 오바마의 이름만 듣고서 이슬람인으로 여겼고 또 정치적으로 공격하는 사람들이 이슬람과 자꾸 연결시켜서 오해가 심했다.

또 이슬람 근본주의 지도자 오사마 빈 라덴과도 이름이 비슷해서 한때 혼동이 잦았다. 원래 사우디 출신인 오사마 빈 라덴이 아프가니스탄과 파키스탄에 잠적한 상태에서 9.11 사건을 일으킨 참사의 장본인으로 지목되어 조지 W. 부시 때부터 추적을 받았다. 그래서 관련 뉴스들이 TV에 많이 나오면서 뉴스에서 오사마를 오바마로 잘못 말하는 경우가 많았다. 심지어 2011년에 오사마 빈 라덴이 사살되었을 때 오바마가 죽었다고 CNN 뉴스에 나오기도 했다. 이처럼 오사마, 오바마, 이슬람이 서로 얽혀 이슬람 이미지로 많이 각인돼 있어서 대선 초기에 문제가 많았다. 그러나 이런 난관을 모두 극복하고 대통령으로 당선되었다.

버락 오바마의 가계도

이쯤에서 오바마의 가계도를 설명하지 않을 수 없다. 버락 오바마의 아버지는 케냐의 많은 종족 중의 하나인 루오족 출신이다. 루오족은 케냐의 서쪽에 있는 빅토리아 호수에 접하고 있던 소수족이었다. 그곳 출신인 오바마의 아버지는 공부를 잘해 하와이대학에 와서 공부하고 나중에 하버드대학에서 경제학 박사 학위를 받았다. 아버지가 하와이 대학에서 공부할 때 인류학 공부를 하고 있던 스탠리 앤 던햄Stanley Ann Dunham을 만나 애정이 싹 터서 결혼을 하게 됐다.

결혼할 당시에 어머니의 부모, 그러니까 외조부모가 거세게 반대했다면 결혼하지 못했을 수도 있는데 다행히 두 분이 상당히 진보적이었다. 흑인이라도 괜찮다고 해서 결혼할 수 있었으나 결혼 생활이 오래 가지 못했다. 애를 낳았으나 남편이 동부로 공부하러 간 뒤에 하와이로 돌아오지 않고 조국 케냐로 가버렸기 때문이다. 이에 실망한 어머니가 하와이대학에서 공부하던 인도네시아 출신의 롤로와 사귀어 재혼해버렸다. 버락 오바마는 계부의 조국 인도네시아에서 여섯 살부터 열 살까지 살면서 아시아의 정체성을 습득하게 된다.

오바마의 아버지는 네 명과 결혼했다. 그러니까 스탠리 앤 던햄과의 결혼은 두 번째였고, 이후에 두 번 더 결혼을 했기에 버락을 포함해서 모두 아홉 명의 아이를 두었다. 이런 복잡한 가족관계 사실을 오바마가 감출 수도 있는데 오바마는 거리낌 없이 사람들한테 모두 알렸다. 자기의 숨겨진 사촌들이 어디에 있는지에 대해서도 모두 얘기했는데 이런 솔직한 태도가 나중에 유권자들과 공감을 갖는데 굉장히 플러스 요인으로 작용하게 되었다.

버락 오바마는 미셸과 결혼해 두 딸, 말리와 샤샤를 얻는다. 오바마의 아버지가 하버드대학을 나왔고 오바마 자신도 하버드대학 로스쿨을 다녔는데 오바마의 첫째딸 말리아도 같은 대학을 다녔다. 미국 아이비 스쿨에는 레거시Legacy 제도가 있어서 부모가 그 학교 출신이면 자식도 같은 대학에 다니고 손자, 손녀도 다닐 가능성이 크다. 통계에 의하면 그런 경우 보통 사람보다도 입학 가능성이 8배가 더 높다. 그런 면에서 오바마도 레거시 제도의 수혜자였다. 요즘 레거시 제도를 폐지해야 된다는 얘기가 나오는데 그렇게 하기는 쉽지 않다. 좋든 나쁘든 하나의 전통으로 자리 잡았기 때문이다.

버락 오바마의 진솔한 연설

오바마가 상원의원에 출마하면서 자기 자신을 이렇게 진솔하게 드러냈다.

"저는 케냐 출신 흑인 남성과 캔자스 출신 백인 여성의 아들입니다. 저는 2차 세계대전에서 패튼 장군의 부대에 복무하여 대공황을 헤쳐나온 백인 할아버지와 그가 해외에 있을 때 포트 레벤워스 요새의 폭격기 조립 공장에서 일한 백인 할머니의 도움으로 자랐습니다. 저는 미국에서 하와이 푸나호우 고등학교, 하버드 대학교 로스쿨을 마쳤고 세계 최빈국 중 하나인 인도네시아에서 어린 시절을 보냈습니다. 저는 흑인 여성 미셸 오바마와 결혼했는데 그녀는 노예와 노예 소유주들의 피를 지니고 있습니다. 이는 우리의 소중한 두 딸에게 우리가 남기는 유산입니다. 저는 세 개의 대륙에 흩어진 모든 인종과 모든 색조의 형제, 자매, 조카, 아저씨, 사촌이 있습니다."

오바마가 쓴 자서전 세 군데에도 이런 내용들이 담겨 있다. 그는 연설할 때 수시로 자기 집에는 전 세계적으로 흩어진 사람들과 어떤 관계가 있는지 허심탄회하게 말했고 이런 진솔함이 사람들한테 먹혀 대통령에 당선되었다. 오바마는 이런 정체성 고민을 처음에는 상당히 많이 했으나, 이걸 도저히 감출 수가 없고 아예 드러내는 게 오히려 낫겠다 판단해 사람들한테 적극적으로 알리고서 정체성 문제를 극복하게 되었다.

그래서 나중에 오바마가 대통령 될 때 흑인들로부터 전폭적인 호감을 얻었고 공화당 사람들에게서도 인기가 높았다. 오바마는 민주당원이지만 공화당원에게서도 인기를 많이 얻어 공화당이 잠시 와해되는 분위기에 휩싸이기도 했다. 그렇게 된 이유는 오바마가 어렸을 때부터 학교와 직장에 다니면서 흑인과 백인 두 세계에서 줄을 타는 법을 익혔기 때문에 오바마가 포용적으로 사람들을 설득할 수 있게 된 것이다.

오바마의 여러 업적 중에서 오바마 케어가 매우 중요하다. 예전에 다른 민주당 대통령들이 의료보험을 개보험식으로 도입하려고 수없이 시도했으나 번번이 실패했다. 그런데 오바마가 드디어 설득에 성공해서 미국은 개보험을 시작했다. 한국은 공공의료보험이 그나마 잘 정착돼 있어서 그런 필요성, 절박함을 모르는데 미국에서는 그동안 공공의료보험제를 갖추지 않아서 후진국이라는 빈정거림을 감수해야 했다. 그런데 오바마가 충분치는 못하지만 드디어 개보험 도입에 성공했다.

버락 오바마 대통령 평판 : 시스팬 조사

평가 항목	2021년 점수	2021년 순위	2017년 순위	2009년 순위	2000년 순위
총평가	664	10	12	-	-
대중설득	76.3	9	10	-	-
위기관리	62.8	17	15	-	-
경제관리	64.6	9	8	-	-
도덕권위	75.5	6	7	-	-
국제관계	56.7	21	24	-	-
행정능력	63.3	14	19	-	-
의회관계	46.9	32	39	-	-
비전제시	71.5	12	12	-	-
공정추구	78.2	3	3	-	-
당시성과	68.2	10	15	-	-

* 출처: https://www.c-span.org/presidentsurvey2021/?page=overall

버락 오바마 대통령 평판 조사 결과

시스팬C-SPAN의 대통령 평가에 의하면 2021년에 오바마의 전체 평판은 10위를 차지했다. 항목별로 보면, 오바마의 공정추구 순위가 3위로, 링컨을 제외하고 다른 대통령에 비해 유독 높다. 오바마의 도덕권위도 6위로 상대적으로 높다. 오바마의 뛰어난 연설 능력에 힘입어 대중설득 순위는 9위이지만 그보다 뛰어난 다른 대통령도 많다. 오바마의 국제관계와 위기관리는 보통 수준이지만, 의회관계는 32위로 상당히 좋지 않다.

2

정체성 고민과 극복

오바마의 어머니 스탠리 앤 던햄

　오바마의 어머니, 스탠리 앤 던햄Stanley Ann Dunham; 1942~95 얘기를 해 보자. 어머니의 부모는 스코트 아이리시 혈통을 갖고 있었다. 외조부모는 굉장히 리버럴 해서 인종 따위를 별로 가리지 않는 성격이라서 딸이 케냐 출신 남성과 결혼하는 것에도 개의치 않았고, 나중에 인도네시아 출신 남성과의 재혼도 허락했다. 막상 어머니 던햄은 결혼 생활이 불안정해서 마음 고생이 심했다. 나중에 계부가 별로 바람직하지 않다고 생각해서인지 첫 번째 남편인 케냐 출신 남편을 더 본받으라고 아들 버락에게 거듭 말했다.

　하와이대학 학부와 대학원에서 인류학을 전공한 던햄은 나중에 자서전으로 《Surviving against the odds: Village Industry in Indonesia》도 남기기도 했다. 당시 경제적으로 쪼들려 의료보험을 제대로 들지도 못해 난소암을 앓다가 진단비, 약제비, 수술비 등 의

오바마의 어머니 스탠리 앤 던햄
(출처_위키피디아)

료비 부담이 커서 의료 서비스를 제대로 받지 못해 53세에 안타깝게 사망하고 말았다.

　오바마가 나중에 대통령이 되고 나서 오바마케어 의료보험을 아주 적극적으로 도입했는데 그 배경에는 어머니가 의료비 부족으로 일찍 세상을 뜬 것이 영향을 많이 끼쳤다. 당시 미국은 개인 보험, 사보험만 있고 공공 보험은 거의 없던 상황이었다. 있었다 하더라도 65세 이상 노인 또는 장애인 그리고 최극빈자에 대해서만 의료보험이 일부 있을 뿐, 이보다 상황이 조금 나은 사람에게는 보험이 없었고 너무 비싼 사보험에는 들을 수 없었다.

　이런 계층의 사람들에게 공공의료보험을 제공하겠다 해서 도입한 것이 바로 오바마케어. 어머니가 만약에 오바마케어 제도가 도입된 이후에 병을 앓았다면 분명히 혜택을 받았을 것이다. 모든 사람이 그렇긴 하지만 자기가 옛날에 겪었던 경험, 체험들이 나중에 어떤 국가 정책으로 연결되는 경우가 많은데 오바마케어가 바로 그런 경우다.

버락 오바마의 친부, 계부

버락 오바마 시니어 (1934~1982)	롤로 소에토로 (1935~1987)
케냐 루오족 출신 하와이대학 학부 국제학생연합회를 조직해 회장 하버드대학 박사(경제학) 4명의 여성과 결혼해 자녀 9명 낳음 미국 석유회사 근무 관광청 장관 수도국 근무 두 번의 교통사고	인도네시아 출신 하와이대학(지리학) 수하르토의 쿠데타로 미국 비자가 취소되어 인도네시아로 강제 군복무 미국 석유회사 근무 현실과 타협하다 탈세로 몰락

오바마의 친부, 계부 그리고 외조부모

오바마의 친부와 계부를 간단히 비교해보자. 친부는 케냐 루오족 출신으로, 하와이대학에서 국제학생연합회도 조직하며 매우 활동적이었다. 경제학 박사 과정을 마치고서 부인이 있는 하와이가 아니라 고국인 케냐로 가서 미국 석유회사에서 근무하다가 관광청 장관까지 지냈다.

당시 1964년에 케냐는 영국 식민지에서 독립해서 공화국을 새로 만든 상태였다. 당시 독립운동을 주도하다가 대통령이 된 조모 케냐타Jomo Kenyatta는 종족이 많은 케냐에서 각료를 임명할 때에도 다수 종족의 사람들은 많이 채용하고 소수 종족은 적게 입각시켰다. 자신이 누구보다 똑똑하다고 생각한 오바마의 아버지는 왜 자신처럼 똑똑한 사람을 각료로 뽑지 않고 인구 대비 종족 비례로 뽑느냐며 대놓고 비판했다. 그래서 처음에는 좀 잘 나갔는데 이런 험한 말로

오바마가 2004년에 출간한 책
《Dreams from My Father》,
한국에서는 '내 아버지로부터의 꿈'이라는
제목으로 번역 출간되었다.

  구설수에 올라 결국 케냐타 대통령한테 찍히고, 다수족에게도 찍혀 발탁은 커녕 나락으로 떨어진다. 설상가상 교통사고를 당해 건강이 크게 나빠졌고 46세 때 큰 교통사고로 일생을 마치고 말았다.
  계부인 롤로 소에토로Lolo Soetoro는 인도네시아 출신으로 미국 하와이대학에서 공부하고 있다. 그때 인도네시아에서 일어난 쿠데타로 1967년 수하르토가 대통령이 되자 외국에 나갔던 유학생들의 비자는 모두 취소되어 롤로는 인도네시아로 돌아갈 수밖에 없었다. 조국에서 군 복무를 마치고 현지의 미국 석유회사에서 근무하기 시작했다. 초기에는 롤로의 정신이 곧았지만 인도네시아의 독재 권력에 아부하다가 돈에 자꾸 빠져 자신이 저지른 탈세가 적발되어 결국 몰락해 52세에 사망한다.
  이처럼 오바마의 친부와 계부 모두 일찍 돌아가면서 어머니는 경제적으로 쪼들려 매우 고생하게 된다. 다행히도 오바마의 외조부모가 경제적으로나 정신적으로 어느 정도 도와주어서 오바마에게 큰 위안과 도움을 주었다. 오바마는 자신의 부모 이야기를 첫 번째 자서전 《내 아버지로부터의 꿈》에 담았다. 이 책이 첫 출간된 1995년 당시에는 별로 주목을 받지 못했지만 오바마가 나중에 상원의원, 대통령 후보로 나오면서 인기를 끌며 2004년에 재판되었다. 더구나 이 책에서 나온 인세가 오바마의 재정 상태를 좋게 하는 데 기여했다.

한국에서도 선거 운동의 일환으로 후보들이 책을 내고 북콘서트를 여는 경우가 많다. 한국은 출판시장이 상대적으로 작아서 자신의 경제 상황을 크게 호전시키는 데 별로 기여하지 못하지만 미국은 시장이 커서 전 세계적으로 독자들이 많아 한 번 히트를 치면 재정적으로 상당한 도움을 준다. 그런 면에서 오바마는 저자로서 분명히 혜택을 받은 사람이다.

케냐에서 공용어는 영어와 스와힐리어

친부의 조국인 케냐를 약간 다루어보자. 1963년에 영국 식민지에서 독립한 이 나라의 공용어는 영어와 스와힐리어였다. 오바마의 아버지는 케냐에서 영어를 배웠기 때문에 미국에 와서도 잘 적응했다. 키쿠유 족이 최대 부족이고 소수족으로는 마사이족, 루오족이 있다. 걷기를 잘하는 마사이족의 도보 습관에서 아이디어를 얻어 바닥을 둥글게 만든 신발이 마사이 신발이다. 현재 케냐의 국기에 나오는 방패와 칼이 바로 마사이족의 심볼이다. 케냐인들의 종교를 보면 기독교인이 전체 인구의 82%일 정도로 압도적이다. 에티오피아와 케냐를 비롯해 동아프리카에는 기독교 국가들이 많다.

오바마는 케냐를 통산 세 번 방문했다. 1988년 당시 공부하고 있을 때, 나중에 상원의원 되고 나서, 그리고 대통령 재임 시를 포함해 세 번 방문했다. 물론 초기에는 오바마의 인지도가 없어서 대환영을 받지 못했지만 두 번째와 세 번째는 국빈 대접을 받았다.

버락 오바마의 정체성 고민

오바마는 자신의 정체성에 대해 고민을 많이 했다. 친부는 아프리카인이었고, 계부는 아시아인이었기 때문이다. 오바마는 하와이에서 태어나 젊어서 오래 살았었기에 그를 잘 몰랐던 사람들은 하와이 원주민으로 오해하곤 했다. 외조부모는 백인이라서 미국 본토의 백인으로 여겨지기도 했다. 사실 흑인들마저도 오바마를 진짜 흑인으로 보지 않았다. 이처럼 오바마는 청소년기에 자신의 정체성을 놓고서 정말로 많이 고민했다.

그러면서 오바마는 담배도 피우고 마리화나, 코카인도 하고 술 파티에 가고 춤추러 디스코에도 많이 갔다. 오바마는 고등학교 때 농구를 실제로 많이 했는데 농구에 몰입하다 보면 인종에 대한 고민을 덜 하게 되기 때문이었다.

오바마가 대통령이 되기 전까지 전 세계적으로 그리고 미국 내에서 어떻게 이동했는지를 보면 그의 정체성 고민을 엿볼 수 있다. 오바마는 하와이에서 태어나 여섯 살까지 살다가, 계부를 따라 인도네시아로 건너가 4년을 살았고 하와이로 돌아와 고등학교를 마쳤다. LA에 있는 옥시덴털 칼리지에서 2년간 대학 공부를 하고 교환학생으로 뉴욕시 컬럼비아대학에 가서 졸업을 했다.

그러고나서 자신의 흑인 정체성을 제대로 알고 공동체 조직가로 활동해 볼 필요를 느껴서 시카고 남쪽의 사우스 사이드에 가서 3년 동안 흑인 공동체 일을 했다. 하지만 공동체 활동의 한계를 느끼고 공부를 더 하겠다는 마음을 굳히고 하버드대 로스쿨에 들어간다. 로스쿨 2학년 때 〈하버드 로우 리뷰Harvard Law Review〉 잡지에서 편집장을 지냈는데 이 경력 덕분에 오바마의 인지도가 널리 알려지게 된다.

로스쿨 과정을 마치고 시카고 로펌에 취직해 변호사로 활동하면서 시카고대학 로스쿨에서 헌법학 강사를 오랫동안 하기도 했다. 그 후 일리노이 주의회 상원의원을 거쳐 연방 상원의원을 하면서 대통령으로 발돋움하게 된다. 이처럼 오바마는 하와이에서 태어났지만 인도네시아와 케냐를 거쳐 미국 서부, 중부, 동부에서 공부도 하고 경력도 쌓으며 차근차근 대통령직을 향해 간다.

미셸이 오바마를 만날 때까지

여기에서 미셸 얘기를 하지 않을 수 없다. 오바마는 50% 흑인인 반면 미셸은 100% 흑인이다. 오바마가 나중에 선거활동을 할 때 미셸의 도움을 많이 받았는데 미셸이 100% 흑인이라는 사실이 상당한 후광 효과를 발휘했다. 오바마는 오레오 쿠키처럼 속은 하얗고 바깥만 흑인이라고 생각하던 흑인들이 많았는데, 미셸이 배우자로서 이 부분을 상쇄시켜 주니 흑인들을 설득하기에 효과적이었던 것이다.

오바마는 시카고 남쪽 지역 흑인들이 많이 거주하는 사우스 사이드에서 공동체 조직가 활동을 했는데, 바로 그 부근(사우스 74와 유클리드 애비뉴가 만나는 지역)에서 미셸이 1964년에 태어나 학교를 계속 다녔다. 미셸의 아버지는 시청에 고용된 수도공사 기술자였다. 필자가 예전에 공부했던 시카고대학의 위치가 미셸의 집에서 가까웠다. 블록으로 보면 15개 정도밖에 차이가 안 난다. 왜냐하면 시카고대학은 사우스 55~60 지역에 걸쳐 있기 때문이다.

미셸의 친오빠, 크레이그는 고등학교 때 스타 농구선수로 이름을 날리며 프린스턴대학 장학생으로 입학한다. 미셸도 오빠따라 1981년에 프린스턴대학에 들어가 사회학을 전공했다. 자신의 종족에 대해 관심이 많았던 미셸은 학사 졸업 논문을 썼을 때도 프린스턴대학을 마친 흑인 졸업생들과 흑인 공동체는 어떻게 살고 있고 어떤 생각을 하고 있는지를 주제로 삼았다. 여기에서 우등으로 졸업하여 하버드 로스쿨로 진학했다.

미셸은 로스쿨 졸업 후 시카고로 돌아와 1988년부터 시들리 앤드 오스틴 로펌에서 마케팅과 지식재산권 분야에서 근무하는데 2년 후 여름에 오바마가 이 회사에 인턴으로 들어온다. 하버드 로스쿨을 다니면서 1990년 방학 동안에 인턴으로 잠깐 들어온 오바마의 회사 멘토가 바로 미셸이었다. 시간이 지나며 서로 친하게 되어 1992년에 결혼까지 하게 된다.

필자가 예전에 대학 다닐 때 굉장히 좋아했던 노래로 비틀스의 〈미셸Michelle〉이 있었다. 그런데 이 곡이 처음 수록된 음반이 1965년에 나온 〈러버 소울Rubber Soul〉이다. 필자는 18번 노래로 〈미셸〉을 많이 부르곤 했는데 그 미셸이 미셸 오바마와 연결돼서 흥미로웠다.

두 사람이 처음에 인턴과 멘토로 만나긴 했는데 미셸은 직장에서 일로 만났기 때문에 너무 가까워지는 것을 좀 꺼려했었다. 두 사람이 조금 알게 되면서 〈똑바로 살아라〉 영화를 보러 영화관에 갔던 모양이다. 미국 내 인종 차별을 다룬 이 영화는 뉴욕시 브루클린 흑인들이 많이 사는 지역에서 흑인들과 이탈리아인들이 서로 충돌하는 갈등 과정을 보여준 영화였다. 이탈리아계 살은 이 지역에서 20년 넘게 피자 가게를 운영하는 인물로 나왔고, 흑인 무키는 이 피자 가게의 배달원으로 나왔다.

극장 좌석에 앉아 영화를 보면서 오바마가 미셸한테 손을 뻗쳤는데 미셸이 그걸 거부하지 않아 급격하게 서로 친해졌다. 오바마 입장에서는 이 영화가 결혼까지 골인하게 되는 멋진 계기를 만들어주어 정말 고마웠으리라. 나중에 오바마는 감독과 주연을 했던 스파이크 리Spike Lee를 만나 "당신 덕분에 내가 결혼을 했다"며 감사 표시를 했다. 이를 계기로 스파이크 리는 오바마와 친해지면서 오바마를 지지하는 선거운동에도 많이 나갔는데 "우리 시대는 이제 오바마 이전Before Obama과 오바마 이후After Obama 시대로 구분될 것이다"라고 말하기도 했다.

결혼 후 미셸

시카고에서 변호사로 활동하던 미셸은 결혼 후 점차 경력을 전환하게 된다. 변호사 생활을 접고 시카고 시장의 자문관을 거쳐 청년 경력을 관리하는 비영리단체의 책임자가 된다. 본인이 어려서 살았던 지역에서 가까운 시카고 대학의 행정담당 학장보도 하고, 시카고 대학병원 행정부원장도 맡는다.

그러다가 오바마가 본격적으로 대선에 나가자 직장을 그만두고

미셸은 오바마가 본격적으로 대선에 나가자 직장을 그만두고 선거운동에 뛰어든다.(출처_위키피디아)

선거운동에 뛰어든다. 미셸은 처음에 오바마가 대선에 나가는 걸 상당히 말렸다고 한다. 왜냐하면 선거란 불확실성이 커서 당선 여부가 불확실하고 당에서 재정 지원을 일부 해주지만 본인의 돈도 많이 써야 한다. 그래서 처음에는 꺼렸지만 시간이 지나면서 오바마가 엄청난 인기를 끌며 아이돌로 뜨면서 미셸도 적극 나서서 도와줘야 되겠다고 판단해, 다니던 직장을 아예 그만두고 선거운동에 돌입한다.

미셸 본인이 똑똑하기도 했고 논리적으로 말도 잘해서 오바마가 핀치에 몰렸을 때 구원투수 역할도 많이 했다. 오바마가 정책을 운영하다 보면 흔들리기도 하는데 그럴 때 중심을 잡아주는 바위 역할을 톡톡히 했다. 그래서 '오바마의 바위'라는 닉네임도 얻었다. 오바마는 사람들한테 이런 얘기를 많이 하곤 했다. "내가 많은 걸 잘 모르는데 모른 게 있으면 항상 미셸에게 물어봐요. 그러면 답이 나옵니다." 두 사람은 지적으로나 정서적으로 많은 도움을 주는 상당히 바람직한 모습이 아닐 수 없다. 그래서 퍼스트레이디 평가를 보면 미셸의 순위가 엘리너 루스벨트처럼 1위는 아니더라도 상당히 높게 나온다. 오바마 부부는 사적 파트너는 물론이고, 정치적 파트너십으로도 이상적인 관계가 아닐 수 없다.

 2024년 미국 대선에서 민주당의 대통령 후보로 미셸의 인기가 대단했지만, 본인이 고사해 후보로 나서지는 않았다. 특히 조 바이든 대통령이 후보에서 사퇴한 후 많은 설문조사에서 트럼프를 이길 수 있는 후보로 거론되곤 했다.

3

오바마의 담대한 희망

시카고는 오바마의 정치적 고향

　오바마의 자서전《담대한 희망》은 오바마가 정치활동을 본격적으로 시작한 이후 대통령 당선 전까지를 다루고 있다. 오바마는 하와이에서 태어났으나 정치가로 우뚝 성장한 정치적 고향은 시카고다. 시카고에서만 23년을 살았다. 학부 졸업 후 시카고에 와서 공동체 조직가로 활동하면서 여러 프로젝트를 통해 흑인 사회를 제대로 알게 되었다. 하버드대학 로스쿨을 다니면서 시카고의 로펌에 와서 인턴으로 근무하다가 미셸을 만나는 행운을 얻기도 했다. 〈하버드 로우 리뷰〉 편집장도 하고 공부도 아주 잘했기 때문에 보수가 훨씬 좋은 로펌에 갈 수도 있었지만, 정치계에 뛰어들 생각을 하고 있어서 보수가 작아도 자기의 생각과 잘 통하는 시카고의 로펌에 들어갔다. 빈민을 도와주거나 인권 변호를 다루는 데이비스 마이너 바닐 갤런드 로펌에 간 것이다. 회사 이름에 사람 이름이 이렇게 많은 이유는 이 로펌을 만든 사람들의 이름이고, 다른 로펌과 합병이 되면 그 이름을 또 붙여주면서 회사 이름이 길어진다.

이처럼 오바마는 지역사회와 관련되는 인권 변호 분야의 로펌에서 경력을 쌓으면서 1997년 일리노이주 상원의원에 당선된다. 이에 만족하지 않고 연방 하원의원, 연방 상원의원에도 도전하고 싶어 했다. 2000년에 연방 하원의원에 첫 도전했으나 아깝게도 떨어져 재도전에 나선다. 그러던중 2004년에 민주당 전당대회에서 기조연설을 할 기회를 우연히 만나 대박을 터뜨린다. 사람들 모두를 감동시키는 환상적인 연설 덕분에 연방 상원의원직에 도전했다가 덜컥 당선된다. 더구나 4년 후에는 대통령직까지 거머쥔다. 오바마는 이처럼 시카고에서 23년 동안 정치활동을 하며 일취월장 쑥쑥 커나갔다.

학부 졸업 후 시카고에서 공동체 조직 활동

1983년에 오바마가 학부를 마치고 나서 1985년부터 시카고 남부에 와서 어떤 공동체 조직에서 활동을 했는지 잠깐 보자.

1980년대 시카고시에는 처음으로 흑인 시장이 당선되었다. 해럴드 워싱턴Harold Washington 시장이 4년 동안 재임하고 있을 때 오바마가 시카고 남부에서 공동체 조직 활동을 한 것이다. 만약 해럴드 워싱턴 시장이 아니었다면 오바마는 시카고에 안 갔을지도 모른다. 왜냐하면 시장이 흑인이었기에 오바마는 자신이 좀 더 일을 잘할 수 있겠다고 생각했을 가능성이 크다.

당시 시카고 시정부는 저임금 노동자들을 위한 공공임대주택을 많이 만들었다. 한국도 요즘은 공공임대주택들이 생겼지만 미국에서는 일찍부터 그런 주택사업들이 시작되었던 것이다. 주택사업 개발 프로젝트를 추진하고 흑인들을 취업시키려면 여러 훈련이 필요하므로 시카고 시정부는 취업센터를 세우려고 했다. 당시 공공아파트에는 석면이 많다는 문제가 제기되어 오바마는 암을 유발하는 석면을 제거하는 프로젝트를 진행했다. 나중에는 석면 문제가 정말 사회적 문제로 인식되었는데, 그런 면에서 오바마는 선구적인 환경 프로젝트를 진행했던 셈이다.

선거에서는 자신을 유권자로 등록하고 투표에 참여해야 세상을 바꾸는데 흑인 중에는 그런 중요성을 몰라 투표하지 않는 사람들이 꽤 있었다. 오바마는 흑인의 유권자 등록을 유도하는 활동을 3년 동안 하면서 풀뿌리 정치의 기반과 경험을 쌓는다.

일리노이주 상원의원 출마

오바마가 하버드대에서 로스쿨을 마치고 시카고의 남부로 돌아와 주 상원의원을 하겠다며 갑자기 나서자 주위에서 비판이 거셌다. 1961년생 오바마의 당시 나이는 겨우 36세였다. 너무 젊다, 경험이 없다, 선거 자금이 필요할 텐데 재력가 인맥은 있는지, 피부색이 검고 50% 흑인이라서 어렵다는 얘기가 나왔다. 게다가 이름에 버락이 도대체 뭐냐, 이슬람 이름인 후세인이 뭐냐 하며 입방아를 찧었고, 흑인들이 좀 도울지는 모르지만 백인들이 안 찍어줄 것이다 같은 비난도 빗발쳤다. 하지만 결국 당선되었다.

당선 이후 오바마는 의정 활동을 매우 활발하게 펼쳤다. 모두 14

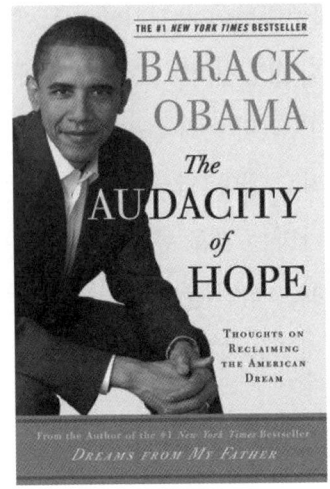

2004년 오바마는 존 케리가 부탁한 기조연설 제목을 '담대한 희망'으로 정했는데, 연설이 대박이 났고, 이후 책 제목도 'The Audacity of Hope: Thoughts on Reclaiming the American Dream'으로 했다. 한국에서는 《담대한 희망》이라는 제목으로 번역출간됐다.

개 법안을 통과시켰는데 그중에 가장 중요한 것은 심문 과정 녹화를 의무화하는 법안이었다. 피의자가 죄를 저지르면 심문을 받고 판결을 받게 되는데, 심문 과정에서 피의자를 압박, 협박, 회유하는 일이 많이 발생하곤 했다. 이때 녹화를 해두지 않으면 실제로 어떤 식으로 심문이 이루어졌는지 나중에 따질 수가 없지 않겠는가. 그래서 오바마는 주 상원의원으로 일하면서 심문 과정 녹화를 의무화하는 법안을 통과시켰는데 지금 봐도 굉장히 중요한 업적이다. 3년 후 연방 하원의원에 도전했는데 보비 러시Bobby Rush라는 당시 유력한 정치인에게 패배를 하고 빚도 잔뜩 지게 되었다.

2004년 이후 오바마의 정치 여정

오바마의 정치 여정을 보면 2004년이야말로 극적인 터닝 포인트였다. 당시 오바마는 일리노이주 상원의원은 했지만 연방에는 아직 진출하지 못하고 있었다. 그런데 민주당의 대선 후보인 존 케리John Kerry가 민주당 전당대회를 앞두고 오바마에게 갑자기 전화를 걸어 기조연설을 해달라고 부탁한다. 케리는 오바마가 연설에 능하다는 것을 이미 알고 있어서 한 번도 만나지 않았는데도 연설 의뢰를 한 것이다.

오바마는 어떤 주제로 연설을 할까 고민하다가 제목을 '담대한 희망'으로 정했는데 대박이 터지고 말았다. 오바마가 전달하고자 한 핵심은 통합이었다. 백인과 흑인이 갈라져서 서로 갈등을 많이 벌이고 있는데 그러면 안 되고 통합해야 국가가 살아난다고 역설한 것이다. 링컨은 노예해방도 중요하지만 남북이 합쳐야 연방을 유지할 수 있다는 것을 가장 중시했다. 오바마는 링컨의 이 메시지를 자신의 경험과 엮어서 이런 얘기를 만들었다.

"자유주의자의 미국도, 보수주의자의 미국도 없습니다. 오직 미합중국만이 있을 뿐입니다. 흑인의 미국도, 백인의 미국도, 라틴계 미국도, 아시아계 미국도 없습니다. 오직 미합중국만이 있을 뿐입니다. 우리는 한 국민입니다."

민주당 전당대회에 참석했던 사람들 모두가 이 연설에 열광했다. 연설이 끝나자 어떤 참석자가 오바마에게 이렇게 대뜸 질문했다. "언제 대통령 출마할 거예요?" 놀라운 질문이 아닐 수 없다. 당시 오바마는 아직 연방 상원의원도 안 되었기 때문이다. 그럴 정도로 당시 연설은 열광적인 호응을 얻었다. 기부금도 크게 늘어나 차세대 정치 스타로 급부상하는데 결정적 계기를 마련했다. 당시 연설 제목 '담대한 희망'이 2006년에 출간된 오바마의 두 번째 자서전《담대한 희망》으로 그대로 사용된다.

오바마의 여러 장점 중 하나가 탁월한 연설이었는데, 첫 번째 대박이 바로 2004년 민주당 전당대회에서였다. 만약 존 케리가 오바마에게 연설 의뢰를 하지 않았다면 오바마가 대통령으로 이렇게 빨리 갈 수 있었을까? 아니었다고 본다. 정치가에 있어서는 연설이 정말로 중요함을 다시 한 번 절감하는 결정적 순간이었다.

이 연설로 버락 오바마는 하루아침에 벼락스타가 되었다. 이 연설의 성공에 힘입어 몇 개월 있다가 연방 상원의원 선거에 나갔는데 덜컥 당선된다. 그런데 당선 이후 얼마 안 있다가 오바마는 뜬금없이 대통령에 출마해야겠다고 생각을 굳힌다. 미셸에게 "나 이제 대선까지 갈 거야"라고 슬쩍 얘기하니까 미셸은 반대했다. 그후 오바마의 인기가 급상승하니 결국은 허락했는데 미셸이 남편한테 조건을 하나 달았다. "당신 아직도 담배 많이 피우잖아. 금연해. 그러면 내가 허락할게." 이 말에 오바마는 담배를 진짜 끊었다. 젊었을 때에는 마리화나, 코카인도 피우다가 진작 끊었지만, 줄담배는 아직 못 끊은 상태였다. 하지만 마음을 다잡고 대선에 출마하면서 금연에 완전 성공한다.

자신의 연설 '담대한 희망'이 히트를 치자 오바마는 두 번째 자서전 저술에 도전했다. 첫 번째 자서전은 오바마 부모에 대한 얘기 중심으로 사적인 얘기가 많았으나, 두 번째 자서전《담대한 희망》은 완전히 자기의 정치 이야기를 담았다. 앞으로 대통령이 되면 무엇을 정책으로 펴겠다는 선거공약도 집어넣는다. 원고 집필을 마무리하고서 가족과 함께 친아버지의 고향인 케냐, 그릭고 남아공을 방문했다. 당시 남아공에 가서는 투투 대주교도 만나면서 자신의 인지도를 세계적으로 넓혀 나간다.

2007년 대통령 출마 선언

오바마는 2007년 2월에 대통령 출마를 선언했다. 출마 선언을 어디에서 하느냐가 상징적으로 매우 중요한데, 오바마는 일리노이주 스프링필드에 있는 옛날 주의회 의사당을 택했다. 링컨이 대통령이 되기 전에 공화당의 연방 상원의원 후보로 지명되자 이를 수락하면서 바로 이 공간에서 연설을 했던 것이다. 링컨의 연설 주제는 그 유명한 '분열된 집House divided'이었다. 노예와 자유인으로 나뉘지는 분열된 집에서는 절대로 연방을 유지할 수도 없고 그래서도 안 된다고 역설했다. 집을 분열하지 말고 통합하자는 취지의 얘기인데 사실 오바마가 말하고자 했던 통합이라는 가치와 전적으로 일치했던 것이다. 그런 이유 때문에 오바마가 일부러 그런 장소를 전략적으로 택했다.

그렇지만 당시 미디어들은 오바마에 대해 상당한 의문을 가졌다. 당시 〈USA 투데이〉 신문에서 이런 기사를 썼다 "지난 2005년에 상원의원 당선, 일리노이주 상원의원 7년, 그리고 2004년에 하원의원에도 당선되지 못했고, 그렇지만 2004년에 케리 덕분에 전당대회에서 뛰어난 연설로 두각을 받았고, 본인이 썼던 자서전 두 권이 베스트셀러가 되었다. 이게 오바마의 정치 이력 전부다."라고.

"겨우 이 정도 경력만으로 과연 미국 대통령이 될 수 있겠어?"라며 맹공을 퍼부은 것이다. 물론 이게 짧다면 짧고, 길다면 길다고 할

연설 중인 오바마
(출처_위키피디아)

수 있는데 이런 짧은 정치 이력에도 불구하고 오바마는 마침내 대통령에 당선된다.

　오바마가 직접 쓴 자서전으로 《내 아버지로부터의 꿈》과 《담대한 희망》이 있다. 그 다음으로 2010년에 《Of thee I sing》이 나오기는 했지만 이는 자서전이라고 할 수는 없고, 세 번째 자서전으로 《약속의 땅》을 출간했다. 대통령 임기를 마치고 나서 출간한 책으로 900페이지나 된다. 오바마의 대통령 재임 시 어떤 일들을 했는지 그리고 거기에 담긴 속이야기가 진솔하게 다 나와 있어서 오바마의 진면목을 훑고 싶으면 이 책 탐독을 추천한다.

　앞서 말했지만 오바마는 본인이 썼던 책이 베스트셀러로 등극하며 재정적으로 큰 도움을 받게 된다. 나중에 나온 오디오북 형태의 《내 아버지로부터의 꿈》, 《담대한 희망》은 각각 그래미상을 두 번이나 수상했다.

오바마의 대선 과정

오바마가 민주당의 대통령 후보로 있을 때 공화당 상대는 존 매케인John McCain III이었다. 당시 조지 W. 부시 대통령은 8년 동안 재임하면서 끔찍한 9.11 테러를 당해 이라크 전쟁까지 일으켰지만 전쟁 늪에 빠져 허덕이고 있었다. 더구나 부시가 마지막 재임기에 신용이 나쁜 사람에게도 부동산 대출을 과도하게 해주면서 부동산 버블이 발생해 파산하는 사람들이 급증했다. 이른바 2008년 경기대침체가 발생한 것이었다. 부시 정권 말기에 기독교/이슬람교 간 전쟁과 분열, 심각한 경제 침체, 백인과 흑인 간 분열로 지친 사람들은 이런 난제를 일거에 해결해 주기를 오바마한테 기대했다. 그러니까 전쟁 테러 종식, 경제회복, 사회통합을 이루길 바랐던 것이다.

우리가 잘 아는 존 F. 케네디, 로버트 케네디, 마틴 루터 킹, 에이브러햄 링컨 모두 통합적인 이미지를 지닌 인물들이다. 그런데 이런 이미지를 오바마가 가지고 있어서 사람들이 구세주로 기대하게 됐다. 특히 에드워드 케네디는 당시 민주당의 유력 후보자였던 힐러리를 지원하지 않고 오바마를 지지하면서 오바마의 인기는 더욱 치솟았다.

임기 막바지인 2008년 12월에 부시 대통령이 이라크에 가서 기자들과 얘기를 나누는데 그 자리에 참석했던 이라크 신문 기자가 자기가 신고 있던 신발을 부시에게 던졌다. 두 번 더 던졌다. 부시의 운동 감각이 좋아서 다행히 신발에 맞지는 않았지만 당시 부시에 대한 분노가 얼마나 심했는지를 여실하게 보여주는 순간이었다. 오바마가 당선된 것은 오바마 자신의 인기 덕분이기도 하지만 공화당의 부시 인기가 최악이었던 것에 힘입어서 당선된 측면도 강하다. 자기 자

버락 오바마가 쓴 책《약속의 땅》

신이 꼭 잘나서가 아니라 전임자가 잘못해서 상대적으로 스포트라이트를 받는 현상을 우리가 많이 보는데 오바마도 그런 수혜자였다.

　오바마는 대선 과정에서 내세운 여러 기치 중에서 제일 중요한 것은 변화와 통합이었다. 부시 대통령은 외교 정책을 수립할 때 모든 것에 이분법을 적용했다. '나는 이 편이고 너는 저 편이니까 너는 나의 적이다'라는 식이다. 레이건이 즐겨 말했던 악의 제국 이야기를 부시도 공공연히 꺼냈는데 오바마는 그런 시대가 지났다고 말했다. 자신이 대통령이 되면 전 세계 모든 나라와 관계를 잘 유지하는 다자주의 외교를 할 것이고 미국이 개입했던 전쟁에서 발을 빼겠다고 다짐했다. 그리고 기후변화 문제가 당시 한참 부상하고 있었는데 오바마는 이를 우리 인류의 문제로 이해해야 한다고 공공연하게 말했다. 오바마는 당시에 정치 슬로건으로 "Yes, we can!"을 내세웠다. '우리는 할 수 있다'는 것이었다. 대선 시기에 이런 정치 슬로건은 매우 중요하다. 오바마는 사람들이 많이 모이는 공간에서 이 슬로건을 항상 말했고 지지자 또한 더욱 크게 외쳤다.

　유세 초기에는 흑인들의 지지도가 별로 높지 않았다. 힐러리 클린턴을 더 많이 지지했다. 그런데 오바마가 그런 열세를 딛고 힐러리를 누르게 된 데에는 오프라 윈프리의 기여도가 크다. 당시 오프라 윈프리는 자신의 토크쇼에서 좋은 책을 골라 추천하면 국민들의 높은 호응도에 힘입어 해당 책이 곧장 전국 베스트셀러로 진입하곤 했다. 윈프리는 오바마의 자서전도 이런 식으로 띄웠고 오바마를 본인의 토크쇼에 불렀다. 오바마는 2008년 6월 힐러리를 제치며 민주당 후보로 확정되었고 11월 공화당의 존 매케인과의 대선 대결에서도 최종 승리하게 되었다. 이처럼 '오프라 윈프리 효과'는 오바마 승리에 대단한 지렛대 역할을 했다.

　오프라는 이렇게 말했다. '1960년대에 루터 킹 목사는 꿈이 있다

오프라 윈프리 쇼는 오프라 윈프리가 1986년 9월 8일부터 2011년 5월 25일까지 진행한 토크쇼이다. (출처_위키피디아)

고 말했지만, 우리는 이제 오바마를 통해 꿈을 현실로 만들 수 있습니다.'라고. '누구 때문에? 오바마 때문에' 그래서 흑인들의 지지는 더욱 뜨거워졌다. 윈프리는 산타바바라에 있는 자신의 집에 사람들을 대거 불러 선거 기금 마련 캠페인을 했는데 하루 만에 300만 달러를 모금하기도 했다. 물론 다른 지역에 가서도 선거 유세를 도와주며 오바마 인기몰이에 정말로 많이 기여하게 된다. 그래서 사람들은 이 둘의 상호관계를 '오프라 바마'라고 불렀다. 오프라 윈프리와 버락 오바마의 합성어다. 오프라 윈프리 효과가 아니었어도 오바마의 인기는 좋았겠지만 오바마 대세를 확고하게 굳히는 데에 윈프리가 기여했던 것은 분명하다.

민주당 내 경선에서 오바마가 힐러리를 제치고 대선에 나섰다. 당시에 랠프 네이더Ralph Nader도 나와서 민주당 표를 좀 갉아 먹기도 했지만 영향력이 크지 않아 노인을 대표하는 공화당의 매케인 후보와 맞붙어 오바마가 압도적 승리를 거둔다. 당시 오바마가 당선되자 〈뉴욕 타임즈〉에서 특집판을 냈는데 특집판 신문을 많이 인쇄하지 않아 구하기가 힘들었던 모양이다. 그래서 이베이에서 이 특집판의 경매 가격이 100달러까지 오르기도 했다.

당시 오바마의 승리를 놓고서 여러 의미있는 얘기들이 나왔다. '개미들의 힘', '롱테일의 승리', '오바마 강림 신드롬', '오바마니아', '오바마 네트워크'라는 말이 등장했다. '오바마콘con'이라는 말까지 등장했는데, 공화당내 오바마 지지자를 말한다. 여기에서 콘con은 보수파를 의미한다. 4년 후 2012년 대선에서 공화당에서는 밋 롬니Mitt Romney 후보가 나왔으나 오바마는 그때에도 재선에 성공했다.

오바마 대선 승리의 원동력 다섯 가지

오바마 대선 승리의 원동력을 이렇게 다섯 가지로 나눠봤다. 무엇보다도 '오바마는 솔직했다, 진정성이 있었다, 도덕적이다'가 하나다. 또 하나는 오바마의 연설은 훌륭했다. 우리가 수사학, 레토릭Rhetoric이라 부르는 스토리텔링 재능, 연설 재능이 분명히 역할을 했다.

그리고 본인이 정치를 앞으로 해야겠다는 방향을 굳히고 대학을 졸업하자마자 풀뿌리에서 공동체 조직 활동을 했고 나중에 변호사가 되어서도 인권 변호사로서, 공동체 활동을 하는 로펌에서 일을 하여 이런 이력이 켜켜이 쌓여 본인의 정치 역량과 공익 이미지가 확장되었다.

또 무엇보다도 대선에 나와서 외쳤던 통합, 변화, 화합에 대한 이야기가 사람들한테 어필했다. 이런 것들이 모두 합쳐서 부시의 분열된 이미지를 불식시키고 미국과 전 세계를 구해주는 구세주savoir 이미지를 갖게 되면서 오바마가 결국 대선에서 승리했다.

무엇보다도 당시에 꼭 민주당의 노력만이 아니라 미디어가 자발적으로 오바마 얘기를 많이 해준 것도 크게 기여했다. 실제로 매케인보다 오바마를 뉴스에서 자꾸 언급하면 사람들의 이미지가 좋아진다. 물론 뉴스에서 나쁜 각도에서 자꾸 언급하면 이미지 악화 요인으로 작용하지만 오바마 경우는 좋은 쪽으로 얘기가 훨씬 많이 나왔다. 그래서 오바마의 대선 승리의 원동력은 솔직함, 진정성, 도덕성 그리고 스토리텔링 재능, 풀뿌리 친화력 정치, 갈등, 분열보다는 통합, 그리고 화합, 구세주 이미지 등 다섯 가지에서 나왔다고 생각한다.

4

대통령으로서의 업적

"남북전쟁이 147년 만에 막을 내렸다"

 버락 오바마는 대통령으로서 어떤 업적을 남겼을까? 당시에 〈뉴욕타임스〉의 유명한 칼럼니스트 토머스 프리드먼Thomas Friedman이 이런 말을 한 적이 있다. "2008년 11월 4일, 남북전쟁이 147년 만에 막을 내렸다"라고. 우리는 남북전쟁이 1861년부터 4년 동안 지속된 것으로 알고 있는데 당시에 끝난 게 아니라는 말이다. 그 이후로 미국에서는 흑인 문제가 끝없이 진행되었기 때문이다. 그런데 2008년 11월 4일 첫 흑인 대통령의 당선으로 드디어 남북전쟁이 종결되었다고 말한 것이다. 상당히 상징적인 말이다. 드디어 흑인의 한이 풀린 것이다.

 현재 미국 인구가 3억 4천만 명을 넘겼는데 흑인의 비율이 12% 정도다. 그리고 히스패닉이 18%, 아시아인이 6%, 그리고 백인이 60% 정도로 되어 있다. 백인에 이어 흑인보다는 히스패닉이 더 많다. 흑인의 12%에서 첫 대통령 오바마가 나온 것이다. 흑인보다 히스패닉이 더 많지만 아직 히스패닉 대통령은 배출되지 못했다. 물론 아시아계 대통령도 아직 나오지 못했다.

오바마의 업적을 크게 세 가지로 나눠보자. 하나는 미국발 경제위기를 어느 정도 극복했으나 완전히 제대로 성공하지는 못했다. 두 번째로는 오바마케어 의료보험제도 도입은 큰 승리로 보고 있다. 세 번째는 외교 정책인데 어느 정도 성공만 거두었다. 왜냐하면 이라크에서 철수한 다음에 아프가니스탄에서도 철수한다고 했으나 결국 철수하지 못했기 때문이다.

경제위기 극복

우선, 대통령에 취임한 오바마는 조지 W. 부시 집권 말기였던 2007~8년에 시작된 미국발 불경기를 극복하는 데 매진했다. 그전에 연방준비제도 이사회 의장 앨런 그린스펀이 호경기를 지속하기 위해 이자율을 오랜 기간 낮게 유지했는데 이로 인한 후유증이 매우 컸다. 부적격자에 대한 부동산 대출이 과다하게 이루어져 결국 경제를 파탄시켰기 때문이다.

부시 정권 말기에 터진 부동산 문제, 경기 침체를 오바마가 수습하는 데 큰 애로를 겪었다. 미국은 중간선거를 대통령 4년의 임기 중간에 하는데 2009년에 미국 경제성장율이 마이너스로 악화되고 실업률도 오른데다 재정 적자도 막대해 공화당은 하원 다수당 위치를 빼앗겼다.

공화당의 인기는 떨어졌지만 대신 보수파의 풀뿌리 운동인 티파티 운동이 번져 민주당 표를 갉아 먹었다. 티파티TEA party는 예전에 미국 독립운동 당시 화난 상인들이 차 상자를 바다에 던진 것을 풍자한 말이었다. 하지만 '세금을 너무 많이 걷어간다Taxed Enough Already'의 약자로 의미가 바뀌어, 정부가 걷은 세금을 복지나 국방에 너무 많이 쓰지 말고 제발 세금을 줄여달라는 운동이다. 이 보수파 운동이 자꾸 확장돼서 오바마를 공격하는 중요한 단체가 되자 티파티에 대항하기 위해서 민주당에서는 커피파티Coffee Party를 만들기도 했다. 이처럼 티파티와 커피파티는 한때 정가에서 뜨거운 화두였다.

오바마는 집권 후 부유층 감세 조치를 없애려고 했으나 생각보다 잘 추진되지 못했다. 그래서 부유층 감세 조치가 연장되고 상속세 면제도 여전했다. 당시 오바마의 국정수행 지지율이 39%로 떨어진 상태에서 일자리 창출 방안을 포함해서 경기 부양책을 발표했으나 중간 선거에서 다수당 위치를 빼앗겼다.

오바마는 2008년 대선에서 당선되어 2009년 1월에 취임했는데, 2009년 GDP 성장률은 -2.78%였다. 당시 미국발 불황이 시작되어 경제 성적이 나빴다. 물론 경기부양책을 강하게 펼치면 GDP가 빨리 올라갈 수는 있었겠지만 당시에 불경기 조짐이 워낙 커서 역부족이었다. 2010년 GDP 성장률 1.6%를 거쳐 2011년 2.5%로 회복되었다.

취임 초기에는 경기가 좋지 않아 실업률도 상당히 나빴으나 이후 경제성장이 지속되면서 실업률은 계속 떨어졌다. 오바마의 8년 재임기 전체를 보면 초기에는 경제가 안 좋았고 이후에는 상대적으로 괜찮았다고 평가할 수 있다.

오바마케어 : 의료 보험

오바마케로 넘어가보자. 미국은 유럽이나 한국과는 달라서 사보험이 기승을 벌이는 국가다. 예전에는 사보험을 들어도 피보험자가 예전 자기의 병 이력을 보험사들에게 제대로 밝히지 않았다면 문제가 되어 보험료 지급을 해주지 않는 일들이 상당히 많았다. 대형 사보험 회사들 중심으로 서로 담합을 하여 보험료를 내리지 않아 피보험자가 내야 하는 보험료 부담이 컸다. 한국에 비하면 미국은 정말로 보험료가 높았다.

어느 혜택까지 커버하느냐에 따라 보험료 금액이 크게 올라가게 되었다. 미국의 중하 계층 사람들은 보험을 아예 들 수가 없을 정도였다. 2005년에 개인들이 파산을 1,700번 했는데 이중에 4분의 3이 의료보험 때문이었다. 커버리지를 조금만 해놓은 피보험자에게 문제가 생기면 보험사가 제대로 커버를 해주지 않기 때문에 나머지는 모두 실비로 내야 했다. 이로 인해 재정 문제가 발생한 개인이 파산하는 경우가 빈번하게 발생했다. 이처럼 의료비 과다로 인한 개인 파산런 문제를 막으려고 오바마가 칼을 들이댄 것이다.

오바마케어 도입 이전에도 공공의료보험이 약간 있긴 했다. 존슨 대통령 때 빈민층 대상의 보험으로 메디케이드가 처음 도입되었다. 64세 이상 은퇴자나 장애인에게 제공하는 메디케어도 일부 존재하긴 했다. 하지만 미국 전체 인구 중 15%에 해당되는 5천만 명에 해당되는 사람들이 의료보험에 가입하지 않고 있었다. 그래서 오바마케어는 바로 이런 사각지대에 있는 사람들에게 혜택을 줄 목적으로 공공의료보험을 도입하게 되었다.

공공의료보험을 정부가 추진한다고 하니 기존 사보험사들은 자기 이윤이 줄어드니 반대하고 의사들은 의료 수가가 낮아질까 봐 반대했고, 공화당과 보수적인 국민들은 증세를 우려하여 당연히 반대했다. 그러면서 오바마케어가 도입되면 미국은 완전히 쫄딱 망해 유럽 같은 사회주의가 미국을 지배한다는 식으로 협박하며 거세게 반발했다.

바로 이런 이유로 예전 민주당 대통령들은 모두 의료보험 도입에 실패했고, 에드워드 케네디의 도입 시도마저 무산되었던 것이다. 그래서 이런 공공의료보험을 갈구하던 사람들은 오바마가 공공의료보험을 도입해 주리라 기대하고 오바마를 지지했다.

2009년에 의료보험 개혁 법안이 상원과 하원에서 간신히 통과되었으나 완전히 국법으로 확정 되려면 타협 과정이 필요했다. 원래 오바마는 공공보험을 제대로 도입해서 사보험이 제공하는 보험 상품 외에 국가가 제공하는 의료 보험 상품을 따로 만들려고 했다. 하지만 거기까지는 못갔다. 나중에 다른 대통령이 더 보완하리라 믿고 오바마는 중간에서 타협하여 수정된 공공의료보험이 2014년 1월부터 시행되어 지금까지 운영되고 있다.

당시 공공의료보험 도입에 반발하는 사람들이 굉장히 많아서 오바마가 이런 얘기까지 했다. "재선에 실패하더라도 의료보험 개혁은 꼭 이루고 싶다." 에드워드 케네디는 죽기 전에 의료보험 개혁은 내 삶의 최대 존재 이유라며 정말로 이 정책 도입을 갈망했다. 오바마케어에 아직 미비한 점들이 있지만 앞으로 보험 대상이 더욱 확대될 것이라고 믿는다.

오바마 독트린 : 외교 정책

외교 분야에서는 오바마 독트린이 있다. 레이건이 내세웠던 레이건 독트린은 소련을 아예 적국으로 간주하고 군사비나 여러 면에서 미국이 우위를 보여야 된다라는 강경 입장을 말한다. 오바마 독트린은 레이건 독트린의 반대다. 오바마 독트린은 대화와 협력 위주로 다자주의 노선을 취하는 것을 말한다. 그래서 오바마는 2009년에 이라크 내 미군 전투 부대를 이제 18개월 안에 철군하겠다고 천명하였고 이에 힘입어 노벨 평화상을 수상했다.

핵무기 없는 세계 비전을 제시한 오바마 대통령이 노벨 평화상을 받은 걸 놓고 논란이 분분했다. 대통령 취임 1년도 안 됐는데 어떻게 노벨상을 받을 수 있느냐라고 얘기를 했는데 노벨평화상을 주는 노벨상 위원회 입장에서 봤을 때는 오바마가 잘해서 주는 것도 있지만 세계 정세가 평화 쪽으로 가도록 미국을 유도하고 싶었기 때문이었다. 다른 의학상, 생리상, 물리학상, 화학상은 완전히 업적 위주지만 평화상은 아무래도 미래지향적인 성격을 띄지 않을 수 없다.

2011년에 백악관 상황실을 보여주는 이 사진이 유명하다. 오바마가 지켜보고 있는 TV 장면은 당시 오사마 빈 라덴이 자신의 집에서 잡히는 숨가쁜 과정을 여실히 보여주고 있었다. 오사마 빈 라덴이 파키스탄의 어느 안가에 은밀하게 거주하고 있다는 정보를 미군 정보당국이 입수해 해군 특수부대를 그 집에 잠입시켜 사살한 것이다. 그 장면을 오바마는 힐러리 클린턴, 로버트 게이츠 국방부 장관을 비롯해 참모들과 함께 보고 있었다.

빈라덴 제거 작전의 성공이 오바마의 재선에 크게 도움을 주었던

미국은 2011년 5월 1일 9·11 테러를 주도한 오사마 빈 라덴 사살 작전에 돌입했다. 오바마는 백악관 상황실에서 TV로 지켜봤다.(출처_위키피디아)

것은 분명하다. 일단 이라크 문제, 탈레반 문제가 해결되자 오바마는 미군을 2011년 연말까지 이라크에서 철수시켰다. 대신에 이라크 내 미군을 아프가니스탄으로 옮겨 아프가니스탄 문제를 빨리 해결하려고 했다. 오바마가 이라크에서 미군을 너무 빨리 철수하는 바람에 테러 집단인 IS(이슬람국가) 출현의 빌미를 제공하기도 했다. 오바마는 2014년까지 아프가니스탄에서 미군 철수를 미국 정부가 발표했으나 실제로는 여러 사정으로 인해 실행에 옮기지는 못했다. 그래서 바이든이 대통령이 되고 나서야 미군이 아프가니스탄에서 철수하게 됐고 이후 탈레반이 정권을 급속도로 장악하면서 아프가니스탄에 또 다시 암흑시대가 오고 말았다.

오사마 빈 라덴 사살 관련된 영화 두 편이 있다. 〈제로 다크 시티〉

와 〈코드네임 제로니모〉이다. 〈제로 다크 시티〉에서는 아프가니스탄 현장에서 문제 해결에 혁혁한 공을 세운 미국 CIA의 여자 국장의 활동이 매우 생생하게 묘사되고 있다. 이 영화는 실화에 토대를 둔 수작이다.

2011년에 아랍에서는 튀니지로부터 시작하여 민주화 열풍이 거셌다. 이른바 아랍의 봄이었다. 리비아에서는 1969년에 무아마르 카다피 대위가 이드리스 왕을 퇴위시키고 42년이나 철권을 휘두르다가 마침내 2011년 길거리에서 시민군에 의해 무참히 살해되었다. 미국은 카다피 제거에는 성공했지만 후속 조치가 미비해 2012년 9월 리비아 벵가지 주재 미국 영사관이 민중들에게 공격을 받아 미국 대사가 피살되고 말았다. 이처럼 미국은 카다피 제거 후 지역과 부족 간의 극심한 혼란을 제대로 막지 못해 2차 리비아 내전이 2014년부터 2020년까지 이어지고 말았다.

이에 대해 오바마 대통령은 이렇게 실토한 바 있다. "리비아 사태에 개입하면서 내가 옳다고 생각하는 것들을 카다피 정권 붕괴 이후를 위해 미리 계획하지 않은 것이 아마도 최악의 실수였다." 미국 영사 피살 사건을 다룬 영화로 마이클 베이 감독의 〈13시간〉이 있다.

백악관에서의 맥주 파티

백악관에서 2009년에 열렸던 맥주 파티 얘기로 넘어가보자. 헨리 루이스 게이츠라는 하버드대학 흑인 교수가 자기 집에 들어가려는데 열쇠가 없어서 할 수 없이 본인의 집 문을 부수면서 들어가게 됐다. 그런데 이런 무단 침입 과정을 지나가던 매사추세츠 주경찰인 제임스 크롤리 경사가 목격하고서 교수를 체포했다. 교수는 자신의 신분을 포함해 모두 얘기했지만 경찰은 그를 믿을 수 없다며 구치소로 데리고 갔다.

이런 사건이 당시 사회 뉴스로 뜨자 헨리 게이츠 교수를 이미 알고 있었던 오바마는 그 경찰을 한심하게 보고, 경찰이 더 신중했다면 좋았을 텐데 일을 어리석게 처리했다는 취지로 얘기했다. 그러자 해당 경찰은 주어진 매뉴얼대로 했을 뿐이다라고 대통령에게 즉각 반박했다.

이제 교수와 경찰 간의 문제에 그치지 않고 대통령까지 전선이 확장되어 상황이 상당히 미묘해졌다. 그러자 대통령은 상황이 악화되지 않도록 경찰과 교수를 백악관에 초대했다. 두 사람의 가족도 초청해서 백악관을 구경하도록 했다. 이들은 맥주를 마시면서 좋은 분위기에서 이야기를 하며 사건은 해피엔딩으로 끝난다.

흥미롭게도, 오바마는 당시 부통령 조바이든도 자리에 함께하면서 네 사람이 개성을 살려 각자 원하는 맥주를 마셨다. 우선, 바이든은 알코올이 없는 맥주를 시켰다. 하버드 교수였던 헨리 게이츠는 매사추세츠 주 보스턴에서 나오는 수제 맥주인 새뮤얼 애덤스Samuel Adams 맥주를 시켰다. 크롤리 경사는 공화당의 후원을 많이 받고 있는 쿠어스 맥주 회사의 맥주 브랜드 블루문을 시켰고, 오바마는 노동자들이 즐겨 마시는 버드 라이트를 택했다. 네 사람이 따로따로 주문한 맥주를 보면 각자 어떤 정치적 취향을 지니고 있는지를 여과 없이 보여준다.

시카고의 오바마 프레지덴셜 센터 조감도
(출처 : https://news.wttw.com/2024/03/07/opening-obama-presidential-center-delayed-again-until-spring-2026)

오바마의 8년 재임 기간 중 평판의 등락

오바마 대통령은 2017년에 퇴임을 했다. 8년 임기중 오바마 지지율의 추세 변화는 어땠을까? 2008년 11월 4일 대선 직후 지지율은 67%였다. 한 달 후에는 9% 더 올라 76%였고, 이듬해 2009년 1월 취임식 당시에는 무려 80%에 이르렀다. 80%라면 사실 대단한 수치다. 그런데 이후 점차 떨어져 퇴임시 55%로 마무리하였다. 어떻게 보면 이런 등락은 일반적 추세라고 할 수 있으나 취임 직전에 지지율이 80%까지 갔다는 것은 공화당이 당황할 정도로 상당히 높은 수치였음에 분명하다.

대선 당시 오바마의 슬로건이 "Yes, I can!"였는데, 퇴임하면서 오바마는 "Yes, I did."로 바꿔 외쳤다. 그러니까 자신이 할 수 있었던 걸 드디어 해냈다고 자랑스럽게 말한 것이다. 물론 비판하는 입장에서는 오마바의 업적을 깎아내리고 싶겠지만 오바마는 역대 대통령 45명 중 10위에 랭크되어 있다. 10위는 평균에서 상당히 높은 평판이니 오바마는 이런 말을 할 자격이 충분히 있다고 생각한다.

오바마 대통령을 위한 기념관으로 '오바마 프레지덴셜 센터The Obama Presidential Center'가 시카고에 한창 지어지고 있다. 오바마가 조직 공동체 활동가로 일을 했던 곳에서 멀지 않은 미시간 호수 연변의 잭슨 공원에 짓고 있다. 오바마 재단이 건설 프로젝트를 주도하고 있는데 2026년에 개관될 예정이다. 박물관을 포함해 공공도서관, 집회 공간 등 여러 시설이 들어서니 나중에 완공되면 여러분도 시카고에 가서 방문해보면 좋겠다.

10강

미국 퍼스트레이디 평판

'퍼스트레이디' 하면 무엇이 떠오르는가? 구체적 인물은 빼더라도 영부인令夫人, 백악관 안주인이 일단 생각날 것이고, 내조, 패션외교, 파파라치, 스캔들, 침실 정치, 베갯머리 송사 같은 사생활 관련 단어들, 그리고 숨은 권력hidden power, '진짜' 대통령, 정치 참모, 정치 파트너 등 여러 가지가 연상될 것이다.

미국 대통령은 조 바이든까지 모두 45명이지만 퍼스트레이디는 그보다 많다. 배우자가 바뀌기도 하고 배우자가 없으면 딸, 누이동생 등 여러 존속으로 대체되기도 했기 때문이다. 퍼스트레이디의 개성과 스타일은 매우 다양하나 몇 가지 유형으로 나눌 수 있다. 내성적이라 노출을 꺼려해 공식 모임을 자제하는 유형, 남편과 함께 정부 정책을 고민하고 적극 개입하는 유형, 정치 본격 개입보다는 자신이 선호하는 사회활동에 몰입하는 유형, 자신만의 패션과 사교성으로 국민에게 소구하는 유형을 들 수 있다.

1
미국 퍼스트레이디의 평판

미국 퍼스트레이디는 어떤 사람이?

　미국에서는 대통령의 부인을 '퍼스트레이디first lady'라 하고 대통령의 어머니를 퍼스트마더first mother라 부른다. 퍼스트레이디라는 말이 정착되기 전에는 'Lady Presidentress'라 불리기도 했다. 사실 퍼스트레이디가 꼭 부인일 필요는 없다. 딸, 누이동생, 조카, 하물며 며느리가 그 역할을 맡기도 한다. 예를 들면, 토머스 제퍼슨(3대)의 부인, 마사는 대통령 취임 이전에 세상을 떴기 때문에 제퍼슨의 두 딸이 퍼스트레이디 역할을 맡았고, 그로버 클리블랜드(22, 24대)는 여동생이, 제임스 뷰캐넌(15대)은 조카가, 마틴 밴 뷰런(8대) 경우는 며느리가 퍼스트레이디 직을 수행했다.

　미국 퍼스트레이디는 대통령의 두 번째 부인인 경우도 많았는데 시어도어 루스벨트가 여기에 해당된다. 반대로, 조지 워싱턴은 부인 마사의 두 번째 남편이었다. 우드로 윌슨의 이디스 윌슨, 그리고 이

승만의 프란체스카 도너는 각각 두 번째 배우자였다.

퍼스트레이디는 선출직이나 임명직은 아니지만 밤낮으로 대통령과 매우 가깝게 지내므로, 대통령의 생각과 의사결정에 많은 영향을 끼친다. 또한 퍼스트레이디가 대중매체에 자주 등장하니 대통령 이미지과 평판에도 큰 영향을 미친다. 한마디로 대통령과 퍼스트레이디는 떼려야 뗄 수 없는 밀접한 관계다.

시에나연구소의 미국 퍼스트레이디 평판

시에나연구소Siena College Research Institute, scri.siena.edu는 시에나대학에 1979년에 설립된 조직으로, 평가 항목 10개를 정해 1982년부터 2020년까지 6회(1982, 1993, 2003, 2008, 2014, 2020)에 걸쳐 역사학자, 정치학자 등 전문가에게 미국 퍼스트레이디를 평가해달라고 의뢰했다. 이 설문 조사에서 퍼스트레이디 평가 항목은 대통령 평가 항목과는 상당히 다르다. 평가 기준 10개는 조금씩 변화했지만 2020년 평가 기준은 퍼스트레이디의 배경, 자신의 여성성, 백악관 문지기, 국가에 대한 가치, 대통령에 대한 가치, 도덕적 성실성, 업적, 리더십, 용기, 대중적 이미지 등 10개였다. 10개 항목에 대해 1등급부터 5등급까지 체크하도록 했다.

2020년 조사에서 40명의 퍼스트레이디 중 누가 최고점을 받았을까? 프랭클린 루스벨트(32대)의 부인, 엘리너 루스벨트가 84.41점을 받아 1위였다. 이 기관의 여섯 번에 걸친 조사에서 엘리너 루스벨트는 항상 1위였다. 존 애덤스의 부인, 애비게일 애덤스는 2위로, 여섯 번 조사 중에 다섯 번이나 2위였다. 버락 오바마의 부인, 미셸 오바마가 놀랍게도 3위였는데 2014년 조사 5위에서 2단계 상승했다. 이처럼 최고의 퍼스트레이디로는 민주당 대통령의 부인들이 많은 편이다.

반면에 최악은 흥미롭게도 도널드 트럼프의 부인, 멜라니아 트럼프였다. 멜라니아는 2020년 조사에서 처음으로 평가 대상이 되었는데 점수가 46.30점으로 바로 위 순위인 39위의 57.05점에 비해 10점 이상 차이가 나 현저히 나쁘다. 에이브러햄 링컨의 부인, 마사 링컨은 1982년 조사에서 꼴찌인 42위였는데 이후 순위가 꾸준히 상승해 2020년 조사에서는 29위를 차지했다. 하지만 여전히 낮다. 흥미롭게도 워싱턴, 제퍼슨, 링컨의 부인 이름이 모두 마사$_{Martha}$로 같다.

여기에서 유의할 점은 평판이라고 하는 것은 사람들이 대통령/퍼스트레이디를 평가할 때 그들의 재임 시기의 업적, 행동, 발언만 보

미국 퍼스트레이디 평판 : 2020년 시에나연구소

최고 퍼스트레이디	최악 퍼스트레이디
1위 엘리너 루스벨트	40위 멜라니아 트럼프
2위 애비게일 애덤스	39위 제인 피어스
3위 미셸 오바마	38위 마거릿 테일러
4위 재클린 케네디	37위 레티시어 타일러
5위 돌리 매디슨	36위 엘리자 존슨
6위 베티 포드	35위 플로렌스 하딩
7위 레이디 버드 존슨	34위 아이다 매킨리
8위 힐러리 클린턴	33위 엘리자베스 먼로
9위 로잘린 카터	32위 애비게일 필모어
10위 마사 워싱턴	31위 줄리아 타일러

지 않는다는 점이다. 재임 이전은 물론이고 퇴임 이후에 삶을 어떻게 살았는지도 모두 본 다음에 평가한다.

시에나연구소는 1993년에 퍼스트레이디 37명의 평판을 조사했다. 그녀가 지성적으로 얼마나 이해도가 높은지, 자기가 하는 일에 대해 사전 지식을 얼마나 갖추었는지, 국가에 얼마나 가치 있는 행동을 했는지 그리고 도덕적 성실성, 지도력, 업적, 용기, 대중적 이미지 등 10개 항목을 정해 놓고 102개 대학교의 역사학자들로 구성된 응답자들이 각각에 대해 1등급부터 5등급까지 체크를 하도록 했다. 엘리너 루스벨트가 93.65점으로 1위였고 힐러리 클린턴이 2위, 애비게일 애덤스가 3위였다. 반면에 최악은 메리 링컨이었다.

2014년에 시에나연구소는 전문가 242명에게 39명의 퍼스트레이디를 다시 평가해달라고 의뢰했더니 순위가 약간 바뀌었다. 제인 피어스가 꼴찌, 메리 링컨은 꼴찌에서 9번째로 순위가 다소 올랐다.

대통령 부부 평판을 함께 비교해 보자. 대통령 부부의 평판이 모두 좋은 경우는 프랭클린/엘리너 루스벨트, 존/재클린 케네디, 버

미국 퍼스트레이디 평판 : 1993년 시에나연구소

최고 퍼스트레이디			최악 퍼스트레이디		
1위	엘리너 루스벨트	93.65	37위	메리 링컨	52.62
2위	힐러리 클린턴	86.35	36위	낸시 레이건	53.07
3위	애비게일 애덤스	83.63	35위	플로렌스 하딩	55.15
4위	돌리 매디슨	77.42	34위	제인 피어스	58.22
5위	로잘린 카터	77.38	33위	마거릿 테일러	58.32
6위	버드 존슨	77.28	32위	아이다 매킨리	58.62
7위	재클린 케네디	74.67	31위	애비게일 필모어	58.62

미국 퍼스트레이디 평판 : 2014년 시에나연구소

최고 퍼스트레이디	최악 퍼스트레이디
1위 엘리너 루스벨트	39위 제인 피어스
2위 애비게일 애덤스	38위 엘리자 존슨
3위 재클린 케네디	37위 레티시어 타일러
4위 돌리 매디슨	36위 플로렌스 하딩
5위 미셸 오바마	35위 마거릿 테일러
6위 힐러리 클린턴	31위 메리 링컨

락/미셸 오바마가 해당된다. 반면에 도널드/멜라니아 트럼프, 워런/플로렌스 하딩, 프랭클린/제인 피어스 부부는 평판이 함께 나쁘다. 에이브러햄/메리 링컨은 부인 평판만 나쁘고, 지미/로잘린 카터는 부인 평판만 좋다. 이처럼 부부의 평가는 꼭 비례하는 것이 아니라 별개임을 알 수 있다.

2

미국 퍼스트레이디의 유형

퍼스트레이디의 다섯 가지 유형

　미국의 많은 퍼스트레이디를 몇 가지 유형으로 나눌 수 있을까? 가장 소극적인 유형은 은둔형이다. 시끄러운 정치에 관심이 없어서 대통령과 함께 대중에 자신을 드러내는 것을 기피해 정말로 꼭 필요한 경우에만 나타난다. 14대 대통령 프랭클린 피어스의 부인 제인 피어스, 12대 대통령 재커리 테일러의 부인 마거릿 테일러가 여기에 해당된다.

　두 번째 유형은 패션사교형이다. 정치적 이야기는 삼가고 사람들과 잘 어울려 분위기를 띄워주면서 대중으로부터 좋은 이미지를 만드는 것이다. 재클린 케네디, 돌리 매디슨이 여기에 해당된다. 이와 비슷한 유형으로 정치에는 관심을 두지 않고 백악관 살림만 잘 꾸리는 보수적인 전통내조형이 있는데 로라 부시, 매미 아이젠하워, 마사 워싱턴이 해당된다.

퍼스트레이디의 유형

은둔형	제인 피어스, 마거릿 테일러
패션사교형	재클린 케네디, 돌리 매디슨
전통내조형	로라 부시, 매미 아이젠하워, 마사 워싱턴
공동대통령형	낸시 레이건, 힐러리 클린턴, 애비게일 애덤스, 세라 포크, 이디스 윌슨
사회활동가형	엘리너 루스벨트, 엘렌 윌슨

가장 적극적인 모습의 공동대통령co-president형이 있다. 남편의 참모 역할을 넘어서 남편과 함께 크고 작은 정치, 정책 결정을 내리며 때때로 월권을 하기도 하는데, 낸시 레이건, 힐러리 클린턴, 애비게일 애덤스, 세라 포크, 이디스 윌슨이 해당된다. 앞으로 이 유형의 퍼스트레이디가 많이 나올 전망이다.

마지막으로 사회활동가형이 있다. 남편의 정치적 행보와는 별개로, 퍼스트레이디로서 자신이 원하는 사회활동 영역을 골라 그곳에서 활발하게 활동한다. 엘리너 루스벨트, 그리고 윌슨 대통령의 첫 부인으로 자선단체, 여성교육, 빈민구제에 힘을 쏟은 엘렌 윌슨이 속한다. 이처럼 은둔형, 패션사교형, 전통내조형, 공동대통령형, 사회활동가형으로 나누었는데 우리가 주목할 만한 퍼스트레이디에 대해 더 알아보자.

퍼스트레이디가 주도했던 사회 캠페인

퍼스트레이디는 당시 시대에 요구되는 사회 캠페인을 주도하기도 했다. 예를 들면 1980년대 학교 내에서 마약이 급속히 확대되던

Just Say No 사회 캠페인
(출처_위키피디아)

  1980년내에 낸시 레이건은 학교 내 마약 퇴치 및 재활 운동에 상당히 적극적이었다. 그녀가 내건 캠페인 구호 '그냥 싫다고 해 Just Say No'가 당시 TV 화면에서 자주 나왔다. 2010년대 소아비만이 많아지자 미셸 오바마는 '움직이자 Let's Move!'며 소아비만 퇴치에 열성을 보였다.
  그런가 하면 이보다 앞선 1940년대에 유엔 대사를 맡은 엘리너 루스벨트는 인권 신장 캠페인을, 1970년대에 여성해방운동에 적극적이었던 베티 포드는 양성 평등 운동을 전개했다. 로절린 카터는 지체아동을 위한 정신건강 프로그램을 도입하는데 신경을 많이 썼다.

3
최고의 퍼스트레이디

평판이 좋은 퍼스트레이디가 누구이고, 왜 높은 평판을 받았는지 살펴보자. 민주당 출신 대통령의 퍼스트레이디가 평가를 좋게 받는 경향이 보인다.

엘리너 루스벨트

미국 역대 대통령의 퍼스트레이디의 평판을 비교하면 엘리너 루스벨트Anna Eleanor Roosevelt가 압도적으로 1위다. 그리고 항상 1위다. 반면에 남편의 평판은 1~3위를 오락가락한다.

같이 네덜란드계였던 프랭클린 루스벨트와 먼 친척으로 결혼을 한 엘리너는 처음에 현모양처로만 살려고 했었다. 아이들도 여섯이나 낳으며 가사에만 전념했었다. 그런데 엘리너가 자신의 비서로 데려온 루시 머서와 남편이 바람을 피우면서 문제가 커졌다. 배신감에 이혼까지 감행하려고 했으나 차마 그렇게까지는 못했다. 이처럼 부

엘리너 루스벨트
(출처_위키피디아)

부 관계가 최악으로 치달은 가운데 남편이 척추성 소아마비에 걸려 남편의 재활에 신경을 쓰지 않을 수 없었다.

더구나 남편이 대통령에 출마하니 선거운동에도 참여해야 했고 막상 대통령까지 되니 많은 공식 행사에 참여하지 않을 수 없었다. 당시는 미국이 대불황을 겪고 제2차 세계대전으로 고생하던 시기였기에 그녀의 활발한 대외 활동은 사람들로부터 많은 관심을 받았다. 빈민가, 교도소, 수용소, 부대 방문, 소아마비 퇴치를 위해 소액 기부를 하는 '다임 행진 March of Dimes' 캠페인에 적극적이었다. 당시 라디오가 대중화되면서 라디오에 정기 출연을 해서 사회 문제에 대한 의견을 피력하곤 했다.

전국을 바삐 돌아다니느라 백악관을 제대로 지키지 않아서 윈스턴 처칠이 백악관에 몇일 머물면서 안주인이 거의 없는 것을 보고 깜짝 놀랐다고 한다. 이처럼 엘리너는 남편을 의식하지 않고 자신만의 사회활동에 열정을 쏟았다. 남편이 죽은 후에도 유엔 총회에 미국 대표로 세계 인권 선언의 틀을 잡는데 기여했고 여성 지위 위원회 의장으로도 활동했다. 전형적인 사회활동가형이다.

애비게일 애덤스

2대 대통령인 존 애덤스의 부인 애비게일Abigail Adams은 개성이 아주 뚜렷해 자신의 정치적 견해를 기회 될 때마다 피력한 미국 최초의 근대적 퍼스트레이디였다. 매사추세츠 주 출신으로 연방파였던 애비게일은 새 공화국의 각종 현안에 대해 자신의 목소리를 냈고 자신의 소신을 당시 언론에 가명이나 무명으로 투고하기도 하였다. 그녀는 남편이 초안을 만들던 헌법에 여성 권한을 집어넣으라고 압력을 가했다. 연방하원에서 정기적으로 하원의원들의 토론 내용을 청취하기도 하였다. 정부 인사 결정 문제에도 남편을 통해 개입했고, 당파적 입장에서 활동하기를 꺼리지 않았다.

그래서 "미합중국 대통령 부인이 아니라, 한 당파의 부인"이라는

애비게일 애덤스 초상화
(출처_위키피디아)

비판을 듣기도 했다. 당시에 애비게일은 투표권이 없었고 공직 출마에 나서지는 못했으나, 독립적 생활, 자기주장, 정치적 활동에서 성공적 역할 모델이었다. 공동대통령형이다.

1744년 매사추세츠 주 웨이마우스에서 출생한 애비게일의 할아버지는 매사추세츠주 주대법원 판사였고, 아버지 윌리엄 스미스는 계몽적이고 평등주의 퀘이커교도, 어머니 퀸시는 뉴잉글랜드 지도자 집안 출신이었다. 1768년 변호사 존 애덤스와의 사이에서 낳은 아들은 1825년에 6대 대통령 존 퀸시 애덤스가 되었다.

돌리 매디슨

돌리 매디슨Dolley Madison은 1768년 노스캐롤라이나 주에서 퀘이커교도 존 페인의 딸로 태어났다. 1790년 퀘이커교도 변호사 존 토드와 결혼했으나 남편이 황열병으로 죽자 마사 워싱턴의 주선으로 1794년 17살 연상인 연방 하원의원 제임스 매디슨과 결혼했다. 매

돌리 매디슨 초상화
(출처_위키피디아)

디슨은 미국헌법의 아버지로, 민주공화파의 리더였다.

국무장관이 된 남편은 사교적이지 않은데 반해 돌리는 사교의 귀재였다. 퍼스트레이디가 되어서 그녀의 인기는 더욱 높아져 전국적인 명사가 되었다. 많은 사람들이 그녀의 실크햇 같은 패션이나 아이스크림, 애완동물 등 그녀의 라이프스타일을 따라했다. 이전 퍼스트레이디와는 다르게, 돌리는 신문기자들과 처음으로 공식 인터뷰를 시작했다. 하지만 정치적 발언을 하거나 정부 인사에 개입하는 스타일은 아니었다. 전형적인 패션사교형이다.

1814년 미영전쟁 와중에 백악관이 영국군으로부터 공격을 받자 돌리는 백악관에서 마지막으로 탈출하면서 조지 워싱턴 초상화와 내각인사의 기밀문서를 반출하여 국민들로부터 큰 칭송을 받았다. 전쟁 기간 동안 짧지만 애국적 연설을 하기도 했다.

은퇴 후 남편과 함께 고향 버지니아 주에서 거주하다가 남편이 죽자 워싱턴DC로 돌아와 최고 인기를 누렸다. 11대 제임스 포크 대통령 시절에 백악관 리셉션에 방문한 사람들이 대거 빨리 빠져나왔는데 그 이유는 이야기와 술이 넘치는 돌리의 집에서 즐기기 위해서였다. 미국의회에서 퍼스트레이디로서 유일하게 명예 의원직을 받기도 했다. 1849년 82세 나이에 세상을 떴다. PBS에 만든 다큐 영화 〈돌리 매디슨〉이 있다.

재키 케네디

재키Jacqueline Kennedy가 매력적인 퍼스트레이디라는 사실은 잘 알려져 있다. 그런데 그 매력이란 패션 스타일만은 아니다. 독서광이

재클린 케네디 오나시스
(출처_위키피디아)

던 그녀는 교양이 철철 넘쳤다. 1961년 남편 케네디와 함께 프랑스를 방문했을 때 드골 대통령은 재키와 프랑스어로 대화하고나서 이렇게 말했다. "부인께서는 프랑스 역사에 대해 우리 프랑스 여성보다 더 많이 알고 계시는군요." 파리에서 재키의 인기가 얼마나 대단했던지 케네디는 방문을 마치면서 세계 도처에서 온 540명의 기자들에게 이렇게 마지막 말을 남겼다. "나는 재클린 케네디의 파리 여행에 동행했던 남자입니다."

재키는 정치에 직접 개입하지는 않았지만 백악관을 문화예술이 넘치는 프랑스 살롱으로 만들었고 뛰어난 사교성으로 후루시초프, 네루 등 다른 나라의 정상들을 무장해제하는 외교관 역할을 톡톡히 했다. 재키 역시 패션사교형이다.

레이디 버드 존슨

미국 퍼스트레이디 이름을 부를 때 '레이디lady'를 정식으로 붙인

레이디 버드 존슨
(출처_위키피디아)

경우는 린든 존슨 대통령의 부인, 클로디어 존슨Lady Bird Johnson뿐이다. 왜 레이디를 붙였을까? 갑자기 생긴 호칭이 아니라 아주 어렸을 때부터 불리던 별명이었다. 보모가 '작은 무당벌레'처럼 예쁘다며 클로디어를 레이디 버드Ladybird라 불렀던 것이다.

한마디로 말해 레이디 버드는 린든 존슨의 정치적 파트너였다. 재키는 남편의 정치에 직접 개입하지는 않았지만 버드는 아주 많이 개입했다. 매우 충동적인 남편을 감성적으로나 이성적으로 잘 다루었다. 그래서 "린든이 한 일 중 가장 잘한 일은 레이디 버드와 결혼한 것이었다"라는 말도 나왔다. 레이디 버드는 여성 운동을 매우 활발히 했는데, 여성 지도자, 전문직 여성들을 초대해 함께 토론하기를 좋아했다. 환경 보호도 강력히 주장했다. 재키나 버드나 자신의 바람둥이 남편이 마음대로 바람을 피우도록 내버려 두었는데 그 이유는 두 퍼스트 레이디의 아버지들 역시 바람둥이였기 때문이다.

존슨 대통령은 재임 6년 동안 인권법을 통과시키고 위대한 복지

사회를 만들려고 노력했으나 베트남전쟁에 깊숙이 개입해 나중에 큰 곤경에 빠졌다. 이때 레이디 버드는 격변에 휘말릴 때마다 남편은 물론이고 미국까지도 안심시킨 균형추 역할을 했다. 그래서 워싱턴포스트 신문 발행인이던 캐서린 그레이엄은 이런 말을 남겼다. "레이디 존슨이 없었다면 그는 린든 존슨이 될 수 없었다."

힐러리 클린턴

시에나연구소가 2020년에 이런 질문을 던진 적이 있다. '대통령직을 수행할 것이라 상상해본 적이 있는 퍼스트레이디는?' 이 질문에 대해 응답자의 50%가 힐러리 클린턴이라고 적었다. 미셸 오바마라고 쓴 사람은 34%, 엘리너 루스벨트라고 쓴 사람은 35%였다.

힐러리Hillary Clinton는 매우 능력있는 변호사로 활동하다가 남편 빌 클린턴이 아칸소주 주지사를 한 번 하다가 재선에 실패하자 자신이 그동안 쓰던 이름 '힐러리 로댐'을 버리고 남편의 성을 받아 '힐러리

힐러리 클린턴(출처_위키피디아)

클린턴'으로 개명했다. 이런 노력을 포함해 막강한 지원으로 남편은 다음 번에 아칸소 주지사로 선출되었다. 남편의 대선 운동을 하면서 그녀가 내건 슬로건은 '1+1'이었다. 빌이 대통령이 되면 힐러리도 함께 얻을 수 있다는 메시지였다. 힐러리도 공동대통령형이었다.

빌이 대통령에서 물러날 무렵인 2001년에, 힐러리는 뉴욕주 연방 상원의원에 출마해 당선되었고, 버락 오바마 행정부 시기에 4년 동안 국무장관을 역임했다. 이제까지 여성 국무장관으로는 매들린 올브라이트와 콘돌리자 라이스와 함께 세 사람뿐이다. 2016년 민주당 대통령 후보로 나왔으나 도널드 트럼프에 밀렸다.

미셸 오바마

미셸 오바마Michelle Obama는 변호사로 똑똑하기도 했고 퍼스트레이디 역할을 잘 수행했기에 인기가 많았다. 2024년 대선에서 조 바이든이 고령이라 지지율이 더 이상 올라가지 않자 민주당 내에서는 바

미셸 오바마(출처_위키피디아)

이든을 대체할 후보로 미셸이 거론되었을 정도다. 하지만 미셸은 출마하지 않았다.

미셸은 오바마 대통령이 핀치에 몰릴 때 남편의 균형추를 잡아주며 구원투수 역할을 많이 했기에 '오바마의 바위'라는 닉네임까지 얻었다. 오바마는 사람들에게 이런 이야기를 자주 했다. "내가 많은 걸 잘 모르는데 모른 게 있으면 항상 미셸에게 물어봐요. 그러면 답이 나옵니다."

오바마 부부는 지적으로나 정서적으로 도움을 많이 주는 정치적 파트너에 해당된다. 그래서 퍼스트레이디 평가를 보면 미셸의 순위는 엘리너 루스벨트만큼 항상 1위는 아니지만 상당히 높게 나온다.

4

최악의 퍼스트레이디

평판이 좋은 퍼스트레이디가 있는가 하면 평판이 나쁜 퍼스트레이디도 있게 마련이다. 지나치게 은둔하느라 최소한의 역할도 팽개쳤거나, 아니면 반대로 지나치게 정치에 개입하려다 문제를 일으킨 경우다. 제인 피어스, 팻 닉슨, 멜라니아 트럼프가 전자에 속하고, 메리 링컨, 플로렌스 하딩, 낸시 레이건이 후자에 해당된다.

제인 피어스

미국 퍼스트레이디 중에 흔적이 정말 미미한 사람은 제인 피어스다. 그래서 평가가 매우 낮다. 그녀는 워싱턴DC 도시를 혐오했고, 공식 모임에 자신의 모습을 드러내기를 싫어했다. 특히나 남편 프랭클린 피어스가 미국 14대 대통령으로 당선되고 나서 취임하기 전에 가족이 함께 철도 여행을 하다가 열차 탈선으로 아들을 그만 잃고 말았다. 너무나 큰 쇼크를 받아 남편의 대통령 취임식에도 참석하지

제인 피어스 초상화
(출처_위키피디아)

못했다. 항상 침울했던 그녀는 백악관의 2층에 틀어박혀 있곤 했다.

남편은 민주당이고 자신의 가문은 반대쪽이라 정치적 컬러가 서로 달라서 그랬다는 말도 있지만 제인은 남편에게 정치를 관두라고 계속 말했었다. 남북전쟁 전에 대통령을 했던 남편의 평판도 매우 나쁜데, 그의 부인마저 남편의 평판을 끌어내리는 데 일조했다.

팻 닉슨

미국 37대 대통령 리처드 닉슨Richard Milhous Nixon은 대통령 평가에서 상당히 낮은 점수를 받고 있다. 그는 핑퐁 외교를 통해 꾹 닫혀 있던 중국의 빗장을 올렸고, 베트남에서 철군했고 소련과의 전략무기감축조약을 맺어 외교 분야에서 혁혁한 공을 세웠다. 하지만 재선 과정에서 상대방을 도청하는 워터게이트 사고로 인해 탄핵 직전에 사퇴함으로써 큰 손상을 입었다.

그때 닉슨의 부인 팻 닉슨Pat Nixon은 뒤로 물러나 표면에 나서지 않

팻 닉슨(출처_위키피디아)

았다. 결혼을 포기하려는 듯한 태도도 보였고 워터게이트 사건에서 살아남으려고 고군분투하는 남편과 연루되지 않으려고도 했다. 백악관에서 나온 이후에도 팻 닉슨은 다른 퍼스트레이디와는 달리 거의 모습을 나타내지 않았다.

멜라니아 트럼프

멜라니아 트럼프Melania Trump는 미국 45대 대통령 도널드 트럼프 Donald Trump의 세 번째 부인이다. 두 번째 부인 말라 메이플스와 별거하던 중 1998년에 두 사람은 처음 만나고 2005년에 결혼을 했다. 슬로베니아에서 태어났기 때문에 6대 대통령 존 퀸시 애덤스의 부인 루이자 애덤스(영국에서 태어남)에 이어 미국이 아닌 국가에서 태어난 두 번째 퍼스트레이디다. 멜라니아는 2001년에 미국 영주권을 받았고, 결혼 후 2006년에 미국 시민이 되었다.

멜라니아는 공식 행사에 참여는 하지만 가급적 많이 나타나지 않

멜라니아 트럼프
(출처_위키피디아)

으려고 노력했다. 첫 부인의 딸인 이방카 트럼프의 활발한 활동과는 상당히 대조적이다. 멜라니아는 모델 출신이라 패션은 세련되었으나 앞에 나서기를 꺼려하고 잘 드러나지 않으려고 해서 국민들에게 인기를 얻지 못하고 있다.

메리 링컨

정치가의 딸이었던 메리 Mary Todd Lincoln 는 어려서부터 정치가 몸에 배었다. 남편을 고를 때에도 대통령이 될 만한 사람을 골랐다. 9살 연상인 남편 링컨이 주의회의원으로 정치 초년생일 때 메리 링컨은 이렇게 말했다.

"그는 언젠가 미국의 대통령이 될 것입니다. 만약 내가 그렇게 생각하지 않았다면 나는 결코 그와 결혼하지 않았을 겁니다. 왜냐하면 당신도 알다시피 내 남편 링컨은 정말 못생기지 않았습니까. 그러나 그를 잘 보시기 바랍니다. 마치 위대한 대통령처럼 보이지 않습니까?"

메리 링컨(출처_위키피디아)

링컨은 주의회의원을 여러 번 했으나, 결혼 후 4년 되어 연방하원의원은 단 한 번 했을 뿐이고, 연방상원의원과 주지사 선거에서는 매번 고배를 마셨다. 메리는 남편의 당선을 위해 사람들을 집에 초대하는 리셉션을 많이 개최하면서 돈을 빌리는 것도 불사했다. 의상과 장식, 물건을 사는데 낭비벽이 많았다. 물론 그녀에게는 모든 것이 나중을 위한 투자였을 것이다. 1861년 링컨이 미국 16대 대통령 당선 후 메리는 각료에게 인사 청탁을 하고 임명되면 대가로 금전을 받기도 했다.

메리는 욕심이 많았다. 대통령의 아내가 되기를 원했다. 패션의 새로운 유행을 창조하는 사람이 되기를 원했고 워싱턴의 엘리트로부터 존경 받기를 원했다. 정부를 운영하는데 있어 대통령의 완벽한 정치적 파트너가 되기를 원했다. 심지어 장군들의 군대 운영과 전투 수행까지도 관여하기를 원했다. 무엇보다도 메리는 권력을 탐했다.

링컨에 대한 다큐멘터리를 보면, 메리는 상당히 까칠하고, 사치를 많이 하고 말 참견 많이 하고 남편을 때리려고 빗자루 들고 집무실까지 쫓아오는 사람으로까지 묘사되곤 한다. 하지만 분명한 것은 남편을 대통령으로 만들려는 욕구가 매우 강했기에 메리가 아니었다면 에이브러햄은 온갖 난관을 극복하고 백악관에 아예 입성하지 못했을 것이다. 링컨이 죽은 후 메리는 정신적 스트레스에 시달려 남편 사망 10년 후 1875년에 요양소에 들어가기도 하였다. 사치벽, 낭비벽이 심해서 노후에 재정적 곤란을 겪었다.

플로렌스 하딩

우드로 윌슨 대통령에 이어 1920년대 초반에 미국 29대 대통령이 된 워런 하딩Warren G. Harding의 평판은 매우 나쁘다. 역사상 처음으로 여성들이 투표권을 가진 선거에서 여성들이 미남 하딩에게 투표를 하는 바람에 대통령이 덜컥 되고서 재임 중 정말로 많은 부패에 휘말렸기 때문이다. 하딩은 자신같이 무능력한 사람이 어떻게 대통

플로렌스 하딩(출처_위키피디아)

령이 되었는지 한탄했다. 그보다 5살 연상인 부인, 플로렌스가 없었다면 남편은 대통령이 되려고 꿈도 꾸지 않았을 것이다. 플로렌스는 신문사에 근무하면서 익힌 홍보 기술로 선거 운동을 할 때 남편의 이미지를 크게 높였기에 여성들로부터 몰표를 얻었다.

남편이 일단 대통령이 되자 플로렌스는 남편에게 사람들을 추천하기 시작했고 이렇게 직책을 맡은 사람들이 공금을 대거 횡령을 일삼았다. 내무부 장관이 연방 소유의 유전 개발권을 민간업자에게 넘겨주고 그 대가로 뇌물을 받기도 했다. 당시는 금주법 시기였는데 재무부에서 징발한 술을 어느 곳에 옮겨 놓고 대통령 부부가 그곳에서 술을 마시다가 들키기도 했다. 그런데 남편이 휴가 중에 갑자기 병을 얻어 급사하고 말았는데, 부인이 자신의 치부가 드러날까 봐 독살했다는 소문도 무성했을 정도였다. 능력 없는 남편을 대통령에 올려 놓고 부패 잔치를 잔뜩 벌인 플로렌스는 정말 최악의 퍼스트레이디였다.

낸시 레이건

1923년 뉴욕시 맨해튼에서 태어난 낸시 레이건Nancy Reagan은 5살 때 배우였던 어머니가 이혼한 후 새 아버지 로열 데이비스 덕분에 긍정적으로 자랐다. 1943년 스미스대학을 졸업하고 영화 배우를 시작했다. 1950년 당시 매카시 선풍 때문에 자신이 공산주의 명단에 오르자 영화배우조합 회장이던 로널드 레이건에게 항의하러 갔다가 사귀면서 결혼하게 되었다.

로널드 레이건은 유명한 여배우 제인 와이먼과 결혼했었으나 레

낸시 레이건(출처_위키피디아)

이건의 정치적 활동 때문에 이혼한 상태였다. 민주당원이었던 레이건은 TV방송국의 진행자로 활동하다가 민주당의 지나친 세금과 진보주의 방향에 불만을 품고 공화당으로 아예 적을 바꾸었다.

1966년 레이건이 캘리포니아 주지사에 도전했을 때 그리고 이후 대통령에 도전했을 때 부인 낸시가 큰 역할을 했고 재선에도 기여했다. 낸시는 정책을 수립할 때, 인선을 할 때, 대통령 일정을 짤 때에도 깊이 관여했다. 점성술사를 고용하여 남편의 일거수일투족을 조절하여 국민들로부터 비난을 받기도 하였다. 남편이 정치 생활을 할 때 부인이 수행비서, 작전참모 등 모든 일을 도맡아 하는 경우가 있는데, 낸시 레이건은 바로 이런 유형에 해당된다. 그러다 보면 지나쳐서 실수도 하게 마련이다.

그러나 여러 가지를 종합해 보면 낸시 레이건은 최악의 퍼스트레이디는 아니었다. 낸시는 사회활동의 일환으로 캘리포니아주에서 조부모부양 Foster Grandparents 프로그램을 만들어 실행에 옮겼다. 퍼스트레이디로 있을 때 "Just Say No!"를 외치며 마약 퇴치 운동에 매진하여, 2002년에 마약과의 전쟁 공로로 의회로부터 메달을 받기도 했다.

5

미국 퍼스트레이디, 퍼스트마더 관련 책

미국 퍼스트레이디에 대한 책으로 영어 원서는 매우 많으나 한국에는 많이 번역되어 있지 않다. 존 B. 로버트 2세의 《위대한 퍼스트레이디, 끔찍한 퍼스트레이디》는 마사 워싱턴부터 로라 부시까지 다루었다. 케이티 마튼의 《숨은 권력자, 퍼스트레이디》는 20세기 들어 이디스 윌슨부터 로라 부시까지 다루고 있다. 이 책의 저자는 퍼스트레이디에 정통한 주위 인물들과 인터뷰를 많이 하여 매우 깊숙한 내용을 우리에게 알려주고 있다.

대통령 측근으로 25년 동안 백악관 수석 플로리스트를 했던 낸시 클라크가 자신의 경험을 토대로 하여 쓴 《마이 퍼스트 레이디들: 30년 백악관 플로리스트》도 있다. 한국 작가의 책으로는 김승민과 일러스트 그룹 그림떼가 퍼스트레이디 42명에 대해 쓰고 그린 《퍼스트레이디를 알면 미국이 보인다》가 있는데 만화 내용이 재미있다.

미국 퍼스트레이디에 더 알고 싶다면 시스팬C-SPAN에서 방송한 35

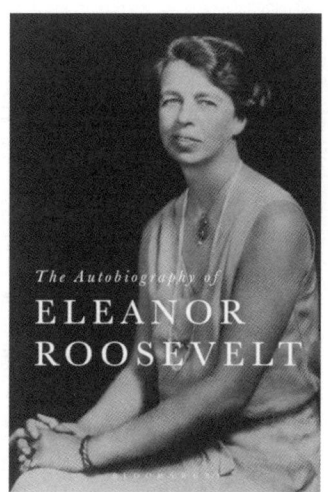

퍼스트레이디 중 가장 먼저 자서전을 쓴 엘리너 루스벨트. 한국에도 《영원한 퍼스트레이디 엘리너 루스벨트 자서전》 제목으로 잘 번역되어 있다.

편의 TV 시리즈(2013.2.25~2014.2.10)를 참고하면 좋다. 미국에는 여성 대통령이 아직 나타나지 않았으니 부군을 뜻하는 퍼스트 젠틀맨First Gentleman도 당연히 나오지 않았다. 50년 정도 지나면 몇 사람의 젠틀맨을 소개하는 《퍼스트 젠틀맨》 제목의 책이 나오지 않을까? 우리나라는 1948년 이후 2024년까지 영부인이 모두 12명이고, 영애로서 박근혜까지 포함하면 13명에 이르지만 이들에 대한 책은 아직 나오지 못하고 있다. 이유야 많겠지만 관련 책이 나올 때가 되었다.

    자서전을 직접 쓴 퍼스트레이디도 적지 않다. 가장 먼저 자서전을 쓴 사람은 엘리너 루스벨트이다. 한국에도 《영원한 퍼스트레이디 엘리너 루스벨트 자서전》 제목으로 잘 번역되어 있다. 이 책에서 엘리너는 상당히 담담하게 서술하고 있는데 루시 머서와 남편 간의 깊숙한 이야기는 일부러 쏙 빼놓았다. 힐러리 클린턴의 자서전 《힘든

선택들: 힐러리가 직접 쓴 자서전》과 미셸 오바마의 자서전 《비커밍: 미셸 오바마 자서전》도 있다.

책이 아니라 영화도 있다. 2022년에 나온 영화 〈퍼스트 레이디The First Lady〉를 보면 미셸 오바마, 베티 포드, 엘리너 루스벨트 배역을 배우 비올라 데이비스, 미셸 파이퍼, 질리언 앤더슨이 맡아 호연을 펼친다. 다큐 형태가 아니라 가상으로 만든 영화 〈퍼스트레이디 특수경호대Guarding Tess〉에서는 셜리 맥클레인과 니콜라스 케이지가 주연을 맡고 있다.

First Father라는 말은 없어도 First Mother는 있다. 일반적으로 대통령의 아버지보다는 대통령의 어머니가 자식의 성격 형성에 훨씬 중요하기 때문이다. 미국 대통령의 어머니들을 집대성해 쓴 책으로 도리스 페이버의 《위대한 대통령의 어머니들》과 보니 앤젤로의 《대통령을 키운 어머니들First Mothers》이 있다. 도리스 페이버는 대통령의 어머니 16명을 다뤘고, 보니 앤젤로는 사라 루스벨트 이후 버지니아 클린턴까지 11명을 자세히 소개하고 있다. 읽어볼 만하다.

지그문트 프로이트가 남긴 말이 의미심장하다. "어머니의 사랑을 듬뿍 받고 자란 사람은 평생 동안 정복자와 같은 느낌을 갖게 된다. 그리고 성공에 대한 확신이 실제로 성공을 가져다주기도 한다."

후기

위대한 대통령은 미국을 어떻게 초강대국으로 만들었나?

미국의 위대한 대통령 8명을 정리한다면

이제 이 책의 마무리 단계다. 우리는 그동안 미국의 위대한 대통령 8명을 골라 많은 이야기를 나누었다. 각 대통령을 소개할 때마다 시스팬C-SPAN의 평가를 원용했는데 8명의 총평가 점수와 10개 평가 항목별 점수를 정리해보면 이렇다.

항목별 점수에는 에이브러햄 링컨과 프랭클린 루스벨트는 모두 한 자리 순위만 있고, 조지 워싱턴과 시어도어 루스벨트는 한 항목(공정추구)에서만 두 자리 순위가 보인다. 반면에 앤드루 잭슨은 한 항목(대중설득)에서만 순위가 한 자리다. 위대한 대통령이라고 모든 영역에서 완벽한 점수를 받을 수는 없다.

이들 대통령 중에 이구동성으로 세 명의 대통령이 톱3에 들어간다. 에이브러햄 링컨, 조지 워싱턴, 프랭클린 루스벨트인데 이들의 공통점은 미국 최대의 위기 상황을 훌륭하게 극복하는데 크게 기여

위대한 대통령 세부 평가 : 2021년 시스팬

평가 항목	조지 워싱턴	토머스 제퍼슨	앤드루 잭슨	에이브러햄 링컨	시어도어 루스벨트	프랭클린 루스벨트	로널드 레이건	버락 오바마
총평가	2	7	22	1	4	3	9	10
대중설득	4	7	8	2	3	1	5	9
위기관리	2	8	13	1	4	3	9	17
경제관리	2	11	25	1	4	3	16	9
도덕권위	2	11	32	1	5	3	13	6
국제관계	2	11	23	3	4	1	9	21
행정능력	2	6	27	1	5	3	30	14
의회관계	1	5	24	4	7	3	8	32
비전제시	2	6	10	1	4	3	5	12
공정추구	14	20	39	1	11	9	23	3
당시성과	2	6	19	1	4	3	8	10

* 출처: https://www.c-span.org/presidentsurvey2021/?page=overall

했다는 점이다. 조지 워싱턴은 독립전쟁과 미국 건국의 혼란을 이겨 냈고, 에이브러햄 링컨은 남북전쟁을 종결해 연방을 용케 유지했다. 프랭클린 루스벨트는 미국 자본주의 경제체제를 무너뜨릴 뻔했던 대공황과 2차 세계대전을 훌륭하게 극복했다. 다시 말하면 큰 위기가 없었다면 이들은 위대한 대통령이었다는 평가를 받지 못했을 것이다.

토머스 제퍼슨과 앤드루 잭슨(그리고 후계자 제임스 포크)은 서부로 진출하여 미국 영토를 태평양 연안까지 넓혔고, 시어도어 루스벨트는 필리핀과 쿠바를 비롯해 해외로 지배권을 넓혔다. 그리고 로널드 레이건은 최대의 공산주의 국가인 소련을 무너뜨리는데 결정적 역할을 했다. 반대로 버락 오바마는 제국주의 행보를 자제하고 미국을 평화국가로 만드는데 기여했다.

분명한 것은, 8명의 대통령이 아닌 다른 대통령들도 크고 작은 많은 업적으로 미국 역사의 한 페이지를 작성했다. 물론 자랑할 만한 업적도 있고 수치스러운 행동도 있다. 이런 성공과 실패가 켜켜이 쌓여 현재의 미국을 만들었다.

만약 이때 미국이 그렇게 가지 않았다면?

지난 240년 동안 미국은 어떻게 세계의 초강대국이 되었는가에 대한 질문에 답하기 위해 반대의 경우를 생각하면 오히려 쉽다. 만약 이때 미국이 실제 역사와 반대로 갔다면 그후 미국은 어떻게 되었을까를 추측해 보는 것이다. 모두 당시 대통령과 연결되어 있는 문제다.

첫째, 미국이 삼권분립에 입각한 공화정 국가가 아니라 왕정 국가로 세워졌다면?
둘째, 건국 초기에 중립적인 외교 정책을 취하지 않아 유럽 전쟁에 휘말렸다면?
셋째, 남북전쟁에서 북부가 패배해 미국이 남북으로 분열되었다면?
넷째, 대공황을 이겨내지 못하고 미국 경제가 완전히 망가졌다면?
다섯째, 2차 세계대전에서 미국을 비롯한 연합국이 패배했다면?

여섯째, 자본주의 엔진인 미국 경제가 쇠퇴하여 소련에 굴복해 붕괴되었다면?

일곱째, 미국이 북아메리카 대륙이 아니라 유라시아 대륙에 세워졌다면?

여덟째, 미국이 인디언을 쫓아내지 않고 함께 공존했다면?

아홉째, 미국으로 가는 여러 이민이 제대로 이루어지지 않았다면?

이런 가상역사에 대한 질문은 얼마든지 더 만들어질 수 있다. 여러분이 추가 질문을 마음껏 던져보기 바란다. 그리고 상상력을 동원해 멋있는 가상역사, 대체역사 소설을 써보기를 추천한다. 5~10년 후에 서점의 서가에 여러분의 소설이 자랑스럽게 꽂혀 있다면 얼마나 좋을까?

미국 건국과 더불어 1789년부터 시작된 미국 대통령 이야기를 이렇게 길게 하면서 대한민국 대통령과 연계하여 어떻게 말할까 생각을 많이 했다. 하지만 고도의 자제심을 발휘하여 거의 언급하지 않았다. 나중에 강의를 포함하여 다른 기회에 술술 풀어보려 한다. 독자 여러분도 나름의 추리력과 상상력을 동원해 미국 대통령과 한국 대통령을 서로 연결시켜 보면 좋겠다.

한 국가의 탄생, 유지, 멸망을 결정짓는 요인은 정말 많지만 나는 이 세 가지를 강조하고 싶다. 정치는 광장에서, 경제는 시장에서, 국방은 전장에서 이루어진다. 광장, 시장, 전장을 최종적으로 책임지는 사람은 국가의 수장인 대통령이다. 그래서 대통령은 정말 중요하다.

참고문헌

참고문헌

1강. 역대 미국 대통령 팩트와 평판

시스팬의 역대 미국 대통령 평가: https://www.c-span.org/presidentsurvey2021/?page=overall

《위대한 대통령 끔찍한 대통령》, 윌리엄 라이딩스 2세, 스튜어트 매기버 지음, 김형곤 옮김, 한언, 2000년.

《미국의 대통령: 미국 역사상 최상의 대통령과 최악의 대통령은 누구인가?》, 제임스 터랜토, 레너드 레오 지음, 최광열 옮김, 바움, 2008년.

《대통령의 리더십: 무엇이 위대한 대통령을 만드는가》, 마이클 베슐로스 지음, 정상환 옮김, 넥서스BIZ, 2016년.

《미국 대통령의 역사: 조지 워싱턴부터 아들 부시까지 퇴임 후로 본》, 레너드 버나도, 제니퍼 와이스 지음, 이종인 옮김, 시대의창, 2012년.

《미국의 대통령: 역사의 기초를 다진 위대한 리더들》, 한솔교육연구모임 지음, 솔과나무, 2019년.

《송근존의 미국대통령 이야기 1,2》, 송근존 지음, 글통, 2019년.

《업그레이드 먼나라 이웃나라 12: 미국. 3(대통령 편)》, 이원복 지음, 김영사, 2018년.

《대통령의 결단: 위기의 시대, 대통령의 역할은 무엇인가》, 닉 래곤 지음, 함규진 옮김, 미래의창, 2012년.

《대통령의 오판: 대통령의 잘못된 선택은 세상을 어떻게 바꾸어 놓았는가》, 토머스 J. 크라우프웰, M. 윌리엄 펠프스 지음, 채은진 옮김, 말글빛냄, 2010년.

《미국 대통령 그 어둠의 역사: 권력, 부패, 음모, 스캔들 그들은 정의로운가》, 마이클 케러건 지음, 김지선 옮김, 북앤월드, 2012년.

《미국의 대통령들: 제왕의 권력》, 뱅상 미슐로 지음, 김희진 옮김, 시공사, 2011년.

《미국 대통령의 명연설문 재발견》, 김혜정, 배용구 지음, 공감의힘, 2022년.
《대통령문화와 민주주의: 미국 13개 대통령도서관을 찾아서》, 라윤도 지음, 좋은땅, 2021년.
《대통령은 없다》, 윌러 R. 뉴웰 지음, 박수철 옮김, 21세기북스, 2016년.
《미 대통령 리더십과 미국시대의 창조》, 조지프 나이 지음, 박광철, 구용희 옮김, 인간사랑, 2015년.
《미국의 정치와 기독교: 조지 워싱턴에서 버락 오바마까지》, 닐스 C. 닐슨 지음, 한귀란 옮김, 글로벌콘텐츠, 2015년.
《위대한 7인의 정치가》, 박동운 지음, 북앤피플, 2019년.
《50개의 키워드로 읽는 자본주의 이야기》, 김민주 지음, 미래의창, 2015년.
《김민주의 트렌드로 읽는 세계사》, 김민주 지음, 박영사, 2018년.
《세계를 이끈 경제사상 강의》, 김민주 지음, Park&Jeong, 2023년.
《대통령학: 대통령을 보면 나라가 보인다》, 최평길 지음, 박영사, 2016년.
《대통령학》, 박병종, 지영환 지음, 경인문화사, 2018년.
《대통령학》(3판), 함성득 지음, 나남, 2016년.
《대통령학: 조직 인사관리 및 리더십분야 전문서》, 배정훈 지음, 형설출판사, 2007년.
《대통령학: 국정 어젠다 성공에서 실패까지》, 폴 C. 라이트 지음, 차재훈 옮김, 한울아카데미, 2009년.
영화 〈버틀러: 대통령의 집사〉, 리 대니얼스 감독, 포레스트 휘태커 주연, 2013년.
영화 〈킹 메이커〉, 조지 클루니 감독, 조지 클루니, 라이언 고슬링 주연, 2011년.
영화 〈스윙 보트〉, 조슈아 마이클 스턴 감독, 케빈 코스트너, 매들린 캐롤 주연, 2008년.
영화 〈백악관 최후의 날〉, 앤트완 퓨콰 감독, 제라드 버틀러, 모건 프리먼, 아론 에크하트 주연, 2013년.
미니시리즈 〈웨스트 윙(The West Wing)〉, 애런 소킨 작가, 마틴 신 주연, 1999~2006년.
《The Complete Book of U.S. Presidents (seventh edition)》, William

A. DeGregorio with updates by Sandra Lee Stuart, Barricade Books Inc, 2009.

《America on Film: Representing Race, Class, Gender, and Sexuality at the Movies(3rd edition)》, Harry M. Benshoff and Sean Griffin, Wiley-Blackwell, 2021.

《Time America: An Illustrated History》, Editors of Time Magazine, 2007.

《Outline of U.S. History》, Alonzo Hamby and U.S. Department of State, 2010.

《An American History Album: The Story of the United States Told Through Stamps》, Michael Worek, Jordan Worek et al. 2012.

《Rating America's Presidents: An America-First Look at Who Is Best, Who Is Overrated, and Who Was An Absolute Disaster》, Robert Spencer, Bombardier Books, 2020.

2강. 조지 워싱턴

《조지 워싱턴: 창업의 거룩한 카리스마적 리더십》, 강성학 지음, 박영사, 2020년.
《조지 워싱턴: 초대 대통령》, 김형곤 지음, 선인, 2011년.
《조지 워싱턴: 미국의 기틀을 만든 불멸의 리더십》, 김형곤 지음, 살림, 2013년.
《미국 독립전쟁: 조지 워싱턴의 리더십을 중심으로》, 김형곤 지음, 살림, 2016년.
《조지 워싱턴의 정직의 힘》, 김형곤 지음, 새문사, 2012년.
《미국의 역사를 창조한 대통령 조지 워싱턴》, 제임스 T. 플렉스너 지음, 정형근 옮김, 고려원, 1994년.
《마법의 시간여행 22: 용기를 내요, 조지 워싱턴!》, 메리 폽 어즈번 지음, 노은정 옮김, 살 머도카 그림/만화, 비룡소, 2019년.
《역사 속 세리의 로맨스 5: 조지 워싱턴과 마사 커티스》, 박시연 지음, 유수미 그림/만화, 북스, 2013년.
영화 〈델라웨어 전투(The Crossing)〉, 로버트 하몬 감독, 제프 다니엘스, 로저

리스 주연, A&E, 2000년.
영화 〈1776〉, 피터 헌트 감독, 윌리엄 다니엘스 주연, 1972년.
3부작 드라마 〈조지 워싱턴〉, 제프 다니엘스 주연, 히스토리채널, 2020년.

3강. 토머스 제퍼슨
《토머스 제퍼슨: 제3대 대통령》, 정경희 지음, 선인, 2011년.
《토머스 제퍼슨》, 송치중 지음, 윤희동 그림/만화, 와이즈만, 2016년.
《토머스 제퍼슨의 위대한 교육》, 올리버 드밀 지음, 김성웅 옮김, 꿈을이루는사람들, 2020년.
《토머스 제퍼슨: 독립심이 강한 아이》, 헬렌 몬셀 지음, 클로틸드 엠브리펑크 그림/만화, 오소희 옮김, 리빙북, 2014년.
《클로텔, 제퍼슨 대통령의 딸》, 윌리엄 웰스 브라운 지음, 오준호 옮김, 황금가지, 2005년.
《토머스 제퍼슨: 독립선언문》, 토머스 제퍼슨 지음, 차태서 옮김, 프레시안북, 2010년.
《이것이 미국독립선언문이다》, 토머스 제퍼슨 지음, 이종권 옮김, 토머스 제퍼슨센터 엮음, 좋은땅, 2022년.
《미 대통령 취임연설문: 버락 오바마에서 토머스 제퍼슨까지》, 신명섭 편저, 종합판EnC, 2009년.
《불굴의 용기: 미국과 세계 역사를 바꾼 루이스와 클라크의 열정과 도전!》, 스티븐 엠브로스 지음, 박중서 옮김, 뜨인돌, 2009년.
《토머스 제퍼슨, 도서관을 짓다》, 바브 로덴스탁 지음, 존 오브라이언 그림, 이혜선 옮김, 봄나무, 2014년.
《토머스 제퍼슨의 이해》, 토머스 제퍼슨 지음, 이병규 편역, 세종출판사, 2005년.
《미국의 대통령: 역사의 기초를 다진 위대한 리더들》, 한솔교육연구모임 지음, 솔과나무, 2019년.
《위대한 대통령 그냥 대통령》, 양준용 지음, 청미디어, 2011년.
《조증: 성공한 사람들이 숨기고 있는 기질》, 존 가트너 지음, 조자현 옮김, 살림

Biz, 2008년.

《송근존의 미국대통령 이야기 1》, 송근존 지음, 글통, 2019년.

《대통령의 성적표》, 차르 F. 파버, 리처드 B. 파버 지음, 김형곤 옮김, 혜안, 2003년.

《몬티첼로 노예의 회고록》, 아이작 제퍼슨, 찰스 캠벨 지음, 샬러츠빌 버지니아 대학 출판부, 1951년.

《위대한 대통령의 어머니들》, 도리스 페이버 지음, 이강래 옮김, 문지사, 2023년.

영화 〈대통령의 연인들(Jefferson in Paris)〉, 제임스 아이버리 감독, 닉 놀테, 기네스 펠트로 주연, 1995년.

미니시리즈 〈Sally Hemings: An American Scandal〉, Diahann Carroll, Mario Van Peebles, Sam Neill, CBS, 2000.

몬티첼로 monticello.org

토머스 제퍼슨 도서관 tjlibraries.monticello.org

미국 의회 도서관 loc.gov

4강. 앤드루 잭슨

《송근존의 미국대통령 이야기 1》, 송근존 지음, 글통, 2019년.

《위대한 대통령 끔찍한 대통령》, 윌리엄 라이딩스 2세/스튜어트 매기버 지음, 김형곤 옮김, 한언, 2000년.

《신세계의 강 미시시피》, 베이징대륙교문화미디어 엮음, 박한나 옮김, 산수야, 2014년.

영화 〈화려한 말괄량이(The Gorgeous Hussy)〉, 클래런스 브라운 감독, 조앤 크로퍼드, 로버트 테일러 주연, 1936년.

《Old Hickory: Young Folks' Life of Gen. Andrew Jackson》, John Frost, Hansebooks, 2017.

《Andrew Jackson》, Robert V. Remini, Harper Perennial, 2014.

5강. 에이브러햄 링컨

《에이브러햄 링컨: 제16대 대통령》, 양재열 지음, 선인, 2011년.
《권력의 조건: 라이벌까지 끌어안은 링컨의 포용 리더십》, 도리스 컨스 굿윈 지음, 이수연 옮김, 아르테, 2013년.
《데일 카네기의 링컨 이야기》, 데일 카네기 지음, 바른번역 옮김, 코너스톤, 2015년.
《데일 카네기가 만난 링컨》, 데일 카네기 지음, 권오열 옮김, 매월당, 2013년.
《백악관을 기도실로 만든 대통령 링컨》, 전광 지음, 생명의말씀사, 2009년.
《권력의 조건: 라이벌까지 끌어안은 링컨의 포용 리더십》, 도리스 컨스 굿윈 지음, 이수연 옮김, 아르테, 2013년.
《링컨의 연설과 편지》, 에이브러햄 링컨 지음, 김우영 옮김, 이산, 2012년.
《가면을 벗긴 링컨: 부정직한 링컨의 진짜 얼굴》, 토머스 J. 디로렌조 지음, 임동진 옮김, 소화, 2008년.
《노무현이 만난 링컨》, 노무현 지음, 학고재, 2001년.
《위대한 대통령의 위트》, 밥 돌 지음, 김병찬 옮김, 아테네, 2018년.
《차이나 링컨》, 김학관 지음, 유페이퍼, 2021년.
《키다리 아저씨》, 진 웹스터 지음, 서현정 지음, 더클래식, 2018년.
영화 〈젊은 날의 링컨〉, 존 포드 감독, 헨리 폰다 주연, 1939년.
영화 〈링컨〉, 스티븐 스필버그 감독, 다니엘 데이 루이스 주연, 2012년.
영화 〈게티즈버그〉, 로널드 F. 맥스웰 감독, 리처드 조던 주연, 1993년.
영화 〈음모자〉, 로버트 레드퍼드 감독, 프레데릭 에이컨 주연, 2010년.
영화 〈국가의 탄생〉, 데이비드 그리피스 감독, 1915년.
에이브러햄 링컨 대통령 도서관과 박물관 presidentlincoln.illinois.gov.

6강. 시어도어 루스벨트

《시어도어 루즈벨트: 가장 사나이다운 대통령의 빛나는 리더십》, 강성학 지음, 박영사, 2015년.
《의문의 강: 시어도어 루즈벨트의 아주 어두운 여행》, 캔디스 밀라드 지음, 배

대균 옮김, 진한엠앤비, 2012년.

《격렬한 삶》, 시어도어 루스벨트 지음, 허홍범 옮김, 새로난, 2022년.

《공정한 사회》, 시어도어 루스벨트 지음, 허홍범 옮김, 새로난, 2022년.

《Theodore Roosevelt(영어로 읽는 세계문학 391)》, 시어도어 루즈벨트 지음, 내추럴, 2015년.

《더 스트롱맨》, 기디언 래크먼 지음, 최이현 옮김, 시공사, 2023년.

무성 영화 〈러프 라이더스(The Rough Riders)〉, 빅터 플레밍 감독, 1927년.

미니시리즈 〈러프 라이더스(Rough Riders)〉, 존 밀리어스 감독, 톰 베린저 주연, 1997년.

《한국사, 드라마가 되다》, 호머 헐버트 지음, 마도경, 문희경 옮김, 리베르, 2015년.

《대한제국멸망사》(개정판), 호머 헐버트 저음, 신복룡 옮김, 집문당, 2019년.

《말 위에서 본 조선: 헐버트(Homer B. Hulbert)의 조선시대(1890년) 평양 여행기》, 호머 헐버트 지음, 김동진 옮김, 참좋은친구, 2021년.

《헐버트의 꿈 조선은 피어나리!: 고종의 밀사 헐버트의 한국 사랑 대서사시》, 김동진 지음, 참좋은친구, 2019년.

《The History of Korea》, Homer B. Hulbert, Routledge, 1905.

《The Passing of Korea》, Homer B. Hulbert, Page&Company, 1906.

7강. 프랭클린 루스벨트

《소통의 힘: 프랭클린 루스벨트의 변화의 리더십》, 김형곤 지음, 살림Biz, 2010년.

《프랭클린 루스벨트의 온 아워 웨이》, 프랭클린 D. 루스벨트 지음, 조원영 옮김, 글항아리, 2009년.

《프랭클린 델러노 루스벨트》, 사빈 포레로 멘도자 지음, 김병욱 옮김, 동아일보사, 2003년.

《프랭클린 루스벨트》, 김진희 지음, 선인, 2012년.

《위대한 정치의 조건: 미국 유일 4선 대통령 프랭클린 루스벨트에게서 배우는》, 조지 맥심지 지음, 정미나 옮김, 21세기북스, 2010년.

《영원한 퍼스트레이디 엘리너 루스벨트 자서전》, 엘리너 루스벨트 지음, 송요한 옮김, 히스토리아, 2023년.
《분노의 포도》, 존 슈타인벡 지음, 김승욱 옮김, 민음사, 2008년.
《높은 성의 사내》, 필립 K. 딕 지음, 남명성 옮김, 폴라북스, 2011년.
드라마 〈높은 성의 사나이〉, 리들리 스콧 제작, 아마존스튜디오, 2015~2019년.
영화 〈웜 스프링스(Warm Springs)〉, 조셉 사전트 감독, 케네스 브레나 주연, 2005년.
영화 〈Sunrise at Campobello〉, 빈센트 던휴 감독, 랠프 벨러미 주연, 1960년.
영화 〈Hyde Park on Hudson〉, 로저 미첼 감독, 빌 머레이 주연, 2012년.
미니시리즈 〈Eleanor and Franklin〉, 다니엘 페트리 감독, 에드워드 허먼 주연, 1976년.
미니시리즈 〈Eleanor and Franklin: The White House Years〉(속편), 다니엘 페트리 감독, 에드워드 허먼 주연, 1977년.

8강. 로널드 레이건

《레이건 일레븐: 인류 역사가 지켜온 11가지 원칙》, 폴 켄고르 지음, 조평세 옮김, 열아홉, 2020년.
《미국을 연주한 드러머 레이건》, 마이클 디버 지음, 정유섭 옮김, 열린책들, 2005년.
《로널드 레이건: 가장 미국적인 대통령》, 김형곤 지음, 살림, 2007년.
《레이건 회고록》, 로널드 레이건 지음, 고명식 옮김, 문학과사상사, 1991년.
《로널드 레이건: 보수혁명의 전설》, 김남균 지음, 선인, 2011년.
《위대한 대통령 로널드 레이건 평전: 미국 보수주의 영웅의 삶과 리더십 이야기》, 김윤중 지음, 더로드, 2016년.
《세계를 팔아버린 남자》, 윌리엄 클라인크넥트 지음, 유강은 옮김, 사계절, 2012년.
《레이건의 소련붕괴전략》, 피터 시바이처 지음, 한용섭 옮김, 오롬시스템, 2006년.

영화 〈킬링 레이건〉, 로드 루리 연출, 팀 매더슨, 신디아 닉슨 주연, 2016년.

9강. 버락 오바마

《내 아버지로부터의 꿈(개정판)》, 버락 오바마 지음, 이경식 옮김, 알에이치코리아, 2021년.
《약속의 땅》, 버락 오바마 지음, 노승영 옮김, 웅진지식하우스, 2021년.
《담대한 희망(개정판)》, 버락 오바마 지음, 홍수원 옮김, 알에이치코리아, 2021년.
《버락 오바마: 인간적인 너무나 인간적인(개정판)》, 문성호 지음, 사람소리, 2008년.
《꿈과 희망: 버락 오바마의 삶》, 스티브 도허티 지음, 김혜영 옮김, 송정문화사, 2007년.
《오바마의 담대함: 버락 오바마는 어떻게 비판을 이겨내고 확고한 유산을 창조했는가》, 조너선 체이트 지음, 박세연 옮김, 성안당, 2017년.
《버락 오바마 새로운 꿈과 희망》, 윌리엄 마이클 데이비스 지음, 쎄라 앤 트리샤 옮김, 푸른날개, 2008년.
《버락 오바마: 자신감과 열정이 새로운 성공 신화를 만든다》, 조안 F. 프라이스 지음, 김문정 옮김, 신원문화사, 2010년.
《미 대통령 취임연설문: 버락 오바마에서 토머스 제퍼슨까지》, 신명섭 편저, 노승영 옮김, 종합출판EnG, 2009년.
《미국 외교는 도덕적인가: 루스벨트에서 트럼프까지》, 조지프 나이 주니어 지음, 황재로 옮김, 명인문화사, 2021년.
《비커밍: 미셸 오바마 자서전》, 미셸 오바마 지음, 김명남 옮김, 웅진지식하우스, 2021년.
영화 〈13시간〉, 마이클 베이 감독, 존 크래신스키 주연, 2016년.
《Surviving against the odds: Village Industry in Indonesia》, S. Ann Dunham, Alice G. Dewey, et al., 2009.

10강. 역대 미국 퍼스트레이디 평판

《숨은 권력자, 퍼스트 레이디》, 케이티 마튼 지음, 이창식 옮김, 이마고, 2002년.

《위대한 퍼스트 레이디 끔찍한 퍼스트레이디》, 존 B. 로버츠 2세 지음, 김형곤 옮김, 선인, 2005년.

《퍼스트레이디》, 커티스 시튼펠드 지음, 이진 옮김, 김영사, 2010년.

《퍼스트레이디를 알면 미국이 보인다》, 김승민 지음, 김승민과 그림떼 그림/만화, 이원복 감수, 김영사, 2009년.

《마이 퍼스트 레이디들: 30년 백악관 플로리스트》, 낸시 클라크, 크리스티 매드슨 지음, 허수연 옮김, 신원문화사, 2012년.

《Madam President: The Secret Presidency of Edith Wilson》, William Hazelgrove, Regnery History, 2016.

《Melania》, Melania Trump, Skyhorse, 2024.

《영부인론》, 함성득 지음, 나남, 2001년.

《위대한 대통령의 어머니들》, 도리스 페이버 지음, 이강래 옮김, 문지사, 2023년.

《대통령을 키운 어머니들》, 보니 앤젤로 지음, 이미선 옮김, 나무와숲, 2002년.

《영원한 퍼스트레이디 엘리너 루스벨트 자서전》, 엘리너 루스벨트 지음, 송요한 옮김, 히스토리아, 2023년.

《프랭클린 델러노 루스벨트》, 사빈 포레로 멘도자 지음, 김병욱 옮김, 동아일보사, 2003년.

《세상을 끌어안아라》, 엘리너 루스벨트 지음, 강미경 옮김, 크림슨, 2005년.

《낸시 레이건》, 키티 켈리 지음, 하워드 최 옮김, 대오문화사, 1991년.

《힘든 선택들: 힐러리가 직접 쓴 자서전》, 힐러리 로댐 클린턴 지음, 김규태·이형욱 옮김, 김영사, 2015년.

《힐러리 이야기: 왜 그녀에게 열광하는가?》, 김재영 지음, 프리뷰, 2015년.

《비커밍 = Becoming: 미셸 오바마 자서전》, 미셸 오바마 지음, 김명남 옮김, 웅진지식하우스, 2021년.

《미셸 오바마 자기만의 빛》, 미셸 오바마 지음, 이다희 옮김, 웅진지식하우스, 2023년.

《미셸 오바마 스타일: 가장 영향력 있는 패셔너블한 퍼스트레이디》, 수잔 스위머 지음, 최유나 옮김, 장서가, 2009년.

《미셸 오바마》, 엘리자베스 라이트풋 지음, 박수연·홍선영 옮김, 부키, 2009년.

《빛이 스며드는 곳 = Where the light enters》, 질 바이든 지음, 김은영 옮김, 책든손, 2021년.

영화 〈퍼스트 레이디(The First Lady)〉, 수잔 비에르 감독, 비올라 데이비스, 미셸 파이퍼, 질리언 앤더슨 주연, 2022년.

영화 〈재키(Jackie)〉, 파블로 라라인 감독, 나탈리 포트먼 주연, 2016년.

영화 〈퍼스트 레이디 특수 경호대(Guarding Tess)〉, 휴 윌슨 감독, 니콜라스 케이지, 셜리 맥클레인 주연, 1994년.

영화 〈대통령의 여인(The President's Lady)〉, 헨리 레빈 감독, 수잔 헤이워드, 찰톤 헤스턴 주연, 1953년.

미국 대통령제와 민주주의
조지 워싱턴에서 버락 오바마까지 미국을 초강대국으로 만든 대통령 8명의 리더십 강의

1판 1쇄 인쇄 | 2024년 12월 09일
1판 1쇄 발행 | 2024년 12월 20일

지은이 | 김민주
발행인 | 정윤희
편집 | 정윤희, 김미영
발행처 | PARK & JEONG
       (PARK & JEONG은 책문화네트워크(주)의 단행본 브랜드입니다.)
출판신고 | 2009년 5월 4일
출판사 신고확인증 | 제2024-000009호
주소 | 경기도 용인시 기흥구 흥덕2로87번길 18, 이시티 B동 4층 엠피스광교센터 422호
전화 | 02-313-3063
팩스 | 031-212-1311
이메일 | prnkorea1@naver.com
홈페이지 | www.prnkorea.kr

ISBN 979-11-92663-21-0 03340
값 30,000원

● 이 책은 저작권법에 보호받는 저작물이므로 무단 전제와 복제를 금합니다.
● 잘못된 책은 교환해 드립니다.